Un jardin dans les Appalaches

Du même auteur
aux Éditions Rivages

Des cochons au paradis, 1996
Poche n° 242

L'Arbre aux haricots, 1997
Poche n° 224

Les Yeux dans les arbres, 2001
Poche n° 331

Un été prodigue, 2002
Poche n° 468

Petits miracles et autres essais, 2002
Poche n° 683

Une île sous le vent, 2004
Poche n° 519

Un autre monde, 2012
Poche n° 700

Dans la lumière, 2013
Poche n° 824

Barbara Kingsolver
Steven L. Hopp et Camille Kingsolver

Un jardin dans les Appalaches

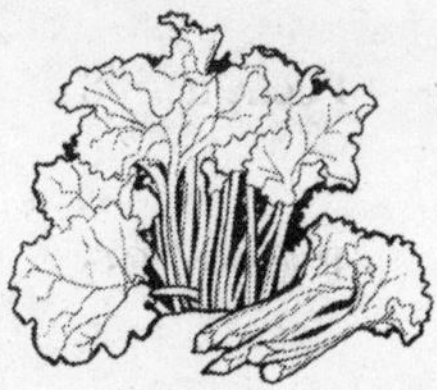

Traduit de l'anglais (États-Unis)
par Claire Buchbinder

Rivages

Retrouvez l'ensemble des parutions
des Éditions Payot & Rivages sur

payot-rivages.fr

Dessins originaux de Richard A. Houser

Édition originale : *Animal, Vegetable, Miracle. A year of Food Life*
HarperCollins, 2007

106, boulevard Saint-Germain – 75006 Paris

À la mémoire de Jo Ellen

1. L'APPEL DE LA TERRE NATALE

C'était notre dernier jour en Arizona. Nous partions pour toujours, le cœur gros de toutes les choses que nous n'allions jamais revoir : le buisson où le coucou mexicain installait son nid et nourrissait de lézards ses drôles de poussins ; l'arbre que Camille avait embouti en apprenant à faire du vélo ; l'endroit précis où Lily avait posé la main sur un serpent mort.

Le lieu rêvé des uns est le quotidien des autres. Devant nous, le paysage dont nous connaissions chaque trait : immenses cactus saguaro, coyotes, montagnes, soleil trompeur réfléchi sur le gravier sec. Ce paysage, nous le quittions à la pire saison, ce qui facilitait les adieux mais s'apparentait aussi à un coup bas, comme de rompre le matin où son amant a vraiment une sale tête. Ce jour-là, figé dans une grimace de douleur, le désert avait tout l'air d'un érythème solaire aggravé.

Nous étions fin mai. Depuis Thanksgiving, les précipitations avaient à peine atteint trois centimètres. Les cactus, autochtones carencés, semblaient prêts à extirper leurs racines du sol pour faire du stop et voir du pays. Les figuiers de Barbarie nous saluaient de leurs feuilles grises et rabougries. Immenses et desséchés, les saguaros vacillaient, décharnés comme des mannequins à cran. À la belle saison, même les plantes les plus endurantes ont besoin pour survivre d'un peu de vapeur d'eau et de quelques réserves, aussi minimes soient-elles.

Depuis trois ans, les habitants du Sud assistaient aux premières loges à la même pièce : sécheresse. Ailleurs, on ergotait sur la réelle gravité du réchauffement climatique. Nous, nous le fixions droit dans les yeux.

Notre famille s'en est allée comme le rat quitte le navire en flammes. Tout se remémorer à la fois – nos amis, notre désert, notre ancienne maison, la nouvelle – nous donnait le vertige et c'est l'air tragique que nous nous sommes arrêtés à une station-service aux abords de Tucson. Avant notre épopée, il nous fallait faire le plein d'essence et de choses à grignoter sur la route. Dans le coffre, nous avions une glacière remplie de tout ce qu'il faut pour un solide déjeuner. Mais plus de trois mille kilomètres nous attendaient.

C'était l'aventure de notre vie. Nous mettions fin à une existence aux confins de Tucson en Arizona pour prendre un nouveau départ, rural cette fois-ci, au sud des Appalaches. Nous avions vendu notre maison et bourré la voiture des choses essentielles : actes de naissance, livres-cassettes et chien sous tranquillisants – uniquement pour le voyage, promis. Tout le reste suivrait dans un camion de déménagement. Pour le meilleur ou pour le pire, nous nous apprêtions à vivre dans une ferme.

Depuis vingt ans, Steven était propriétaire d'un terrain au sud des Appalaches constitué d'une ferme, d'une grange, d'un verger et de champs répertoriés « terres agricoles » sur le cadastre. C'est là qu'il habitait lorsque je l'ai rencontré, enseignant à la fac et retapant sa maison, une fenêtre de récupération après l'autre. Fraîchement divorcée et plus ou moins habituée au système D je séjournais dans le coin en qualité d'écrivain invité. La suite est prévisible, nous sommes tombés amoureux, ce qui a quelque peu saboté nos programmes respectifs. Ma petite fille et moi étions très attachées à notre cercle d'amis de Tucson ; Steven était tout aussi attaché à ses verts pâturages et au chœur des oiseaux si nombreux dans ces régions plantées d'arbres à feuilles caduques. En entendant la nouvelle de notre union, la réaction de celui qui allait devenir mon beau-père fut de demander à Steven : « Tu ne pouvais pas en trouver une plus près ? »

Apparemment non. Nous avons pu conserver la propriété en louant l'habitation à une autre famille et notre bonheur conjugal en migrant vers le sud comme les oiseaux : nous passions l'année scolaire à Tucson et revenions chaque été à la ferme, notre terre nourricière. Trois mois par an, nous vivions au milieu des bois dans une minuscule cabane en rondins toute biscornue, derrière la maison louée ; nous écoutions le chant des grives et vivions de ce que nous cultivions. Les filles – car peu après un autre enfant était né – adoraient jouer dans la rivière, attraper des tortues, patauger dans la boue. J'aimais travailler la terre et je me suis mise petit à petit à considérer cet endroit comme étant aussi le mien. Une fois tous prêts à franchir le pas, nous avons décidé que nous nous y installerions pour de bon.

De nombreux motifs justifiaient un déménagement, y compris une vaste parenté. Mes ancêtres Kingsolver venaient de ce comté de Virginie ; j'avais grandi à quelques heures de route de là, côté Kentucky. Revenir maintenant permettrait à mes enfants de tisser des liens différents, plus constants, avec leurs grands-parents et cousins. Adulte, je n'avais pratiquement jamais partagé l'annuaire avec des homonymes. Désormais je pouvais passer le jour des Morts à fleurir de pivoines de mon jardin les tombes de mes ancêtres. Tucson m'avait ouvert les yeux sur le monde, offert une carrière d'écrivain, des cohortes d'amis et donné le goût des piments rouges et des couchers de soleil époustouflants. Mais après vingt-cinq ans passés dans le désert, ma terre natale m'appelait.

Ce changement nous semblait justifié par un autre motif qui n'est autre que la portée de ce livre. Nous voulions vivre dans un endroit qui pourrait nous nourrir : un endroit où il pleut, où les récoltes prospèrent, où l'on peut boire l'eau directement à la source. Quitter pour cela les amis proches et un des endroits les plus féeriques des États-Unis pourrait sembler incompréhensible. À nos yeux, c'était légitime. Tucson – presque un million d'âmes – est une ville en pleine expansion. Pour satisfaire les caprices de ses habitants elle s'est dotée d'une quantité de banques, de boutiques, d'orchestres, d'universités, de galeries, de parcs. La liste est sans fin et les terrains de golf si nombreux que certains restent inutilisés.

Tucson peut combler tous les *desiderata*, sauf un : elle ne produit rien de ce dont nous avons besoin pour nous nourrir. Comme dans d'autres villes récentes des États-Unis, on pourrait aussi bien se trouver dans une station spatiale pour ce qui concerne l'alimentation. Pratiquement chaque particule de nourriture ingérée ici a été convoyée dans un espace réfrigéré depuis un endroit éloigné. Chaque millilitre d'eau utilisé pour se désaltérer, faire la lessive et remplir le bocal du poisson rouge provient d'une source non renouvelable – nappe aquifère qui s'épuise si vite qu'il arrive que le sol s'effrite. Grâce à un aménagement récent, une partie de l'eau de la ville transite désormais par un canal ouvert long de cinq cents kilomètres qui traverse le désert depuis le fleuve du Colorado qui n'atteint plus l'océan. Du fait de notre consommation il s'épuise, asséché, dans une plaine sablonneuse proche de la frontière mexicaine.

Impossible de discuter le fait que cette eau circulant à ciel ouvert s'évapore et se retrouve gorgée de sels concentrés et de saletés sous peine de perdre toutes vos chances d'être élu à un poste administratif de l'État d'Arizona. Lorsque ce gigantesque robinet est apparu, des promoteurs ont dressé des plans hallucinants de pavillons en stuc rose dispersés aux quatre coins du désert. De notre côté, nous étions censés nous réjouir de ce flot nouveau qui se jetait dans nos canalisations, et ce même si la ville nous avait mis en garde contre certaines de ses particularités en prétendant que ça passait encore de la boire mais qu'il fallait absolument éviter de la mettre dans un aquarium sous peine de tuer les poissons.

Alors, nous en avons bu, nous en avons rempli nos machines à café et nous avons dilué les jus de fruits concentrés de nos enfants avec ce liquide capable d'empoisonner un poisson rouge. Oh ! Belle Amérique, où sont tes valeurs ? Comment les Européens, nos ancêtres à tous ou presque, ont-ils réussi à monopoliser tout ce qui est bon alors que la population d'un seul de leurs pays tiendrait dans un de nos parcs nationaux ? Ils sont prêts à détruire un McDonald au bulldozer parce qu'il menace la vie de leurs bons fromages, protestent avec véhémence lorsque l'on tente de glisser des gènes modifiés dans leur pain. Leur jambon préféré vient de Parme en Italie tout comme un fromage très prisé, car ils savent que ces produits sont le résultat d'une symbiose entre le lait et les cochons obtenue par les paysans depuis l'aube des temps. Oh ! Dire que nous pensions que le mot *parmesan* signifiait « provient d'un saupoudreur vert » et non « provient de Parme ». Nous auraient-ils virés à cause de notre mauvais goût ?

Non, ce fut plutôt pour vagabondage, pauvreté ou intégrisme religieux. Si nous sommes venus ici, c'est afin d'être libres de créer une culture de *Feuilles d'herbes*[1], libre de swinguer, de se percer le nombril et de manger

1. Œuvre de Walt Whitman (1819-1892), poète et humaniste américain. *(Toutes les notes sont de la traductrice.)*

tout ce qui nous plaît sans qu'un rabat-joie se mette à grommeler : « Tu ne sais même pas d'où vient ce que tu manges ! » Ça, vrai de vrai, nous n'en savons fichtre rien.

L'aliment courant que l'on trouve sur les linéaires américains a parcouru plus de kilomètres que bien des familles pour leurs grandes vacances. Le transport mais aussi la production et la réfrigération de cette nourriture consomment énormément de combustibles fossiles, ce qui entraîne d'indéniables conséquences sur l'environnement.

Le désert de Sonora n'a jamais offert aux êtres humains autre chose que de la terre séchée pour bâtir et une alimentation à base de maïs et de haricots secs récoltés lors des moussons de fin d'été, agrémentée au printemps de fleurs de cactus et de tubercules sauvages. Les Hohokam [1] et les Pima furent les derniers à résider sur cette terre sans perturber l'environnement. À leur arrivée, les Espagnols détruisirent le régime des Hohokam et contribuèrent à la constitution d'une dette colossale : leurs plantations d'orangers, d'alfalfa, et leurs forages de puits destinés à l'irrigation ont soutiré chaque année des millions de fois plus d'eau potable que la trentaine de centimètres de pluies annuelles ne pourrait jamais reconstituer.

L'Arizona reste un État agricole. Même après l'explosion démographique des années 90, 85 % de l'eau de l'État étaient toujours consacrés aux cultures très buveuses que sont le coton, l'alfalfa, les agrumes et les pacaniers. À partir du moment où l'on peut apporter de l'eau et maintenir grâce aux produits chimiques un semblant de couche arable, des hivers doux peuvent très bien se transformer artificiellement en longs étés interminables.

Vivre d'eau d'emprunt en Arizona me rendait nerveuse. À Tucson, nous faisions partie d'une petite communauté

1. Les Hohokam sont les premiers habitants du désert de Sonora dont on a pu établir la présence dans cette région du IIIe siècle avant J.-C. jusqu'à 1400 environ.

de fermiers qui élevaient des poulets dans leur jardin, cultivaient des carrés de légumes et fréquentaient les marchés afin de réduire, dans ce monde ultragazoliné, la proportion d'essence contenue dans l'alimentation. Mais nos jardins avaient soif. Les fermes d'Arizona aussi. Sacré dilemme : spolier le Mexique de son eau ou siffler l'essence d'Arabie Saoudite ?

L'usage veut qu'emploi et famille dictent les choix de résidence. Il est également légitime de prendre en considération divers indices de qualité de vie comme le climat ou l'école. Nous avons ajouté un critère supplémentaire : l'eau, de loin le plus important des trois éléments indispensables à la vie. Si nous y avions eu des racines, peut-être nous serions-nous sentis en droit de réclamer une place à la table frugale de Tucson. Mais je m'y étais installée adulte et maintenant il y avait quatre bouches à nourrir. En tant qu'invitée, j'avais déjà abusé de son hospitalité. C'est pourquoi, alors que la population américaine se ruait comme jamais vers les États du soleil, nous avons été une poignée à ramer à contre-courant vers la Terre promise où l'eau tombe du ciel et les vertes prairies prospèrent. Cette nouvelle aventure allait raccorder nos vies à la chaîne alimentaire.

Évidemment, nous nous sommes d'abord arrêtés pour nous approvisionner en cochonneries et carburant fossile. Nous avons fouiné dans les rayons du mini-market en préfabriqué à la recherche de chips de maïs bleu et d'airelles séchées. Les ados, élevés au pain complet, ont fait une razzia sur les barres de céréales, assez pour nourrir un hamster durant toute sa retraite. Notre mère de famille, sobre de nature, a payé rubis sur l'ongle 2 dollars une bouteille verte très chic remplie d'à peu près 5 cents de thé glacé. Puisqu'on perdait tous la tête ici, on a ajouté des bouteilles à 99 cents de ce qui sort gratuit de la source des Bouillens, en France, c'est-à-dire l'eau de Perrier. Vu le magasin, 99 cents pour de l'eau fraîche, c'était l'affaire du siècle. Le poisson rouge l'aurait bien mérité, lui.

Pendant que nous rassemblions notre butin sur le comptoir, le ciel s'est brusquement assombri. Après deux cents jours sans un nuage, on oublie l'effet produit par un cumulus sur la trajectoire du soleil. On a tous plissé les yeux. La caissière a froncé les sourcils en regardant par la baie vitrée.

« Zut, a-t-elle dit, il va pleuvoir.

– J'espère bien », a répondu Steve.

Le regard vindicatif de la caissière blonde décolorée a glissé de la vitre vers Steve. Visiblement, la gardienne de la pompe et de la nourriture industrielle ne trouvait pas la remarque très drôle. « Y a pas intérêt, je peux vous le dire.

UNE ALIMENTATION PÉTROLIFÈRE

Les Américains mettent quasiment autant de combustible fossile dans leurs réfrigérateurs que dans leurs voitures. Pour l'agriculture, la consommation annuelle de pétrole par habitant dépasse les 1 500 litres – à peu près 17 % de la consommation d'énergie du pays –, juste derrière la consommation d'essence des voitures. Tracteurs, moissonneuses-lieuses, moissonneuses-batteuses, irrigateurs, pulvérisateurs, rotoculteurs, ramasseuses-presses et tout l'outillage agricole consomment du pétrole. À la ferme, les plus gros picoleurs ne sont pas les machines mais ce qu'on appelle les annexes. Engrais chimiques, pesticides et herbicides contiennent du pétrole et du gaz naturel et sont produits avec ces deux combustibles. Plus d'un quart de l'énergie dépensée par une ferme est consacré aux engrais chimiques.

En revanche, obtenir une récolte, de la graine à la moisson finale, ne nécessite qu'un cinquième de la quantité de pétrole investie dans notre nourriture. La part du lion revient au transport de la ferme à votre assiette. Tout aliment constitutif d'un repas américain typique a voyagé en moyenne 2 400 kilomètres. En plus du simple transport, il faut inclure d'autres étapes

– Mais on en a besoin », ai-je remarqué. Ce n'est pas mon genre de contredire les caissières mais je vivais ma dernière seconde en tant que Tucsonienne et le désert agonisait. Je ne voulais pas qu'on lui porte la poisse avec de mauvaises ondes.

« Je sais bien que c'est ce qu'ils disent mais je m'en fiche. Demain c'est mon premier jour de congé depuis deux semaines et j'ai l'intention de laver ma voiture. »

Ce jour-là, nous avons parcouru cinq cents kilomètres à travers les terres brûlées du Sonora. Nous nous sentions singulièrement coupables en grignotant nos noix de cajou. Nous avions tous plus ou moins secrètement espéré qu'il ne pleuve pas le jour de notre départ ! À l'horizon, les nuages orageux se sont dissous comme en réponse au souhait de notre compatriote, dernière supplique exaucée

---

buveuses de pétrole : la transformation (séchage, découpe, broyage, triage, cuisson), le conditionnement, le stockage et la réfrigération. Les calories dépensées pour la production, l'emballage et le transport dépassent de loin les calories que nous apportent les aliments.

Une manière rapide d'améliorer les économies d'essence dans le secteur alimentaire consisterait à acheter un litre d'huile moteur et à la boire d'un seul trait. Il existe pourtant des méthodes plus goûteuses. Si chaque citoyen américain consommait chaque semaine un repas (quel qu'il soit) composé de viandes et légumes produits localement de façon biologique, la consommation de pétrole du pays serait réduite de plus de 1,1 million de barils de pétrole par semaine. Notez qu'il s'agit de barils et non de litres. D'infimes changements dans nos habitudes peuvent induire d'immenses différences. Devenir une nation moins tributaire en matière d'énergie pourrait commencer très simplement par un bon petit déjeuner.

STEVEN L. HOPP

---

sur une terre moribonde. Jamais plus nous ne verrions de pluie dans notre désert.

⁂

Il nous a fallu cinq jours pour atteindre la ferme. Le premier jour de travail, nous avons passé dix heures à tondre le terrain, tailler les broussailles et commencer les travaux dans la maison. Trop épuisés pour préparer un dîner, nous sommes partis en ville, en quête d'une cuisine du Sud, du genre de celle qui vous rassasie que vous le vouliez ou non. Notre serveuse, jeune et volubile, étudiait à la fac du coin et voulait devenir infirmière ou présentatrice télé en cas d'échec aux examens de chimie. Elle se réjouissait du week-end sans s'offusquer des nuages amassés au-dessus des collines. Les flancs boisés des montagnes et les pâturages veloutés du sud-ouest de la Virginie semblaient particulièrement verts à nos yeux brûlés par la chaleur du désert. Ici aussi pourtant, les forêts et les champs souffraient. Ce printemps, la sécheresse avait malmené la plupart des États du sud des Appalaches.

Un coup de tonnerre a retenti et la pluie s'est mise à tomber au moment où la serveuse venait débarrasser. « Écoutez-moi ça, a-t-elle gloussé. On en avait drôlement besoin ! »

C'est vrai. L'herbe était deux fois moins haute qu'à l'habitude.

« J'espère que ce sera une vraie bonne pluie, a-t-elle ajouté, nos assiettes empilées sur les bras, en scrutant le paysage pendant une bonne minute. Mais qu'elle n'aille pas tout détruire sur son passage. »

Je n'ai pas l'intention de faire ici l'apologie de la sagesse paysanne en regard de l'ambition citadine. Je voudrais simplement souligner que les enfants de paysans sont plus au fait des choses de la nature. Ce soir-là dans ce restaurant, notre famille a tourné une page : la serveuse, appelant la pluie bienfaisante de ses vœux, a remplacé la caissière de la pompe à essence qui ne rêvait que de sécheresse, ce véritable fléau.

J'ai pensé en mon for intérieur : il y a de l'espoir.

⁂

Qui sommes-*nous* vraiment ? J'habite maintenant un comté dont l'économie repose sur les exploitations agricoles. Si l'été est désastreux, des voisins perdront leur ferme. D'autres seront obligés de conserver l'exploitation mais de faire des heures de route pour trouver un deuxième emploi. La fréquentation des écoles et des commerces, l'utilisation de la terre et les taux d'impôts s'en ressentiront. La santé de nos cours d'eau, de nos sols et de nos forêts est également en jeu lorsque des fermes en faillite sont vendues à des promoteurs dont l'activité principale est de réorganiser – de façon radicale – la surface arable. Prier pour ou contre la pluie durant une sécheresse, ce n'est pas rien. Vous pourrez toujours me rétorquer que les vœux ne comptent pas. Si ce n'est que les hommes savent parfaitement transformer leurs rêves en réalité, il suffit de jeter un coup d'œil en arrière pour en avoir la preuve. Que mérite donc une espèce trop égoïste et indifférente pour espérer de la pluie quand la terre est assoiffée ? Ne ferions-nous pas mieux d'être enterrés dans nos voitures bien propres sous la surface des champs pour laisser la place à des créatures plus sages ?

Ce qui est certain, c'est que nous irions mieux si seulement nous *savions* mieux. En l'espace de deux générations, notre nation rurale est devenue urbaine. Les écoliers nord-américains commencent l'année scolaire le jour de la fête du Travail pour la finir début juin sans comprendre que cet arrangement a été conçu afin que les enfants puissent aider leurs parents à la ferme. La génération de mes grands-parents savait reconnaître d'instinct les fruits et légumes de saison, ils savaient distinguer ceux qui pouvaient durer l'hiver de ceux qu'il fallait mettre en conserve ; quel jour d'automne verrait les premières gelées dans leur comté, quel jour de printemps les dernières ; ce qu'on pouvait planter avant la dernière gelée, ce qui pouvait attendre ; quelles étaient les graines plantées en automne ; à quoi ressemblait un carré d'asperges en août. Plus crucial encore : quels animaux et légumes abondaient dans les environs et comment les accommoder sans ajouter beaucoup plus qu'un paquet de farine, une pincée de sel et une poignée de grains de café. Peu de mes contemporains, pratiquement aucun de nos enfants ne sauraient répondre à une seule de ces questions, et bien moins encore à toutes. Ce savoir a disparu de notre culture et, pour la plupart, nous nous sommes convaincus qu'il n'était pas indispensable. Imaginez donc la réaction des Américains si on leur soumettait un projet qui ferait de l'agriculture une matière obligatoire enseignée dans toutes les écoles aux côtés des mathématiques et de la lecture. Un bon nombre de parents verraient rouge si l'attention de leurs gamins était détournée des bases de la grammaire et de la souveraine trigonométrie pour faire place à des choses aussi terre à terre. La philosophie du baby-boom postule que l'éducation est une solution clé pour se sortir du travail manuel et de la terre – deux données incontournables du travail agricole. Il nous suffit amplement de savoir qu'il existe quelque part des gens capables de maîtriser la production de nourriture et de nous apporter, à tous, chaque jour, tout ce dont nous avons besoin pour nous nourrir.

Si l'on suit ce raisonnement, pourquoi ne suffirait-il pas qu'un autre connaisse les multiplications et le contenu de la Déclaration des droits de l'homme ? L'histoire du pain, depuis les labours jusqu'à notre table, est-elle moins pertinente pour nous que celle des treize colonies ? Ne pourrait-on plaider en faveur d'une matière qui implique des choix *quotidiens* ? Ignorer l'origine de notre nourriture ne provoque-t-il pas des problèmes aussi divers qu'une trop grande dépendance à l'égard du pétrole et une véritable épidémie de maladies liées à une mauvaise alimentation ?

Si le propos de ce livre n'est pas de plaider en faveur de l'introduction de cours sur la production alimentaire – quoique –, il contient bien des choses que vous pourriez apprendre de la sorte. Depuis nos débuts dans une station-service, nous avons parcouru assez de chemin pour prendre en charge notre alimentation et connaître la provenance des animaux et des végétaux dont nous nous sommes nourris une année durant. Nous avons essayé d'éliminer au maximum l'essence de notre chaîne alimentaire même si cela impliquait certains renoncements. Notre but était d'acheter des produits de proximité dont nous connaissions les producteurs. Le plus souvent nous les avons produits nous-mêmes au fur et à mesure que nous apprenions à cultiver ce dont nous avions besoin – et plus encore – avec un peu de terre et des graines. Nous nous sommes également mis à élever de petits animaux en gardant assez de bon sens pour nous abstenir de leur donner des noms.

Ce livre n'est pas un manuel pratique destiné à vous faire biner votre propre carré de terre. Il se trouve que nous vivons dans une région où une maison sur deux dispose d'un jardin mais, pour bien des citadins, l'idée de cultiver sa nourriture doit sembler aussi invraisemblable que celle d'écrire des symphonies pour son propre plaisir. Si tel est votre cas, considérez la partie agraire de ce récit comme un cours de critique musicale appliqué à la nourriture – se familiariser avec les compositeurs et les chefs d'orchestre affine l'écoute. Connaître l'histoire naturelle des pommes de terre, des melons ou des asperges vous donnera des indices quant aux spécimens proposés par votre épicier – s'ils sont les enfants naturels d'une ferme voisine ou des vagabonds ayant dilapidé leur jeunesse dans des wagons de marchandises. Savoir comment poussent les légumes, c'est aussi savoir où et quand les chercher ; une compétence fort utile pour toute une catégorie de gens, j'ai nommé les mangeurs, quel que soit l'endroit où ils vivent et font leurs courses.

Faute de maîtriser ce savoir nous sommes devenus de scrupuleux déchiffreurs d'étiquettes, fort empêtrés dans les relations que nous entretenons avec ce que nous ingérons. Nous adoptons une autre terminologie pour désigner les animaux comestibles après leur mort, sans doute pour nous éviter toute représentation par trop réelle de bœufs et de porcs montés sur sabots. Notre vocabulaire pour évoquer une pollution nocive – « souillé » ou « terreux » – suggère que si nous connaissions vraiment la nature d'un jardin, nous filerions tous chercher secours chez un psy. À une époque, j'amenais les amis de mes enfants dans le jardin, histoire de les préparer à l'idée de manger des légumes, mais cette stratégie a plus d'une fois produit l'effet inverse : ils reculaient lentement en disant « T'as vu ça, ces trucs touchent la terre ! » Même combat avec les adultes qui prétendent que tout vient des rayons bien éclairés de l'épicerie. Nous sommes comme des ados irascibles en plein rejet maternel. On *sait* qu'on est sorti d'elle mais *beurk*.

Nous ne savons pas distinguer un chou d'un navet. Asperges, pommes de terre ou cuisses de dinde : nous ignorons tout de leur origine.

En général j'ai tendance à penser que j'exagère l'étendue du problème et puis je me retrouve face à la rédactrice d'une célèbre revue sur la nature qui biffe l'un de mes paragraphes parce qu'il mentionne que les ananas sortent de terre et qu'elle maintient que c'est sur des arbres qu'ils poussent. Ou alors j'ai une conversation de ce type :

« Quoi de neuf à la ferme ? » m'a demandé au début du printemps mon amie, une citadine endurcie qui aime que je la tienne au courant par téléphone. Née un bail avant moi, préoccupée par la planète, c'est un fin gourmet. Je lui ai énuméré ce qui poussait : pois, pommes de terre, épinards.

« Une seconde, quand tu dis "les patates sont sorties", ça veut dire quoi ? » Elle a fait une pause puis reformulé sa question : « Quelle partie de la patate sort de terre ?

– Ben, la plante. Les tiges et les feuilles.

– Ça alors ! Je ne savais pas qu'une patate avait des feuilles. »

Bien des gens soi-disant éclairés sont dans le noir total en ce qui concerne la vie végétale. Les professeurs de sciences naturelles se retrouvent en face de gamins qui rejettent tout net l'idée de la métamorphose du bourgeon en fleur puis en fruit et en graine parce qu'ils croient ce qu'ils voient : les fleurs de pensées deviennent des fleurs de pétunias qui deviennent des fleurs de chrysanthèmes ; voilà la seule réalité que leur offrent les paysagistes qui s'introduisent en catimini dans les campus et les parcs pour arracher les fleurs avant leur dépérissement et les remplacer par des jeunes plants. C'est mon frère, dans la partie, qui me l'a fait remarquer.

C'est peut-être la même ignorance des processus naturels qui explique la mise à l'écart, dans ce pays, des théories de l'évolution. Pendant longtemps, les principes de sélection naturelle et d'adaptation semblaient logiques aux gamins puisqu'ils les avaient sous les yeux. Et les paysans, qu'ils maîtrisent ou non la terminologie, les ont appliqués. Ils choisissaient, sélectionnaient et amélioraient aussi bien les cheptels que les récoltes. Pour l'enfant d'aujourd'hui qui d'instinct considère que les fruits et les légumes du supermarché relèvent de la génération spontanée, tenter d'imaginer la lente spéciation du royaume végétal demande, évidemment, un sacré effort.

Bien que Steven, professeur de sciences naturelles comme mon frère, ait grandi dans l'Iowa, État qui cultive le maïs, il a rencontré son quota d'agnostiques agricoles.

Une fois diplômé, il a vécu en ville dans un quartier où son petit potager était l'attraction suprême pour les gamins qui s'amusaient dans le coin. L'un d'eux, Malcolm, plus connu sous le sobriquet « Malcolm-t'as-intérêt-à-ramener-tes-fesses-au-galop-sinon-bye-bye-le-dîner ! » aimait bien être là quand Steven jardinait. Mais, on pouvait s'y attendre, le fait que les légumes touchent la terre le laissait circonspect. La première fois qu'il a observé Steven sortir de longues carottes orange du sol, il a demandé : « Comment t'as fait pour les mettre là-dedans ? »

Steven lui a résumé le cours d'introduction à la botanique. Ça part d'une graine, ça se transforme en plante. Eau, soleil, feuilles, racines. « Une carotte, a-t-il conclu, en réalité, c'est une racine.

– Ouais… » a répondu Malcolm pas convaincu.

Entre-temps, une foule s'était assemblée. Steven l'a prise à partie en demandant : « Y a-t-il d'autres aliments, d'après vous, qui pourraient être des racines ? » Malcolm a consulté ses potes, a bien assuré ses arrières avant de soumettre sa réponse définitive : « Spaghetti ? »

Impossible de savoir ce qu'on n'a pas appris. Steven était incapable de reconnaître une feuille de tabac *in vivo* avant qu'il déménage à vingt ans dans le sud-ouest de la Virginie. Un samedi matin peu après son installation, il se tenait devant le stand d'un paysan sur un marché lorsqu'un champ d'immenses feuilles vert pâle couronnées de hauts épis de fleurs roses a attiré son attention. Il a demandé au paysan le nom de cette splendide plante. L'homme, hilare, lui a rétorqué : « Toi, tu n'es pas d'*ici*, hein, mon garçon ? »

Le fermier n'en finit sûrement pas de raconter cette anecdote ; Steven est son Malcolm. On est tous le Malcolm de quelqu'un. À leur manière, les ruraux, eux aussi, défient la chaîne alimentaire. La cuisine rurale du Sud est connue pour ses recettes à base d'ingrédients industriels – le gâteau au Coca-Cola par exemple –, et bon nombre d'enfants des campagnes manifestent le plus grand dégoût envers le compost et les vers de terre. L'ampleur de notre ignorance ferait rire les paysans si seulement ils n'avaient pas tant de mal à gagner leur vie, alors même que nous autres prétendons que tout se joue à l'épicerie.

Le jour où la nation entière s'est détournée de la terre, ce que nous savions de la culture des fruits et des légumes s'est envolé comme la saleté du vêtement dans n'importe quelle publicité pour la lessive. Il est possible désormais d'affirmer que la plupart d'entre nous refusent d'être paysans, de payer les paysans, d'entendre leurs récriminations et même de les voir si ce n'est en train de mâchouiller un brin d'herbe dans un album pour enfants.

À bien y réfléchir, nous considérons l'industrie agroalimentaire comme une *chose* plutôt qu'une personne. Nous sommes prêts à consacrer 85 cents de chaque dollar investi en nourriture aux machines, au transport et aux émoluments des intermédiaires. Et nous nous plaignions du prix élevé des viandes et légumes « bio », prix calculé pour qu'il rapporte un peu plus de 15 cents par dollar aux paysans qui ont semé, récolté, aidé le bétail à mettre bas en se levant à l'aube. Il doit y avoir une raison pour qu'on refuse de récompenser ce travail ou même de penser à ces gens qui travaillent dur. Dans la cohue près des caisses des magasins, il est plus facile d'apprendre avec qui les stars de la télé forniquent en douce que de savoir où habitent les gens qui ont fait pousser les melons et concombres qui remplissent notre caddy.

Le fait que nous nous soyons éloignés de nos racines n'est qu'une des conséquences naturelles de la migration de la terre à l'usine qui remonte à la révolution industrielle. Mais notre déracinement proprement dit a été provoqué par la restructuration radicale des exploitations agricoles américaines au sortir de la Seconde Guerre mondiale. Nos usines de munitions ont dû relever un défi :

transformer les armes en socs de charrue et les stocks de nitrate d'ammonium destinés aux explosifs en engrais chimiques. Les conflits suivants ont financé le maïs du Midwest et les champs de soja. L'idée semblait bonne mais certains politiciens se sont servis de ces surplus comme d'un argument en faveur du démantèlement des mesures du New Deal qui avaient jusque-là aidé les fermiers à surmonter les fluctuations économiques propres à ce secteur d'activité. Poussé par l'industrie, le gouvernement a changé les lois sur les subventions des denrées si bien que ces fonds, au lieu de protéger les paysans, ont été investis pour garantir l'approvisionnement en maïs et soja bon marché.

Ces deux cultures, destinées à l'origine à nourrir les hommes et les bêtes, ont été utilisées comme matière première par une toute nouvelle industrie extractive, selon un modèle proche de celui de la mine ou de l'exploitation forestière. Les moulins et les usines furent intégrés à une chaîne de production diversifiée aussi complexe que celle qui transforme les minerais de fer et d'aluminium en voitures, agrafes et déodorants. Les monceaux de maïs et de soja sont devenus du sirop de glucose à haute teneur en fructose, des huiles hydrogénées et des milliers de produits chimiques à base d'huile et autres amidons. Bétail et volailles ont été transférés des pâturages aux unités d'élevage en batterie surpeuplées et mécanisées où du maïs – qui d'ailleurs ne fait pas partie du régime de la vache – pouvait devenir rapidement et au moindre coût de la viande animale. Ces produits variés se sont engouffrés les uns derrière les autres dans ce nouveau pipeline alimentaire aux seules fins d'être transformés en sodas, hamburgers et autres aliments bon marché.

C'est la raison pour laquelle 70 % des terres agricoles du Middle West sont devenues d'immenses exploitations – la superficie moyenne approche celle de Manhattan – cultivant du maïs ou du soja. Du fait des engrais chimiques, des pesticides, de la modification génétique et de la transformation de l'exploitation agricole à l'origine fondée sur la nature en un système de production fortement mécanisé, les fermiers américains produisent dorénavant 3 900 calories par citoyen et par jour. Cela correspond au double de nos besoins et à une augmentation de 700 calories par jour par rapport aux années 1980. Les producteurs ne peuvent survivre qu'avec des rendements maximaux, ce qu'ils atteignent. Et en voici la conséquence la plus choquante : tandis que les paysans produisent cet excédent calorique, l'industrie agro-alimentaire se débrouille pour l'injecter dans le corps de consommateurs sans leur demander leur avis. C'est l'incarnation de ce que l'on nomme capitalisme tardif.

Pour la plupart, ces calories entrent dans nos bouches sous des formes où l'on peine à reconnaître du maïs, du soja, voire une origine végétale : le sirop de glucose à haute teneur en fructose ne dénie pas ses origines mais les lécithine, acide citrique, maltodextrine, sorbitol et autres gommes de xanthane pour ne citer qu'eux, sont également des dérivés du maïs. Tout comme les bœufs, les œufs et la volaille selon un processus différent mais non moins artificiel. Les graines de soja sont également transformées en chair animale et, pour reprendre le terme consacré, en « matière grasse ajoutée ». Si l'on devait retirer tous les produits contenant du maïs ou du soja de nos rayons, les épiceries auraient l'air de quincailleries. Même les ampoules électriques y seraient présentées dans leur plus simple appareil puisque de nombreux emballages contiennent de l'amidon de maïs.

Avec un tel surplus de calories à écouler, le gigantisme s'est développé. La jolie bouteille de Coca-Cola d'antan a pratiquement triplé de volume : elle contient à présent 600 millilitres de sirop de glucose à haute teneur en fructose gazéifié additionné d'eau ; le repas qui l'accompagne s'est développé de façon similaire. Tout comme le tour de taille américain. Depuis 1975, la consommation de « matière grasse ajoutée » a augmenté d'un tiers, celle de sirop de glucose de 1 000 %. À peu près un tiers de nos calories proviennent à présent de ce qu'on appelle, d'un commun accord, la *junk food*.

D'accord, aucune caissière ne nous a pointé un fusil sur la tempe pour qu'on double notre consommation de calories. Mais les êtres humains ont un faible pour les graisses et les sucres. Au cours de notre évolution, se gaver dès que possible de denrées riches en calories fut un gage de survie. Qu'ils entendent ou non quoi que ce soit à la biologie, ceux qui commercialisent les produits alimentaires ont eu vent de ce faible et l'exploitent sans vergogne. On considère généralement l'obésité comme une déficience de la volonté sans jamais tenir compte du complot très réel qui en est responsable. Des industriels se sont vraiment assis autour de tables de négociations pour discuter de stratégies visant à fourguer le surplus de calories à des gens qui n'éprouvaient ni le besoin ni l'envie de les consommer. Les enfants sont leur principale cible ; des sociétés agroalimentaires investissent plus de 10 milliards de dollars par an pour vendre leurs marques aux enfants, inutile de dire qu'ils ne font pas de pub pour le brocoli. Le nombre d'enfants qui souffrent d'embonpoint suit une progression similaire à celui des mineurs devenus fumeurs invétérés, à cette différence près : généralement, ce sont les parents qui les approvisionnent. Nous subventionnons tous ces calories bon marché avec nos impôts, les stratèges font fortune et on reproche aux consommateurs obèses de violer les règles. Le crime est parfait.

Dans chaque pays industrialisé la concentration de l'agriculture s'est accompagnée d'une augmentation de la consommation de denrées transformées. Mais il n'y a qu'aux États-Unis qu'il est entré dans les normes d'alourdir les poignées d'amour – en Europe, les plages de naturistes sont encore appréciées. Ailleurs, des populations bien nourries ont utilisé leurs us et coutumes pour maîtriser l'excès calorique : les Italiens mangent italien, les Japonais mangent japonais, et ainsi de suite, faisant par là honneur à d'anciennes synergies entre ce que leur terre leur apporte et ce dont leurs corps ont besoin. Ces traditions gastronomiques fondées sur l'harmonie entre la qualité et la quantité ont un impact esthétique et fonctionnel d'autant plus grand qu'elles sont populaires et se transmettent d'une génération l'autre. C'est pourquoi, alors que l'économie de bien des pays occidentaux s'est considérablement développée au cours du XXe siècle, leurs citoyens, eux, n'ont pas pris un gramme.

Ici, aux États-Unis, nous sommes estomaqués par ces individus qui, dans une société d'abondance, s'abstiennent de toute gloutonnerie. Nous avons même créé une expression pour désigner cette étrangeté : le paradoxe français. Comment peuvent-ils à la fois éprouver du plaisir à manger du fromage et du foie gras d'oie et rester minces ? Après avoir vécu quelque temps en France, j'ai ma petite idée sur le sujet : ils n'engloutissent pas des litres de soda ; ils mangent plusieurs plats au cours d'un repas mais la proportion de graisse reste faible ; ils fument comme des pompiers (bien que cela soit en train de changer) ; ils font traîner en longueur les repas en bonne compagnie, il ne s'agit donc pas de s'empiffrer. C'est presque un euphémisme que d'affirmer que le concept de buffet « à volonté » est étranger aux Français. Grâce à certaines règles de goût et de bonne conduite qu'ils ont en permanence à l'esprit, leurs corps semblent savoir quand ils sont rassasiés. Mes amis français, lorsque je les ai interrogés, ont admis, avec des degrés divers de tact, que le vrai paradoxe résidait dans le fait que l'on puisse consommer autant de cette cuisine américaine si repoussante.

Aux États-Unis, on a longtemps prétendu que la culture culinaire était l'apanage des classes privilégiées. Il n'en est rien. La culture appartient à l'espèce. Les êtres humains ne font pas tout ce qui leur passe par la tête – on pourrait soutenir d'ailleurs que c'est ce qui nous rend humain. Nous sommes prédisposés à certains comportements dont nous avons décidé d'un commun accord qu'ils n'étaient pas judicieux : l'adultère et le racisme, par exemple. Pour contrer nos pulsions nous recourons à tout un arsenal de procédés dits culturels : codes civils, rituels religieux, conseils maternels. L'art culinaire, lui, intègre la sagesse populaire aux techniques les plus complexes de telle sorte que les plantes et les animaux deviennent savoureux dans notre assiette. Cet art permet de survivre, d'être en bonne santé et de réguler les excès. S'en priver semble périlleux.

Bien évidemment nous sommes dans le pétrin. De la cuisine indigène d'Amérique du Nord ne reste que quelques reliques telles la dinde de Thanksgiving. Nous avons aussi des spécialités régionales, mais la sauce barbecue de Caroline contiendra sûrement des tomates de Californie – peut-être même des porcs engraissés dans des batteries du Nebraska. Et le gombo de Louisiane se cuisinera avec des crevettes d'élevage indonésiennes.

Il nous faut créer un solide arsenal de normes, véhiculées dans les familles, afin de déguster et consommer avec discernement ce que nos terres et climats ont à nous offrir. Pour l'heure, une ribambelle de régimes farfelus envahit nos librairies à un rythme aussi soutenu que celui des best-sellers. Neuf nutritionnistes sur dix – étude officieuse – considèrent cette avalanche comme la preuve irréfutable que nous avons complètement perdu la boule. Plus optimiste, un autre raisonnement voit dans cette kyrielle d'injonctions la preuve que nous brûlons de forger notre propre culture culinaire ; une industrie alimentaire avide de profit a organisé notre banqueroute nutritionnelle et nous aspirons à un corpus de lois alimentaires qui nous sauverait du déferlement coupable de graisses et féculents médiocres.

Ce que ces régimes à sensation omettent, c'est de prendre en compte la question de l'intégrité nationale et biologique. Une culture alimentaire n'est pas une chose qui est « vendue » à des consommateurs. Elle découle d'un lieu, d'un sol, d'un climat, d'une histoire, d'un tempérament et du sens de l'appartenance. L'appareil théorique des régimes en vogue, sorte d'ordonnance de ce qu'il faut éliminer, a engendré des associations de pensées négatives et persistantes liées au simple fait de manger. Nos modèles de beauté les plus prisés sont faméliques. Mais l'homme reste un animal qui doit manger pour vivre. Pour paraphraser un slogan bien connu : « C'est biologique, idiot. » Une culture alimentaire fondée contre l'acte de manger est plus qu'inefficace.

Les gens conservent leurs habitudes alimentaires si elles induisent des valeurs *positives* : bien-être, satiété, plénitude olfactive. Une solide tradition culinaire invite aussi des étrangers à sa table : de nombreux Américains seront ravis de manger italien, français, thaï, chinois au choix. Mais essayez l'inverse : tendez donc le menu Atkins à un Français et prenez vos jambes à votre cou.

Les Américains auront-ils un jour une culture culinaire propre ? Peut-on trouver ou inventer un ensemble de rituels, de recettes, de morales, et d'habitudes d'achats qui nous permettra non seulement d'apprécier notre nourriture mais aussi de la déguster ? Des signes indiquent que oui. Une meilleure alimentation – plus locale, plus saine et plus raisonnable –, voilà le nouveau sujet de conversation des Américains. Il est aussi bien abordé autour des tables épicuriennes des adeptes de la Slow Food [1] que, plus

1. Le mouvement international Slow Food veut s'opposer aux effets dégradants de la culture du fast-food et promouvoir une alimentation locale de choix en tissant des liens entre la politique, l'agriculture et l'environnement.

prosaïque, dans le cabinet du médecin, aux concerts Farm Aid[1], et lors de la planification des déjeuners dans les écoles. Des communautés rurales aux quartiers « difficiles », on contemple le contenu de son assiette en se demandant d'où il *vient*. Nous sommes de plus en plus circonspects à l'égard de l'industrie agroalimentaire et l'origine précise des aliments compte à nouveau aux yeux de certains consommateurs. La promesse des jours heureux d'après-guerre du « mieux vivre grâce à la chimie » est tombée de son piédestal. « Sans additif » est considéré comme un plus. Notre nation souffre d'un trouble du comportement alimentaire, et nous en sommes conscients. La multiplicité de maladies engendrées par la malbouffe a de sévères conséquences sur notre santé – particulièrement sur celle de nos enfants dont on prévoit qu'ils seront la première génération du pays à avoir une espérance de vie inférieure à celle de leurs parents. Ce fait est à lui seul suffisamment alarmant pour nous faire réfléchir.

La politique gouvernementale nous conseille de manger plus de fruits et de légumes tout en inondant de subventions, non pas les paysans producteurs de fruits et légumes mais les exploitations industrielles de denrées de base destinées à entrer dans la composition des sodas et des hamburgers bon marché. La Loi agricole américaine (Farm Bill), en vigueur actuellement, pourrait tout aussi bien s'appeler « Farm Kill » si l'on considère ses effets sur les petits fermiers et les consommateurs qui la financent. La révolution verte des années 1970 nous avait promis que l'agriculture industrialisée rendrait la nourriture moins

1. Farm Aid est une association à but non lucratif dont la mission est d'aider les paysans à conserver leurs terres et de soutenir une agriculture centrée sur les fermes familiales. À cet effet, elle organise des concerts dont les bénéfices aident à la promotion des petites exploitations.

chère et disponible au plus grand nombre. En réalité, elle a contribué à ce que beaucoup y laissent leur santé.

Il se trouve qu'une majorité d'Américains comprend jusqu'à un certain point l'impact politique des choix alimentaires sur la culture rurale, les consortiums pétrolifères et le réchauffement climatique. De nombreux consommateurs tentent de sauter du train : ils bannissent le fast-food de leurs foyers et de leurs écoles, évitent les listes d'ingrédients imprononçables. Mais le fait de bannir ne saurait suffire à fonder une culture culinaire en soi.

Un mouvement est en train d'apparaître. Il inclut les jardiniers qui font pousser des fruits et légumes pour leur propre consommation – un quart de tous les foyers selon le Census Bureau, équivalent de l'Insee – et également les citadins qui tirent leurs enfants du lit le samedi matin pour aller au marché palper les tomates et humer les melons sucrés poivrés. Rien qu'à New York, on compte presque deux cent cinquante mille acheteurs de ce type. Dans la foulée, on trouve les producteurs eux-mêmes et un nouveau type de clientèle (dont des restaurateurs) adeptes des produits locaux. Les paysans qui adhèrent à ce principe voient plus loin que le bout de leur nez et arrivent à préserver leur exploitation familiale grâce à la culture de poivrons bio ou de champignons rares. On peut également compter parmi les aficionados de ce mouvement les écoliers et les enseignants qui mettent au goût du jour, en classe et à la cantine, des programmes de botanique appliquée tout droit importés de Berkeley, Californie, et qui essaiment jusqu'au fin fond de mon comté du sud des Appalaches. À la fin du CE2 les gamins mettent les mains dans la terre pour planter des tomates et des poivrons qu'ils récolteront et incorporeront à leurs pizzas au début du CM1. Sans oublier les parents capables de laisser leurs enfants mettre la main à la pâte sans en faire tout un plat !

Au fond, une vraie culture culinaire naît de l'affinité

entre les gens et la terre qui les nourrit. L'étape n° 1 consiste sûrement à habiter là où sont produits les aliments que l'on consomme, idéalement dans la même région ou

Un monde affamé

Toutes ces vieilles variétés d'aubergines, ces fromages fermiers trouvés sur le marché sont épatants pour les dîners du week-end mais n'a-t-on pas encore besoin d'exploitations industrielles pour nourrir ceux qui ont faim ?

En réalité, les fermes du monde entier produisent actuellement assez de nourriture pour engraisser chaque habitant du globe. Si 800 millions de personnes souffrent de sous-alimentation de manière chronique, c'est par manque d'argent et d'opportunité et non parce que la nourriture est indisponible dans leurs pays. Le programme pour l'alimentation et l'agriculture des Nations unies (FAO) indique que la production alimentaire actuelle peut répondre aux besoins alimentaires de tous, y compris des 8 milliards de personnes supposées habiter la planète en 2030. Cela reste valable si l'on anticipe une augmentation de la consommation de viande et ce, sans ajout d'organismes génétiquement modifiés.

Cette abondance résulte-t-elle de la profusion de la production industrielle ? Oui et non. Les méthodes d'exploitations agricoles industrielles, où qu'elles soient pratiquées, provoquent l'érosion, la salinisation, la désertification et une perte de fertilité des sols. Le FAO estime que plus de 25 % des terres arables mondiales sont déjà menacées par l'un ou plusieurs de ces problèmes. Les régions les plus affectées sont celles à climat aride et celles dont les terrains sont en déclivité. Aux États-Unis et au Royaume-Uni, de nombreux tests ont démontré que des méthodes biologiques pouvaient obtenir des rendements en denrées de base (maïs, soja, blé) comparables à ceux des exploitations agricoles industrialisées. L'utilisation de couverture végétale ou d'engrais animal comme fertilisant améliore le rendement du sol et la capacité de maintenir l'hydratation en toutes saisons avec des bénéfices cumulatifs. Ces techniques sont particulièrement profitables aux régions qui manquent d'argent et de technologie pour adopter l'approche industrialisée. S'il est vrai que les méthodes conventionnelles produisent des quantités

au moins sur le même continent. L'étape n° 2 réside dans la capacité à associer au sein d'une même phrase les idées de « nourriture » et de « gadoue » et l'étape n° 3 consiste

astronomiques de maïs, blé et soja, ce n'est pas pour nourrir les pauvres. La plupart sont transformées en aliment pour animaux (production de viande) ou entrent dans la composition d'aliments transformés destinés à des consommateurs plus riches qui croulent déjà sous les calories. Les marchands de nourriture privilégient la mise sur le marché d'aliments destinés aux riches plutôt qu'aux pauvres. Les politiques du commerce alimentaire mondial sont généralement plus profitables aux pays développés aux dépens bien sûr de ceux en voie de développement ; distributeurs, préparateurs et expéditeurs raflent la plupart des bénéfices. Même l'aide alimentaire directe à la suite de catastrophes (qui représente un faible pourcentage de la faim dans le monde) est plus profitable aux sociétés céréalières et aux affréteurs. La loi veut que 75 % de telles aides envoyées depuis les États-Unis à d'autres nations soient cultivées, emballées et expédiées par des sociétés américaines. Cette pratique, appelée « aide liée », retarde l'expédition de nourriture de six mois, augmente les coûts de la nourriture de 50 % et octroie plus de deux tiers de l'argent de l'aide aux distributeurs.

Si l'on veut privilégier l'efficacité, mieux vaut produire sa propre nourriture. Bien des organismes d'aides contre la faim apportent leur assistance non sous la forme de sacs de nourriture mais sous forme de programmes qui apprennent à se servir des technologies indispensables pour une exploitation agricole durable et appropriée à la région. Ces programmes accomplissent bien plus que le fait de soulager la faim pour un jour en envoyant un chèque à une multinationale. Ils procurent un moyen d'existence aux personnes démunies et s'attaquent aux vraies racines de la faim qui n'ont rien à voir avec la production de nourriture mais avec la pauvreté.

Pour plus d'informations, allez sur les sites www.wn.org ; www.journeytoforever.org ; ou www.heifer.org.

STEVEN L. HOPP

à se mettre à bêcher son propre lopin pour apprendre d'où viennent les légumes.

C'est dans cet esprit d'aventure que nous avons entrepris de fonder nous-mêmes une véritable culture culinaire américaine ou au moins une parcelle qui serait viable pour nous et transmissible aux autres. Ce livre relate ce que nous avons appris et ce que nous n'avons pas appris ; ce que nous avons mangé ou n'avons pas pu manger ; en quoi notre famille a été transformée par cette année où nous avons délibérément absorbé ce qui était produit là où nous travaillions, entretenions des relations avec nos voisins, buvions l'eau et respirions l'air ambiant. Il n'est absolument pas indispensable de vivre sur une exploitation agricole pour participer à cette aventure. En revanche, il est nécessaire d'en reconnaître l'existence, de comprendre comment ces fermes fonctionnent et de se considérer, en gros, leur obligé. Voilà les sujets abordés par ce livre.

Cette histoire est assujettie au cycle annuel des saisons et de la croissance des plantes en climat tempéré. Puisque ces cultures nourricières affectent tout un chacun vivant sous un même toit, nous nous sommes embarqués ensemble dans ce projet de dégustation et d'écriture. Les encadrés de Steven ne représentent, pour utiliser ses propres mots, « qu'une petite livre sur le bon kilo d'infos glanées » sur divers sujets mentionnés dans mon récit. Les textes de Camille exposent le point de vue d'une jeune personne de dix-neuf ans ainsi que des informations nutritionnelles, des recettes et des menus saisonniers. Si nombreuses que furent les contributions de Lily, y compris plus de cinquante douzaines d'œufs et un empressement manifeste à rayer les Kelloggs aromatisés à la fraise de son régime le temps requis, elle était trop jeune pour signer un contrat littéraire.

La résolution d'une seule famille – tourner le dos à toute la gamme d'aliments industriels – suffira-t-elle à coller un gnon à ce mastodonte agroalimentaire buveur de pétrole ? Lisez mais ne vous attendez pas à des miracles. Au début, nous savions seulement que des choix similaires adoptés simultanément par de nombreuses familles avaient déjà un impact : paysans bio, marchés bio et petits exploitants agricoles font partie maintenant, aux États-Unis, du secteur économique de l'industrie agroalimentaire le plus dynamique. Beaucoup de personnes sont en train de se réveiller en même temps pour constater une vérité qui dérange : les combustibles fossiles bon marché vont disparaître. En ce qui concerne l'alimentation, la dépendance vis-à-vis du pétrole est une solution limitée dans le temps. Chaque calorie nutritive absorbée aujourd'hui a brûlé pour être produite des douzaines, voire des centaines de calories de combustible fossile : le broyage des céréales, par exemple, qui transforme le maïs en aliments manufacturés, coûte dix calories pour chacune des calories nutritives produites. Et cela *avant* même qu'il soit expédié ! D'ici à ce que mes enfants aient mon âge, ce type d'aliment sera une aberration des plus inouïes.

Comme tout le monde, je me complais parfois dans le déni, mais là, nul besoin d'être un génie pour comprendre que : un jour, nos enfants devront vraiment produire leur alimentation différemment. Le fait de savoir comment les légumes poussent, comment les animaux s'engraissent sur les pâturages, quels ingrédients de base entrent dans la composition des repas pourrait leur être utile. Nous avons décidé, avec mon mari, que nous ne laisserions pas nos enfants grandir sans qu'ils sachent qu'une pomme de terre est une plante. Nous voulions prendre un congé sabbatique alimentaire, nous salir les mains, apprendre à cultiver, cet art en voie de disparition. Nous voulions prouver – au moins à nous-mêmes – qu'une famille résidant sur des terres fertiles ou à proximité n'a nul besoin d'être tributaire de la nourriture industrielle.

Nous étions également en quête de plaisirs sains et concrets, de la même façon qu'arrêter de fumer, par exemple, engendre des avantages autres que la seule satisfaction de stopper ses donations à Philip Morris. Nous espérions qu'une année entière loin de toute nourriture industrielle serait si exquise que nous serions ravis ; que ce ne serait pas seulement une histoire de privation : pain de mie jeté à la poubelle, ceinture serrée, chaussures en similicuir aux pieds, âme morne et vertueuse du soir au matin. Ce sont les éléments positifs plus que les négatifs qui nous ont convaincus de tourner le dos à l'offre agroalimentaire. La nourriture est l'un des rares domaines de la morale où le choix éthique est généralement le plus susceptible de vous faire grogner de plaisir. Pourquoi y résister ?

Dans le roman, *Alexis Zorba*, de Nikos Kazantzakis, le narrateur livide n'arrête pas de se faire de la bile à propos des faiblesses de la chair. La nuit, il reste étendu éveillé, à s'inquiéter de la multitude infinie des désirs qui l'assaillent ; les cerises, par exemple. Il raffole beaucoup trop des cerises. Zorba lui dit : « Dans ce cas, je pense qu'il faut que tu te mettes sous un cerisier, que tu en cueilles un grand saladier et que tu te gaves jusqu'à plus faim. Mange des cerises comme si c'était les dernières. »

Voilà à peu près le socle de notre projet : le régime Zorba.

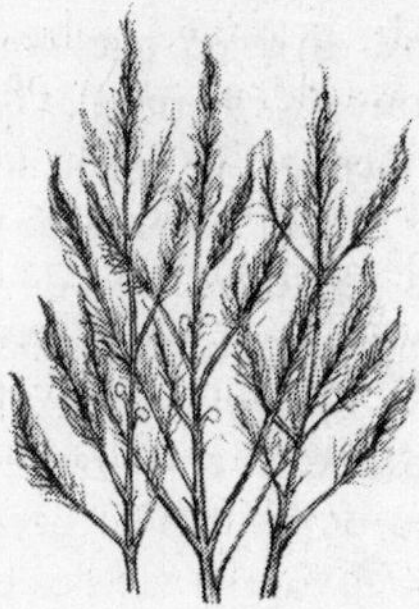

2. EN ATTENDANT L'ASPERGE

Fin mars

Voilà qu'une nouvelle question s'était mise à nous turlupiner, il ne s'agissait plus de « on arrive quand ? » mais plutôt de « on commence quand ? ».

Si nous étions venus délibérément dans cette ferme, c'était pour manger. Nous avions discuté des années durant de la portée de ce choix. En théorie, nous savions seulement que nous allions consacrer une année à accorder nos choix alimentaires et nos valeurs qui reposent, en gros, sur ces deux axiomes : « Aime ton prochain » et « Essaie de ne pas détruire ce qui fleurit sur la planète lors de ton passage sur Terre ».

Nous nous étions accordé presque un an pour nous installer et résoudre les problèmes inhérents à la vétusté de notre ferme. Après de considérables travaux de rénovation – la plomberie centenaire notamment – nous avions emménagé dans une maison à laquelle ne manquaient plus que les finitions, des poignées de porte, par exemple. Et une porte à l'arrière. Si bien que nous avons cloué du contreplaqué sur l'ouverture afin d'éviter que les mammifères sylvicoles ne viennent se promener dans la cuisine.

Nous avons aussi trouvé le temps de planter un modeste potager et de faire des conserves de tomates. Au mois d'octobre, les sobres forêts qui nous entouraient ont soudain révélé leur goût des couleurs vives. À Tucson, les arbres ne savaient pas se parer d'orange et d'écarlate. Puis vint toute une série de chutes de neige qui inaugura le premier hiver rigoureux de la vie des enfants. L'aînée de nos filles, élevée à Tucson, fut si déconcertée par le froid qu'elle adopta une paire de bottes fourrées de laine polaire comme règle vestimentaire, même à l'intérieur ; la plus jeune, en CE2, fut si enthousiasmée par le concept d'annulation des cours en raison des chutes de neige qu'elle laissa sa luge garée sous le porche et imagina des rituels pour accroître les chances de blizzard.

Notre programme d'alimentation locale encore à l'état de projet, nous avons fait connaissance avec nos voisins fermiers et leur production sans changer nos habitudes en matière de courses. Nous comptions autant que possible sur les rayons bio, évitions les cochonneries mais la majeure partie de notre nourriture venait d'*ailleurs*. Nous étions bien décidés à lâcher un jour le pipeline alimentaire, c'est-à-dire à considérer que si l'un de nos ingrédients ne venait pas de notre comté ou de notre État, nous aurions besoin d'une raison extraordinaire pour l'acheter. (« Je le veux » n'entre pas dans cette catégorie.) D'autres avant nous ont rendu publiques leurs expériences de locavore : un couple de Vancouver avait annoncé des intentions similaires mais on dit que maintenant ils mangent des pissenlits (par la racine ?). Notre ami, Gary Nabhan, à Tucson, avait écrit un livre très documenté sur ses aventures après s'être intoxiqué avec de la farine moisie et avoir ingurgité de la mort aux rats. Nous avions un autre scénario en tête. Nous voulions prouver qu'une famille américaine lambda pouvait se contenter des fruits du cellier local et y trouver du plaisir.

Il ne semblait pas judicieux de démarrer le 1er janvier. Février, lorsqu'il est arrivé, avait l'air tout aussi morose. En mars, la question s'est posée : qu'est-ce qu'on attend ? Nous avions besoin d'une date officielle pour débuter notre expérience de 365 jours. Nous aligner sur le cycle de croissance végétale nous semblait sage mais ne résolvait pas la question. Quand commence le cycle ? Au moment où les oignons sauvages et le cresson surgissent au bord des routes ? J'ai choisi une date avant que notre famille n'entreprenne de glaner des herbes dans les fossés comme dans *Les Misérables*, vu que nos voisins devaient déjà nous prendre pour des indigents. La cabane où nous avons habité avant d'emménager dans le corps de ferme était un endroit vraiment rudimentaire pour une famille de quatre personnes. Un été, alors que Lily avait dans les deux ans, j'étais allée à la quincaillerie du village acheter une grande bassine pour la baigner dans le jardin car nous n'avions ni baignoire ni évier suffisamment grand pour le faire. Après que les vendeurs m'avaient proposé des articles qui ne convenaient pas, j'avais commis l'erreur d'expliquer à quel usage était destinée ladite bassine. On aurait pu entendre une mouche voler. Le magasin était devenu silencieux et des regards pleins de compassion se posaient sur moi, mère des Appalaches de carte postale avec mon bébé sur les hanches.

Hors de question de partir à la cueillette du cresson au vu et au su de tous. J'ai décidé que nous devions fixer le premier de l'an à l'apparition d'un légume extraordinaire, le très attendu premier vrai légume de l'année. Après tout, si les Européens faisaient tout un plat de son apparition, nous aussi pouvions faire de même : nous attendions l'asperge.

⁂

Deux semaines avant le début du printemps, j'étais dehors, les bottes enfoncées dans la gadoue, le col de ma parka relevé sur les oreilles à scruter le carré d'asperges. Quatre ans plus tôt, quand Steven et moi avions décidé que cette ferme serait un jour notre lieu de résidence permanent, nous avions créé le jardin qui devait nous nourrir, nous l'espérions, jusqu'à notre vieillesse. Le terme de « création » est assez vague pour convenir au projet qui nous a fait abondamment transpirer la plus grande partie de l'été en compagnie d'un ami muni de l'outillage nécessaire pour ameublir la terre. Le défi à relever était celui de tous les cultivateurs du sud des Appalaches : la topographie. Notre ferme est entourée d'une chaîne de montagne en U. Les coteaux boisés descendent jusque dans une vallée profonde au centre de laquelle coule un ruisseau. C'est ce qu'on appelle ici un « encaissement ». À l'ouest, ils appelleraient ça un canyon, mais ils ont moins d'arbres et bien plus de soleil.

Notre ferme au toit de tôle est à l'entrée de l'encaissement. Entourée de champs et de vergers dégagés, elle est flanquée d'une vieille étable bordée de marronniers, d'un poulailler et c'est par un chemin de graviers qui suit la pente de la vallée que l'on rejoint la route. La cabane, notre actuelle maison d'amis, est enfouie plus haut dans les bois et c'est de là aussi que vient notre approvisionnement en eau – un ruisseau alimenté par une source et qui passe près de la maison le long d'un sentier avant de rejoindre une rivière au niveau de la route principale.

Nous avons plus de quarante hectares qui en fait sont tous trop en pente pour être bien cultivés. Mon grand-père disait que dans ce type de fermes il suffisait de creuser l'extrémité d'un rang de patates pour qu'elles roulent jusqu'au panier. L'image est juste mais la réalité moins drôle. Nous avons tenté de cultiver l'étroite bande de terrain pratiquement plat qui longe le ruisseau mais les basses terres ne bénéficient du soleil direct qu'en fin de matinée jusqu'en milieu d'après-midi. Pas suffisant pour faire mûrir un melon. Pendant des années nous avons étudié l'exposition de nos terres pour en tirer le meilleur parti.

Nous avons finalement choisi d'installer le jardin sur le versant exposé face au sud, à mi-chemin de la côte derrière la ferme. Après l'avoir dégagé des ronces, nous avons délimité deux longs terre-pleins enlaçant la colline – moins de 1 000 m^2 en tout et notre unique surface vraiment plane. D'une année sur l'autre, nous avons enrichi le sol de compost, nous l'avons protégé sous une couche végétale et bordé les talus de buissons de myrtilles, pêchers, pruniers, noisetiers, pacaniers, amandiers et framboisiers. Nous nous sommes donc retrouvés face à la lourde tâche d'entretenir une quarantaine d'hectares de bois qui dégage de l'oxygène et filtre l'eau ainsi que 400 m^2 de terre arable destinés à nourrir notre famille. Et c'est là dans un petit coin que j'avais jalonné, creusé et planté trois ans auparavant que se trouve le carré dédié aux futures asperges.

En mars, alors que nous attendions un signe pour nous mettre à vivre de ce qui poussait sur notre sol, cette parcelle nue était loin de ressembler à un buisson ardent porteur de présages. Elle était, en fait, noire de cendres après que nous avions brûlé les tiges mortes de l'année passée pour éliminer les criocères de l'asperge. D'ici deux mois, quand il ferait assez chaud pour planter le maïs et les haricots, l'événement culinaire concrétisé par les asperges ne serait plus qu'un lointain souvenir et ce coin de terre une forêt de feuilles duveteuses m'arrivant à la taille. À la fin de l'été elles ressembleraient à des sapins de Noël nains couverts de petites boules rouges. Et puis le gel en viendrait à bout. Quarante-huit semaines par an, seul un fin connaisseur peut distinguer un plant d'asperge d'un autre plant. L'été, de nombreux visiteurs restent au milieu du carré à demander : « C'est quoi ce truc, c'est très beau ! » Quand on leur répond que c'est le carré d'asperges, ils s'exclament : « Non, ça alors, ces arbustes duvetés ? »

Un turion d'asperge ne ressemble à sa description qu'un jour de sa vie, généralement en avril, à un ou deux mois près quand on voyage le long de la ligne Mason-Dixon. La pousse émerge du sol comme un serpent vert au nez retroussé en quête de soleil ; on peut presque la regarder grandir tant elle pousse rapidement. Si on ne la décapite pas au niveau du sol au moment de son émergence, elle continuera son ascension. Chaque écaille triangulaire de la pousse se déploie en rameau jusqu'à ce que le serpent soit devenu un arbuste de plus d'un mètre de haut doté d'épines très fines. Contrairement à la légende, les turions épais ne sont ni plus tendres ni plus mûrs que les fins ; chaque turion naît avec sa propre circonférence. Dans les quelques heures qui suivent l'émergence, le turion s'allonge mais ne s'épaissit pas vraiment.

Histoire d'alimenter une polémique qui fait rage, les turions blancs ne sont pas différents, sur le plan botanique, de leurs collègues verts. Les pousses blanches ont été privées de soleil par une épaisse couche de paille qu'on a placée au-dessus du collet de la plante. Les cultivateurs européens se donnent du mal pour satisfaire les consommateurs qui préfèrent les tiges avant que la photosynthèse ne leur ait donné un premier hâle. En général, les Américains apprécient le goût plus prononcé du vert. Mais ici, nous avons opté pour une solution bien meilleure sur le plan nutritif. Le même plant pourrait donc produire des turions blancs ou verts d'une année sur l'autre en fonction de la manière dont on s'en occuperait. Si on laisse les asperges passer la barre des premiers 15 centimètres d'exploration, elles se mettent à grandir et à développer un fin duvet similaire à celui de la plante d'intérieur connue sous le nom d'*Asparagus plumosus*, son proche parent.

Des plants d'asperge plus vieux et plus sains produisent des pousses encore plus abondantes et trapues.

En dessous, on trouve tout un enchevêtrement de racines dodues en forme de pieuvre (appelé « couronne ») qui engrangent assez d'albumen (ou amidon) pendant l'hiver pour donner, une fois le printemps venu, de l'élan aux tiges phalliques. Le résultat est assez sexy si vous êtes du genre à considérer les choses sous cet angle. Les Européens de la Renaissance juraient que l'asperge était aphrodisiaque et l'Église l'a proscrite des couvents.

Les premières recettes datent d'à peu près deux mille cinq cents ans ; écrites en grec ancien et en hiéroglyphes égyptiens, elles suggèrent des origines méditerranéennes. Les empereurs romains poussèrent leur passion de ce légume jusqu'à l'extravagance, affrétant des navires pour parcourir l'empire à la recherche des meilleurs turions et les rapporter à Rome. C'est même l'asperge qui inspira les premières tentatives de surgelés au Ier siècle, lorsque des conducteurs de char romains convoyèrent de grandes quantités d'asperges fraîches de la vallée du Tibre jusqu'aux Alpes afin de les enterrer sous la neige pendant six mois. Tout ça pour qu'on puisse en servir en grande pompe à la fête d'Épicure en automne. Nous ne sommes donc pas les premiers à pousser loin le ridicule qui consiste à manger des produits qui ne sont pas de saison.

Les Européens du Nord ont découvert l'asperge bien plus tardivement mais quand ils migrèrent vers le Nouveau Monde, il fut hors de question de partir sans elle. C'est une plante qui vit longtemps. Ses graines sont disséminées par les oiseaux, des jardins aux haies, si bien qu'on en trouve toute une population sauvage dans chaque région tempérée d'Amérique du Nord où il pleut suffisamment pour qu'elle reste en vie. Elle aime les sols légers dont la surface gèle en hiver. Elle est particulièrement fréquente au bord des routes et des passages à niveau dégagés de leur végétation. L'asperge sauvage n'est pas toujours plus savoureuse mais elle a l'avantage de ne rien coûter. Au début du printemps, mon père aimait beaucoup en rapporter des bottes quand ses consultations l'amenaient sur des routes de campagne où l'asperge poussait. La plus grande difficulté est de la dénicher parmi les hautes herbes le premier jour après sa sortie, quand il faut la couper. Papa se targuait de repérer les coins à asperges sauvages à la fin de l'été, quand elles étaient hautes et ondulaient dans la brise. Il s'arrêtait, descendait de voiture et balisait l'emplacement avec de l'adhésif orange qu'il emportait exprès avec lui. Si les Ponts et Chaussées et le climat hivernal n'enlevaient pas ses marques, on aurait alors, au printemps suivant, des coins à asperges dans tout le comté. Enfants, on adorait l'idée de manger un aliment qu'on avait volé puis recouvert d'une tonne de beurre.

Adulte, j'ai creusé des carrés d'asperges dans le jardin de chaque maison qui m'appartenait ou que je louais – y compris dans de petits espaces urbains et des ghettos d'étudiants – laissant dans mon sillage un véritable patrimoine de légumes. J'imagine que pendant ces années d'errance, j'étais à la recherche d'une stabilité dont je n'avais pas encore les moyens. Un carré d'asperges bien entretenu peut continuer à donner pendant vingt ou trente ans, mais c'est une charge ridicule que d'en installer un dans le jardin d'une cité U. C'est vraiment éreintant de creuser les tranchées, de les remplir de compost et d'y planter une rangée de couronnes d'asperge commandées chez un grainetier. Et puis il faut attendre trois ans avant la première récolte. Un plant trop jeune est découragé si vous contrecarrez chacune de ses tentatives de lancer de nouvelles pousses au printemps et ce mauvais traitement plongera la plante dans un spleen végétal puis dans l'abîme.

Après avoir accordé deux étés à la plante pour qu'elle se remplume, vous pouvez entreprendre de couper ses premiers efforts – mais seulement durant deux semaines la première année de récolte. Même avec des plantes arrivées à pleine maturité, le cultivateur devra, en dépit des hostilités du consommateur, laisser la plante l'emporter. Après environ huit semaines de taille quotidienne, il doit ranger son couteau pour laisser les turions dépasser le stade de comestibilité et s'allonger comme ils aspirent à le faire. En général, la saison est finie pour les espèces cultivées lorsque chaque légume a été récolté et que la plante porteuse meurt ou est recyclée sous le nouveau labour. L'asperge est différente : sa saison s'arrête lorsque l'on décrète qu'il faut maintenant avoir des égards pour la plante et la laisser stocker sous terre tout l'été l'amidon sans lequel elle ne peut vivre. Ce qui explique que, de tous les légumes communs, la saison où les asperges d'origine locale sont fraîches est la plus courte. À moins de vivre en Nouvelle-Zélande ou en Amérique du Sud, n'espérez pas voir pointer les pousses d'asperges avant mars, avril ou mai. Des cultivateurs californiens ont trouvé le moyen d'avoir une seconde et brève récolte à la fin de l'automne mais c'est une exception. Pour la plupart d'entre nous, si nous trouvons des asperges au-delà du printemps, c'est qu'elles ont effectué un long périple. À la maison, on ne mange des asperges qu'en saison mais alors on en mange des quantités – les tiges doivent être coupées tous les jours. Au moment où les plantes en ont assez de notre traitement, la sensation devient réciproque. C'est bien réglé.

Depuis les récoltes sauvages de mon enfance, j'ai mesuré mon âge à l'échelle des asperges. J'ai lutté pour les planter dans un nombre incalculable de jardins que j'étais destinée à quitter pour la simple raison que je crois aux légumes en général et à celui-ci en particulier. Les jardiniers sont réputés et raillés pour ce genre de fanatisme. D'autres personnes jeûnent ou entreprennent de longs pèlerinages pour rendre hommage à l'esprit qui selon eux embellit et justifie notre monde. Si nous, jardiniers, mettons le pied sur une bêche, nous agenouillons devant une rangée de pousses délicates pour ensuite patienter trois ans avant l'incarnation comestible, qui donc est à même de déterminer s'il s'agit de ridicule ou de révérence ?

⁂

Le plant d'asperge bénéficie d'un statut particulier puisque sa biographie en fait le premier comestible substantiel de l'année. Sur le plan botanique, on dit qu'il est vivace avec une durée de vie de plusieurs années. Les autres végétaux comestibles consistent en feuilles, fleurs, fruits ou graines de plantes qui voient le jour au printemps pour périr quelques mois plus tard, gelés par l'automne ou dévorés, c'est selon. Exception faite de ce qu'on nomme « les fruits », qui poussent sur des arbres et des racines et tubercules ; nous reviendrons sur ce sujet.

Les plantes annuelles croissent généralement plus vite que les vivaces et sont destinées à être mangées depuis des milliers d'années. Les graminées, dont les épis sont nos céréales, sont particulièrement véloces, le maïs gagnant de loin la course du plus rapide à fixer le carbone. Mais l'asperge remporte le premier prix de longévité. C'est pourquoi elle est la première à surgir au printemps pour nous offrir une biomasse comestible alors que les autres légumes en sont encore au stade du semis.

Mais la partie comestible de la plante est extrêmement éphémère. Au moment où le couperet tombe sur l'asperge, un pistolet interne déclenche un « partez ! » immédiat et elle entame sa décomposition en métabolisant ses propres sucres pour tenter – elle n'a pas d'autre but – de continuer de pousser. Elle est meilleure mangée le jour même de sa récolte, c'est comme ça. Même dans une cargaison réfrigérée, les écailles serrées des bourgeons se déploient et commencent à révéler les embryons de rameaux. Les tiges fraîches ont le charme éclatant de ces matrones sur leur trente et un dans un dancing latino qui perdent fraîcheur et croquant dès que la musique s'arrête. La douceur tourne et devient farineuse.

On n'imagine pas tout ce qui se détériore lors du chant du cygne d'un légume dont le goût et la valeur nutritionnelle résultent d'interactions phytochimiques complexes. Au début du XXe siècle, Kikunae Ikeda, un scientifique japonais spécialiste de l'alimentation, fut le premier à déterminer que le goût de l'asperge se trouvait en dehors des quatre catégories répertoriées : sucré, salé, amer et aigre. La saveur prononcée si caractéristique de l'asperge vient de l'acide glutamique contenu dans la plante et fut nommée « cinquième goût » ou « umami » par le Dr Ikeda. Ce fut là une véritable découverte en terme d'approche du goût. Plus tard on inventa un agent de saveur artificiel correspondant à l'umami, le glutamate de sodium. Mais les agents de saveur perdent vite leurs nuances. Une asperge qui n'est plus fraîche deviendra fade ou amère surtout si elle est trop cuite.

Convoyer un légume vert en camion réfrigéré d'une extrémité de la Terre à l'autre engendre, il faut l'admettre, une consommation d'essence fâcheuse. Mais il est un argument plus simple contre les asperges hors saison : elles sont de qualité inférieure. C'est aussi une marque de respect que de savourer un aliment si extraordinaire lorsqu'il atteint son pic gustatif. Les Européens célèbrent la courte saison des asperges un peu comme une fête religieuse. Aux Pays-Bas, la première asperge coupée coïncide avec la Fête des pères ; les restaurants proposent des menus « tout asperges » et offrent des cravates bariolées d'asperges. Les Français célèbrent l'arrivée du beaujolais nouveau avec autant d'enjouement. En automne, à la saison des champignons, les forêts grouillent d'Italiens à quatre pattes comme des fourmis moissonneuses et les premières tomates d'été sont accueillies chez eux avec jubilation.

Attendre que des aliments soient de saison signifie donc les déguster quand ils sont bons et l'attente est souvent de la partie quand on table sur la valeur. Raisonner ainsi à propos de nourriture peut contribuer à déplacer le concept d'« alimentation », dans l'esprit du consommateur, du ministère de l'Entretien à celui des Loisirs. De nos jours, il est difficile de réduire la complexité de nos choix alimentaires à des principes simples, mais en voici un qui a fait ses preuves : manger des plats cuisinés à la maison avec des ingrédients de saison obtenus localement, c'est bien manger dans tous les sens du terme. Bon pour l'environnement, bon pour le corps.

Depuis des années, une poignée de chefs créatifs tente d'instaurer une authentique gastronomie américaine – une cuisine fondée sur nos propres ingrédients. Parmi les éminents pionniers de cette culture, on trouve Alice Waters du restaurant *Chez Panisse* à Berkeley, Rick Bayless du *Frontera Grill* à Chicago ainsi que Deborah Madison, auteure géniale de livres de cuisine. Cependant, cette cuisine est le plus souvent perçue comme étant élitiste. Je vous l'accorde, au restaurant la note est parfois salée, mais la version « faites-le vous-même » ne l'est pas. Je ne comprends vraiment pas pourquoi tant d'Américains en sont venus à croire que seuls les nantis sont à même d'apprécier une esthétique alimentaire à sa juste valeur. Ils feraient mieux de jeter un coup d'œil dans les cuisines des ouvriers immigrés originaires d'Inde, du Mexique et d'ailleurs. À qualité comparable, cuisiner chez soi revient moins cher qu'acheter des plats préparés ou aller au restaurant. Préparer quelque chose de bon est surtout une question d'aptitude à la dégustation et de talent.

L'obstacle principal qui se dresse entre nous et la culture de l'alimentation locale n'est pas le prix mais notre attitude. Il faut en effet, et c'est une chose des plus difficiles, faire preuve de patience et d'un doigt de retenue – qualités qui sont loin d'être l'apanage des riches. Et qui, *in fine*, semblent bien peu répandues dans cette nation fondée par des puritains. Lorsque on mentionne ces valeurs c'est souvent de manière sélective. Je prendrai l'exemple de ceux qui rebattent les oreilles de nos adolescents du précepte selon lequel ils devraient repousser le sexe à plus tard car, prétendument, s'ils attendent les conditions idéales ils auront des rapports sexuels satisfaisants. « Blablabla », entend l'adolescent : ces mots sortent d'une bouche incapable d'attendre la saison des tomates et qui consomme des spécimens fades tout l'hiver, histoire de satisfaire une envie d'avoir tout *tout de suite*. C'est éduquer ses enfants selon le principe de l'immédiateté et de la promiscuité que de leur servir en toute saison un mélange indéterminé d'aliments de supermarché. Et nier que céder à ces désirs bon marché dévalorise la nourriture.

Attendre après la qualité semble être l'article de la Constitution qui a disparu des habitudes alimentaires américaines. Si nous souhaitons le récupérer, alors l'asperge est un bon point de départ. Et si l'objet de toutes nos attentes était un prétendu aphrodisiaque ? Voilà le sublime paradoxe de notre culture alimentaire : un peu de retenue engendre de grandes satisfactions.

⁂

Début avril, un dimanche, nous nous sommes assis autour de la table de la cuisine pour dresser la liste des courses de la semaine. L'humeur était étrangement solennelle. D'habitude nous gribouillions au crayon ce dont nous avions besoin sur un papier fixé sur le réfrigérateur et avant d'aller faire les courses, nous réunissions les *desiderata*. Mais notre problème c'est que nous voulions devenir un autre type d'animal – une bête qui ne bondirait plus à la moindre sollicitation. Nous avions maintenant récolté et mangé des asperges à deux reprises. Nous étions dans les starting-blocks : à vos marques, prêts… à vos marques ?

Comme bien d'autres projets d'envergure, celui-ci se révélait plus facile à présenter au comité de direction qu'aux actionnaires. Notre famille s'est donc réunie autour de la table en chêne de la cuisine ; le plafonnier rustique en verre opalin diffusait une lumière de garde-à-vous. Dans la pièce d'à côté, on entendait le tic-tac de la pendule de grand-père. Nous avions meublé notre vieille maison de bric et de broc : ici et là nous avions glané de vieux appareils électriques, de la quincaillerie et même récupéré des éviers et une baignoire dans des immeubles démolis ; notre réfrigérateur est un petit modèle Kelvinator de 1932 à qui nous avons refait une beauté. Le tout donne à la cuisine le charme agréable d'une pièce habitée mais, à ce moment précis, j'avais plutôt l'impression de participer au casting de *La Petite Maison dans la prairie* ou de *Maman très chère*.

Ils étaient tous assis en face de moi. Steven : mon fidèle compagnon, plutôt content, pour l'occasion, de me laisser le grand rôle. Camille : notre ado rousse qui, en dépit de tous les stéréotypes, a le tempérament le plus flegmatique qui soit. Depuis sa naissance, cet enfant a tout contemplé avec calme puis résolu les problèmes qui se présentaient sans jamais demander l'aide de l'univers ou de ses parents. Dans notre maisonnée, à maintenant dix-huit ans, elle avait le rôle d'un adulte à part entière, cuisinant et planifiant souvent des repas ; elle faisait également de la danse et alimentait ses passions mangeuses de calories de denrées immanquablement diététiques. Si ce projet devait être un fardeau, elle le sentirait. Et enfin, Lily : convaincante politicienne de la famille (elle serait capable, comme disait mon grand-père, de charmer un serpent à sonnettes), si sérieuse avec ses cheveux noirs relevés en queue de cheval. J'avais l'impression qu'elle ne se rendait pas vraiment compte de ce qui nous attendait. Si ça avait été le cas, elle aurait déjà fait pression pour trouver une échappatoire.

Six yeux, tous chéris, me fixaient sans ciller alors que je rayais un à un les produits exotiques. L'herbe nous sembla soudain bien plus verte ailleurs. Tous les snacks, il paraît, viennent du pays d'Oz, même les diététiques. Des concombres en avril ? Non. Il leur faudrait des passeports pour arriver chez nous en ce moment, ou au moins un permis de conduire délivré en Californie. Pareil pour ces fausses minicarottes qui en fait sont des carottes tout ce qu'il y a de plus normal sauf qu'on les a taillées. Et puis toutes ces feuilles de salade déjà lavées viennent de Californie. Même la vinaigrette toute faite pose problème à cause de la douzaine d'ingrédients qui ont accumulé les kilomètres pour arriver à l'usine puis chez nous. En termes de consommation d'essence, on pourrait dire que les fruits tropicaux, bananes, ananas, sont les 4 × 4 de l'alimentaire et que les concoctions complexes sont de perfides voitures de course. J'ai biffé au crayon un aliment après l'autre. « La vinaigrette est facile à faire. » Le vinaigre et l'huile de notre garde-manger n'étaient évidemment pas d'origine locale mais en un tour de main, on pouvait réduire le kilométrage de notre vinaigrette. Dans notre jardin d'herbes aromatiques poussaient déjà la ciboulette chinoise et l'origan, herbes vivaces de Méditerranée si endurantes qu'elles peuvent résister aux gelées tardives.

Dans la région, on trouvait aussi plein d'œufs si bien que dans un élan d'intrépidité j'ai promis de faire de la mayonnaise. Il paraît que c'est plutôt facile. De mes cours de français du lycée, j'avais gardé en mémoire une recette, à cause d'une consigne absolument irrésistible que l'on peut traduire comme ceci : « Battre allègrement pendant deux minutes en bannissant toute mauvaise pensée de son esprit. » Elle n'attendait plus que le moment opportun pour être mise en pratique.

Revenons à la liste de courses en gardant un esprit positif : quelques articles ont été éliminés sans objection notable. Puis je suis arrivée aux mots soulignés et écrits en majuscules par Camille : FRUITS FRAIS, S'IL TE PLAÎT ???

Nous étions sur le point de franchir le Rubicon.

J'ai changé de tactique. Au lieu de faire la liste de ce qu'on ne peut pas acheter, ai-je dit, on devrait passer en revue les choses dont on sait qu'elles peuvent être obtenues dans la région. Légumes et viande – qui constituent l'essentiel de notre régime – seraient disponibles d'une manière ou d'une autre au cours de l'année à venir. Nous avions rencontré des paysans qui vendaient des poulets fermiers élevés en liberté, des dindes, du bœuf, de l'agneau et du porc. Ceux qui cultivaient des légumes étaient encore plus nombreux. Comme bien d'autres villes, la nôtre organise un marché où les cultivateurs du coin dressent un petit étal deux fois par semaine de mi-avril à octobre pour vendre leurs produits. Et notre jardin n'allait pas tarder à nous nourrir. Nous allions donc prêter serment de loyauté envers la viande et les fruits et légumes de notre comté et rejeter tous les autres quel que soit le charme enjôleur des produits de Californie.

Que faut-il d'autre à une famille ? Dans une région qui fourmille d'apiculteurs, le miel pourrait remplacer le sucre. Pour les œufs aussi, il suffisait de claquer des doigts. Quant aux aliments industriels traités, ils ne poseraient pas de problème puisque nous allions les éviter. Parmi les aliments que nous utilisons souvent se trouvent les céréales, les produits laitiers et l'huile d'olive. Nous avions entendu parler de bonnes laiteries dans notre État mais les olives ne poussent pas sous ce climat. Il n'existe aucun réel substitut et, ici, on ne produit pas d'autre huile. De même, nous connaissions un moulin dans la région qui meulait le maïs, le blé et d'autres farines mais le blé utilisé provenait d'autres États. Si nous n'achetions que ces deux aliments – céréales et huile d'olive – à des sources en partie ou totalement extérieures, nous allions pouvoir chambouler l'économie du ménage avec une majorité écrasante de transactions alimentaires locales. Nous essayerions de nous procurer les produits céréaliers dans leur forme la moins traitée et la plus facile à transporter – farine en gros et riz nord-américain – afin que les dollars aillent dans les poches des paysans sans trop bifurquer.

J'ai reposé la liste, réfréné mon envie de mâchouiller le crayon et chassé consciemment de mon esprit l'image de mes enfants affamés et de Lily quémandant des restes de déjeuner à l'école.

Je devrais préciser une chose : je n'ai aucun intérêt ou penchant à jouer la malheureuse. J'ai déjà derrière moi un bon quota d'années passées dans des circonstances matérielles frugales, d'abord parce que ma famille était rurale et modeste puis à cause de salaires minables. Pour moi, le pâté en boîte est une bonne source de protéines. Steven a lui aussi longtemps vécu de bourses d'étudiants et de fromage gouvernemental et, au début de sa carrière, de haricots secs et de riz. Comme moi. Un immense bouleversement est survenu lorsque, trentenaire, je suis entrée dans un supermarché et me suis aperçue que je pouvais acheter au moins dix choses qui me faisaient envie. Pas les homards dans l'aquarium, d'accord mais pas seulement non plus les conserves cabossées entassées dans le panier des promotions. J'apprécie donc le privilège de pouvoir choisir un aliment à sa juste valeur.

Pourquoi donc m'en défaire de plein gré ? Est-ce à la fois anormal et antipathique, dans notre culture, de s'abstenir d'acheter tout ce qu'on pourrait se payer ? Pourtant beaucoup le font, la plupart parce qu'ils sont allergiques ou pour des raisons religieuses. Nous nous sommes regardés les uns les autres, conscients que, nous aussi, avions nos raisons. Bizarre pourtant cette impression d'entrer dans une navette spatiale et de bien refermer le sas derrière nous.

« Ce sera pas si terrible, ai-je dit. On arrive au printemps. »

Mais nous n'y étions pas encore. Il fallait s'attendre à des mois maigres avant que la générosité de l'été ne nous inonde de couleurs et de saveurs. À la ferme pourtant, nous nous réjouissions, avril est un mois synonyme de travail et de promesses. Idéal pour se jeter à l'eau.

Histoire de louvoyer un peu, nous avons décidé d'admettre un article de luxe par personne, en quantité limitée et à condition que les voies par lesquelles on se le procurerait soient les plus profitables au cultivateur. Le choix de Steven coulait de source : du café. Si on lui avait demandé de choisir entre le café et notre famille, nous aurions pu être désagréablement surpris. Camille s'est laissé aller à choisir les fruits secs ; Lily, le chocolat en poudre. Nous pouvions nous procurer ces aliments par le biais du commerce équitable qui travaille avec des cultivateurs africains, asiatiques et sud-américains. J'emprunterai le même circuit pour m'approvisionner en épices non locales. Certains considèrent qu'il est parfaitement possible de vivre sans curcuma, cannelle ou clous de girofle mais je n'en suis pas convaincue. De plus, des denrées comme celles-ci, utilisées au compte-gouttes, ont peu d'incidence sur le compteur à essence mondial.

Une fois notre pacte optimiste établi, avec ses règlements et garde-fous, nous avons parcouru une dernière fois notre liste. Presque tout ce qui restait tombait dans la catégorie des céréales : la farine et les flocons d'avoine sont des articles de première nécessité car Steven fait le pain à la maison et, par temps froid, le porridge constitue notre petit déjeuner de prédilection. D'habitude nous y ajoutons des amandes et des raisins secs mais je les ai rayés de la liste, pensant pouvoir trouver des substituts locaux. Et puis nous sommes arrivés au problème épineux. FRUITS FRAIS, S'IL TE PLAÎT ???

En cette saison, les fruits ne commençaient à mûrir que dans les endroits où le bikini est roi. Une corrélation qui n'implique pas de relation de causalité : nous mettre en maillot de bain n'allait pas faire mûrir les fruits de notre région. « On aura bientôt des fraises. » Je sentais que cet encouragement était probablement le premier d'une longue série à venir.

La question était toujours en suspens.

« Écoute, samedi il y aura le premier marché de la saison. On ira voir ce qu'ils ont. » J'ai reconnu sur les visages l'expression « Tu parles, maman » connue et abhorrée par toutes les mères de famille.

⁂

Au lever du jour, ce samedi, il faisait sombre, glacial et il y avait du vent. Les prévisions météo annonçaient de la neige. Le printemps avait été envoyé sur les roses par ce qu'on appelle ici la « trique de l'hiver », un gel rigoureux qui attaque les cornouillers en fleur. Et vous qui pensiez remiser vos pulls dans la malle en cèdre ! Poisson d'avril.

Ce coup de froid était inquiétant car le soleil des deux dernières semaines avait fait sortir les vergers de leur léthargie. Les pommiers et les pêchers avaient entamé leur floraison et les cultivateurs risquaient de perdre une année de production avec cette vague de froid. Quant à trouver un vendeur de fruits par ce temps, fallait pas rêver ! Nous nous sommes quand même bien emmitouflés et puis, en route ! Nous avons des amis qui vendent leurs produits au marché, et nous n'avions pas vu certains depuis belle lurette. Un jour comme celui-ci, ils auraient bien besoin de notre soutien.

Un lugubre spectacle nous attendait à notre arrivée sur le parking. Quelques producteurs s'étaient blottis sous des auvents qui claquaient et battaient comme les voiles d'un navire naufragé dans une tempête. D'autres avaient plié leurs tentes et se tenaient les bras croisés au-dessus de leurs cageots, le dos au vent mauvais. Seulement huit vendeurs étaient venus ce jour, sûrement les âmes agricoles les plus courageuses du comté, d'autant qu'aucun client n'était en vue. Qu'auraient-ils bien pu avoir si tôt dans la saison de toute manière – les dernières patates ridées de l'an passé ?

Poursuivie par les regards accusateurs du « Tu parles, maman ! » j'ai décidé d'acheter quelque chose à chacun, histoire de les encourager à revenir la semaine suivante. Mon coup de pouce du jour en faveur des fermes.

Nous sommes sorties de la voiture, avons rabattu nos capuches sur nos oreilles et commencé notre visite obligée. Tous avaient mieux que des patates ridées à offrir. Charlie, un vieil homme noueux qui s'était proclamé boute-en-train du marché, manquait un peu d'enthousiasme, vu les circonstances, mais il avait des oignons blancs. Tant mieux, nous avions épuisé notre stock d'oignons du jardin. Au moins la moitié de nos plats préférés commencent avec un filet d'huile dans la poêle et une poignée d'oignons et d'ail émincés. Nous avons acheté six grosses bottes d'oignons à Charlie. Si tôt dans la saison, leurs bulbes blancs n'étaient pas plus gros que mon doigt mais hachés menu avec les fanes vertes, ils seraient délicieux dans des soupes épicées et des salades.

Aux deux stands suivants, chez Mike et Paul, nous avons acheté des saucisses de dinde et de l'agneau. Au suivant, les piles de petites laitues m'ont semblé être un bon investissement et je les ai mises dans mon cabas. Aussi dénuée de fruit que le serait notre vie, nous ferions de superbes salades cette semaine, avec rondelles de saucisse, œufs durs et vinaigrette maison. Plus loin, nous avons trouvé des noix, soigneusement décortiquées à la main. Le noyer est commun dans la région mais personne ne prend la peine d'éplucher ses fruits. Le vendeur nous les a fait goûter et nous avons été étonnées par leur douceur résineuse. Elles seraient délicieuses dans notre porridge et le pain complet de Steven.

Jusque-là, nos achats ne dépassaient pas la fourchette de un à trois dollars la livre, les noix à sept dollars la livre mises à part, mais une livre de cerneaux dure longtemps. Je me sentais vraiment coupable d'avoir autant de produits frais achetés pour si peu à des producteurs qui s'étaient de toute évidence décarcassés pour les apporter. J'ai poussé jusqu'au stand de Lula qui vendait des confitures et du miel. Nous avions déjà ce qu'il nous fallait, offert par des amis ou confectionné nous-mêmes l'automne dernier. Les trois enfants de Lula grelottaient par terre, emmitouflés dans des couvertures. J'ai scruté la table avec plus d'attention, résolue à débourser quelques dollars.

C'est alors que j'ai découvert la rhubarbe. De grandes bottes cramoisies, posées là, en évidence, sur la table, bourrées de vitamine C et de douceur acidulée sur le point de hurler à tue-tête : « Hé ! ho ! regarde-moi, je suis un fruit ! » J'ai vidé le stock, trois bottes à trois dollars pièce : ma folie du jour.

Techniquement, la rhubarbe n'est pas un fruit mais une plante feuillue à pétioles ; elle est un succédané parfait pour le mois d'avril. Plus tard, de retour à la maison, nous avons feuilleté le livre d'Alice Waters *Les Fruits Chez Panisse* en quête de recettes et découvert qu'elle était d'accord avec nous. « La rhubarbe, écrit-elle, est une passerelle légumineuse entre les fruits hivernaux et ceux de l'été. » Ce propos poétique nous a fait nous précipiter vers le congélateur pour en sortir le dernier paquet de tranches de pommes Yellow Transparent de l'été passé. Au dîner, pour nos invités, nous avons préparé une tarte pomme/rhubarbe histoire de dire adieu à l'année passée et bonjour à la nouvelle. Rhubarbe, fruit d'avril. Il fallait bien rêver.

Si notre serment en faveur de l'alimentation locale n'avait pas bousculé notre routine, je suis sûre que nous n'aurions pas mis le nez dehors tant la matinée était affreuse. Nous sommes le plus souvent si douillettement installés dans l'habitude qu'il faut des injonctions de l'ordre du religieux pour provoquer des comportements différents et plus conscients – si grande soit notre satisfaction ensuite de nous être donné la peine de le faire. La tradition, les vœux formulés, la conviction et la foi que nous avions facilitaient notre quête d'une nouvelle façon de se nourrir. Dicter des règles, assis à table avec notre liste de commissions, nous avait semblé arbitraire. Voire un peu idiot comme vous le pensez peut-être maintenant. Pourquoi s'imposer des restrictions ? Qu'est-ce que ça change ?

En réalité, des millions de familles font ce type de serment et le punaisent dans leur cuisine – règles subtiles qui compliquent la vie comme couper les pâtes à la main, rouler les sushis, se donner du mal au lieu d'acheter

---

Comment trouver un cultivateur ?

Que vous soyez rural ou citadin, il est plus facile que jamais de trouver des aliments cultivés dans le coin ou la région. Après l'adoption de la loi de 1976[1] sur la vente directe, le nombre de marchés est passé de 350 à plus de 3 500 aujourd'hui, soit une moyenne de 75 par État. La plupart des villes accueillent des marchés de producteurs du printemps à l'automne ; certains fonctionnent toute l'année. Les règlements de ces marchés garantissent la fraîcheur et l'origine locale des produits.

Ces marchés sont un lieu idéal pour s'informer des ventes directes du producteur au consommateur qui vont du stand de bord de route aux opérations « cueillez vous-mêmes » en passant par les produits artisanaux, les centrales d'achats et les projets d'agriculture soutenue par les communautés (ASC)[2]. Ces projets proposent souvent aux abonnés de payer un producteur au début du printemps et de recevoir chaque semaine et pendant toute la saison des produits frais.

---

1. Farmer-to-Consumer Direct Marketing Act.
2. Les opérations « Paniers fermiers » ou « Paniers bio ».

bon marché. Dans le monde entier, bon nombre de personnes, même très prises par leur travail et la vie moderne, adoptent un mode de vie alimentaire qui apporte bonheur et bonne santé à leur famille. Dans notre comté la palette de choix est assez restreinte et pourtant samedi matin, au marché, alors que nous avons affronté le vent pour retourner vers notre voiture, j'ai agrippé mon cabas, grisée par la sensation d'avoir accompli quelque chose. Nous avions trouvé bien plus que ce que nous espérions. Nous avons papoté encore un peu avec nos amis cultivateurs qui s'apprêtaient à remballer leurs stands pour rentrer chez eux dans des cuisines bien chaudes, touchant du bois pendant ce coup de trique de l'hiver pour que la récolte de l'année prochaine soit bonne.

N'hésitez pas à interroger les producteurs sur ce qu'ils proposent. Une personne qui vend des œufs le samedi matin a sûrement des œufs le reste de la semaine. Les cultivateurs peuvent aussi vous renseigner sur les magasins qui vendent leurs œufs, viandes, fruits et légumes. Pour répondre à la demande, bien des épiceries ou des magasins bio vendent maintenant des produits locaux. Les petits magasins locaux sont des alternatives plus sûres que les chaînes qui dépendent d'une distribution régionale. N'oubliez pas non plus les magasins diététiques.

Vous trouverez les marchés de producteurs les plus proches ainsi que les coordonnées des producteurs locaux sur le site du ministère de l'Agriculture :
www.ams.usda.gov/farmersmarkets.

Consultez également :
www.localharvest.org et www.csacenter.org [1].

STEVEN L. HOPP

1. En France, on peut consulter les sites suivants : www.equiterre.org, www.panierfermier.fr, www.coupdepouce.com.

La vérité sur les asperges

PAR CAMILLE

Quand j'étais petite, la saison des asperges n'était pas ma préférée. Au printemps, c'était toujours la même chose : mes parents apportaient avec cérémonie la première récolte d'asperges, cuites avec douceur et posées avec soin sur un plat et je fronçais le nez.

« Goûtes-en seulement une, Camille, tu aimeras peut-être cette fois », me disait Maman en posant avec emphase une unique tige verte dans mon assiette.

« Ouais, cause toujours ! » je pensais. Avec précaution, je transperçais le légume menaçant avec ma fourchette et en approchais la pointe de ma bouche. C'est tout ce que je pouvais faire avant de grimacer et de repousser l'asperge avec dégoût.

« Bon, d'accord, disait-elle une étincelle dans les yeux, on en aura plus pour nous ! »

J'ai décidé que si je me mettais à aimer les asperges, je dirais toujours à Maman que je les détestais. Je n'avais pas envie qu'elle connaisse mes goûts personnels mieux que moi. Mon plan est tombé à l'eau quelques printemps plus tard au moment où j'ai croqué dans une asperge tendre puis réalisé que c'était succulent. Je me suis dit que ça ne méritait pas toute une vie de mensonge et de tromperie.

Les enfants semblent choisir de façon très aléatoire les aliments qu'ils refuseront catégoriquement de manger (pour moi, les asperges ; pour ma sœur, les poivrons). D'habitude, il arrive toujours un moment où on perd, à la suite des railleries ou des arguments convaincants, la manie de sucer son pouce mais il est courant de conserver des *a priori* alimentaires de l'enfance jusqu'à l'âge adulte. J'ai eu la chance de sortir de ce schéma. Non à coups de bâton mais grâce à une confrontation continue avec des adultes qui manifestement savouraient une chose que j'étais encore trop jeune pour apprécier. Maintenant, toute ma famille rit en pensant à ma période d'aversion pour les asperges d'autant que je suis devenue si accro aux légumes qu'ils sont obligés de mettre le plat hors de ma portée pour qu'il y ait une chance d'avoir des restes. Je crois que mon corps a pris le dessus sur mon cerveau, ayant reconnu que les légumes sont indispensables pour une bonne santé. L'asperge est l'une des meilleures sources naturelles d'acide folique, de vitamines A, C, K, quelques-unes du groupe B, de potassium, phosphore et glutathion, antioxydant puissant et anticancérigène. Si les bénéfices nutritionnels peuvent motiver des gens à inclure des légumes dans leur régime, pour la plupart, le goût est l'élément clé. Je suis heureuse que mes parents aient chanté leur ritournelle « Mange tes légumes » dans un foyer où les légumes frais étaient de mise. S'ils l'avaient fait avec les sortes de légumes importés insipides qu'on trouve partout dans ce pays, je serais peut-être toujours la reine de la soupe à la grimace.

Quand on a des asperges fraîches qui débarquent du jardin tous les jours, la façon la plus simple de les préparer est de les faire sauter légèrement à feu vif. Cette méthode caramélise les sucres et fait ressortir le meilleur de la saveur de l'asperge. Mettre du beurre (seul ou avec de l'huile d'olive) dans la poêle apporte assez d'humidité pour les cuire à la vapeur en même temps qu'elles sont sautées. Mélangez-les doucement dans la poêle jusqu'à ce qu'elles prennent une couleur vert vif le dessous très légèrement noirci. Passer les asperges au gril donne des résultats tout aussi savoureux. Les cuire à la vapeur est parfait pour une cuisine minimaliste. Les asperges qui viennent d'être récoltées sont si tendres qu'on ne s'embête jamais à les éplucher.

C'est sûr qu'en avril, on ne peut pas vivre seulement d'asperges. À la fin de l'hiver et au printemps, le toqué d'ingrédients locaux sera obligé de se servir de ce qu'il a gardé de l'année passée – on utilise nos tubercules, potirons, tomates séchées et des surgelés du jardin pour compléter les légumes verts printaniers. Des herbes aromatiques, coriandre, origan, font leur apparition en même temps que les petits légumes verts, le brocoli précoce, les pois et les oignons. Un menu typique pour la semaine peut ressembler à ce qui suit. N'oubliez pas que les restes peuvent être utilisés de façon très créative. Lorsqu'on a mangé du poulet, par exemple, on met la carcasse dans une marmite et on la fait bouillir plusieurs heures. Une fois que le bouillon a épaissi et pris une belle coloration dorée et que la viande se détache des os, on peut les congeler ou simplement les réfrigérer deux ou trois jours pour faire une soupe et/ou une salade de poulet.

Menu de fin d'hiver

Dimanche : poulet rôti aux herbes avec pommes de terre, betteraves et carottes.

Lundi : salade du chef avec œufs durs ou saucisse, oignons blancs et tomates séchées servie avec du pain.

Mardi : soupe de poulet avec carottes, chou vert et riz (ou pain frais).

Mercredi : pommes de terre au four farcies d'oignons primeurs sautés, brocolis et fromage.

Jeudi : omelette aux asperges ou fritatta et salade de petits légumes verts.

Vendredi : pizza aux tomates séchées, olives, feta et oignons sautés.

Samedi : côtelettes d'agneau, mesclun, asperges suivies d'un croustillant pomme-rhubarbe.

3. PRINTEMPS À L'HORIZON !

« Avril est le plus cruel des mois [1] », a écrit T. S. Eliot. Je pense qu'il voulait dire, entre autres choses, que le printemps rend fou. Nous attendons trop, le monde bourgeonne de promesses qu'il ne peut tenir, les coups de cœur ne sont en fait que des guets-apens et, une fois de plus, nous voilà condamnés à avoir le cœur brisé. Je partage son avis et j'ajouterais même : et alors ? Tous les ans, au printemps, c'est la même histoire, je deviens complètement givrée. Mon esprit n'est plus qu'une congère larguée dont les aiguilles de glace se mettent à fondre comme neige au soleil. Quand je me tiens devant la maison les yeux protégés du faible soleil matinal et que je détecte une fragrance de verdure venue de la colline et l'odeur des vers de terre, alors là ! je dévale la pente comme un ours qui sort d'hibernation. Les bourgeons roses de l'érable scintillent, le forsythia entonne son aria jaune vif. Ces jours-là, ici, nous ne pouvons pas plus rester à la maison

1. Premier vers du poème « La Terre vaine ». In *La Terre vaine et autres poèmes*, traduction de Pierre Leyris, Paris, Le Seuil, 1976.

que croire ce que nos yeux ne cessent d'apercevoir sur les terres environnantes, cette gigantesque flaque de boue qui vient de perdre son manteau de glace. Nos bottes courent dans les champs pour revenir complètement crottées et des chaussures dont nous ignorions l'existence prolifèrent près de la porte d'entrée comme des champignons sur un tas de fumier. Et alors ? Les gosses de Noé auraient réagi de la même façon une fois les effets du déluge *presque* oubliés : au diable les bottes boueuses. Les jours sombres loin derrière, l'engouement cède le pas à l'exaltation.

Notre maisonnée était plongée depuis une semaine dans la fièvre printanière quand nous avons décidé, Lily et moi, de sortir quelques-uns des semis installés sur des étagères de fortune placées sous des ampoules fluorescentes. L'idée de nous nourrir pendant un an des fruits de notre terre nous avait poussés à accumuler tout un arsenal de graines. Depuis janvier, nous avions planté des tomates avant de passer aux légumes-feuilles, brocolis, aubergines, poivrons, gombos auxquels nous avons ajouté quelques curiosités glanées dans les catalogues de grainetiers comme les cantaloups et les campanules. À la mi-mars, nos étagères à semis affichaient complet !

Ce ne fut plus alors qu'un jeu de cache-cache avec cet amant irrésistible et fripon qu'est le mois de mars. Tout sourires un jour, il nous amadoue avec du soleil et des températures avoisinant les 20 degrés pour mieux nous gifler le soir même avec de fortes gelées. Dans notre ferme, nous disposons d'une petite serre non chauffée qui sert de tremplin ou d'abri pour les semis maltraités. Là, les petites pousses peuvent profiter du soleil à l'abri des nuits froides. Jusqu'au soir lugubre où la radio annonce : « Cette nuit les températures descendront jusqu'à – 10 degrés. » C'est alors la ruée pour rentrer toutes les plantes à la maison et les installer qui sur la table qui sur les plans de travail jusqu'à ce que notre cuisine ressemble comme deux gouttes d'eau à l'œsophage et aux amygdales de Chia, le requin baleine taiwanais.

Voilà ce qui est si cruel avec le printemps : quoi qu'il manigance, vous ne pouvez vous empêcher de l'aimer. Si le calendrier dit que c'est le premier jour du printemps, hop ! Tout le monde sort ! Lily et moi, les bras chargés de semis de brocolis, d'épinards et de pousses de coriandre, avions été littéralement poussées vers la serre du jardin.

Les histoires et les jardins, pour peu qu'ils aient survécu, sont les plus belles récompenses offertes par la vie dans une vieille ferme. Nous avons la chance d'avoir les deux. Autour de nous, les talus débordent d'arbustes fleuris et de monticules de plantes vivaces qui ne manquent jamais de nous surprendre et nous ravir comme des vieux amis qui surgissent de derrière les meubles en criant : « Surprise ! » Ces fleurs sont les cadeaux d'un siècle révolu et de quelque fermière qui écrivit sous forme de fleurs un hymne à la beauté et au lieu. D'ici quelques mois, nous serons ivres du parfum des fleurs orange et lilas de Lizzie Webb, mais, en avril, le spectacle commence doucement avec les hellébores ou roses de Noël, ces flocons de neige à pétales blancs, et les petits narcisses sauvages, appelés jonquilles, qui se sont établis partout sur les pentes herbeuses. Alors que Lily et moi montions à la queue leu leu le chemin de la serre, j'ai remarqué que les jonquilles, écloses, pointaient le bout jaune de leur nez retroussé à travers une frange de feuilles.

« Oh ! Maman, s'est écriée Lily, regarde ce qui ne va pas tarder à fleurir – les *tranquilles*. »

Et les derniers glaçons autour de mon cœur ont fondu quand j'ai compris que je serai condamnée à appeler les jonquilles des *tranquilles* jusqu'à la fin de ma vie. Lily est ma cadette. Vous savez peut-être comment ce genre de choses fonctionne. Dans notre famille, les oiseaux roses au long cou se nomment *flams* depuis que le cadet de mon frère a joliment écorché leur vrai nom il y a… dix-neuf ans !

Voici comment le printemps nous a trouvés : un sourire fendu jusqu'aux oreilles, en train de trimballer nos semis au grand air tandis que nos voisins traînaient sur la pelouse leur flams et leurs nains de jardin en plastique et installaient contre des arbres ces silhouettes de cow-boys en contreplaqué qui donnent la chair de poule. Ne vous méprenez pas, dans le Sud, la décoration extérieure relève du grand art. Ici dans le Dixieland, en décembre, les gens ne se contentent pas de balancer deux ou trois guirlandes clignotantes, non m'dame. Dans notre petite ville, il est courant que les gens égayent leurs jardins dès que l'occasion se présente, la Saint-Valentin et la fête de l'Indépendance par exemple. À Pâques, ils respectent une tradition très troublante qui consiste à pendre par le cou des Jeannot Lapin en peluche aux branches des pommiers sauvages jusqu'à ce que mort s'ensuive, il semble. S'ils font les choses très sérieusement, ils iront jusqu'à accrocher une kyrielle d'œufs en plastique aux couleurs atrocement criardes autour du malheureux lapin de garenne.

J'ai grandi dans cette région à l'époque où chaque communauté comptait tout au plus une personne qui pomponnait son jardin – comme ma grand-mère paternelle, connue pour ses talents de décoratrice – alors que le citoyen lambda se bornait à installer des pétunias dans un pneu ou des soucis dans un bidet en porcelaine hors d'usage. Mais cette époque est révolue, mon ami, et plus jamais il ne sera aussi aisé d'être à la hauteur de ses voisins.

Nos récentes rénovations avaient transformé le jardin de devant en ce qu'on pourrait appeler, par euphémisme, une table rase. Ou, moins pudiquement, de la boue. Les mains pleines de semis et la tête remplie de frivolités printanières, j'ai songé à planter des laitues et du chou vert Red Russian au lieu d'une pelouse, en formant, pourquoi pas, le contour du visage de la Joconde. Ou bien des lettres qui épelleraient un truc du genre « TONDS-MOI ». Finalement, prenant en compte le fait que la maison n'était pas visible depuis la route, j'ai renoncé à briguer le titre de Léonard du chou vert. Ces légumes iraient dans les carrés conçus pour eux, bien que je n'aie rien contre le fait de glisser un plant de tomate, voire deux, dans une belle plate-bande de fleurs vivaces. Les légumes sont magnifiques, surtout les primeurs qui apportent de l'éclat à la fin d'un hiver dont l'esthétique faite de timides céréales et de tubercules bien remisés est plutôt sobre.

Laitues Bronze Arrowhead, romaines Speckled Trout, choux rouge – vous les trouverez sur les marchés de producteurs ou chez les marchands de primeurs – forment l'arc-en-ciel de mon jardin en avril. Voilà pourquoi je démarre mon potager à partir de graines plutôt qu'avec la sélection d'un horticulteur local : pour profiter de la variété et de la splendeur des légumes. J'ai vu des femmes se pâmer devant des publicités pour des bijoux et, si leur émotion m'est familière, c'est que mon cœur se serre de la même façon quand je feuillette les catalogues de grainetiers au mois de janvier. À chaque nouvel onglet marquant une page, le jardin s'épanouit. Je me pâme devant des noms comme pastèque Lune étoilée, gombo Cajun Jewel, haricot à rames Gold of Bacau, poivron Sweet Chocolate, melon Collective Farm Woman, ail Georgian Crystal, Perle de thym. Steven passe à côté de moi, contemple la moustache d'onglets jaunes hérissés en haut du catalogue et me demande, très aimable : « Pourquoi ne marques-tu pas plutôt les pages où rien ne t'intéresse ? »

Impossible de résister aux légumes oubliés, pas seulement pour la poésie de leurs noms mais parce que de vraies histoires se cachent derrière ces appellations. C'est lorsque des générations entières de jardiniers se transmettent les précieuses graines que les légumes acquièrent une histoire. Les légumes oubliés ont une pollinisation ouverte à l'opposé des hybrides qui sont le résultat temporaire d'un croisement forcé entre les variétés différentes d'une plante. Ces croisements s'en remettent aux organes sexuels de la plante pour convoyer le pollen jusqu'aux ovaires ; c'est pourquoi ils sont limités aux membres d'une même espèce : maïs denté et maïs précoce, par exemple, ou concombres prolifiques avec concombres lisses associent les avantages des deux parents afin de produire une progéniture unique et sans descendance. Ces jeunes prodiges hybrides ont peu à peu colonisé puis envahi nos catalogues et nos champs. Du fait de leur parenté artificielle, ces plantes sont particulièrement vigoureuses mais ne présentent plus, à la génération suivante, que des propriétés imprévisibles et plutôt indésirables. C'est pourquoi les graines hybrides doivent être achetées à nouveau chaque année aux compagnies qui les conçoivent.

La modification génétique (MG) franchit même un stade supplémentaire dans sa lutte avec le paysan. Les grainetiers fabriquent et vendent des hybrides depuis les années 1920 (*via* la Hybrid Corn Company, à présent une filiale de DuPont) mais la modification génétique est un nouveau procédé qui implique une manipulation directe des gènes en laboratoire. Libéré des contraintes sexuelles, le généticien peut panacher des gènes prélevés parmi toutes sortes de créatures hostiles en milieu naturel : gènes animaux ou bactériens collés aux chromosomes de plantes par exemple et *vice versa*. Le produit artificiel par excellence, conçu par les généticiens, est le « gène Terminator » qui, après une génération, pousse une plante au suicide génétique, au cas où il viendrait à l'esprit d'un paysan franc-tireur de conserver des graines de ces cultures brevetées et hors de prix plutôt que d'en racheter à la compagnie qui les fabrique.

Par opposition avec les hybrides et les plantes génétiquement modifiées, les légumes oubliés suivent des méthodes de sélection naturelle : ils gardent et reproduisent les meilleurs des spécimens dans chaque catégorie, ce qui augmente progressivement leur présence. Une fois qu'elles ont atteint une qualité donnée, ces variétés la conservent d'une année sur l'autre grâce aux graines soigneusement récoltées puis replantées. Comme le soleil, ces semences traditionnelles qui ne peuvent être ni brevetées ni possédées offrent bien peu d'intérêt aux capitalistes. Elles font d'ailleurs l'objet d'un véritable culte auprès de personnes qui les cultivent, les achètent ou les consomment. Les jardiniers les collectionnent comme des bijoux de famille et une chaîne de magasins bio, Whole Foods Market, rédige les publicités pour ces légumes avec un rien de grandiloquence en affirmant que les tomates, en particulier, « font une entrée spectaculaire dans l'été et emportent la palme des légumes estivaux. Leur charme est littéralement irrésistible. Rien que par sa sonorité, le mot "oublié" évoque l'image conviviale d'une grand-mère à binocle qui tricote des chaussettes près du fourneau où ses gâteaux cuisent doucement ».

C'est certain, ils ont embauché des as de la plume chez Whole Foods, mais leur discours dithyrambique se fonde sur de réelles différences. Même un gamin qui n'aime pas les tomates pourrait distinguer une tomate insipide de supermarché d'un légume bonne-maman. Les paysans représentent une catégorie sociale peu réputée pour sa sentimentalité ou sa futilité, et les légumes n'entrent dans l'histoire que s'ils le méritent. Les graines survivent d'une génération à l'autre pour une raison ou pour une autre, mais dans le cas des légumes le goût est un critère essentiel. Dans la gamme « traditionnelle » les tomates sont plus goûteuses et plus sucrées, les melons plus parfumés, les aubergines sans une once d'amertume.

La plupart des variétés de légumes vendus dans les magasins ont été produits pour leur uniformité esthétique, leur capacité à être récoltés de façon mécanique, leur facilité à être conditionnés – par exemple des tomates carrées –

et à supporter des acheminements difficiles. Rien qui tienne compte de la saveur. Il est notoire que les tomates « maison » sont infiniment supérieures à leurs homologues de supermarché mais, d'après mon expérience, la disparité est tout aussi grande, entre les melons mais aussi les pommes de terre, les asperges, le maïs doux, les brocolis, les carottes, certains oignons ainsi que les fèves de soja comestibles japonaises appelées edamame. C'est en vain que j'ai cherché un légume *made in* supermarché qui présenterait les mêmes atouts que la version traditionnelle.

Comment, alors que les contrôles sont si sévères, les légumes de supermarché ont-ils perdu leur saveur ? Il semble que l'Affaire du goût assassiné mette en cause des tueurs à gages et que la longueur des acheminements soit au cœur du complot. L'étrange idée de transporter des produits frais périssables remonte au début du XXe siècle lorsque quelques entrepreneurs décidèrent d'expédier par monts et par vaux de la laitue et des artichauts congelés dans des wagons de marchandise depuis la Californie vers l'Est en guise de primeurs pour l'hiver. De riches consommateurs ont été ravis à l'idée de servir à leurs invités des légumes frais hors saison au prix exorbitant. Jusqu'au milieu du siècle, lorsque la plupart des fruits et légumes consommés en Amérique du Nord provenaient de fermes avoisinantes, ce ne fut pas plus qu'une astuce pour dîners chic.

Et puis la mode et le marketing sont entrés en lice. Le réseau d'autoroutes entre les États est devenu une priorité nationale hautement subventionnée, de gros transporteurs se sont vus équipés de système de réfrigération et le prix de l'essence est devenu franchement symbolique. L'État de Californie s'est proclamé producteur de produits hors saison et la classe moyenne a agité ses mandibules. En l'espace de quelques décennies, le légume hors saison est passé du statut de nouveauté à celui de denrée ordinaire.

À tel point que la plupart des Nord-Américains ne connaissent plus la signification du terme hors saison.

Pendant que les commerciaux planchaient sur les questions de logistique pour acheminer tous les légumes possibles d'un coin de la planète à un autre, l'agrobusiness a mis au point des variétés qui supportent le séjour en wagon, camion ou cargo. Des créations qui font encore bonne figure après un long périple ; le légume « indestructible » pour ainsi dire. Les cultivateurs n'avaient pas d'autre choix que de faire pousser ce qu'exigeait le marché. Dans la seconde moitié du XXe siècle, ils ont retiré de leur production des milliers de variétés savoureuses traditionnellement cultivées pour la table pour se concentrer sur une poignée de nouvelles variétés de légumes achetées par les transporteurs, les chaînes de restauration et les fabricants d'aliments transformés. Les consommateurs américains n'ont plus désormais accès qu'à 1 % des variétés de légumes cultivées dans ce pays il y a un siècle. Ces légumes d'antan ne rôdent plus que dans les potagers et dans les fermes spécialisées dans la vente directe au consommateur. Bien des légumes oubliés ont définitivement quitté la scène.

On observe la même tendance dans d'autres pays où l'influence de l'agriculture à échelle industrielle est prédominante. Au Pérou, berceau de la pomme de terre, les paysans des Andes cultivaient, à une époque, environ quatre mille variétés de pommes de terre, chacune avec son appellation, son goût particulier et son utilisation, variant en taille de la minuscule à la gigantesque et couvrant le spectre des couleurs de l'indigo au rouge, orange, jaune et blanc. À présent, même dans les régions les moins affectées par le marché actuel, il ne subsiste plus qu'une douzaine de variétés cultivées à grande échelle. Ailleurs, d'autres plantes indigènes ont suivi un chemin similaire avec une réduction des variétés de maïs et d'amarante en Amérique centrale, de courges en Amérique du Nord, de pommes en

Europe et de céréales au Moyen-Orient. Il ne s'agit pas seulement de variétés de plantes qui se perdent mais aussi d'espèces entières. Il y a tout juste dix ans, en Inde, les paysans cultivaient encore un grand nombre de plantes oléagineuses, du sésame aux graines de lin et de moutarde ; en 1998, on ordonna la fermeture de tous les petits moulins qui fabriquaient ces huiles et au cours de la même année on leva l'interdiction d'importer de l'huile de soja. Un million de villages ont ainsi perdu leurs moulins, dix millions de paysans leur moyen de subsistance et le soja génétiquement modifié a, quant à lui, trouvé un nouveau marché gigantesque.

Selon Vandana Shiva, expert indien en écologie, les humains ont mangé près de quatre-vingt mille espèces de plantes au cours de leur histoire. À cause des récents changements, les trois quarts de toute l'alimentation humaine proviennent désormais de seulement huit espèces, le choix se réduisant comme une peau de chagrin aux organismes génétiquement modifiés (OGM) : maïs, soja et colza. Si le pic-vert et le panda jouissent du statut de vedette dans la liste des espèces en voie de disparition, renommée équivoque s'il en est, les plantes alimentaires relèvent de la plèbe oubliée. Nous les perdons au même rythme effréné que les forêts équatoriales. L'idée selon laquelle les variétés de plantes seraient des biens brevetables plutôt que des cadeaux de Dieu à l'humanité, ou tout autre conception qui prévalait jadis, a joué un rôle essentiel dans cette perte. Dieu a perdu la bataille en 1970 avec la loi sur la Protection des variétés de plantes [1]. Toute possession de

1. Le Plant Variety Protection Act appliqué en décembre 1970, amendé en 1994, accorde les droits de propriété intellectuelle aux concepteurs de nouvelles plantes qui se reproduisent avec des graines ou se propagent par leurs tubercules, bactéries et champignons exclus. Un certificat est attribué après examen qui prouve que la variété est distincte de celles qui existent, génétiquement uniforme et stable à travers les générations. La plupart des plantes sont ainsi protégées durant vingt ans,

l'homme peut, il va de soi, être dérobée par d'autres ; les paysans ont très rapidement et massivement perdu le contrôle des cultures au profit des sociétés d'agrobusiness. Six sociétés – Monsanto, Syngenta, DuPont, Mitsui, Aventis et Dow – contrôlent à présent 98 % des ventes mondiales de graines. Ces sociétés investissent beaucoup dans la recherche dans le but d'augmenter et de réglementer leur productivité. La technologie Terminator n'est qu'un exemple, extrême, parmi d'autres. Les modifications génétiques les plus courantes effectuées sur le maïs, le soja, le coton et le colza américain visent l'un de ces deux objectifs : introduire un gène bactériologique dans la plante pour tuer les chenilles, ou bien changer la physiologie de la plante de telle sorte qu'elle résiste à l'herbicide Roundup ce qui permet ensuite de pulvériser des produits chimiques sur les récoltes. Dans ce cas les plantes survivent, les graines meurent.

Si vous avez deviné que Monsanto vend à la fois les graines résistantes et le Roundup, vous méritez une étoile. Si vous pensez n'avoir jamais mangé de ces trucs-là, vous avez des chances de vous tromper. Les plantes GM (génétiquement modifiées) sont pratiquement omniprésentes dans la chaîne alimentaire américaine mais puisqu'elles ne requièrent pas d'étiquetage particulier, rien ne les signale. Les lobbies de l'industrie sont fermement décidés à préserver ce *statu quo*.

Monsanto commercialise de nombreuses offres de graines interdépendantes accompagnées de produits chimiques, y compris ceux issus de ce qu'on appelle les technologies traîtres : la résistance à une certaine maladie de la plante est activée par des gènes préprogrammés placés dans les fibres de cette plante ; lorsque la maladie s'annonce, ces gènes ne

les arbres, vignes et arbustes durant vingt-cinq ans. Le propriétaire d'une variété « protégée » possède les droits exclusifs de fructification et commercialisation des graines.

peuvent être activés que par des produits chimiques bien précis vendus par Monsanto.

On ne peut surestimer le cynisme de cette industrie. Dans ses rapports internes, Monsanto considère les « cultivateurs qui gardent une graine d'une année sur l'autre » comme de réels concurrents et alloue un budget de 10 millions de dollars pour enquêter sur de telles pratiques et poursuivre en justice ces cultivateurs. Les sociétés d'agrobusiness vont jusqu'à breveter des variétés de plantes dans l'unique but de stopper ensuite leur production. Il y a peu, Seminis a ainsi réduit de 25 % sa gamme de produits en arguant du besoin de baisser les coûts pour offrir, d'une année sur l'autre, un choix de plus en plus restreint. Il en va de même pour les jardiniers amateurs qui suspectent rarement, lorsqu'ils commandent des graines à Johnny, Territorial, Nichols, Stokes et des dizaines d'autres grainetiers, qu'ils les achètent en fait à Monsanto. Dans son rapport annuel de 2005, Monsanto décrit la création d'American Seeds Inc. comme étant une voie légale qui « nous permet de marier notre technologie à la bonne réputation des grainetiers locaux ». Les mariés ont reçu une énorme dot quand Monsanto a racheté Seminis, une société qui contrôlait déjà presque 40 % du marché de graines de légumes. L'inventaire des graines de jardin montre que le nombre de variétés de légumes non hybrides est passé de cinq mille en 1981 à six cents en 1998.

Jack Harlan, spécialiste en génétique des plantes et auteur du désormais classique *Les Plantes cultivées et l'Homme* [1] a écrit en des termes on ne peut plus clairs sur la perte de la diversité génétique : « Ces ressources représentent la dernière protection avant une famine catastrophique d'une échelle inconcevable… La frontière entre l'abondance et le désastre s'amenuise de jour en jour. »

1. Jack Harlan, *Les plantes cultivées et l'Homme*, traduction dirigée par Jacques Belliard, Paris, Les Presses Universitaires de France, 1987.

L'ÉTRANGE CAS DE PERCY SCHMEISER

En 1999, un paysan tranquille de Bruno, dans l'État du Saskatchewan, fut poursuivi en justice par le plus grand producteur de graines génétiquement modifiées du monde. Monsanto Inc. prétendait que Percy Schmeiser les avait spoliés, à hauteur de 145 000 dollars, puisque leur gène breveté était présent parmi les plants de colza de son exploitation d'une étendue de 415 hectares. Il n'était pas stipulé que Percy avait, de fait, planté, ces graines ni qu'il les avait obtenues illégalement. Ce qui lui était reproché c'était que les plantes de son exploitation contiennent des gènes appartenant à Monsanto. Le gène en question, breveté au Canada au début des années 1990, donne aux plants de colza génétiquement modifiés la capacité de résister à la pulvérisation d'herbicides à base de glyphosate tel Roundup, commercialisé par Monsanto.

Le canola, variété cultivée du colza, est l'une des 3 000 espèces de la famille de la moutarde. Le pollen des moutardes est transporté soit par les insectes, soit par le vent, jusqu'à 500 mètres de distance. Le gène breveté est-il transporté par le pollen ? Oui. Les graines sont-elles viables ? Oui, elles peuvent rester à l'état de dormance durant dix ans. Si des graines des années précédentes restent dans le sol, il est illégal de les récolter. De plus, si quelques-unes seulement des graines d'un champ contiennent des gènes brevetés, il est illégal de les garder en vue de s'en servir. Or, Percy avait conservé ses propres graines de canola pendant cinquante ans. Monsanto l'assignait donc en justice pour possession d'une propriété intellectuelle qui était venue se greffer à ses plantes. Les lois interdisent une telle possession du gène lui-même quel qu'ait été son mode de transfert. Par suite de la pollinisation et de la contamination des graines, les gènes Monsanto sont omniprésents dans le colza canadien.

Percy a perdu la bataille judiciaire : il fut déclaré coupable devant la Cour fédérale du Canada, verdict qui fut maintenu devant la Cour d'appel. La Cour Suprême du Canada a confirmé de justesse (5-4) la décision mais sans compensation pour Monsanto. Ce cas sidérant a considérablement éveillé l'attention du public sur les problèmes associés aux génies OGM lorsqu'ils sortent de la lampe. Les cultivateurs de colza biologique du Saskatchewan poursuivent à présent Monsanto et Aventis en justice au motif qu'ils font obstacle à la culture biologique du colza. Le Syndicat national des paysans canadiens (National Farmer's Union) a demandé un moratoire sur tous les aliments génétiquement modifiés. Ce débat a aussi franchi les frontières. Quinze pays ont suspendu l'importation de colza OGM et l'Australie a même proscrit l'ensemble du colza canadien à cause de la contamination inévitable mise en évidence lors du procès Monsanto. Les cultivateurs s'inquiètent de leur responsabilité et les consommateurs du choix qui leur est offert. Vingt-quatre États américains ont proposé ou adopté diverses législations afin de stopper ou de limiter certains produits génétiquement modifiés, de faire supporter la responsabilité pour la propagation d'OGM sur les producteurs de graines, de défendre le droit du paysan à garder des graines et enfin d'exiger des étiquettes sur les graines et aliments pour indiquer la présence d'OGM (ou alors d'autoriser un label « sans OGM »).

Le gouvernement fédéral américain (toujours aussi soucieux des intérêts des grandes compagnies) est intervenu et a manœuvré afin d'empêcher ces mesures favorables aux consommateurs de passer. En 2006, le Congrès a adopté la Loi sur l'homogénéité nationale alimentaire (National Uniformity for Food Act) qui annule plus de deux cents lois étatiques sur l'étiquetage et la sécurité alimentaire contraires aux lois fédérales. Il en résulte une protection minimale des consommateurs (mais ils sont uniformément faibles !). Voici un indice qui montre à qui la loi profite vraiment : elle a reçu l'appui de l'Institut américain de produits surgelés, de ConAgra, Cargill, Dean Foods, Hormel et de l'Association nationale des éleveurs de bovins [1]. Elle est dénoncée par l'Union des consommateurs, le Sierra Club, L'Union des scientifiques inquiets, le Centre pour la sécurité alimentaire et les procureurs généraux de trente-neuf États. Mettre à l'abri nos corps et nos champs de la griffe « intellectuelle » des OGM est la tâche des consommateurs qui exigent des informations complètes sur leur nourriture.

Pour plus de renseignements, allez sur les sites www.biotech-info.net et www.organicconsumers.org.

STEVEN L. HOPP

1. Tous des magnats du secteur alimentaire industriel.

Les ressources auxquelles Harlan fait référence sont les anciennes variétés, les légumes traditionnels et les populations naturelles ou variétés locales. Pour chaque plante cultivée, des milliers de variétés essentielles aux hommes – principalement mais pas uniquement le blé, le riz, le maïs et la pomme de terre – se sont développées localement à partir d'ancêtres sauvages. Le Pérou possédait une multitude de pommes de terre différentes, le Mexique une myriade de variétés de maïs, le Moyen-Orient une infinité de blés, chacun très subtilement différent des autres, bien adapté au microclimat de sa région, aux insectes, aux maladies comme aux besoins de ses cultivateurs.

Ces populations naturelles sont dotées d'un large héritage génétique qui leur permet d'évoluer au gré des défis posés par leur environnement. Les agents pathogènes et leurs hôtes, comme tout prédateur et sa proie, suivent une évolution constante et mutuelle ; ils développent sans cesse de nouvelles stratégies d'attaque et de protection. Les écologistes évolutionnistes appellent ce comportement, répertorié par Leigh Van Valen en 1973, le syndrome de la Reine rouge en référence à la remarque faite à Alice par la Reine rouge dans *De l'autre côté du miroir*[1] : « Dans ce pays, il faut courir vite pour rester sur place. » Prédateur et proie doivent changer continuellement ou bien périr. C'est pourquoi, d'une génération à l'autre, le lapin et le renard augmentent leur vitesse après avoir chacun développé en plus grand nombre les gènes nécessaires. De leur côté, les hommes inventent des médicaments plus puissants pour lutter contre leurs prédateurs bactériologiques tandis que les bactéries redoublent d'effort pour combattre les antibiotiques. Ceux qui ne croient pas à l'évolution sont aussi soumis que les autres à cette preuve flagrante de son existence.

1. Lewis Carroll, *De l'autre côté du miroir*, traduction de Philippe Rouard, Paris, Hachette, collection Grandes Œuvres, 1984.

Les maladies suscitées par les changements climatiques sont capables d'attaquer leurs hôtes plantes de façon sensiblement différente à chaque nouvelle saison. D'où l'importance de la variabilité génétique. La manipulation génétique ne peut ni prévoir ni répondre à des défis si étendus. Dans des conditions environnementales si variées, la résistance des populations naturelles à la pollinisation ouverte pourrait être comparée à la santé robuste d'un chien de sang-mêlé opposée à la constitution délicate d'un toutou avec pedigree. Dans des conditions bien déterminées, le bâtard n'obtiendra peut-être pas de performances en course de haies mais il saura répondre avec toute l'astuce et l'endurance de ceux qui l'ont précédé. L'un de ses nombreux gènes peut donc, sur-le-champ, se révéler très utile.

La perte d'une récolte est une possibilité envisagée par tous les paysans et c'est l'une des raisons pour laquelle l'exploitation agricole traditionnelle diversifiait ses produits, animaux et végétaux, à l'opposé du système moderne de monoculture qui couvre la moitié de notre continent. L'histoire prouve régulièrement qu'il est insensé de ne compter que sur une poignée de variétés pour sa propre subsistance. À une époque, les Irlandais dépendaient d'une seule variété de pomme de terre jusqu'à ce que la pénurie de ce tubercule ait changé le cours de l'histoire et élagué bien des arbres généalogiques. De façon similaire, nous dépendons maintenant de quelques souches de maïs et de soja pour la plupart des calories – animales aussi bien que végétales – que nous consommons. Notre dépendance à seulement deux plantes a fait de nous le peuple le plus gras qui ait jamais vécu, mais nous sommes plus proches de la famine qu'on ne le pense.

⁂

Pauvres de nous, citoyens américains gavés et mal nourris, la pauvreté de notre alimentation a tant de causes. Une industrie agroalimentaire mécanisée, avide de profit a réduit notre choix et produit trop de maïs et de soja. Mais sans trop protester, nous laissons d'autres légumes disparaître. « Mange tes légumes » est devenu le cri de guerre des mères contre des sujets *a priori* récalcitrants. D'expérience, j'ai constaté qu'à la cantine les élèves traitaient la salade de la même façon que s'il s'agissait d'un produit d'hygiène féminine et pratiquement personne ne touche aux haricots verts. Dans les années 1990, les plus hautes autorités du pays ont condamné le brocoli à grand bruit. Que peut bien faire une mère ? Apparemment, elle est censée abdiquer et tendre à ses enfants un immense verre d'une boisson gazeuse au sirop de glucose. Le glucose, ça vient bien d'un légume, non ? Tant mieux puisque nous consommons en moyenne 205 litres de sodas par personne et par an.

Si la bataille maternelle est perdue, c'est sûrement parce que nos légumes se sont peu à peu vu retirer ce qui faisait leur principal intérêt : le nutritionnel et le gustatif. Le stockage et le transport agissent comme le fisc sur la combinaison chimique des plantes et appauvrissent leur saveur et leur valeur nutritive. L'allongement de la durée de vie dans les rayons tend aussi à réduire le goût. Aussi étrange que cela puisse paraître, nous avons accepté un échange en ces termes : « Procure-moi tous les légumes en toute saison même s'ils n'ont que le goût de leur réplique en carton-pâte. » À croire que nous nous attachons plus à l'idée de ce que nous mangeons qu'à ce que nous mangeons en réalité. Il est vrai que si l'on se penche sur l'histoire des chaussures pour femmes, l'impression qu'elles sont faites pour exhiber nos pieds plutôt que tout bêtement marcher est très nette. Les hommes sont parfois des animaux bien ridicules.

Je n'oserais pas spéculer sur le développement de la chaussure féminine mais ayant appris récemment que le dernier chausseur chinois à fabriquer des chaussures pour pieds bandés allait bientôt déposer le bilan – ses dernières clientes ont toutes dans les quatre-vingt-dix ans – j'ose espérer que, dans un sursaut de bon sens, l'intérêt pour les savoureux légumes reviendra. Les légumes oubliés sont parfois mentionnés sur les cartes des restaurants et ils forment à présent le cœur des marchés de producteurs. Le goût est une nouveauté dans l'alimentation qui semble contribuer à fidéliser les consommateurs.

En partie pour répondre à cette demande, mais aussi parce que certains s'en préoccupent depuis longtemps, il existe des réseaux nationaux et internationaux consacrés exclusivement à l'échange et à la conservation de ces graines précieuses. Le Seed Saver's Exchange (Bourse d'échange du conservateur de graines), basé dans une ferme de Decorah dans l'Iowa, a été fondé par Diane et Kent Whealy après que le grand-père de Diane lui a laissé des graines d'une tomate rose importée de Bavière par ses parents vers 1870. Les graines sont des organismes vivants et non des pièces de musée. Entreposées dans des bocaux sur des étagères, leur viabilité décline avec le temps. Diane et Kent ont pensé qu'il serait sage de transplanter les collections de graines dans de vrais jardins. Leur idée s'est développée en un réseau de huit mille membres qui cultivent, gardent et échangent plus de onze mille variétés issues de leur propre héritage. Leur almanach met à la disposition des membres de ce réseau presque deux fois plus de variétés maraîchères que l'ensemble des catalogues de graines par correspondance du Canada et des États-Unis réunis. Graines indigènes/RECHERCHE est un réseau similaire consacré aux plantes indigènes d'Amérique ; les Pionniers des fruits nord-américains (North American Fruit Explorers) promeuvent les fruits traditionnels et divers noyers. Grâce à ces inconditionnels et à d'autres encore, la diversité de plantes comestibles est maintenant en hausse aux États-Unis.

L'organisation mondiale la plus renommée, pour la protection des aliments en voie de disparition, est Slow Food International. Fondée en Italie en 1986, elle déclare que son but est de « préserver les plaisirs de la table de la standardisation des goûts issus de la culture des fast-foods et de la vie moderne ». Elle a quatre-vingt-trois mille membres en Italie, Allemagne, Suisse, France, Grande-Bretagne, au Japon et aux États-Unis. Elle souhaite promouvoir une culture gastronomique respectueuse de la biodiversité végétale, des identités culturelles propres à la production alimentaire et protéger l'alimentation traditionnelle en voie de disparition. Le projet de son Arche du goût est de recenser les aliments oubliés – une fève grecque cultivée exclusivement sur l'île de Santorin, par exemple, ou la dernière race indigène de bovin irlandais. Moins de dix ans après son lancement, l'Arche italienne s'est enrichie de quelque cinq cents produits. Aux États-Unis, une commission recense actuellement les variétés animales et végétales américaines ainsi que les produits menacés de disparition, donnant ainsi une dimension internationale à l'Arche du goût.

Si manger de la baleine ne la sauvera pas, on peut paradoxalement contribuer à sauver les aliments rares et cultivés en les mangeant. Ils sont maintenus en vie par des jardiniers qui les apprécient, des fermiers qui savent qu'ils pourront les vendre. Dans cette chaîne de préservation, le consommateur a un rôle primordial lorsqu'il s'informe des endroits où ces produits oubliés sont disponibles, les rapporte chez lui et les hache menu avant d'apprendre à incorporer leurs saveurs délicieuses aux attentes gourmandes de la famille. Bien des aliments, sur la liste de l'Arche du goût, ont été sauvés de l'oubli de façon spectaculaire grâce aux conservateurs de graines et aux rebelles épicuriens qui défient les agents du contrôle génétique, mordent à pleines dents dans le fruit interdit et en plantent à tire-larigot.

⁂

Si je devais sauver un paquet de graines du déluge, le légume oublié que je choisirais serait sûrement la bette à carde multicolore. Ses pédoncules sont larges et ses cardes sont de couleur vive, rouge, jaune, orange, blanche ou rose. Chaque plante a un pédoncule de couleur précise mais les cinq couleurs perdurent, savamment dosées, dans cette variété bien-aimée. Ce fut la première variété de graine que j'ai appris à conserver et si, plus tard, je finis sénile à l'hospice, avec la permission de cultiver une plante dans le jardin, ce sera celle-ci. Elle est précoce, produit pendant des mois, ressemble à un splendide bouquet quand on la coupe, et mes filles la déguste avec joie. Elles jurent que chaque couleur a son propre goût et dans leur plus jeune âge elles étaient réputées pour organiser des concours de goût les yeux bandés. Ce que ne vont pas inventer des gamins privés d'accès direct aux M&M's ! L'une de nos premières recettes élaborée en famille, dénommée « les œufs dans un nid », fut inspirée par les œufs de la première basse-cour de Lily et les bettes à carde multicolores du potager.

Bien sûr, les enfants sont censés détester les légumes verts et ce avec une telle véhémence qu'un personnage de dessin animé à la force musculaire décuplée par l'épinard fut inventé pour leur en donner l'envie. Je suspecte que tout réside dans la préparation. Même ce malheureux Popeye ne se nourrit que d'une triste mixture ramollie et verdâtre tout droit sortie d'une conserve. Peut-être acquiert-elle plus de goût, quand il l'aspire avec sa pipe ? La règle avec les légumes verts, c'est qu'ils restent verts ; ils doivent être cuits très légèrement pour que la feuille prenne la nuance du feu de circulation et conserve un zeste de caractère. Trop cuits, ils deviennent presque noirs. À tout enfant qui a une aversion pour la nourriture noire, je ne pourrais que répondre, la réglisse exceptée, je suis comme toi.

Les légumes à feuilles sont le remontant printanier de la nature ; ils déboulent en masse sur les marchés en avril et en mai et flétrissent à la vitesse de l'éclair dès que le mercure monte. La bette mène un combat acharné contre les températures estivales mais, dans le Sud, la laitue tire sa révérence dès la fin du mois de mai. Toute bonne chose ayant une fin, la saison des légumes verts s'achève quand le thermomètre donne le tempo – 29 degrés semblent sonner le glas pour la plupart des plantes. Elles passent ensuite au stade qui correspond à la puberté : elles s'allongent et abandonnent en une nuit leur aspect ramassé pour une gracieuse stature élancée et bien sûr ce n'est qu'une histoire de sexe. Le terme botanique est la montée en graines. Elle se termine quand se forment des grappes de fleurs perchées sur les hautes tiges ; chez la laitue, ces fleurs sont la minuscule réplique jaune de leur cousin, le pissenlit. Et comme tout adolescent, la laitue montée en graines est pleine d'hormones volatiles qui affolent son système. La plante produit un jet de sesquiterpène lactone, le composé responsable de la sève d'un blanc laiteux qui suinte d'une tige coupée, et qui donne un goût puissant si amer au liquide qu'on le recracherait tout de suite. Une fois la saison des laitues passée, tout cela est bien fini.

Ces composés sont un trait familial du clan de la laitue. Ils sont responsables du goût relevé des endives, de la roquette alors que l'on a enlevé ces agents chimiques ainsi que la plupart de ses nutriments à la salade iceberg toute pâle. Pourtant, une fois qu'elle commence à pousser et monter en jambes, même une salade iceberg devient intouchable. Le procédé chimique est un vestige de la vie de la plante à l'état sauvage, moyen de se protéger contre tout prédateur alors que la reproduction est sur le point de se déclencher. Mais par une fraîche journée d'avril, quand les tranquilles sont en fleur et que le gel peut encore sortir de sa retraite à tout moment, la chaleur n'est qu'un rêve. C'est la saison émeraude des épinards, choux verts, chicorées et mini-laitues. Les bettes apparaissent aussi rouges et orange que les dernières feuilles d'automne. On sort doucement de l'hibernation et on se gave de feuilles comme des cerfs ou des paresseux. Tout comme les primates fous de la terre que nous fûmes jadis et que nous pourrions réapprendre à devenir à nouveau. En avril, je déborde de joie quand, de la boue plein mon jean, je m'assieds pour déguster le déjeuner le plus enivrant de l'année, une assiette de légumes du jardin, tout croquants et chauffés par le soleil, avec une poignée de noix et du fromage de chèvre frais.

Les laitues fleuriront et deviendront amères, et alors ? D'ici là nous aurons du brocoli tout frais. Quand vous voyez des lapins en peluche suspendus aux branches des pommiers sauvages, c'est le signe que la belle saison a démarré.

Finis d'abord tes légumes

PAR CAMILLE

J'ai grandi dans un monde où il y a une pilule pour presque tout. Les étudiants gobent des cachets de caféine pour rester éveillés toute la nuit à écrire des dissertations pendant que leurs parents avalent des somnifères pour éviter de désagréables insomnies. On peut prendre des cachets contre les maux de tête, les indigestions, les sinusites, les refroidissements et ainsi continuer d'aller au travail, même malade. Si on n'a pas le temps de manger correctement, on a aussi des compléments alimentaires. Il suffit d'avaler des vitamines et on est en forme, pas vrai ?

Les compléments alimentaires et les légumes sont tous bourrés de nutriments essentiels mais selon des combinaisons différentes. L'épinard est une bonne source de vitamine C et de fer. Il se trouve que la vitamine C augmente l'absorption du fer, permettant au corps d'en engranger plus que si le minéral était introduit seul. Lorsque j'ai commencé à étudier la nutrition, ces coïncidences m'ont fascinée d'autant plus que j'ai compris qu'il ne s'agissait pas de coïncidences. Le corps humain et la chimie complexe de la digestion ont évolué au cours des millénaires en fonction des divers aliments – surtout végétaux – cultivés ou cueillis alentour. Les hommes mouraient peut-être jeunes de morsure de serpent ou de traumatisme mais ils ne souffraient pas de pathologies liées à l'alimentation comme les maladies cardiaques et le diabète de type II répandus maintenant dans notre société même parmi la population jeune et les enfants.

Nos corps ne sont pas faits pour absorber de grandes quantités de nourriture en une seule fois (bien des compléments dépassent de 200 % ou plus les AJR [1]) mais pour ingérer de petites quantités bien combinées – exactement comme on les trouve dans les plantes. Manger une grande variété de divers agents chimiques de plantes est une excellente idée selon la Société américaine de nutrition. Pas besoin d'être chimiste, une bonne perception des couleurs suffit. En mangeant des plantes de couleurs diverses, vous assimilerez des caroténoïdes pour protéger vos tissus du cancer (légumes jaunes, orange et rouges) ; des phytostérols pour bloquer l'absorption du cholestérol et empêcher la croissance de tumeurs (plantes vertes et jaunes ainsi que les graines) ; des phénols pour leur effet anti-oxydant contre le vieillissement (fruits bleus et rouges.) Des milliers d'éléments biochimiques que nous mangeons n'ont pas encore été répertoriés tant ils sont nombreux, tant leurs fonctions sont diverses, parfaitement dosés pour nourrir notre corps. Une fleur de brocoli en contient plus d'un millier.

Il est évident que les multivitamines constituent un substitut maladroit à la multitude de combinaisons subtiles d'enzymes et agents chimiques contenus dans la nourriture complète. On pourrait envisager ces cachets comme un remède d'urgence à une malnutrition causée par le style de vie. J'atteins l'âge adulte dans une société où la majorité des adultes voient leur santé compromise par cette maladie. C'est un fait effrayant pour une personne jeune. Penser à une action préventive est réconfortant. Mes amis rient parfois des drôles de mélanges d'aliments, style sandwich beurre de cacahuètes/épinards, qui visent à ajouter toujours plus de légumes dans un plat alors que je me dépêche d'aller en cours. Mais nous sommes prêts à tout pour rester en bonne santé.

Les légumes verts à feuilles, comme toute plante, affichent leur valeur nutritive par le biais de la couleur :

1. AJR : apports journaliers recommandés.

feuilles vert foncé ou rouges avec une nuance acide mettent des antioxydants dans votre assiette. La plupart de ces légumes vous donnent de l'acide folique (vitamine B9 ; « folique » se rapporte à la feuille), un nutriment, essentiel pour les femmes enceintes, dont nous avons tous besoin pour produire de l'hémoglobine. De Popeye à Pan-Pan le lapin de Bambi, l'adage « Finis tes légumes » est profondément ancré dans la culture des enfants et pour de bonnes raisons. Les parents n'auront pas à soudoyer leurs gamins avec des promesses de dessert s'ils ne leur servent pas de légumes gluants. Lorsqu'ils sont frais et pas trop cuits, l'épinard, le chou vert, le chou chinois et autres légumes font partie de mes aliments favoris.

Voici quelques recettes qui mettent en valeur le meilleur des légumes à feuilles foncées. À la saison des légumes verts, quand ils poussent à foison dans notre jardin, ces recettes sont celles de nos plats de base courants.

⁜ ŒUFS DANS LEUR NID

(Cette recette convient à une famille de quatre personnes mais on peut facilement diviser les proportions.)

400 g de riz complet
Quelques cuillerées d'huile d'olive
1 oignon moyen
Ail selon votre goût
Carottes
200 g de tomates séchées
1 belle botte de bettes
8 œufs

Faites cuire le riz, dans une casserole avec couvercle, dans 1 litre d'eau, pendant que vous cuisinez les autres ingrédients.

Émincez l'oignon et coupez l'ail, et faites-les dorer dans l'huile d'olive dans une grande poêle.

Ajoutez les carottes émincées et les tomates séchées, et faites revenir en ajoutant un peu d'eau pour faire gonfler les tomates.

Coupez les bettes en gros tronçons et ajoutez-les aux autres légumes. Couvrez quelques minutes. Enlevez le couvercle, mélangez soigneusement puis façonnez des nids dans les légumes à l'aide d'une cuiller en bois.

Cassez un œuf dans chaque nid en prenant garde de conserver intacts les jaunes. Couvrez à nouveau et laissez les œufs pocher 3 à 5 minutes. Servez avec le riz.

LASAGNE AUX ÉPINARDS

500 g de lasagne complète (suivez les indications sur l'emballage)
200 g d'épinards hachés
400 g de sauce tomate
400 g de ricotta fraîche
400 g de mozzarella

Cuisez les épinards à la vapeur 2 ou 3 minutes puis égouttez-les soigneusement.

Étalez une fine couche de sauce tomate au fond d'un grand plat. Couvrez avec une couche de lasagne, la moitié de la ricotta, la moitié des épinards, un tiers de sauce tomate et un tiers de mozzarella. Puis ajoutez une autre couche de lasagne, le reste de la ricotta et des épinards, un tiers de sauce tomate et un tiers de mozzarella. Par-dessus mettez la dernière couche de lasagne recouverte du reste de la sauce et de la mozzarella ; faites cuire sans couvrir au four pendant 40 minutes à 180 °C (thermostat 4-5).

Menu printanier

Dimanche : poulet rôti à la grecque accompagné de pommes de terre, et rouleaux de feuilles de bettes à la Béchamel.

Lundi : œufs dans leur nid.

Mardi : salade au poulet (avec les restes du dimanche) sur un lit de petits légumes verts.

Mercredi : pâtes au saumon, bettes sautées et tomates séchées.

Jeudi : salade composée avec œufs durs, brocoli, noix et feta ; pain frais.

Vendredi : pizza aux épinards, champignons sautés et fromage.

Samedi : lasagne aux épinards.

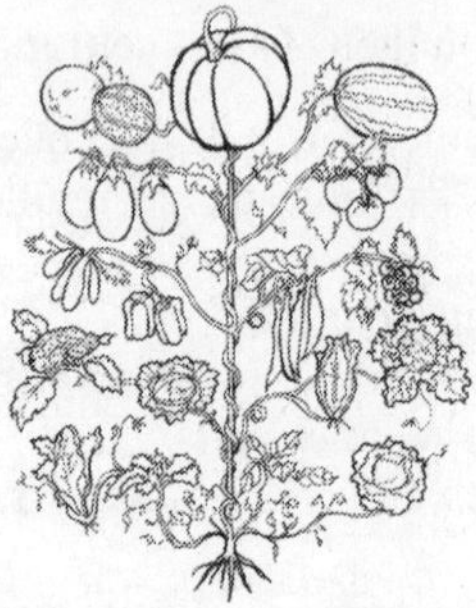

4. À LA POURSUITE DU LÉGUMIMAGINAIRE

Si les feuilles de la pomme de terre créent souvent la surprise, qu'en est-il de la fleur de laitue ? Mais oui, toutes les salades proviennent d'une plante à fleurs comme pratiquement tous les aliments qui ne sont pas d'origine animale. Excepté les champignons, les algues et les pignons. Si d'autres comestibles exotiques font partie de votre alimentation, je vous tire mon chapeau.

Les plantes à fleurs, connues en botanique sous le terme d'angiosperme, se sont développées à partir d'ancêtres proches de nos conifères. La fleur, apparue à l'âge du crétacé, au moment où les dinosaures, on ne sait pourquoi, s'étaient mis à rapetisser, est un organe de reproduction très pratique. Au cours des millions d'années qui ont suivi, les plantes à fleurs s'étant propagées dans toutes sortes de biotopes de façon très diversifiée, elles sont devenues les formes de vie terrestre les plus prospères. Les plantes à fleurs jouent un rôle clé dans tous les écosystèmes du globe : les forêts caducifoliées, les forêts ombrophiles, les steppes. Ce sont les cactus du désert et les lichens de la toundra. Elles peuvent être petites ou grandes, remplir les marécages et supporter la sécheresse. Il coule de source que nous les mangeons.

Les plantes à fleurs surgissent sous des formes aussi diverses que celles d'un chêne et d'une violette mais elles partagent une histoire commune. Elles germent et font des feuilles. Elles fleurissent et se reproduisent en se débrouillant pour frotter leur organe mâle contre celui d'une femelle. Puisqu'elles ne peuvent entamer de cour assidue, elles convient un troisième larron à partager leurs ébats, les abeilles par exemple, à moins qu'elles n'attendent l'arrivée du vent. De cette union sort le fruit béni, sous forme de graines nichées dans un fruit. Et puis, tôt ou tard – après *ça*, à quoi bon survivre ? – elles meurent. Chez les plantes définies comme étant annuelles, ce processus est accompli au cours d'un seul cycle végétatif qui commence d'habitude au printemps pour finir avec les premiers gels. La plante attend la fin de l'hiver sous forme de graine, bien protégée du froid, gardant ses forces jusqu'à ce que le climat lui permette de tout recommencer. Que ce soient des feuilles, des bourgeons, des fruits ou des graines, les légumes que nous mangeons viennent tous d'un point particulier de ce cycle propre à toutes les plantes annuelles. Aucune dérogation n'est permise. Impossible de fructifier, par exemple, avant d'avoir fleuri. Pour aussi évident que cela puisse paraître, on oublie vite ce code dans une culture de supermarché où les plantes nous sont proposées de façon absolument aléatoire.

Afin de retrouver l'intuition des aliments de saison, imaginez une série de comestibles qui se déploieraient tous comme s'ils venaient d'une même plante. Concentrez-vous une minute pour contempler cette création – une plante imaginaire, véritable corne d'abondance qui porte en elle au cours d'un cycle végétatif tous les végétaux cultivables. Nous l'appellerons le légumimaginaire. Imaginez que sa vie se déroule sous vos yeux en accéléré : d'abord, au tout début du printemps, des pousses surgissent du sol. De petites feuilles apparaissent, puis de plus grandes. Au soleil, la plante pousse, les jours s'allongent, des bourgeons commencent à poindre suivis par de petits fruits verts. Sous le soleil d'été, les fruits grossissent, mûrissent et prennent des couleurs. Alors que les jours raccourcissent jusqu'à l'automne, ceux-ci se transforment en fruits à écorce dure contenant les précieuses graines. Puis, avec les premiers frimas, le légumimaginaire rassemble les sucres produits par ses feuilles en les stockant dans un endroit adéquat : tubercule, bulbe ou racine.

Ainsi va l'année. D'abord les feuilles : épinard, chou vert, laitue et bette (chez nous, c'est en avril et mai). Puis des têtes de salades venues à maturité et des choux pommés : chou, chicorée, brocoli et chou-fleur (mai-juin). Puis les fruits tendres : pois mange-tout, jeune courge, concombre (juin), suivis des haricots verts, poivrons verts et petites tomates (juillet). Ensuite viennent les fruits plus mûrs, joliment colorés : tomate beefsteak, aubergine, poivron rouge et jaune (fin juillet-août). Puis les grands fruits à écorce dure qui contiennent des graines : melon, melon jaune, pastèque, citrouille et potiron. Enfin, les racines et les tubercules mettent un point final à cette parade.

Certes, ils ne viennent pas tous d'une seule plante mais chacun vient d'une plante, c'est ce qui importe – une plante prédestinée à commencer sa vie au printemps pour la finir en automne. Quelques-unes, oignons et carottes, tentent d'être bisannuelles mais laissons cela de côté pour le moment. Chaque partie de la plante que nous mangeons attend son tour – feuille, bourgeon, fleur, fruit vert, fruit mûr, fruit dur. Qu'elles le veuillent ou non, elles ne peuvent agir autrement.

En admettant de petits écarts et un peu de télescopage, le légumimaginaire peut servir de guide assez fiable pour savoir ce qui sera de saison où que vous habitiez. Si vous

vous retrouvez en train de croquer dans une pastèque au mois d'avril, rembobinez trois mois et cherchez un endroit assez chaud en janvier pour que cette plante se lance vers son destin. Le Mexique peut-être ? Ou la Californie du Sud ? Le Chili serait aussi envisageable. Si vous êtes sensible à ces considérations, pensez à tout ce qui est entré en jeu pour transporter, depuis son lieu d'origine jusqu'à votre porte, un fruit de la taille d'un enfant de deux ans.

Pour nos aïeux jardiniers, la pastèque avait la saveur juteuse d'une journée d'été brûlante passée pieds nus dans l'herbe. De la même façon la citrouille est le fruit emblématique de la fin du mois d'octobre, saison botanique respectée pour cause de Halloween. Il est plus dur d'attendre les pastèques et si tentant de manger des melons, des poivrons rouges, des tomates et autres délices de fin d'été avant que celui-ci n'ait même commencé. Mais nous avons d'autres choses délicieuses sous la main et il est facile de fêter chaque saison à son tour sans sauter les étapes.

Si nous sommes nombreux à envisager cette façon de manger comme une privation, c'est que nous nous sommes peu à peu habitués à tout obtenir, tout le temps, ce qui, sur le plan botanique, est une véritable hérésie qui caractérise actuellement bien ce que nous nommons « notre cuisine nationale ». Quant aux épicuriens aisés d'Amérique du Nord, ils se retrouvent souvent autour d'une table où des continents entiers entrent discrètement en collision sur la nappe blanche : agneau de Nouvelle-Zélande aux bolets d'Italie et asperges du Pérou arrosés d'un robuste bordeaux français. La saison est absolument secondaire.

J'ai pris part à de tels dîners, mais je suis devenue attentive au carambolage quand je déguste les Nations unies des plantes comestibles et des animaux en un seul repas. Ou plutôt l'OMC. Il y a peu, en hiver, on m'a servi un repas somptueux avec des framboises au dessert. Comme elles ne poussent qu'en climat tempéré, et non tropical, elles venaient sûrement de loin dans l'hémisphère Sud. J'étais ébahie que de petites baies si vite meurtries aient pu sortir si fraîches d'un voyage de milliers de kilomètres, étant quant à moi assez hirsute après un vol depuis la Californie. Aussi ai-je timidement exprimé ma stupéfaction à ce sujet. Je crois que la maîtresse de maison a été assez amusée par ma naïveté de rat des champs. « On est à New York, m'a-t-elle affirmé, ici, on peut avoir tout ce qu'on veut chaque jour de l'année. »

Je ne voudrais pas manquer de tact mais il y a un prix à

L'ÉQUATION MONDIALE

Acheter des légumes locaux plutôt que sud-américains, par exemple, ne cause-t-il pas de préjudices aux pays en voie de développement ? Si vous imaginez le paysan Juan et sa famille en train de s'éponger le front avec reconnaissance quand vous achetez une banane équatorienne, imaginez plutôt ceci : le P-DG de Dole Inc. dans son bureau climatisé de Westlake Village en Californie. Il pèse 1,4 milliard de dollars ; Juan gagne à peu près 6 dollars par jour. La redistribution globale de la nourriture génère beaucoup d'argent dont les principaux bénéficiaires sont les industriels, les courtiers, les convoyeurs, les supermarchés et les compagnies pétrolières.

Les pays développés encouragent la surproduction des cultures de base vendues bien en deçà du prix du marché international, ce qui est dévastateur pour les économies fragiles des pays en voie de développement. Cela pousse souvent les petits fermiers en quête de travail à gagner les zones urbaines, ce qui diminue la production agricole d'un pays et oblige la population à acheter ces mêmes aliments de base désormais importés. Ceux qui restent impliqués dans l'agriculture finiront souvent ouvriers agricoles, sur des plantations qui appartiennent à des multinationales. En fait, ils travaillent peut-être au détriment de la production locale. Voilà pourquoi, lorsque les Américains achètent des dérivés de soja du Brésil, par exemple, ils soutiennent probablement une société internationale qui a brûlé d'innombrables

---

payer et, pour la majeure partie, il n'est pas question d'argent. Nous allons laisser à nos enfants des dettes colossales à régler en termes d'extinction, d'épuisement économique et de changements climatiques. Je reconnais qu'il est assez impoli de faire valoir de telles critiques à table. Sept framboises, ce n'est pas la fin du monde, j'essaierai de justifier cela auprès de mes petits-enfants. Je les ai donc mangées et j'ai dit : « Merci. »

Les hommes manquent furieusement de logique : je ne suis pas la première à le constater. Mais là, franchement, nous remportons la médaille : nous faisons les gros yeux

hectares de la forêt amazonienne pour cultiver le soja destiné à l'exportation, tout en détruisant les populations indigènes. Les accords de commerce global négociés par L'Organisation mondiale du commerce et la Banque mondiale autorisent des entreprises à faire leur marché d'aliments en provenance des pays qui souffrent des pires conditions environnementales, de sécurité et de travail. Les consommateurs bénéficient donc de prix sacrifiés et ces esclaves agricoles sont mis en concurrence avec d'autres, dans une spirale descendante des salaires. Il va de soi que la qualité des produits n'entre pas en ligne de compte.

On a fini par comprendre qu'acheter des baskets fabriquées en Asie dans des ateliers de misère n'est pas un acte charitable envers les enfants qui y travaillent. Pour la ferme, c'est pareil. Partout sur terre, le scénario normal pour un paysan semble être de nourrir ceux qui sont proches - si tant est que les marchés internationaux le lui permettent. Le transport alimentaire est devenu une étrange équation d'économie profitable qui n'a plus vraiment à voir avec le fait de nourrir des gens : dans notre propre pays, nous exportons 1,1 million de tonnes de pommes de terre alors que nous en importons 1,4 million. Si vous vous souciez des paysans, laissez les pommes de terre chez elles. Pour plus d'informations, allez sur le site : www.viacampesina.org.

STEVEN L. HOPP

au premier politiquement correct qui nous rase en nous reprochant de spolier les générations futures tout en exigeant que celles-ci soient plus responsables. Il est temps que nous envisagions tous que la consommation ostentatoire de ressources limitées est une erreur spirituelle, voire un signe de mauvaise conduite.

Notre culture n'est pas familière de l'idée que la nourriture est un bien spirituellement très riche. Et les motifs que nous jugeons recevables pour refuser certains aliments sont extrêmement arbitraires. En règle générale, on ignore les justifications suivantes : destruction de l'environnement, gâchis d'énergie, empoisonnement des ouvriers. Parmi les motifs admis : un texte religieux l'interdit. Posez une assiette de charcuterie devant un rabbin, un imam et un moine bouddhiste et vous aurez peut-être évoqué trois visions différentes de la damnation. Les invités qui souffrent d'hypertension artérielle peuvent en ajouter une quatrième. Est-ce donc si exagéré de choisir des aliments en fonction des dommages que leur production et leur transport engendreront dans le monde entier ? Dans un pays où 5 % de la population mondiale engloutit un quart de toute l'essence tout en recrachant le même volume de déchets et de pollution, il semble que nous ayons fait de grands choix en matière de consommation. Il serait peut-être temps de les réexaminer.

Importer des aliments depuis des pays lointains n'est pas, en soi, une faveur accordée aux paysans du tiers-monde mais plutôt une opération très juteuse pour les compagnies pétrolières. L'acheminement d'une seule calorie d'un fruit frais périssable de la Californie jusqu'à New York coûte à peu près 87 calories en combustible. C'est aussi rentable que de conduire de Philadelphie à Annapolis et retour histoire d'aller marcher cinq kilomètres sur un tapis roulant dans un club de gym du Maryland. Il y a sans doute des gens prêts à le faire. Veuillez m'excuser si je me permets de chercher un autre interlocuteur pour esquisser mon budget énergétique.

Il est entré dans les normes de servir à ses invités végétariens des plats adaptés même si l'on est soi-même omnivore. Le monde deviendrait peut-être plus accueillant si, de même, on se pliait aux goûts des invités allergiques aux produits picoleurs de pétrole, pour autant que cette spécificité ait un nom. Pétrophobes ? Saisonariens ? Mangeurs sédentaires, non alambiqués ? Depuis peu je rencontre le terme *locavores* et il me plaît bien : sur le plan scientifique et social il est éloquent et saupoudré qui plus est d'une petite dose de « Livin' *la vida loca* ».

Les responsables de Slow Food International ont été bien inspirés d'utiliser un sourire plutôt qu'un air pieusement réprobateur sur leur logo, même s'ils poursuivent le but chimérique de combattre un agrobusiness concentré à l'extrême. La séduisante stratégie des Slowies – leur logo est un escargot – est de célébrer ce que l'on a et d'encourager les plaisirs liés à l'art de manger des produits de saison. Une tâche on ne peut plus nécessaire puisque les autorités fédérales restent très discrètes sur le sujet. Imaginez donc la frustration de l'homme qui envoya cette plainte à un critique gastronomique : après avoir étudié la nouvelle pyramide des aliments, conçue par les employés du Service alimentaire fédéral (impossible à déchiffrer mais soyons cléments, ils font de leur mieux), il en a tiré sa feuille de route : « 400 grammes de fruits et 500 grammes de légumes par jour. » Il s'est donc rendu chez son épicier pour acheter, vrai de vrai, quatre-vingt-trois prunes, poires, pêches et pommes. Furieux, il a indiqué que tout était pratiquement « pourri, farineux, fade, sec ou dur comme la pierre et refusant de mûrir ».

D'après la date de l'article, cela s'était passé en février ou en mars. Ce monsieur habite à Frostburg (la ville du gel) dans le Maryland où tout l'État devait encore être en plein milieu de cette chose qu'on appelle l'hiver. Je suis convaincue qu'il ne croyait pas sincèrement que des prunes délicieuses mûries sur l'arbre, des pêches et des pommes attendaient qu'on vienne les cueillir dans les vergers du coin… Hum, il est probable qu'il n'ait pas du tout pensé aux « vergers » – dans un tel contexte, qui pourrait lui en vouloir ? Les directives alimentaires nous sont délivrées sans carte routière.

Se cantonner aux produits locaux signifie associer immédiatement le fruit au verger, de même que penser à un potiron c'est voir l'image d'une ferme au début de l'hiver. Cette stratégie permet de dépenser son argent dans le voisinage où il sera recyclé dans le système scolaire et les magasins locaux. Les espaces verts autour de votre ville resteront verts et les paysans qui habitent près de chez vous se mettront à cultiver en plus grande quantité l'année suivante pour satisfaire votre demande. Mais avant d'entrer dans ces considérations, il faut ajouter que, pour quiconque possède des papilles, cette stratégie est gagnante sur tous les plans. Tout d'abord, il faut repenser une situation qui n'est pas une privation en soi. Citoyens du monde gelé, unissez-vous et songez à ignorer les fruits hors saison : vous n'avez rien d'autre à perdre que des « choses farineuses, sèches, dures comme la pierre et refusant de mûrir ».

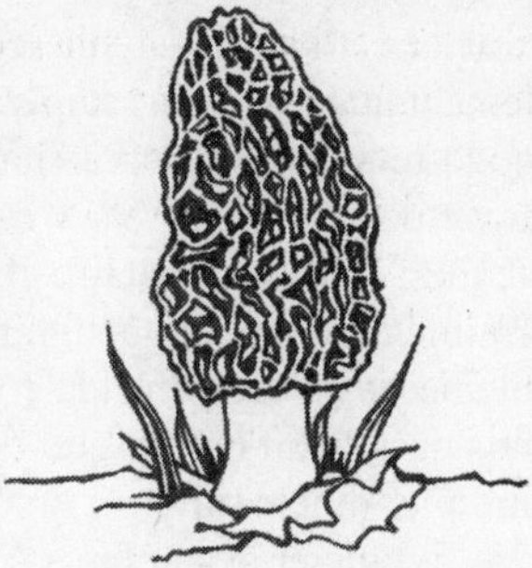

5. CHASSE AUX MORILLES

Avril

En l'an 1901, Sanford Webb fit paître une douzaine de têtes de bétail dans sa nouvelle ferme en notant chaque soir l'endroit où s'installait son troupeau pour la nuit. Le lieu choisi, s'est-il dit, était sûrement le plus protégé de la vallée. C'est là qu'il construisit sa maison, avec des murs de bardeaux, un toit en fer-blanc et un grand porche à l'entrée bâti avec des pierres de la rivière. Il commanda châssis de porte en bois ouvré et rampe d'escalier chez Sears à Roebuck. Il bâtit la maison pour sa jeune épouse, Lizzie, et les enfants qu'ils élèveraient – onze en tout – au cours des cinquante années suivantes.

Dans les années 1980, ces enfants mirent la maison en vente. Ils ne le faisaient pas de bon cœur mais, à la mort de leurs parents, ils étaient déjà installés dans leurs propres fermes. Tous âgés à présent, ils n'avaient pas la force de retourner dans la maison natale pour la remettre en état. Ils décidèrent donc de la laisser en d'autres mains.

Steven apparut alors et sans le savoir scella son destin. Il cherchait seulement une maison à retaper à un prix abordable vu son modeste salaire d'universitaire, un endroit calme où il pourrait écouter les oiseaux et peut-être faire pousser des pastèques. Il était célibataire et, à l'époque, ne se souciait pas vraiment de fonder une famille même si les Webb qui étaient encore en vie et résidaient dans le voisinage étaient d'avis qu'il avait besoin que l'on s'occupe de lui. Une invitation à dîner suivit. Lorsque finalement Steven amena une femme et des enfants à la ferme, nous fûmes inclus dans ce cercle. Les Webb – les plus jeunes sœurs ont maintenant soixante-dix ans – nous invitent systématiquement à leurs réunions de famille. Aux plaisirs de l'amitié et des coups de pouce pour assembler un duvet ou faire des conserves s'est ajouté un siècle entier d'histoires liées à cette ferme.

Il se trouve que, dans le voisinage, elle est célèbre. Sanford Webb était un visionnaire, un rétameur qui travaillait en tant qu'ingénieur pour les chemins de fer mais était aussi le premier dans la région – voire dans cette partie de l'État – à installer des choses comme l'électricité domestique, un moulin à grains activé par un moteur à combustion interne et un système de réfrigération domestique des aliments. Celui-ci, il l'a conçu en se servant de ce qui était disponible sur la ferme, à savoir le ruisseau bien frais, qu'il a fait s'écouler dans un conduit métallique à l'intérieur de la maison. Nous utilisons toujours cette installation qui permet de réfrigérer sans utiliser d'électricité. La créativité était monnaie courante dans cette famille. Dans leur chambre à l'étage, les fils aînés ont bien surpris leur mère en introduisant en douce, une pièce après l'autre, tout ce qui était indispensable pour construire, lancer le moteur et démarrer une Ford modèle T. Ces frères inventifs ont ensuite fondé une ligne aérienne commerciale, Piedmont Air, et payé 10 centimes leur petite sœur Neta pour qu'elle vienne balayer la piste avant chaque atterrissage.

En matière d'horticulture, Sanford était aussi un précurseur. Il travaillait de temps en temps comme vendeur dans les pépinières Stark à une époque où pour acquérir des arbres fruitiers la coutume voulait que l'on demande des greffons à ses proches. M. Webb a proposé à ses amis d'acheter des variétés connues d'arbres fruitiers, déjà greffées sur un porte-greffe, qui produiraient à coup sûr sans flancher. C'est ainsi que des pommiers Stayman Winesap, Gravenstein et Yellow Transparent se sont mis à fleurir dans la région. Pour seize arbres vendus, il en recevait un gracieusement. Les lilas, seringas et althæas hibiscus qu'il a rapportés pour Lizzie fleurissent toujours le jardin. Tout comme un petit agrume résistant au gel, nommé orange trifoliée, une curiosité qui a pratiquement disparu à l'époque des oranges de supermarché. À notre connaissance, il n'y a plus qu'un horticulteur qui continue à le vendre.

Cet homme était vraiment féru d'arbres fruitiers. Tout l'arrière du jardin est resté boisé d'immenses poiriers de trente mètres de haut plus ou moins engloutis par une forêt si dense qu'ils manquent de soleil pour donner des fruits. Mais de temps en temps, sur le chemin, je suis surprise par la chute et le bruit d'une poire mûre qui tombe de haut. Nous avons éclairci et élagué les pommiers du vieux verger et ils nous donnent des fruits. Nous tondons l'herbe entre les troncs d'arbres disposés à intervalle régulier et pendant les belles journées d'avril, quand les arbres sont en fleur, l'endroit est presque trop romantique pour un pique-nique. Quand il pleut des pétales, blancs flocons doux et aériens, Lily danse en cercle en claironnant des choses de ce style : « Vite, il faut que quelqu'un se marie ! » Il y a peu, j'ai appelé le siège des horticulteurs Stark, dans le Missouri, pour leur annoncer qu'un verger planté d'anciennes variétés de pommiers vieilles de plus de soixante-quinze ans produisait toujours des fruits en Virginie ; ils se sont montrés assez peu enthousiastes.

En vertu de la légende familiale des Webb, pratiquement chaque recoin de la ferme porte un nom ou renferme une histoire, ou les deux à la fois. On trouve la colline du Verger au Poirier, celle de la Rosée, le chemin Laitier, là où les vaches traversaient pour rentrer à l'étable. On l'appelle toujours ainsi bien qu'aucune vache n'y passe plus. Une ferme a toujours une géographie à usage pratique : quand vous demandez à quelqu'un d'aller fermer la barrière, il a besoin de savoir si vous parlez de la barrière du chemin Laitier ou de celle de l'étable. On a la route du Jardin, celle des Bois, le cimetière aux Asiminiers et le Nouveau Verger. Et une fois par an, pendant quelques jours, un coin sort de l'obscurité pour prendre la vedette : le coin du Vieux Charley.

Le Vieux Charley était un bouc qui appartenait aux Webb il y a soixante-dix ans. Comme tous les boucs, il puait. C'est pourquoi les Webb le gardaient dans un enclos à flanc de colline à près de cinq cents mètres de la maison : au sens figuré comme littéral, c'était le coin du Vieux Charley. Maintenant ce n'est quasiment plus qu'un endroit escarpé et oublié derrière la ferme mais une semaine par an, pour des raisons indépendantes du bouc nous semble-t-il, le coin devient merveille. Le plus estimé des mets pousse là, et il se vend plus de 20 dollars la livre sur les marchés citadins.

⁂

Les versants qui bordent notre ferme sont fournis en peupliers, hêtres et chênes. Il y a deux générations, ce n'étaient que des pâturages dégagés, labourés, ou bien qui servaient de pré au bétail. Là se trouvait une plantation de tabac. Nous sommes surpris lorsque nos voisins regardent les bois et disent : « C'est ici qu'on faisait pousser notre maïs. Notre carré de tabac était plus haut au soleil. » Ces coteaux extrêmement escarpés étaient exploités grâce à des mules par un grand nombre d'ouvriers (un tracteur aurait dévalé la pente comme un rocher), ce qui explique l'apparition de bouquets d'arbres de hauteur moyenne dans beaucoup des terrains avoisinants. Les forêts caduques de l'est des États-Unis supportent la mainmise de l'homme avec une grâce surprenante. Passant outre les ravages causés par les mines ou le désastre, pour le sol, de l'exploitation forestière intensive, ces terres semblent pouvoir retrouver leur nature primitive en l'espace d'une génération.

Exploiter un coteau à l'aide de mules a du charme, c'est vrai, mais la méthode est devenue obsolète. Les exploitations agricoles au sud des Appalaches prospèrent à présent sur des terres propices aux tracteurs, c'est-à-dire des parcelles modestes, plus ou moins nivelées et coincées entre des versants escarpés. Ce qui explique qu'une seule plante, le tabac, ait pu y être cultivée ces cinquante dernières années ; pratiquement aucune autre culture légale ne peut assurer un rendement convenable sur ces champs exigus. C'est cela, en plus d'un climat idéal, qui a fait du Kentucky et du sud-ouest de la Virginie les plus grands fournisseurs de tabac Burley du monde.

Si cette plante prospère ici, c'est aussi pour des raisons culturelles : c'est la seule qui requiert un travail intense, monopolisant traditionnellement toute une famille ou un groupement de coopératives. Fragiles, les semis de tabac doivent d'abord être placés dans des billons abrités avant d'être plantés à la main dans les champs qui doivent rester désherbés. À maturité, toutes les plantes sont coupées, enfilées sur un bâton pointu avant d'être ensuite minutieusement suspendues, une à une, dans des granges spacieuses, hautes de plafond et bien aérées. Lorsque les feuilles friables ont pris une teinte marron foncé, on doit les détacher à la main de leur tige, les répartir en balles faciles à transporter et les apporter en salle des ventes.

Sur les vastes terres plates de l'Iowa, une personne aidée d'un tracteur peut cultiver suffisamment de maïs pour en nourrir cent. Mais dans les vallées exiguës des Appalaches bien des mains sont nécessaires pour nourrir une seule personne à condition qu'elles cultivent un produit qui rapporte. La même petite superficie plantée de maïs rapporterait à peine assez pour payer la taxe foncière. C'est pourquoi, alors que dans le reste du pays les petites exploitations familiales se sont reconverties, elles subsistent encore dans la région du Burley. La culture du tabac laisse une trace indélébile sur l'aspect d'une région – l'architecture spacieuse de ses granges, la petite taille des fermes – et sur le comportement des gens, qui ont appris à dépendre les uns des autres. Ici, tout le monde connaît votre nom et sait quelle quantité de travail vous accomplissez en une journée. Le tabac détermine même la date des remises de diplôme puisque l'année scolaire est réglée sur ce calendrier : mise en billon du tabac au printemps, récolte à l'automne.

J'ai grandi dans une région productrice de tabac. Dans ma famille, personne ne fumait, sauf ma grand-mère qui prenait une cigarette l'après-midi, qu'elle en ait envie ou non, et ce jusqu'à ses quatre-vingt-dix ans, lorsqu'elle décida d'arrêter. Mais nous étions conscients de l'importance de cette plante dans nos vies. Il payait nos institutrices et le macadam sur nos routes. C'était aussi l'odeur suave de la grange où j'allais me cacher pour lire des livres en été ; c'était la poudre brune qui restait fixée sur nos jeans lorsque nous avions passé l'après-midi à jouer dans des remises. Ce fut la raison pour laquelle mon premier amoureux dut partir tôt un vendredi soir : il devait se lever à l'aube le lendemain pour travailler dans les champs de tabac. La raison pour laquelle aussi certains de mes camarades de classe purent aller à l'université. Moi aussi, puisque ma famille n'aurait pu rester solvable sans les revenus supplémentaires liés au tabac.

Née dans cet univers-là j'ai ensuite navigué vers un monde où, à ma grande surprise, les gens pensaient que le mot « paysan » était un synonyme de « beurk » et le « tabac » une nouvelle forme de petite vérole. Je me souviens d'une conversation dans une cuisine, lors d'une de ces soirées d'étudiants – un rassemblement où l'élite cause avec fougue – où tous les invités présents furent d'accord sur une vérité qui crevait les yeux au sujet du tabac : on devrait le bannir de cette planète et des autres aussi. J'ai rétorqué bêtement : « Mais les paysans qui le cultivent ? »

C'est comme si j'avais pris parti pour la pornographie infantile. Quelqu'un a demandé : « Qu'est-ce que j'en ai à faire de ces paysans ? »

Encore aujourd'hui, j'essaie de répondre à cela. Oui, je connais des gens qui sont morts en regrettant d'avoir jamais vu une cigarette. Oui, cette plante donne le cancer après que tout un groupe de gens l'a modifiée pour servir des buts déloyaux. Et oui, il faut un produit chimique pour protéger la récolte d'une moisissure bleue. *Et, oui aussi* il envoie des gens à l'université. Il rembourse les prêts immobiliers, achète des chaussures et paye la note du médecin. Il permet aux gens de vivre avec leurs familles, de serrer la main à des voisins dans l'un des endroits les plus verdoyants et accueillants du monde. Le tabac disparaît peu à peu des cultures de base américaines et c'est sans doute un signe de civisme mais aussi une mort culturelle puisque tous ceux qui le cultivaient doivent déménager, se trouver un appartement ailleurs et du travail à l'usine. Que vaut donc l'exploitation familiale ?

Bon nombre de cultivateurs de tabac aimeraient pouvoir faire pousser autre chose. Dorénavant, la plupart y seront contraints. Les soutiens financiers fédéraux qui ont sauvé la culture du tabac depuis la Dépression ont officiellement cessé en 2005. Dans toute la région, des comités d'étude et des écoles agricoles ont anticipé cette échéance depuis plus de vingt ans en cherchant à trouver une culture à haut rendement susceptible de remplacer le tabac. Jusqu'à présent, rien ne s'est imposé de façon évidente. Lorsque j'étais au lycée, la famille d'un de mes meilleurs amis a tenté la culture du poivron, étoile montante de l'époque. Ils ont perdu leurs revenus de toute l'année quand les marchés attendus ne se sont pas concrétisés. J'ai encore le ventre noué quand je pense au jour où le champ de beaux poivrons qui représentait des mois de travail familial et une année entière de subsistance a dû être labouré pour ne servir finalement que de bon compost, sans plus. Si les gens s'indignent des méfaits du tabac pour l'homme, pourquoi ne sont-ils pas prêts à payer suffisamment pour

---

Plus gros c'est vraiment mieux ?

Qui est le plus rentable sur le plan économique : les petites exploitations familiales ou les grandes exploitations agricoles industrialisées ? La plupart des gens imaginent connaître la réponse et en déduisent ce corollaire : les petits exploitants cherchent pratiquement la faillite, ils ne sont pas productifs bien que leurs méthodes soient certainement plus respectueuses de l'environnement, plus durables, diversifiées et plus liées à leurs communautés que ne le sont les grandes exploitations. Mais n'est-ce en fait qu'une question de profits ?

Si c'est le cas, les petites exploitations gagnent aussi sur ce plan, et de loin. Selon les statistiques du ministère américain de l'Agriculture des années 1990, la moyenne des revenus nets des exploitations de moins de 1,6 hectare est de 1 400 dollars par demi-hectare. Plus l'exploitation grandit, plus le profit par hectare diminue jusqu'à atteindre moins de 40 dollars par hectare pour les exploitations de plus de 400 hectares. Les exploitations plus petites optimisent leur productivité de trois façons : en utilisant chaque mètre carré de terre de façon plus intensive, en cultivant une sélection diversifiée de produits en conformité avec les préférences locales et en vendant de façon plus directe aux consommateurs, ce qui leur permet d'engranger

---

couvrir les frais des cultures maraîchères ? C'est à ce moment-là que je me suis rendu compte des dysfonctionnements terribles de notre système de production alimentaire conçu envers et contre les paysans.

La quête d'une culture de substitution continue, mais alors que les efforts modiques de soutien des prix ont cessé, les cultivateurs des comtés producteurs de tabac n'ont plus qu'une année ou deux devant eux pour trouver un moyen de rester sur leurs terres. Les légumes offrent un bon rendement, surtout s'ils sont biologiques, mais seulement dans des régions où la demande est assez forte et les infrastructures adaptées à l'acheminement de ces denrées périssables vers les marchés. La tomate la plus splendide

plus de revenus nets. Les profits de ces petites fermes sont aussi plus à même de durer dans le temps puisque ces paysans sont les meilleurs avocats de la terre, qu'ils utilisent moins d'engrais chimiques et provoquent donc moins d'érosion du sol tout en préservant plus d'habitat pour la faune.

Si petit signifie meilleur sur le plan économique, pourquoi donc les petits paysans font-ils faillite ? Mis à part la nécessité d'une plus importante main-d'œuvre, le problème majeur réside dans le marketing. Les supermarchés préfèrent ne pas s'encombrer de cageots de légumes s'ils peuvent acheter par camions entiers. Les petits exploitants doivent être à la fois cultivateurs et bons vendeurs, détaillant leurs produits au kilo. Tout ce qu'ils font est juste, ils ont simplement besoin de clients.

Les études sur les préférences alimentaires montrent qu'une majorité d'acheteurs est prête à dépenser plus pour des produits cultivés localement dans de petites exploitations familiales. La conséquence logique, si les habitudes concrètes d'achat correspondent à cette préférence, serait de recréer ou de casser la tradition américaine agricole. Pour plus de renseignements, allez sur le site : www.nffc.net.

STEVEN L. HOPP

du monde ne vaut absolument plus rien si elle ne peut atterrir dans le panier du consommateur en l'espace de cinq jours. Les marchés et les infrastructures dépendent de consommateurs prêts à choisir, ne serait-ce que de façon occasionnelle, des produits cultivés localement et prêts à dépenser plus que le sempiternel prix défiant toute concurrence.

Dans le comté, ce sont les légumes biologiques et l'exploitation forestière durable qui, jusqu'à présent, représentent la meilleure alternative à la culture du tabac. Il existe, dans la région, un programme de conseil d'experts conçu pour aider les paysans à tirer partie des collines boisées qui occupent l'essentiel de la superficie des exploitations locales. Il est possible d'éclaircir ces bois avec précaution de façon que les forêts demeurent en bonne santé et gardent une productivité durable. Les troncs sont débités en billes, elles-mêmes séchées au four avant d'être vendues à des acheteurs régionaux en quête d'une alternative aux tecks des forêts équatoriales et à la coupe criminelle des séquoias. Lorsque nous avons eu besoin de plancher en chêne pour la ferme, nous avons pu l'obtenir des terres boisées d'un ami voisin. Personne ne peut vivre entièrement de cette activité mais les exploitations familiales ont l'habitude de survivre grâce à la diversification.

De tels programmes expérimentaux, bien que modestes et nouveaux, valent d'être mentionnés car ils dénoncent certains modèles économiques ; le débat politique américain oppose constamment le succès économique à la santé environnementale en les présentant comme des ennemis irréductibles. Les bûcherons ou les hiboux ? Les gens ou les espaces verts ? L'antagonisme supposé entre l'« Homme » et la « Nature » est profondément ancré dans notre politique, notre culture, les histoires qu'on nous lisait enfants (la grand-mère du Chaperon rouge ou le loup ?), voire inscrit dans nos gènes.

Au meilleur de sa forme, l'agriculture optimise simultanément la santé économique et environnementale. Une stratégie qui privilégierait l'une au détriment de l'autre répondrait assez bien à la définition de *mauvaise* agriculture. La récente vogue en faveur d'une agriculture qui détruit la fertilité des sols n'a pas changé cette vérité : ce dont a besoin chaque famille de cultivateurs, c'est de durabilité, d'un lopin de terre qui produise à coup sûr d'une année sur l'autre. Ce partenariat réussi entre les gens et leur habitat fut à une époque le symbole d'une culture saine. Après un hiatus qui a bouleversé l'usage de la terre, il serait temps que cette idée retrouve son éclat.

⁂

Depuis très longtemps les habitants du sud des Appalaches savent utiliser les ressources de leurs bois et connaissent intimement leur géographie. L'histoire du rayon de lune caché dans les profondeurs de la vallée en est la version la plus caricaturale. Mais il n'évoque pas tant les bois que les fermes ; le bourbon représenta à une époque le moyen le plus pratique pour stocker, transporter et ajouter de la valeur aux petites récoltes de maïs cultivées ici.

Ces collines regorgent d'autres secrets. L'un d'eux est connu sous le nom d'ail des bois. Les mères appalachiennes conféraient d'éminentes vertus toniques à ces petits bulbes – vertus appréciées des écoliers car ils sentaient si fort après en avoir mangés qu'ils étaient sûrs de se voir interdire l'accès à l'école pendant plusieurs jours. Pour des raisons obscures à ceux qui ne sont pas de la région, ce bulbe pestilentiel est très prisé de ceux qui savent où le dénicher aux premiers jours du printemps et son apparition suscite dans toute la région de joyeuses fêtes champêtres.

Le ginseng, une autre curiosité botanique des Appalaches, est débusqué et déterré pour ses racines, vendues à des prix astronomiques à l'autre bout du monde. Les traqueurs de « seng » savent où le trouver et ont tendance à garder leurs coins secrets. Tout comme les traqueurs de morilles. Et si vous pensez qu'il s'agit d'une fable, c'est que vous n'êtes pas un initié. Le champignon du genre *Morchella* est l'un des champignons sauvages comestibles les plus prisés. La morille fructifie au printemps, et, histoire que vous sachiez où vous mettez les pieds avec les champignons sauvages, elle contient des hémolysines toxiques qui détruisent les globules rouges du sang – toxiques rendus inoffensifs par la cuisson. Surtout, donc, ne les mangez pas crues. Son parent proche, le Gyromitre, est du pur poison mais la morille comestible est d'apparence suffisamment singulière pour qu'il ne soit pas difficile de la repérer, même pour une novice comme moi. Le chapeau de la morille est conique et ridé suivant un motif proche de celui de la robe des girafes, unique en son genre. Ici, dans les terres boisées de l'Est, on trouve les morilles noires, les communes, les tulipes et les blanches ainsi qu'un pauvre cousin appellé – j'en suis désolée – le Baiseur de Chiens. Toutes sont comestibles sauf cette dernière. Elles sont si semblables en ce qui concerne l'écologie et la période de fructification que nous en avons parfois cueillies divers types au cours d'une même journée dans les mêmes bois. J'ai remarqué que leur dénomination variait : morilles, champignon éponge, meule de foin, poisson de terre et tête de serpent. Tout le monde est d'accord pour dire qu'elles sont délicieuses.

Les champignons sauvages font partie des rares produits encore cueillis par les Américains. Quelques champignons sont cultivés, mais les exotiques du type de la morille défient toute tentative de domestication. C'est peut-être pour cette raison qu'on les aime. « Avec leurs saveurs complexes de bois et de sous-bois, leur arôme, leurs couleurs intenses et primitives, leurs formes », écrit Alice Waters, les champignons sauvages introduisent dans nos cuisines « l'idée oubliée que tous les lieux habités étaient autrefois sauvages ».

Les morilles sont extrêmement difficiles à repérer tant elles ressemblent aux petits tas de feuilles mortes sur le sol de la forêt. À mes débuts de traqueuse de morilles, je pouvais en toucher une du pied sans la remarquer jusqu'à ce que l'on me l'ait montrée. Elles sont à la fois exigeantes et mystérieuses en ce qui concerne leur habitat : de vieux vergers de pommiers, selon certains, tandis que d'autres jurent que c'est uniquement aux pieds de tulipiers d'Amérique ou d'ormes languides qu'elles vivent. De toutes façons, le secret selon lequel les morilles ont tendance à surgir au même endroit d'une année à l'autre est connu. On aurait pu explorer les bois de notre ferme jusqu'au restant de nos jours sans en trouver une seule puisqu'elles ne poussent ni près de nos routes et sentiers, ni dans le vieux verger ni en tout autre endroit que nous fréquentons d'habitude. En revanche, elles affectionnent le coin du Vieux Charley. Si nous le savons, c'est uniquement parce que nos amis, qui ont grandi ici, nous ont indiqué où les chercher. C'est le genre de savoir qui se perd lorsque les gens doivent quitter leur terre. Les paysans ne sont pas seulement des techniciens pittoresques. Ils sont des banques de mémoire, des humains en symbiose avec leur terre. C'est à ma famille que revient maintenant la tâche de conserver l'histoire secrète d'un bouc, d'un lieu et d'un champignon.

Tout comme notre serment de manger local nous avait poussés le samedi précédent vers le marché de producteurs, le lundi suivant, froid et pluvieux, il nous a indiqué la voie qui passait par la porte de derrière. Les morilles surgissent le premier jour chaud qui suit une bonne pluie à la mi-avril quand le sol est détrempé. C'est facile de laisser passer l'occasion quand on est submergé par le quotidien ou pelotonné dans l'indolence due à un garde-manger bien rempli. Ce mois d'avril-là, notre garde-manger était remarquablement vide, en partie j'imagine dans ce but : nous obliger à prêter attention à ce qui nous entoure, comme les morilles. Steven est rentré de la fac, a enfilé un jean et des bottes et s'est dirigé vers le coin du Vieux Charley, un filet à provisions à la main. L'éthique mycologique impose l'utilisation du filet à provisions pour la cueillette afin que les spores puissent se disperser quand vous rapportez votre butin chez vous.

Pas de butin ce jour-là. Nous savions bien qu'il faisait encore trop froid. Nous avions eu de la neige le jour d'avant. Mais nous étions plus motivés que jamais si bien que le mardi, par un temps légèrement plus clément, Steven s'est à nouveau mis en route. Je soignais alors une jambe cassée et, ne pouvant me déplacer sur les coteaux escarpés, j'ai dû me résoudre à endosser le rôle de l'épouse qui attend le retour de son mari cueilleur. Au bout d'une heure, je suis passée au stade de celle qui craint qu'il ne soit tombé dans une crevasse. Mais non, finalement il est rentré des bois, les mains vides mais sain et sauf. Il était simplement très méticuleux.

Il est reparti le mercredi pour rentrer par la porte de la cuisine avec une expression flagrante de victoire. D'un air triomphal, il a brandi son filet à provisions : quelques douzaines de morilles parfaites, couleur de faon et qui embaumaient l'humus. La prise n'était pas énorme mais elle suffisait amplement. D'ici au week-end il y en aurait encore plus, suffisamment pour partager avec nos voisins. J'ai souri et je me suis dirigée vers le réfrigérateur. J'étais allée un peu plus tôt dans le jardin et en étais revenue avec mon propre lot posé délicatement sur mes bras comme deux douzaines de roses à longues tiges : notre plus belle récolte d'asperges jusqu'à présent.

Nous avons mis nos morilles dans un bol d'eau salée pour qu'elles trempent un peu avant la cuisson. Je ne sais pas vraiment pourquoi mais nos amis cueilleurs de champignons conseillent de le faire avec les morilles et je ne suis pas du genre à contredire des traqueurs de champignons sauvages qui se targuent d'être encore de ce monde. Je me suis assise à la table de la cuisine avec le livre de Deborah Madison *Local flavors* qui part du principe que chaque semaine de l'année est susceptible d'offrir le meilleur repas de votre vie avec des ingrédients originaires de votre région. Les conseils de Deborah sont excellents. Nous avons préparé son « cake aux asperges et champignons sauvages » pour un succulent dîner du mercredi, séduits par ses effluves avant même qu'il soit sorti du four. Avais-je été angoissée à l'idée que couper le cordon ombilical industriel nous laisse affamés ? Qu'on m'inflige cette privation tous les jours de la semaine !

⁂

Le samedi il faisait encore froid et venteux. J'ai sorti mes tubercules de pommes de terre pour vérifier que tout allait bien. Ils n'étaient pas beaux à voir : malades d'être restés dans leur sac en papier depuis l'automne passé, ils lançaient de longs germes blancs à l'aveuglette dans l'obscurité du dernier tiroir du réfrigérateur.

Pour les soulager, nous avons décidé que le vent avait suffisamment asséché le sol et que nous pouvions labourer le carré de pommes de terre au tracteur. Nous avions tenté l'expérience quelques semaines auparavant mais la terre gorgée d'eau avait formé derrière le tracteur de longues traînées de mottes d'argile épaisses et impraticables. Le sol était aujourd'hui encore trop lourd pour être parfait, mais la perfection n'est pas monnaie courante en agriculture. J'ai suivi le tracteur en cassant les mottes de terre à l'aide d'une solide binette à raisin italienne, mon unique instrument de remise en forme et, parfois, de thérapie.

Nous avons sarclé trois rangées profondes, chacune d'à peu près vingt mètres de long, pour y jeter nos tubercules germés. Si cela vous semble beaucoup pour une famille, détrompez-vous. Bien sûr nous en donnons un peu et en gardons afin de les replanter l'année suivante mais, surtout, nous les mangeons : des patates nouvelles tout l'été, des rattes en automne et de belles vitelottes et Yukon Gold pour l'hiver. Pour moi, la sécurité du territoire repose sur une quantité suffisante de patates.

Le même jour, nous avons jeté les pois dans des sillons, semé des carottes et sorti de terre plus de brocolis plantés régulièrement depuis mi-mars. Mes plants de mini-oignons (il y en avait deux cents) étant prêts, j'ai enfoui les semis de la taille d'un haricot dans des rangées le long de l'extrémité froide et humide du champ supérieur : Stockton Reds, Torpedos, et notre préféré, un petit oignon plat italien qu'on appelle Borretana Cipollini. J'anticipais les besoins de la famille sachant que je n'achèterai pas de légumes à l'épicerie l'hiver suivant. Deux oignons par semaine devraient suffire.

Les plants d'oignons supportant un gel léger, nul besoin d'attendre les températures plus fiables de la fin du printemps. En revanche, ils sont extrêmement sensibles à la durée du jour : les oignons des « jours courts », comme les Vidalias que l'on plante en automne dans le Sud profond, se transforment en gros bulbes par des journées de dix heures, en mai environ. En revanche, les oignons de « longs jours » sont plantés dans le Nord dès que le sol dégèle afin qu'ils aient le temps d'emmagasiner des forces pour se transformer en bulbe de taille respectable lorsque les jours de quinze heures les y poussent en plein été dans la latitude nord. Si vous êtes surpris par la grande précision des cultivateurs d'oignons quant aux variétés plantées, ce n'est qu'un début. La loi exige aussi, pour les Vidalias, qu'ils soient cultivés à l'intérieur d'un périmètre de dix-sept comtés, dont Vidalia, en Géorgie, est le centre. Sinon impossible d'avoir droit au label « oignon Vidalia » ; la contrainte est la même pour les producteurs d'oignons doux Walla-Walla de la région de Washington s'ils veulent inscrire « Walla-Walla Sweets » sur les paquets. Les viticulteurs français ne sont pas les seuls à pouvoir vendre les nuances du sol et du climat, spécificités qui donnent une saveur spéciale qu'ils nomment « terroir ». Le goût d'un oignon, comme celui d'un cépage, est influencé par le climat, la chimie du sol et même les microbes de la terre. C'est certainement vrai des autres légumes, ou le serait, si nous en savions suffisamment sur les saveurs locales pour pouvoir les distinguer.

Les plantations précoces concernent les oignons, les patates, les pois et les dérivés du chou (brocoli, chou-fleur, chou vert, chou et chou de Bruxelles appartiennent au même genre et à la même espèce). Tous supportent bien le froid et ne craignent pas quelques semaines de gel, voire de neige sur la tête. Les bourgeons de brocoli commencent à apparaître au-dessus des feuilles les derniers jours frais de mai. C'est aussi le moment pour les pois croquants de s'enrouler autour de leurs tuteurs pour grimper comme l'éclair et produire leurs gousses. Avec les pommes de terre nouvelles roses et les oignons blancs qu'on retire tôt de leur lit, ils seront les premiers produits du jardin aux côtés des asperges, de l'épinard résistant au froid et des autres légumes à salades. Ceux qui sont privés de jardin ne sont pas forcés de se priver de ces plaisirs. Presque partout dans le pays, les marchés de producteurs démarrent la saison en avril ou début mai. Surtout dans le nord-est ; les jardiniers futés allongeant la saison grâce à des mini-serres, ces trésors emplissent très tôt leurs étals, en quantités limitées destinées aux lève-tôt.

Les habitués des supermarchés peuvent bien n'avoir d'yeux que pour l'abondance maraîchère du type feux d'artifice du 4 juillet – énormes tomates boursouflées, aubergines et courgettes –, mais des semaines avant cette explosion, des plaisirs subtils se mettent à passer outre le froid, aussi vite partis qu'arrivés si vous ne les guettez pas. J'aurais tendance à donner les mêmes conseils que lorsque j'indique le chemin jusqu'à notre petite ville : ne cillez pas. Vous passeriez à côté.

Profitez-en tant qu'il y en a

PAR CAMILLE

Au début du projet « manger local », j'ai été découragée. Quelle ironie, ai-je pensé : alors que la plupart des parents rabâchent à leurs enfants qu'ils doivent manger plus de fruits et de légumes, on nous dit, à ma sœur et à moi, de renoncer aux plaisirs juteux d'une pêche ou d'une poire fraîches tout l'hiver. J'ai essayé de m'imaginer comment j'allais passer ces longs mois sans pomme ni prune alors que les fraises du printemps semblaient être à des années-lumière. Ça pourrait paraître exagéré mais les fruits sont mes aliments préférés.

Il fallait développer mon inventivité. En réalité, la première étape, faire les courses, est la plus simple. Quand on parcourt un marché de producteurs à la recherche de fruits et légumes frais, les possibilités sont claires. Impossible de louper ce qu'il n'y a pas, comme les paquets de bonbons placés droit au niveau du regard des enfants devant les caisses. Plus d'enfants qui braillent ou de magazines agaçants. Uniquement des choses délicieuses et fraîches à manger. Et comme les fruits et les légumes varient au rythme des saisons, vous adoptez vite une mentalité du type « profitez-en tant qu'il y en a ».

Les premières fraises sont apparues au marché à la fin du printemps, un matin que je passais, seule, après un cours. À la vue de ces immenses barquettes de fraises empilées sur le hayon du camion d'un paysan, je n'ai pas perdu une seconde à tergiverser comme je l'aurais fait dans un magasin normal : « Bon, est-ce que j'ai vraiment envie de fraises aujourd'hui ? » Je suis passée droit devant les flâneurs pour en acheter tout un cageot. Sur le chemin du retour, au volant, j'ai songé à tous les délices que je pourrais préparer avec mon butin.

Le secret pour consommer suffisamment de fruits et légumes afin d'en tirer un maximum de bénéfices nutritionnels est de planifier ses repas selon la saison. Ce qui offre la possibilité d'être créatif en cuisine et d'essayer des combinaisons nouvelles, la courgette farcie par exemple. Combien de plats à base d'épinards peut-on manger en une semaine sans s'en lasser ? Quand on dispose d'ingrédients frais, la réponse est : *énormément !*

La variété vient tout naturellement puisque, après avoir mangé des quantités de légumes verts à feuilles en avril, vous constatez qu'ils s'épuisent et laissent place au brocoli, fine fleur des légumes vert foncé. Non seulement vous n'avez pas le temps de vous lasser d'un aliment mais vos besoins nutritifs sont satisfaits sans que vous vous en préoccupiez. Il est inutile de compter scrupuleusement chaque cuillerée de raisins secs ou chaque gramme de poivrons en cubes.

Il est deux aliments dont il est impossible de se lasser car aucun ne reste de saison assez longtemps : les asperges et les morilles. S'ils figurent ensemble au menu un jour d'avril, vous oublierez les pêches et pourrez concocter ce plat tiré du livre de Deborah Madison.

⁜ CAKE AUX ASPERGES ET AUX MORILLES

750 ml de lait
200 g de petits oignons blancs émincés avec les tiges
1 miche de pain aux céréales, rassis ou toasté, émietté en petits croûtons
1 livre d'asperges
30 g de beurre
1 livre de morilles (ou autres champignons des bois)
Sel et poivre
4 œufs

15 g de persil
15 g d'origan
500 g de gruyère râpé

Plongez les oignons dans le lait et faites bouillir dans une casserole ; mettez de côté et faites macérer.

Versez le lait sur les croûtons et laissez tremper.

Coupez en tronçons de 1,5 cm les asperges puis faites-les mijoter dans de l'eau bouillante jusqu'à ce qu'elles soient vert vif.

Faites fondre le beurre dans une poêle avant d'ajouter les champignons ; faites revenir jusqu'à ce qu'ils soient tendres, salez et poivrez puis mettez de côté.

Cassez puis battez les œufs jusqu'à ce que le mélange soit homogène, ajoutez les herbes, salez et poivrez généreusement ; ajoutez les croûtons de pain, le lait, les asperges et les morilles avec leur jus ainsi que les deux tiers du fromage. Mélangez soigneusement et versez dans un moule beurré allant au four ; saupoudrez le fromage restant et faites cuire à 180 °C durant 45 minutes (le cake sera soufflé et doré).

Vous pouvez télécharger cette recette, comme les autres contenues dans ce livre sur le site www.animalvegetablemiracle.com.

6. OISEAUX ET ABEILLES

Parmi les nouvelles d'Eudora Welty, ma préférée s'intitule « Pourquoi j'habite à la poste ». C'est une satire absolument hilarante d'un certain style de vie familiale qui nourrit mon propre désir fantasmatique d'emménager moi aussi un jour à la poste. Si d'autres ne partagent pas ce rêve, c'est qu'ils n'ont pas été aussi gâtés que moi. En ce domaine, ma dernière rencontre digne d'estime fut la receveuse des postes Anne, en charge de tout le courrier de notre petite ville dans un local aussi grand qu'un garage à deux places. Lorsque nous avons emménagé, j'ai loué l'une des plus grandes boîtes à lettres pour mon courrier de lecteurs, m'excusant à l'avance du poids qui leur tombait sur les bras. Anne et ses collègues m'assurèrent que c'était pour eux un immense plaisir. On a de la chance d'avoir encore un bureau de poste dans notre ville, m'expliquèrent-ils. Le gouvernement note tout ce qui passe et, si la charge de travail se révèle trop faible, ils fermeront le bureau. « Je suis sûre que vous trouvez plein de choses passionnantes dans votre courrier », avança Anne.

En mon for intérieur, j'ai pensé : vous ne pouvez pas imaginer.

Je leur ai donc présenté trois pièces d'identité prouvant que j'étais une citoyenne habilitée à louer une boîte postale dans l'État de Virginie et depuis ce jour je me suis souvent demandé s'ils n'avaient pas regretté leur décision. Je reçois par courrier des cadeaux si surprenants : un « Can-Jo » (ça rime avec « banjo » et c'est fabriqué avec une canette de Mountain Dew) fait à la main par un homme qui estimait que j'en avais besoin tout comme le président Carter. Des projets d'école. Des tableaux de gens imaginaires. Plus de livres sans doute que ce qui brûla dans la bibliothèque d'Alexandrie. Lorsqu'elle m'appela un matin pour me dire : « Tu ferais mieux de venir récupérer ce paquet-là, il fait un sacré ramdam », Anne ne semblait pas plus affolée que d'habitude.

Dans des endroits comme Hollywood, en Californie, les employés des postes auraient peut-être eu du mal à peser les colis et vendre des timbres au milieu du tintamarre provoqué par vingt-huit poussins pépiant à tue-tête et quatre cageots d'insectes bourdonnant de colère. Pas ici. Ils ont simplement souri quand Lily et moi sommes entrées. Les insectes n'étaient pas à nous mais Anne a quand même proposé à Lily d'y jeter un coup d'œil. « Viens derrière le comptoir, ma puce, regarde-moi ces abeilles. Elles ruissellent déjà de miel. »

Des abeilles ? Un jour comme les autres dans notre bureau de poste. J'ai rectifié l'idée que j'étais une cliente postale qui requérait un traitement spécial.

Lily s'est penchée sur les boîtes pour contempler la foule frémissante des ouvrières. La substance gluante qui gouttait était en fait de l'eau sucrée pour fortifier les abeilles durant leur épopée. Au-dessous des nuées vrombissantes des travailleuses, les reines étaient assises sur leurs énormes postérieurs, chacune encapsulée avec soin dans sa propre chambre particulière. Ces dames opulentes étaient des reines de substitution commandées par des apiculteurs locaux pour dynamiser des ruches dont les reines étaient soit mortes soit inadaptées.

Mais Lily s'est vite tournée vers la boîte qui portait son nom à elle : un petit cageot en carton avec des trous de la taille d'une pièce de dix centimes sur tous les côtés et vingt-huit voix bruyantes dedans : le quotient sonore équivalant en densité à celui d'une école maternelle entassée dans une boîte à chaussures. Lily souleva le cageot et se mit à chantonner comme une jeune mère. C'était le début d'une basse-cour qu'elle avait prévu depuis des mois et dont elle allait s'occuper, j'imagine, jusqu'à son entrée à l'université. Comme nous savions que les poussins allaient arriver ce matin-là, je l'avais autorisée à sécher l'école. Elle n'était pas convaincue que le directeur accepte ce motif d'absence. Je lui assurai que la responsabilité était assez grande pour justifier quelques heures de cours manquées.

De retour à la maison, une fois les vingt-huit poussins mis un à un sur la voie de leur nouvelle vie sous son entière responsabilité, Lily fut prête à retourner dans sa classe de CE2. Lorsque nous l'avons inscrite sur le registre des retardataires, la secrétaire demanda la raison. Lily, alors, redressa les épaules et annonça : « Ce matin, j'ai dû mettre en route mon commerce de poulets. » La secrétaire répondit sans sourciller. « Ah ! Je vois, l'agriculture », avant d'inscrire le code pour « Absence justifiée, Agriculture ». Un jour comme un autre dans notre école élémentaire où l'éducation prend divers chemins.

⁂

Je savais déjà ce qui nous attendait quand nous avons apporté les poussins à la maison. J'étais passée par là une semaine auparavant avec mon propre projet : quinze jeunes dindonneaux dans une boîte. À peine sortis, ils s'étaient mis à courir, prêts à explorer la caisse doublée de papier journal que j'avais installée dans le garage. Ils s'étaient immédiatement mis à picorer chaque virgule et chaque point imprimé qu'ils pouvaient trouver. Ces oisillons étaient affamés, ce qui voulait dire qu'ils étaient nés deux jours plus tôt. Les poussins de volaille n'ont pas besoin de boire ou manger pendant les premières quarante-huit heures de leur vie car ils naissent avec une marge de sécurité appelée la vésicule ombilicale – le jaune d'œuf absorbé par l'estomac du poussin juste avant l'éclosion. Ce système est utile pour les oiseaux comme les poulets et les dindes qui doivent se lever et marcher tout de suite pour suivre maman à la recherche de quelque nourriture à se mettre sous le bec – les autres poussins vivent dans un nid pendant les premières semaines attendant qu'un parent livre à domicile. Les nouveau-nés de basse-cour peuvent donc être placés dans une boîte juste après l'éclosion pour être expédiés n'importe où du moment que le voyage ne dure pas plus de deux jours. Quelques groupes pour la protection des animaux ont tenté de protester, mais les poussins commandés à des couveuses respectables ont un taux de survie de pratiquement 100 %.

Avant que j'ai ouvert la boîte et laissé la lumière du jour entrer, mes poussins avaient dû imaginer qu'ils avaient passé les deux derniers jours dans un œuf collectif de première classe. Mais à présent, ils étaient sortis, leur estomac nourri au jaune d'œuf criant famine : « C'est l'heure ! » J'ai éparpillé une poignée de graines dans leur caisse. Les moins intelligents ont poussé les graines de côté afin de continuer à picorer les points de suspension si attirants du papier journal. C'est vrai qu'on ne les élève pas pour leur cerveau. J'ai rempli d'eau un récipient peu profond et leur ai montré comment boire, ce qu'ils ne savent pas encore faire à la naissance. En fait, ils naissent avec le bagage culturel d'un dindon à l'âge mûr, c'est-à-dire le cerveau vide mais, à ce stade de leur développement, leur stupidité est touchante. Un par un, je les ai pris pour leur tremper le bec dans l'eau. Ils ont vite compris et ce fut la ruée. Tous ont plongé le bec, se sont étirés comme des chanteurs de jodle tyrolien tout en picorant tout ce qui brillait, y compris ma montre.

De temps en temps, l'un des dindonneaux était pris du besoin de faire une sieste réparatrice. Il titubait alors comme un ivrogne sous la chaleur de la lampe à couveuse puis fermait les yeux et s'écroulait, pattes et ailes ténues étalées à plat. D'autres membres de la fratrie se vautraient dessus tandis que certains escaladaient le fouillis duveteux dans une course effrénée vers nulle part.

Heureusement qu'ils ne restent pas aussi mignons toute leur vie. J'avais déjà élevé des dindes et je m'étais inquiétée au début de cet aspect adorable des poussins. Lorsqu'ils me traitaient comme leur maman et se précipitaient à ma rencontre en me voyant, je me sentais pire que Cruella d'Enfer. Tôt ou tard pourtant, tous ces bébés allaient remplacer leur duvet par un plumage rigide d'adulte et d'ici à Thanksgiving ils ne seraient plus que des bêtes – pour les mâles, des bêtes poussées par leur testostérone à faire les fiers avant de charger aveuglément sur tout ce qui pourrait être une femelle dinde, c'est-à-dire sur tout ce qui bouge. Avec le temps, c'est la nature même de la dinde qui allait nous souffler à l'oreille de les faire passer du poulailler au congélateur. Cette unique boîte à chaussures pleine de duvet à laquelle nous allions ajouter des graines, de l'herbe et du temps allait produire cent kilos de viande de notre approvisionnement annuel.

Impossible de prétendre que je n'éprouvais rien quand je prenais ces créatures dans mes mains pour sentir une douceur duveteuse sous mes doigts et le battement de leur petit cœur vulnérable. Ma fibre maternelle vibrait sans que je perde pour autant de vue le but final de cette entreprise. Ces bébés n'étaient pas des animaux domestiques.

Je reconnais que ce point est controversé mais nous avions décidé que nous deviendrions plus responsables vis-à-vis de notre chaîne alimentaire si nous participions aux étapes qui apportent la viande, puisque nous en mangeons. Nous étions bien conscients que notre vie impliquait un bon nombre de morts : les animaux, les plantes de notre jardin, les scarabées retirés des plants de haricots puis écrasés du pied, les mauvaises herbes arrachées des rangées de pommes de terre. Les plantes ont l'avantage existentiel de pouvoir créer leur nourriture à partir d'air et de soleil alors que nous, animaux dépourvus de chlorophylle, sommes condamnés à manger des êtres vivants. Nous avions le choix entre laisser à d'autres le soin de tuer en prétendant que ça ne s'est jamais produit ou bien l'admettre et regarder cette réalité droit dans les yeux. Je ne prétendrai jamais imposer ce choix, mais en ce qui nous concernait, nous étions d'accord pour offrir une belle vie à nos animaux jusqu'à ce qu'ils soient bons pour la casserole. Nous avons dorloté nos dindes comme des enfants, leur avons octroyé une liberté en plein air méconnue des volailles élevées normalement. Thanksgiving était encore loin. Si tout se déroulait selon nos plans, quelques-uns de ces oiseaux survivraient à cette fête. Notre but était de constituer un poulailler de reproduction.

Ces dindes-là étaient particulières. Des quatre cents millions de dindes consommées chaque année par les Américains, plus de 99 % appartiennent à la même race : la blanche à large poitrine, monstre qui grossit rapidement dans un contexte industriel. Ce sont de grosses bêtes si réputées pour leur bêtise qu'on dit qu'elles pourraient se noyer rien qu'en regardant la pluie tomber. J'ai des amis qui jurent que ça s'est produit. Si une blanche à large poitrine échappait à l'abattoir, il est probable qu'elle ne survivrait pas jusqu'à son premier anniversaire : elles deviennent si lourdes que leurs jambes s'effondrent. Adultes, elles sont incapables de voler, de picorer ou de s'accoupler. Et de ce fait, on y arrive, de se reproduire. Les gènes qui confèrent aux dindes un comportement animal sont inutiles à des créatures entassées aile contre aile avec des milliers d'autres et pourraient même les rendre arrogantes ou suicidaires si bien qu'ils ont été retirés de leur capital. Une léthargie docile favorise l'embonpoint. Ce procédé vaut pour tous les animaux enfermés. La technique utilisée pour pourvoir les dindes de beaucoup de blanc et d'une croissance ultrarapide les a aussi dotées d'un mélange de difformité et de stupidité qui les empêche de se reproduire. Pauvres dindes.

Mais alors comment se multiplient-elles ? Bonne question. Une « personne » est chargée d'extraire le sperme des mâles vivants, sorte de valet de sperme de dinde, pour

Le coût de la vie

La production industrielle d'alimentation d'origine animale poursuit un but : celui de transformer des créatures en viande. Ces fermes industrielles à haut rendement portent le nom d'élevage en batterie. Les animaux sont choisis en fonction de la rapidité de leur croissance, de leur résistance au confinement (certains n'ont littéralement pas la place de se retourner) et aux agents pathogènes qui se développent dans de telles conditions. Ses partisans avancent que cette méthode est efficace pour produire de la viande bon marché et de qualité.

Ses détracteurs font valoir trois types de critiques : tout d'abord, le traitement des animaux. Entassés, privés d'espace vital, ils ne voient ni pâturage ni lumière du jour. Si vous parvenez à imaginer mille poulets dans une salle de bains, enfermés dans des cages empilées du sol au plafond, vous êtes proches de la réalité. En fait, une pièce de 1,80 mètre sur 2,50 mètres pourrait loger 1 152 créatures.

Ensuite, la pollution. Tant d'animaux dans un espace si réduit produisent d'énormes volumes d'excréments, créant de réels problèmes de stockage des déchets et de qualité des eaux. Aux États-Unis, les animaux de batterie produisent six fois le volume

l'introduire ensuite artificiellement dans les femelles mais je ne m'étendrai pas sur le sujet. Si vous imaginez qu'ils envoient les mâles aux toilettes avec un exemplaire de *Playdinde Magazine*, vous vous trompez. Je n'ajouterai que ceci : si vous êtes du genre à menacer vos ados d'un futur réduit à des boulots répugnants s'ils abandonnaient l'école, vous pourriez ajouter cet emploi-là à votre liste.

Lorsque nous avons envisagé d'élever nous-mêmes des dindes, il était clair que nous ne voulions pas nous charger de cette besogne. Ce que je savais des races anciennes avait aiguisé ma curiosité, surtout après que Slow Food USA avait lancé une campagne d'information afin de réaccoutumer les palais américains aux saveurs des dindes traditionnelles. Je me suis demandé si la dinde pâle

---

de matière fécale de tous les humains de la planète. Les animaux de pâture, eux, au contraire, enrichissent le sol.

Le troisième problème est celui de la santé. Les animaux enfermés sont physiologiquement stressés et reçoivent couramment des antibiotiques mêlés à leur nourriture pour éviter les maladies. Les trois quarts pratiquement de tous les antibiotiques aux États-Unis sont utilisés dans les élevages en batterie. Malgré cela, L'Union des consommateurs rapporte que 70 % des poulets de supermarché contiennent des campylobacters et/ou des bactéries de salmonelle. Les souches de ces bactéries résistantes aux antibiotiques qui se multiplient dans de telles conditions représentent un nouveau risque majeur pour les humains.

Actuellement, 98 % des poulets aux États-Unis sont élevés par de grands groupes. Si vous avez l'occasion d'acheter un véritable poulet fermier élevé en plein air par un fermier local, vous dépenserez un peu plus. Mais quel est donc le prix, de nos jours, de la compassion, de l'eau propre et de la santé publique ?

STEVEN L. HOPP

---

nourrie aux céréales que j'avais toujours achetée au supermarché n'était pas l'équivalent du légume fadasse communément appelé tomate. Toutes les qualités propres aux légumes oubliés se retrouvent également dans les races animales oubliées : résistance accrue aux maladies, goût légendaire et rareté sur le marché. Il se trouve que des centaines d'anciennes variétés de volaille, de bovins et d'ovins sont à deux doigts de l'extinction.

Le Conservatoire américain des races animales surveille les variétés rares de dindes, de poulets, de canards, de moutons, de chèvres, de cochons et de bovins bien connues des fermiers au siècle dernier mais dont le nombre est devenu infime au sein du marché actuel. À une diversité génétique plus large et une résistance aux maladies accrue s'ajoute leurs capacités, héritées de leurs lointains ancêtres, à dénicher leur nourriture, à éviter les prédateurs et à se reproduire – caractéristiques qui conviennent à une vie de pâturage et d'étable plus qu'à un environnement confiné, métallique et dénué de fenêtre. De nombreuses races oubliées se sont adaptées à des climats spécifiques. Mais surtout, elles sont reconnues pour être de qualité bien supérieure dans le domaine qui les intéresse le plus – la cuisine. Les races animales oubliées les plus prisées portent des appellations aussi pittoresques que les légumes oubliés. On trouve les chèvres Tennessee Fainting, les vaches Florida Cracker, les poulets Jersey Giant, les porcs Gloucester Old Sport. Parmi les animaux de trait, n'oublions pas l'âne American Mammoth. Le Conservatoire américain des races animales édite des annuaires de ces animaux et de leur implantation géographique, ce qui permet aux paysans membres d'échanger des informations et des lignées.

Nous avons choisi d'adhérer au petit club des gens qui élèvent des races de dindes oubliées – oiseaux dont les caractéristiques sympathiques incluent la capacité de se reproduire tout seuls. Il existe encore huit races anciennes de dindes : Jersey Buff, Black Spanish, Beltsville Small White,

Standard Bronze, Narragansett, Royal Palm, Midget White et Bourbon Red. Nous avons opté pour la dernière. Elles sont belles et connues pour leur saveur, mais il s'agissait aussi pour moi d'encourager l'équipe locale. Cette race est originaire du comté de Bourbon, Kentucky, à un jet de pierre de l'endroit où j'ai grandi. J'imaginais ma grand-mère paternelle, enfant, jouer dans la cour de la ferme où ces oiseaux avaient vu le jour – chose très vraisemblable. Il reste à présent moins de deux mille Bourbon Red en élevage. Contribuer à sauver cette race américaine de l'extinction m'a semblé un acte patriotique.

Slow Food a joué de ce paradoxe : sauver des races rares en réduisant la rareté des consommateurs. Et c'est exactement ce qui s'est produit lors du projet Arche du goût centré sur la dinde en 2003. Au printemps, tant de personnes ont exprimé leur préférence pour ces races anciennes plutôt que pour la Butterball habituelle qu'un nombre record de fermiers américains ont été sollicités pour les élever jusqu'à Thanksgiving. La demande n'a pas cessé. Nous avons donc suivi cette mode dans le but d'élever ces oiseaux rares mais aussi de les déguster.

⁂

Les poulets de Lily, en revanche, c'était une autre histoire. Le jour promis de leur arrivée avait été entouré dans son calendrier depuis des mois : 23 avril, arrivée de mes bébés ! Certains parents se seraient inquiétés de voir leur fille prendre une responsabilité maternelle si tôt dans la vie, mais Lily avait déjà de l'expérience. Elle s'était occupée de sa première basse-cour au CP, à Tucson, où on avait dû protéger le poulailler des coyotes et des lynx. En fait, ce que Lily avait le plus redouté dans le déménagement, c'était d'avoir à quitter ses filles. Les amis qui les ont adoptées ont la gentillesse de nous tenir au courant de leur santé, de leur bien-être et de leur production d'œufs.

Nous avons préparé Lily au déménagement avec la promesse qu'elle pourrait repartir de zéro dès notre arrivée à la ferme, un endroit idéal pour élever une basse-cour en plein air et plus seulement une poignée de poules pondeuses en cage. « Tu pourrais même vendre quelques œufs », avais-je ajouté, désinvolte. Rien de plus. Et elle était partie dans sa chambre pour faire des calculs. Lily est le seul membre de notre famille doté d'un certain esprit d'entreprise. Elle est vite revenue, un carnet sous le bras. « C'est bon pour le déménagement, avait-elle dit. Je vais me lancer dans le business des œufs. »

Quelques jours plus tard, elle a de nouveau évoqué le sujet, souhaitant être assurée que les poules de Virginie seraient élevées seulement pour leurs œufs et non pour leur viande. Lily en savait un bout sur l'agriculture et bien qu'elle n'ait eu aucun scrupule à manger nos premières dindes, les poules occupaient une place différente dans son paysage émotionnel. Comment vous décrire l'amour qu'elle éprouvait pour les poules ? D'autres fillettes ont mis des posters de danseuses ou de Barbie dans leurs chambres ; ma fille a accroché un calendrier intitulé « La plus belle volaille ». L'une des premières leçons d'aviculture que nous avons dû lui donner était « Pourquoi n'embrasse-t-on pas une poule sur le bec ». Le jour où l'une de ses poules est morte, elle a sangloté tout un après-midi. J'ai commis l'erreur de lui signaler qu'il ne s'agissait que d'un poulet. « Tu ne comprends pas, Maman, avait-elle dit les yeux rouges. J'aime mes poulets autant que je t'aime, toi. »

Pour me fermer le clapet, bravo ! Elle s'est rendu compte qu'elle m'avait vexée parce qu'une heure après, elle est sortie de sa chambre à pas de loup afin de préciser son propos. « C'est pas vraiment ce que je voulais dire, Maman, avait-elle dit en reniflant. Excuse-moi. Si j'aime mes poulets jusqu'à six, toi je t'aime jusqu'à sept. »

Oh ! Parfait. Je ne demande pas qui récolte le 10 !

C'est pourquoi, j'étais consciente, dans nos conversations

sur le commerce des poules, que je devais être rassurante. « Ce seront tes poulets à toi, lui avais-je dit. C'est toi le boss. Tu décides de ce que tu veux vendre. »

Au fil des semaines, lorsque son avenir a pris forme dans sa tête, Lily a demandé si elle pouvait avoir un cheval. Son intérêt pour les équidés dépasse de loin la passion des petites filles normales pour les exemplaires en plastique à crinière et queue pourpres : avant même de savoir faire du vélo, elle avait fait des tractations pour obtenir des leçons d'équitation. Depuis longtemps, je m'étais faite à l'idée qu'un cheval était inscrit dans notre destinée. J'espérais seulement qu'il pourrait attendre que Lily soit assez grande pour le seller toute seule.

Évidemment, j'ai tenté de gagner du temps. « Avec ton commerce d'œufs, tu pourras gagner l'argent toi-même. Je comblerai la différence – on prendra un cheval quand tu auras réuni la moitié de la somme nécessaire pour en acheter un. »

Enfant, j'aurais accepté ces tergiversations sans fin, comprenant qu'il y avait peut-être un cheval pour moi mais qu'il fallait patienter. Le gène commercial saute sans doute des générations. Lily a sorti son carnet et s'est mise à me poser des questions.

« Combien coûte un cheval ?

– Oh ! Ça dépend, ai-je louvoyé.

– Une simple jument ou un hongre », a-t-elle insisté. Quand il s'agit de juments et de hongres, elle en connaît un rayon. Je l'avais surprise un jour qu'elle expliquait les différences à ses amies. « Un hongre, c'est un garçon très sauvage et autoritaire. Mais on l'opère et il devient sage, gentil et serviable. Vous voyez. Comme nos papas. » Bon, cette fillette savait ce qu'elle voulait en matière de viande de cheval.

Combien ça coûte, un animal comme ça, demanda-t-elle. « Oh ! à peu près 1 000 dollars », ai-je répondu en exagérant de loin la somme, histoire de mettre un terme à cette conversation.

Ses yeux se sont arrondis.

« Ouais, il faudra que tu gagnes la moitié. Cinq cents. »

Elle m'a contemplée un instant. « Combien je peux vendre une douzaine d'œufs ?

– De bons œufs bruns biologiques ? Dans les 2,50 dollars la douzaine. Mais attention, il faut payer les graines. Ton profit sera à peu près de un dollar la douzaine. »

Elle a disparu dans sa chambre avec le carnet. À l'époque, elle était juste en CE1, encore profane en matière de longues divisions. J'ai supposé qu'elle additionnait les billets de un dollar sur son calendrier jusqu'à cinq cents. Peu après elle est sortie un instant de sa chambre avec une autre question.

« Combien on peut vendre la viande de poulet ?

– Oh ! ai-je répondu, en essayant de mettre un ton moralement neutre dans ma tâche de conseiller financier, les poulets biologiques se vendent cher. Peut-être 3 dollars la livre. Un bel oiseau à rôtir pourrait t'apporter 10 dollars, frais de nourriture déduits. »

Elle s'est à nouveau éclipsée pendant très longtemps. Je pouvais pratiquement l'entendre argumenter : volaille contre équidé, crin contre plumes. Bien des heures après, au dîner, elle a annoncé : « Œufs et viande. On ne tuera que les méchants. »

⁂

Je sais que je ne suis pas la première mère à faire une promesse en l'air pour le regretter ensuite. Ma belle-mère m'a raconté que Steven, à sept ans, était passé en courant dans la cuisine en demandant : « Maman, si je gagne un singe dans une compétition, je peux le garder ? » Bien sûr, mon chéri avait dit Joann en touillant les pâtes. Elle avait sept enfants et je suis sûre qu'elle avait appris à éviter pas mal de chahut. Mais Steven a gagné le singe. Et oui, ils l'ont gardé.

Dans mon cas, il se trouve que ce que j'avais considéré comme une tactique d'atermoiement a agi comme une incitation puissante, faisant passer Lily de l'état de celle qui aime quelque chose autant que sa mère (enfin six septièmes autant) à une position bien moins sentimentale ; c'est le moins qu'on puisse dire ! J'ai observé avec grand intérêt son développement et son obstination à respecter ses choix. Je ne savais vraiment pas où cela allait nous mener.

Il faut songer au poulailler au plus tard en avril si l'on veut que les poules pondent avant qu'il fasse froid. Nous avions emménagé en juin, trop tard. Des amis nous avaient procuré quelques poules adultes, histoire de nous approvisionner en œufs et de répondre au besoin quotidien d'amour avicole de Lily. Le commerce d'œufs frais en direct de la ferme devait attendre. Finalement, vers la fin de notre premier hiver ici, nous avions sorti le catalogue des couvoirs avant de nous pelotonner sur le canapé pour parler d'une commande de poules au printemps. Lily frissonnait d'émotion pendant notre discussion sur les avantages et les inconvénients des diverses variétés. Les catalogues de grainetiers sont pour moi ce que les catalogues de couvoirs sont pour ma fille. Mieux que des émeraudes et des diamants, ces Rocks, Wyandottes, et Orpingtons. En transe, elle scrutait chaque page.

« Avant tout, des Araucunas, décida-t-elle. Parce qu'elles pondent de beaux œufs verts. Mes clients en raffoleront. »

J'acquiesçai, impressionnée par son sens inné du commerce.

« Pour la basse-cour de pondeuses j'ai besoin d'une dizaine de poules. On gardera un coq pour avoir des poussins l'année prochaine. »

Elle lut les fiches descriptives de races robustes pour

repérer les bonnes pondeuses en hiver, les bonnes mères (on supprime entièrement l'instinct maternel de certaines races de poules qui ne daigneront pas couver les œufs). Elle opta pour une race distinguée rouge et noir appelée Partridge Rocks. On en commanda seize, à l'aveuglette (avant le sexage), dont presque la moitié se révélerait être des femelles. Lily était consciente du fait qu'on ne pouvait pas avoir trop de coqs dans une basse-cour – elle avait mentionné qu'elle « garderait » un des mâles en insinuant que le reste serait redistribué. Je n'ai pas fait de commentaire.

Elle s'arrêta sur une section du catalogue intitulée « rôtissoire, four, friteuse ».

« Regarde ceux-là », me dit-elle devant la photo d'une volaille athlétique, toute poitrine et cuisse. “Corps larges et compacts, poitrines profondes… lut-elle à voix haute. Ses qualités reconnues en matière de viande font de la Dark Cornish un produit de vrai gourmet.”

– Tu es sûre que tu veux vraiment élever des oiseaux pour la viande ? Il faut le faire seulement si tu en as envie ma puce. » Je commençais à m'attendrir. « De toute façon, tu auras bien ton cheval un jour.

– C'est bon, dit-elle. Je ne leur donnerai pas de nom. Pour l'affection, j'aurai mes poules domestiques.

– Bien sûr ! Les animaux domestiques d'un côté, la viande de l'autre. »

Là-bas, dans un avenir proche, le futur cheval de Lily ruait et hennissait.

Manger les poulets de ma sœur

PAR CAMILLE

Pendant ma première année à l'université, j'avais de nombreuses conversations de ce type :

« Camille, tu es bien végétarienne, non ?

– Non, pas vraiment.

– Ah bon ? Pourtant tu en as bien l'air.

– Ben, je ne mange que de la viande fermière.

– Comment ça, fermière ? »

J'imagine bien que j'ai l'air d'être végétarienne. La santé et l'environnement sont primordiaux pour moi et mon orientation professionnelle est éloquente – j'enseigne le yoga et il y a des chances pour que plus tard j'étudie la nutrition. La question de la viande, je l'ai envisagée sous bien des angles mais ce n'est pas facile de tout expliquer en trente secondes. Et puis la cohue du déjeuner n'est pas l'endroit le plus approprié pour le faire. D'abord, toutes les viandes ne sont pas égales. Les vaches et les poulets qui passent leur vie dans des aires d'engraissage, gavés d'aliments qu'ils ne sont pas censés manger et d'antibiotiques produisent une viande très différente de celle de leurs congénères qui vivent en plein air et se nourrissent d'herbe fraîche. On doit bien garder cet élément à l'esprit quand on compare les avantages et les inconvénients du végétarisme.

Il y en a d'autres. Les végétariens et les végétaliens devraient envisager de prendre des suppléments de fer car la quantité de ce nutriment dans les plantes est infinitésimale par rapport à celle contenue dans les viandes. Bien sûr, manger en grande quantité des légumes vert foncé et des céréales complètes est une bonne stratégie. En plus d'une quantité d'autres nutriments indispensables, ils apportent une bonne dose de fer, pas toujours suffisante cependant pour la production d'hémoglobine. La vitamine B12 pose aussi un problème ; dans sa forme naturelle, on ne la trouve que dans les dérivés d'animaux. On en décèle des traces dans le soja fermenté et les algues mais la Société des végétariens nous avise que le type de B12 présent dans les plantes risque de ne pas être compatible avec la digestion humaine. Ce qui signifie que les végétaliens – qui ne mangent ni viande ni produit laitier ni œufs – doivent avoir recours à des suppléments nutritifs ou à des aliments fortifiés en B12 pour éviter cette carence dangereuse. L'alimentation des végétaliens a aussi tendance à être pauvre en calcium et là aussi des suppléments doivent être envisagés.

Biologiquement, les êtres humains sont omnivores : nos canines sont destinées à déchiqueter la viande et les enzymes dans nos boyaux servent à digérer les protéines et les graisses animales. Tout au long de l'Histoire et dans le monde entier, des communautés se sont fiées aux aliments d'origine animale pour subsister. Même les anciennes populations hindoues n'étaient pas entièrement végétariennes – quoiqu'elles n'en aient pas été conscientes. Les techniques traditionnelles de récolte laissaient toujours des quantités non négligeables d'insectes, surtout des larves de termites et des œufs, parmi les céréales. Lorsque ces populations hindoues végétaliennes ont commencé à migrer en Angleterre, où les réglementations en matière sanitaire sont plus strictes, elles se sont mises à souffrir d'un taux élevé d'anémie. Comme quoi, l'impact d'un minuscule apport de viande (même des fragments d'insectes) dans l'alimentation est énorme. Il va de soi que s'abstenir de manger de la viande durant de courtes périodes pour des raisons spirituelles est pratique courante dans de nombreuses sociétés. Traditionnellement, ces périodes sont destinées à nous rendre moins actifs et plus contemplatifs, ce qui réduit nos besoins de nutriments contenus dans les produits d'origine animale.

En général, ceux qui ne sont pas strictement végétariens trouveront une grande palette de choix sur la scène alimentaire locale. La viande et les œufs issus d'animaux élevés en plein air sont produits partout dans le pays au contraire du tofu et des autres aliments de base des végétaliens. On trouve du poulet, de l'agneau et d'autres viandes en provenance de petites fermes toute l'année. Par ailleurs, si les graisses animales sont accusées d'être les ogres de la nutrition, elles sont en fait bien meilleures pour la santé que leurs substituts industriels : les huiles hydrogénées. L'acide gras trans, une création de laboratoire, n'a aucune fonction nutritionnelle dans nos corps, si ce n'est d'errer çà et là en produisant des radicaux libres susceptibles d'abîmer le tissu. Les graisses animales de bonne qualité contiennent des vitamines A, D, B6 et B12 et des minéraux essentiels. La viande et les œufs fermiers ont tendance à contenir un bon cholestérol grâce à ce que l'animal a mangé pendant sa douillette existence.

Voici une recette à base de poulet fermier que nous avons inventée en souvenir de Tucson. Nous utilisons des légumes frais en été mais nos courgettes et maïs congelés au printemps. L'ingrédient essentiel qu'on doit se procurer frais, la coriandre, fait son apparition assez tôt sur le marché. Si vous n'aimez pas la coriandre, n'en mettez pas, bien sûr, mais le plat perdra sa saveur du sud-ouest.

POULET EN SOUVENIR DE TUCSON

1 poulet entier coupé ou bien des cuisses et des ailes
Huile d'olive
1 oignon (moyen) émincé
2-3 gousses d'ail émincées
1 cuillerée à café de graines de cumin

Piments verts hachés menu

2-3 poivrons verts

1 belle courgette, ou autre courge, coupée en tranches

250 g de tomates (fraîches, surgelées, en conserve ou bien 125 g de tomates séchées selon la saison)

400 g de grains de maïs

2 cuillerées à café d'origan

1 cuillerée à café de basilic

500 ml de bouillon de poule ou d'eau

Dorez le poulet dans une grande marmite. Retirez du plat avant d'ajouter l'huile pour y faire sauter l'oignon et l'ail.

Ajoutez dans la marmite les graines de cumin, les piments, les poivrons et la courgette, faites sauter et ajoutez un peu de bouillon si nécessaire.

Ajoutez le reste des ingrédients dans la marmite avec le bouillon ou l'eau (comptez un peu plus de liquide pour des légumes séchés), couvrez et faites mijoter à petits bouillons 30 à 40 minutes jusqu'à ce que le poulet soit bien cuit. Saupoudrez de coriandre fraîche.

7. GRATITUDE

Mai

Pour la fête des Mères, conformément à la tradition du lieu, nous avons offert des plants de tomates. Ailleurs, on célèbre peut-être l'orchidée de serre mais ici la tomate est reine.

Nous cultivons les nôtres à partir de graines si bien qu'à nos yeux elles ont bien plus de valeur que les spécimens standard d'horticulteurs ; nous cultivons une douzaine de variétés oubliées. Pour notre voisine, nous avons choisi une tomate précoce à feuilles étroites venue de l'ancienne Union soviétique qui répond au doux nom de Sapin argenté. Les bras encombrés de cette haute plante qui sentait bon le printemps, nous avons suivi le sentier de graviers qui conduit à sa maison, au pied de notre colline.

« Oh, Dieu qu'elle est belle, dit-elle en l'admirant. Regardez-moi ça. »

Chaque région a son langage. Chez nous, la règle stricte interdit tout « merci » pour une plante. Je ne sais pas d'où ça vient. Je fus maintes fois corrigée à ce sujet voire sérieusement tancée avant que cela ne m'entre dans la tête. On m'a dit « chut » alors que je commençais à prononcer le mot ; on s'est bouché les oreilles devant moi. « Mais pourquoi n'ai-je pas le droit de dire merci ? » ai-je demandé. Les manières du Sud-Ouest sont si ancrées en moi, qu'accepter un cadeau sans dire merci, c'est un peu comme ne pas se laver les mains après avoir changé un pneu.

« Ça ne se fait simplement pas », insistent-ils. Si d'aventure le mot était prononcé, la plante est supposée faner sur place et mourir. Pléthore d'histoires le confirment. Que les plantes aient des oreilles ou pas, c'est tabou, point final.

Nous savions donc parfaitement quel mot notre voisine essayait de ne pas prononcer. Nous nous sommes retenus pour ne pas répondre « je vous en prie » et avons savouré cette visite dominicale sans porter la poisse à cette plante – qui s'est bien développée. Parmi toutes les tomates qui profitaient vraiment dans son jardin, la Sapin argenté était la plus précoce, aux dires de notre voisine.

⁂

La semaine du 9 mai, nous avons sorti nos tomates, quatorze variétés en tout : en premier, les Sapin argenté et les Sibérienne précoce, deux variétés russes qui se mettent au travail avec un acharnement stakhanoviste vu qu'elles sont programmées pour un été de courte durée. Pour une éthique de travail plus décontractée mais une saveur de mi-saison très juteuse, nous cultivons des Brandywine, des Cherokee Purple, des Orange jaune flamme et des Zèbre vert, cette dernière a un goût citronné et, à maturité, est zébrée de vert vif. Pour les sauces et les conserves, Martino's Roma ; Principe Borghese est une Italienne conçue pour être séchée. Chaque tomate a sa spécificité, d'ordre pratique en général, mais parfois excentrique comme les Dolly Parton qu'une vieille amie collectionneuse de graines nous a offertes. « Elles ressemblent à quoi ? » lui ai-je demandé. Elle a fait mine d'entourer deux énormes globes imaginaires de ses mains et m'a lancé : « T'es forcée de me poser cette question ? »

Une des plus inhabituelles est certainement une variété ancienne appelée Longue Conservation. Les fruits ne mûrissent jamais complètement sur pied mais une fois cueillis et emballés dans du papier journal avant les gelées, ils mûrissent lentement jusqu'en décembre.

Et ce ne sont là que les tomates. La deuxième semaine de mai, nous avons aussi sorti les semis de poivrons et planté le maïs, les edamame, les betteraves et les gombos. Courges et concombres ont été mis en terre en rangées sous des bâches pour les protéger des nuits fraîches. Nous avons sarclé les oignons, les pois et les pommes de terre, planté des graines de bettes, haricots nains et tournesols, fabriqué des tuteurs en bambou pour les haricots à rames et, pendant cette semaine bien remplie, résisté aux orages printaniers.

Vers la mi-mai, une fois la chaleur installée, comme tous nos voisins, nous avons sorti les patates douces et assisté à une belle cohue à la coopérative car ils n'avaient pas commandé assez de plants. Potirons et citrouilles, semis de basilic, aubergines et melons, cantaloups, honeydew, melon brodé et melon parfumé ainsi que quatre variétés de pastèques ont pris le même chemin. Juste après la plantation, il faut désherber, mettre du compost, surveiller les insectes et les oiseaux, s'inquiéter s'il pleut trop et aussi s'il ne pleut pas assez. Ce travail, cette attention sans fin sont si semblables à l'effort engendré par l'éducation d'un enfant qu'il semble logique que tout commence à la fête des Mères.

Chez les cultivateurs, la fin du printemps est le moment où l'on rattrape la période relativement calme du mois de janvier en priant que les jours soient suffisamment longs pour accomplir ce qui doit l'être. Bien des exploitants qui vivent de leur ferme ont aussi des jobs en dehors, ce qui ne les dédouane d'aucune tâche. En mai, on repousse les échéances, on néglige le reste, on triche avec le temps mais on finit toujours par stopper le tracteur les phares rivés sur une butte afin de repiquer les derniers plants malgré l'obscurité. Pendant tout le mois de mai, nous avons travaillé sous la pluie ou sous sa menace et avons pris nos jambes à notre cou lorsque la foudre menaçait. Nos bottes étaient si maculées de boue qu'elles semblaient aussi lourdes que des pattes d'éléphants. Les jours de travail ou d'école, nous commencions avant l'aube pour ne pas perdre de temps et reprendre le travail en fin d'après-midi, là où on l'avait laissé. Le week-end, nous travaillions du lever du soleil au crépuscule, courbaturés et affamés. Une telle besogne aide à comprendre pourquoi bien manger coûte cher. Pas assez cher d'ailleurs.

Au milieu de cette fébrilité printanière, l'un de nous a fêté son anniversaire. Pas un anniversaire quelconque, non, un anniversaire qui en impose, un chiffre rond, une fraction de cent qui tombait juste. Nous avons concocté le programme des festivités pour le Memorial Day afin que les invités qui venaient de loin puissent rester pendant le week-end prolongé. Puis nous avons envoyé les invitations, nous attendant à recevoir une foule de gens que nous voulions régaler. En temps normal, nous aurions fait le plein de comestibles importés par avion. Mais nous nous étions à présent si bien plongés dans notre congé sabbatique que cette idée ne nous semblait pas tout à fait logique.

Évidemment, nous avions souvent été tentés par l'interdit. Dans l'ordre : crevettes, pêches fraîches et crocodiles acidulés. Au début, nos convictions étaient surtout théoriques. Mais peu à peu, elles s'étaient concrétisées, avaient modifié nos goûts et nous ne pouvions pas les renier sous prétexte que nous avions des invités, pas plus qu'une hindoue ne commanderait des hamburgers parce qu'elle a une foule de gens à nourrir.

Beau casse-tête pourtant que d'imaginer contenter une ribambelle d'amis avec les produits locaux du mois. Si seulement ma mère m'avait mise au monde durant l'un des mois riches en récolte, en octobre par exemple, tout aurait été facile. Mais elle a eu tous ses enfants – comme la plupart des mammifères d'ailleurs, si on réfléchit bien – au printemps, fait établi qui jusqu'à maintenant ne m'avait jamais dérangée. Nourrir ma propre famille sur les maigres cueillettes de notre ferme en avril avait été un vrai défi. Les choses s'amélioraient en mai, mais très doucement. Le printemps avait été particulièrement frais et humide si bien que les récoltes de fin de saison étaient lentes à venir. Nous avons fait appel à une amie cuisinière et, ensemble, nous avons réfléchi à une stratégie.

Apparemment, dans les lieux dépourvus de tradition gastronomique, les traiteurs proposent au client de choisir un thème exotique. Ensuite, il ne reste plus qu'à importer les ingrédients d'ailleurs. Méditerranéen ? Un buffet avec des salades « tomates-mozzarella-basilic », une *caponata* et des raviolis à la courge musquée : succès garanti. Hors de question. Jusqu'à présent, on ne voyait pas l'ombre d'une tomate ou d'une aubergine dans nos jardins. Les plus précoces de nos tomates primeur en étaient juste à la floraison. Mexicain ? *Enchiladas* et riz au piment Jalapeño ? Génial, sauf qu'on n'était pas prêt de trouver des piments ou des tomates vertes dans le coin. La cuisine de la toundra sibérienne était sans doute ce qui nous attendait. À l'idée d'un bortch, on est devenus assez moroses.

Pas de souci, nous a dit Kay. En cuisine, un bon artiste sait où s'approvisionner. Elle allait appeler les paysans qu'elle connaissait pour voir ce qu'ils avaient. À partir des ingrédients, nous élaborerions le menu. Aussi étrange que cela puisse paraître, c'est certainement la manière la plus logique d'organiser une fête. Il n'y a qu'à voir les fêtes des vendanges en Italie et en France au mois de septembre, les bals campagnards des Appalaches en avril, les fêtes de récolte un peu partout à chaque fin de saison. Voici pourquoi le Thanksgiving canadien est avancé de six semaines par rapport au nôtre : leur hiver commence plus tôt. Puisque nous étions bien déterminés à organiser une fête en fonction d'une date d'anniversaire, d'un week-end prolongé et des emplois du temps de nos amis musiciens, c'était *notre* problème.

Kay nous a rappelés avec une liste de produits disponibles à la fin mai. Il y aurait bien sûr des asperges, plein de salades bien tendres et des épinards. Ici, on trouve des œufs fermiers toute l'année. Notre amie Kirsty avait des poulets fermiers et les Kling, à quelques kilomètres de chez nous, élevaient des agneaux nourris au pâturage. Les Peterson avaient des fraises, Charlie de la rhubarbe et une autre famille faisait du fromage de chèvre. Le moulin de White, à huit kilomètres de chez nous, avait de la farine. Si nous n'étions pas capables d'organiser un buffet avec ça, alors je ne méritais pas le prix Betty Crocker de la maîtresse de maison de demain obtenu en 1972, un peu par accident d'accord, mais c'est une autre histoire.

Le menu s'est fait tout seul : brochettes d'agneau grillées, pizza au poulet et fromage de chèvre, *frittata* aux asperges, énorme salade de légumes printaniers et biscuit fraise-rhubarbe. Pour offrir plus de choix aux végétariens, nous avons ajouté des rouleaux de printemps avec germes de haricots, carotte, ciboule et une sauce verte épicée. Le potager regorgeait de carottes, cultivées pendant l'hiver pour une récolte très précoce et Camille faisait pousser des quantités de germes sur le rebord de la fenêtre de la cuisine ; elle n'avait qu'à donner un coup de pouce à sa production pour en récolter trois kilos. En fin de compte, notre foule d'amis serait sans doute bien nourrie.

Submergés de réponses positives, nous avons supplié

les paysans de nous fournir plus de fraises et de poulets. Ce dont ils se sont gentiment acquittés. La semaine de la fête, j'ai coupé les premières têtes géantes de brocoli Early Comet – plantes que nous avions commencé de faire pousser à l'intérieur en février et mises en place dans un sol pratiquement gelé en mars. Sans le savoir, je m'étais préparée à cette fête des mois à l'avance. J'aimais maintenant considérer tout ce processus, débuté avec des graines pour finir par un dîner, comme un approfondissement de mon sens inné de l'hospitalité. Quiconque connaît le plaisir de cuisiner pour ceux qu'on aime comprend cette satisfaction procurée par la création et un lien fort avec les cycles annuels : c'est ainsi qu'un anniversaire signifie bien plus qu'une bonne claque dans le dos et des blagues sur la perte de mémoire.

Mardi, quatre jours avant le jour J, j'ai désherbé les plants de maïs avec Camille et planté dix rangées de melon en vue d'une fête à venir : maïs et melon seraient peut-être au rendez-vous en juillet pour l'anniversaire de Lily. À la tombée du jour, le vent nous mordait les oreilles et la température baissait vite. Nous espérions que la météo serait plus clémente pour le week-end. Nous attendions une bonne centaine de personnes – une trentaine allaient rester pour le week-end. La pluie ruinerait toute possibilité de danser en plein air et camper dans le jardin deviendrait tristounet. C'est avec une pensée (piteuse) pour la caissière de Tucson qui avait jeté un sort à la pluie que nous avons admonesté les nuages. Ici, nous ne souffrons pas de sécheresse donc nous pouvions raisonnablement nous attendre à un verdict d'innocence. Et prendre ce qui viendrait.

Mercredi, nous avons contrôlé les germes de haricots démarrés par Camille dans deux grands bocaux en verre. Leur progression n'était pas spectaculaire ; s'ils comptaient remplir une centaine de rouleaux de printemps d'ici trois jours, ils avaient du pain sur la planche. Nous avons pensé les mettre devant une fenêtre plus ensoleillée mais il faisait gris. Alors, trait de génie, nous avons branché une couverture électrique que nous avons enroulée autour des bocaux. En une heure, le tour était joué. J'admets volontiers avoir violé un principe fondamental de l'écologie mais grâce à ce bref coup de pouce électrique, nos germes prenaient la bonne direction, émergeant des graines pour exposer au monde leurs belles tiges vertes.

Jeudi, je suis allée chercher des carottes dans le jardin avec l'espoir d'en trouver suffisamment. Avec elles, on ne sait jamais lorsque l'on tire sur les fanes ce que l'on va sortir de terre. Elles se sont révélées splendides, d'un orange doré, plus épaisses que le pouce et plus longues que ma main. Tranchées finement avec des oignons blancs et nos germes paresseux, deux douzaines suffiraient amplement. Il me restait à espérer que poulets et agneaux soient aussi coopératifs. Mes carottes à la main, je suis restée un instant à contempler Walker Mountain à l'horizon, par-delà nos pâturages. Du jardin, la vue est spectaculaire. J'ai songé aux gens que je connaissais et qui étaient peut-être en ce moment même occupés à plumer des poulets ou à ramasser des fraises et de la salade rien que pour nous. Je me sentais reconnaissante envers eux et envers les animaux également. Je ne dis pas ça en l'air. J'envoyais vraiment mes remerciements à toute la région comme toute personne qui récite le bénédicité avant un repas.

Vendredi, les invités sont arrivés au compte-gouttes : famille éloignée du Kentucky, vieux copains d'université de Caroline du Sud, John, Carrie et Robert, nos amis musiciens. J'étais bouleversée par la présence simultanée de tant de personnes qui m'étaient chères venues d'aussi loin que Tucson et d'aussi près que la maison d'à côté. Nous avons préparé tous les lits et canapés, planté les tentes avant de nous balader dans le jardin. Tous les moins de douze ans ont formé un commando et se sont mis à courir dans tous les sens. Dans le jardin, j'ai surpris un jeune chef de peloton ordonner : « Vous, quel que soit votre nom, vous allez par là, moi, je me cache et on fera peur aux filles. » Je n'ai émis que deux règles : ne pas se faire mal et ne pas écraser les plantations. À part un doigt égratigné et un léger incident impliquant une certaine Dolly Parton, ils ont obéi.

Nous avons installé une chaîne hi-fi dans le patio de derrière, traîné des balles de paille pour servir de bancs et jaugé le ciel qui nous avait menacé de pluie tout le samedi sans s'être encore exécuté en fin d'après-midi. Puis nous avons sorti un abreuvoir de l'étable pour le remplir de glace afin de tenir nos vins Virginia Chambourcin et Misty River au frais, à côté de la bière qui venait d'une petite brasserie voisine. Les brochettes d'agneau qui grillaient nous ont fait saliver une bonne heure pendant que Kay et ses aides se décarcassaient en cuisine. La nourriture, quand elle apparut, fut ovationnée : les rouleaux de printemps étaient juteux, l'agneau succulent, la *frittata* aussi légère qu'un soufflé. Quant au biscuit croustillant à la fraise et à la rhubarbe, il a disparu en un rien de temps. Voici ce que nous n'avons *pas* eu : la couronne de crevettes arrangées en bataillon de chips roses ; les espèces de fleurs de brocoli dures comme la pierre entrelacées de lamelles de carottes autour de la sempiternelle sauce au fromage blanc ; la banale pile de morceaux de melon et ananas. Apparemment, ça n'a manqué à personne.

En réalité, quelques gourmands étaient en train de lécher les dernières miettes dans le moule à gâteau quand les premières notes de musique ont retenti. Bien sûr, les enfants furent les premiers sur la piste de danse dallée suivis de près par mes parents de soixante-quinze ans, les ados, les aînés, les quadragénaires, les téméraires, tous franchissaient les barrières de l'âge en dansant. Et il ne pleuvait toujours pas. Personne n'est tombé dans le ruisseau, personne n'a eu faim et aucun mari n'a refusé de danser. Quand la nuit s'est rafraîchie, nous avons fait un énorme feu de bois, et personne n'est tombé dedans non plus. À minuit, j'étais en train de chanter avec ma cousine Linda le chorus de « You can't always get what you want » des Rolling Stones. Les plus que quinquagénaires ont fait la fête jusqu'à deux heures du matin. À chacun son dû.

⁂

Je ne voulais pas de cadeau. Il y a belle lurette que mon quota de babioles avait atteint des sommets et j'en étais venue à faire campagne contre l'accumulation d'objets inutiles sur la table de la cuisine. Je ne parle pas du courrier et des dissertations qui traînent, non, je veux parler des trucs posés sur la table : chaussures, pièces détachées, arthropodes vivants dans de petites cages en barbelés, etc. « Pas de cadeau, avais-je dit. Vraiment. » Mais ici, dans le Dixieland, on ne vient pas plus à une soirée les mains vides qu'on ne vient les fesses à l'air : on a été élevés comme ça. Un plat sous cellophane est de mise mais dans notre cas, c'était superflu. Pour mettre tout le monde à l'aise, il nous fallait une alternative. Camille a annoncé la couleur et son idée était excellente : une plante. Le plus petit bouquet, tout serait le bienvenu. Alors que nous avions accompli des efforts prodigieux pour le potager et les vergers, notre jardin de devant, je dois l'avouer, était resté minable et négligé. Tout ce que les gens pourraient apporter serait planté là. C'est ainsi qu'a commencé l'esquisse du jardin d'anniversaire de mon demi-siècle : bigarré, touffu et spontané, l'amitié même.

Voici ce que m'ont apporté mes amis : du terreau de leurs jardins, la bouture d'une pivoine cinquantenaire, des iris, une glycine, des anémones, de la bergamote, du lilas de Chine, des trompettes du jugement, des lys, et une plante grimpante dont personne ne connaît le nom. Mes parents m'ont offert un poirier Aristocrate, cultivé par un vieil ami de chez nous. Un ami géographe m'a donné des choux verts portugais, un autre a satisfait mon goût pour les piments forts. Du romarin, de la sauge, des myrtilles et des framboises, des herbes aromatiques comme de l'herbe aux écouvillons et du foin d'odeur, des roses couleur de soleil, des ancolies bleues et blanches, des pavots écarlates, des arbres à papillons et des rudbecties pourpres. La couleur dominante de mon jardin ? Crayola. Notre voisine, à qui nous avions apporté le plant de tomate, m'a fait des boutures de ses lys citron. « Oh ! là, là ! me suis-je exclamée en recevant tous ces cadeaux botaniques. Regardez-moi ça. »

J'ai remercié mes parents de m'avoir conçue, les paysans pour la nourriture, la famille et les amis pour la musique, la danse, les kilomètres parcourus et la chance incroyable de les avoir rencontrés. Mais je n'ai pas dit une seule fois « merci » pour une plante. À présent, mon jardin est luxuriant.

Belles récompenses

PAR CAMILLE

Dans ma famille, les anniversaires ont toujours été une grande affaire. Maman nous préparait à la lettre ce qu'on voulait manger et ce jour-là elle nous faisait, à Lily et à moi, le gâteau souhaité. La seule règle restrictive était : tel nombre d'années, tel nombre d'invités. Tous les ans, je pouvais donc convier autant de personnes que de bougies soufflées. Trois enfants pour mes trois ans, dix pour mes dix ans. Vous vous doutez bien que ça devenait absolument fou. Je me souviens d'avoir demandé un jour : « Maman, quand je fêterai mes trente ans, je pourrais vraiment inviter trente amis ? » Je fus éberluée par sa réponse : « Bien sûr. » Génial, me suis-je dit, tétanisée en envisageant cette énorme fête. Maintenant, je pense simplement que c'est marrant d'avoir imaginé que je vivrais toujours chez mes parents à trente ans.

Au printemps dernier, quand ma mère a eu cinquante ans, elle n'a pas respecté la règle et a vu très grand. Ça ne nous a pas dérangés. Rien de mieux qu'un long week-end de musique live, de bonne bouffe, d'amis et de membres de la famille venus de partout ! On a passé des semaines à tout arranger pour cent cinquante invités en essayant de prévoir un superbe plan B – jamais vraiment trouvé – en cas de pluie. Voir autant de gens de cinquante ans et plus debout en train de danser bien après minuit, y compris mes grands-parents, m'a donné des idées. J'espère qu'à cet âge je danserai encore et saurai passer outre mes habitudes.

Deux des meilleures recettes de notre amie Kay sont parfaites pour mettre en valeur les primeurs et les seuls fruits qu'on trouve en mai : fraises et rhubarbe.

ROULEAUX DE PRINTEMPS VÉGÉTARIENS

100 g de vermicelles de riz
250 g de germes de haricots
10 feuilles de laitue tendre
250 g de carottes râpées fin
2-3 oignons blancs hachés menu
50 g de feuilles de menthe
50 g de coriandre fraîche
8 crêpes de riz (20 cm de diamètre)

Jetez les vermicelles dans de l'eau bouillante, enlevez la casserole du feu et laissez reposer 8-10 minutes en remuant de temps en temps. Égouttez, rincez à l'eau froide puis égouttez à nouveau.

Disposez en ligne et séparément les nouilles et chaque légume. Faites chauffer une casserole d'eau presque jusqu'à ébullition puis trempez-y les crêpes de riz une à une pendant 15-20 secondes puis étalez-les bien à plat. Mettez une feuille de laitue par-dessus (afin que les légumes ne transpercent pas la feuille de riz) puis ajoutez un petit tas de vermicelles à une extrémité, roulez la feuille de riz et procédez de la même manière avec chaque légume posé parallèlement aux nouilles. Après la coriandre et la menthe, repliez les extrémités du rouleau à chaque bout et placez sur un plat. Séparez-les bien les uns des autres afin qu'ils ne collent pas. Conservez-les dans un endroit humide pour éviter qu'ils sèchent.

Servez entiers ou coupés en deux avec une sauce piquante de votre choix. Vous pouvez, par exemple, mélanger quelques cuillerées de vinaigre de riz à de l'huile de sésame et de la sauce soja.

※ CROUSTILLANT FRAISE-RHUBARBE

750 g de fraises coupées en deux
750 g de rhubarbe coupée en dés
120 g de miel
120 g de flocons d'avoine
125 g de sucre roux
1 cuillerée à café de cannelle en poudre
1/2 cuillerée à café de mélange 4 épices
80 g de beurre

Mélangez soigneusement les fraises, la rhubarbe et le miel et placez dans un plat à four non beurré.

60 g de farine

Mélangez du bout des doigts afin d'obtenir des miettes (comme pour un crumble), saupoudrez sur le mélange de fruits et faites dorer au four 40 à 50 minutes à 180 °C (thermostat 4).

Le mois de mai permet de varier les plaisirs du menu :

Dimanche : poulet grillé, pain frais et salade géante de crudités, carottes et pois.

Lundi : gâteau d'asperges et de morilles.

Mardi : rouleaux de printemps végétariens à la sauce de cacahuètes épicée accompagnés de riz.

Mercredi : *tacos* végétariens avec haricots rouges frits, germes de pois, laitue, oignons blancs et fromage.

Jeudi : raviolis au fromage avec légumes printaniers grillés au wok, origan et huile d'olive.

Vendredi : pizza au poulet avec olives et feta.

Samedi : *frittata* farcie de fromage et légumes, salade et croustillant fraise-rhubarbe.

8. LA CONFIANCE CROÎT

Mi-juin

Deux fois par an la vie du jardin fait une pause. La première trêve se déroule au cœur de l'hiver quand les champs sont couverts de neige. Nos animaux ont besoin de plus d'attention mais les tomates sont au stade de l'idée. L'autre sieste végétale surgit aux alentours du solstice d'été.

Ce qui ne veut pas dire que nous nous promenons dans les champs le 10 juin en nous disant : « Super, plus rien à faire. » Il y a toujours des mauvaises herbes à enlever, le sol à couvrir plus soigneusement, du compost à ajouter, des marmottes à éloigner. Un champ de légumes prospère requiert autant d'attention qu'un enfant et, de la même manière, les soins prodigués ne s'achèvent qu'une fois que les bénéficiaires sont suffisamment mûrs pour s'en aller. Si un bébé dort, on peut toujours s'éloigner un instant, sur la pointe des pieds. Il finira sûrement par se réveiller en pleurant mais, quand vous avez besoin de repos, il faut saisir l'opportunité.

Nous avions programmé notre escapade pour la fin du mois de juin, le seul moment, entre les plantations de mai et les récoltes de septembre, où prendre congé de notre ferme nous semblait possible. Si nous avions vendu nos produits à une clientèle établie ou à des grossistes, il aurait été périlleux de partir. Nos amis paysans sont tous d'accord pour affirmer que c'est l'aspect le plus dur du métier : la perte de mobilité. Il est pratiquement impossible de laisser les champs et les animaux seuls pour une journée, sans parler d'une semaine. Même à notre modeste échelle, cultiver des aliments exigeait bien des heures supplémentaires avant de pouvoir prétendre à des congés. Nous avons tout recouvert copieusement de paillis pour maintenir l'humidité autour des racines, décourager les mauvaises herbes et éviter un dépérissement tardif.

Ma méthode de paillage préférée consiste à recouvrir le sol, entre chaque rangées de légumes, en utilisant tous les journaux de l'année écoulée : le papier et l'encre à base de soja se décomposeront d'ici l'automne. Ensuite, toutes ces nouvelles – bandes dessinées, meurtres à la tronçonneuse, présidents, j'en passe et des meilleurs – sont recouvertes d'une bonne épaisseur de paille. Il n'y a rien de plus divin que d'arpenter les allées en jetant des brassées d'herbe moisie sur les visages des moins sympathiques de nos dirigeants. L'actualité pourrit vite.

Incroyable mais vrai, les mauvaises herbes vont malgré tout passer outre mais ça leur prendra du temps. Grâce à nos voisins, chargés de remplir les abreuvoirs des volailles, d'ouvrir et fermer les poulaillers et de jeter un œil sur les plantations, nous avons organisé une échappée belle de dix jours. Direction le nord en formant une boucle par la Nouvelle-Angleterre pour remonter jusqu'à Montréal puis rentrer par l'Ohio en nous arrêtant à chaque étape chez des amis ou des parents.

Nous avions presque fini de charger la voiture quand il s'est mis à pleuvoir des cerises. Avec nos quelques pêches, prunes et poires et les pommes d'un verger du voisinage, nos cerises constituent tout notre apport en fruits et les fruits sont essentiels à notre alimentation. Un peu comme l'homme de Frostburg et ses quatre-vingt-trois pêches farineuses, nous suivions les recommandations diététiques de l'État. Cet hiver, nous avions mangé des compotes de pommes et réfléchi à tous les fruits surgelés que nous pouvions mettre de côté, saison après saison. Les gourmands comprendront qu'un fruit mûri sur l'arbre mérite considération quand on planifie ses vacances.

L'année passée, selon mon journal, les cerises avaient mûri vers le 8 juin. Cet été-ci avait commencé si fraîchement et si lentement que nous nous étions même placés sous le cerisier pour le réchauffer de nos désirs. Et puis voilà : le 15 juin, la veille de notre départ, les petites sphères dures sont devenues noires et brillantes d'un seul coup. Des gangs d'oiseaux bruyants ont débarqué et nous nous sommes empressés de les rejoindre. Perchés sur des échelles et sur le toit du camion, nous avons cueilli des cerises tout l'après-midi et sommes restés jusqu'au crépuscule à chercher à tâtons les fruits dans la pénombre.

J'ai une vraie faiblesse pour les cerises, comme le narrateur d'*Alexis Zorba*. D'ailleurs je suis chaque année ses conseils et fais une cure thérapeutique de ces fruits – jusqu'à présent sans succès. Depuis ce jour d'avril où nous avions juré de bannir les aliments exotiques, c'était notre première bouchée de chair ferme et sucrée. Des fruits, voici ce à quoi nous aspirions, la seule privation qui nous torturait. Nous en avons mangé jusqu'à plus faim, offert à des voisins et même, joie suprême, congelé quatre kilos. Notre existence sans fructose avait pris fin.

Le lendemain, nos mains étaient encore tachées de rouge comme celles de lady Macbeth mais l'heure du départ avait sonné. Nous avons emballé des cadeaux : des cerises, bien sûr, des bouteilles de vin de la région et quelques tomates précieuses et précoces que nous avions chouchoutées jusqu'à leur maturité – le 12 juin, c'est un record dans notre région. Avec quelques crudités, des pois gourmands, du fromage et du pain « maison » nous étions bien armés pour la route. Si nous restions un instant de plus, d'autres obligations pointeraient le nez ; nous pouvions déjà quasiment sentir les herbes s'agripper au visage du président. Alors, vite, nous avons décampé.

⁂

Tout le monde ne peut pas travailler la terre ; de moins en moins de gens sont prêts à le faire. Pendant la dernière décennie, notre pays a perdu en moyenne trois cents fermes par semaine. Grandes ou petites, chacune d'elles représentait le labeur d'une vie voire de plusieurs. La perte d'une ferme est une horreur qui mène aux extrémités les plus cruelles. En garder une, en revanche, peut aussi conduire à devoir travailler en usine en effectuant un long trajet quotidien en sus des tâches habituelles du travail à la ferme, matin et soir.

C'est grâce à une combinaison de chance, de courage et d'adaptation qu'une ferme reste en activité. L'État où je suis née, le Kentucky, est renommé pour deux biens non comestibles : le tabac et les chevaux de course. L'élevage est une industrie à gros capital mais qui redistribue peu aux petites exploitations familiales ; le tabac représentait donc la dernière source de revenus des petites fermes jusqu'à ce que sa culture disparaisse. D'aussi loin que je m'en souvienne, les fermiers du Kentucky ont surtout eu le choix entre la faillite et la frugalité. Je connais d'anciens planteurs de tabac qui cultivent à présent des champignons certifiés biologiques, élèvent des bisons pour leur viande ou cultivent des asperges et des légumes verts pour des restaurants. Sur les prairies célèbres pour avoir nourri

Man o' War et Secretariat[1], des exploitations plus modestes baptisées « Les temps difficiles » et « Mother Hubbard's » élèvent maintenant des bœufs en plein air, des porcs, des agneaux et des dindes. Les fermes du Kentucky produisent des fleurs, de l'ail, des baies et des légumes bio, des dérivés d'émeu et d'autruche, des poissons-chats et des truites arc-en-ciel. Tout à côté de l'intersection de Paris, un chemin de campagne que j'ai pris, adolescente, des centaines de fois, une fermière, Sue, élève des écrevisses.

Si nous avions su, au lycée, qu'un jour nos contrées produiraient des écrevisses et des champignons shiitaké, j'imagine que nous aurions hurlé de rire. La première fois qu'on m'a servi, à une soirée, du « caviar du Kentucky », j'ai cherché l'astuce (comme pour les huîtres des Rocheuses). Il n'y en avait pas ; il s'agissait d'œufs de poisson de Louisville. Ces techniques innovantes font la vie et la mort de ces exploitations. Des petits commerces à risque, pionniers dans leur domaine, représentent beaucoup plus de labeur et de créativité qu'on le pense.

Ces exploitants doivent lutter, entre autres, contre une presse nationale qui n'hésite pas à annoncer leur fin. En réalité, les fermes qui produisent des aliments diversifiés aux abords des villes font partie du secteur agricole américain le plus dynamique. La petite ferme est obnubilée par la recherche de solutions qui la feraient sortir de sa boîte à chaussures, travaillant d'arrache-pied afin de soutenir la qualité et la sécurité alimentaires d'une nation qui, en grande partie, n'en a cure.

Mais ces producteurs ne peuvent survivre en fournissant seulement le marché de luxe. La majorité de leurs clients ont des revenus moyens voire modestes. À l'est du Tennessee, on trouve pour les légumes l'équivalent de la librairie itinérante ; la vente ambulante permet aux fermiers

1. Deux pur-sang vainqueurs du Kentucky Derby.

de faire parvenir leurs primeurs jusque dans des endroits condamnés au seul minimarket. Bien des personnes qui pourraient y prétendre ignorent la mise en place d'un programme destiné aux mères de famille qui distribue des coupons de réduction valable sur les marchés ; ce programme compte deux millions et demi de participants à travers quarante-quatre États. Un programme similaire s'adresse aux personnes âgées à revenus modestes ; il accorde des bourses dans quarante États et à de nombreux gouvernements tribaux indiens afin que les seniors puissent acheter des fruits et légumes locaux. Des initiatives citoyennes rapprochent les petits exploitants des cantines et banques de denrées alimentaires de la Californie jusqu'à New York.

Pourtant, considérer l'alimentation bio comme un privilège des élites est un obstacle majeur pour les exploitants qui destinent leur production à une clientèle moyenne dont la priorité est d'acheter au prix le plus bas. Cultiver des aliments sans polluer la terre et les denrées coûtera toujours plus que la méthode conventionnelle qui fait porter ses coûts sur les contribuables et l'environnement. Dans le but de travailler la terre durablement et de rester en activité, ces maraîchers doivent combler l'écart psychologique entre ce que les consommateurs pourraient payer et ce qu'ils paieront réellement.

Les dépenses alimentaires sont depuis toujours un dilemme pour les citoyens américains qui déboursent en moyenne moins que les autres en nourriture voire moins que jamais. Quotidiennement, même pour les cantines scolaires, on justifie la consommation de chair animale frite sous le prétexte que c'est moins cher que les céréales complètes, les légumes frais et les laitages sans hormones. Que ce soit à l'école ou au sein des familles, ceux qui s'occupent du budget sont peut-être conscients de ce qu'ils perdent du côté hygiène alimentaire mais se sentent toujours obligés d'économiser sur la nourriture – à une échelle qui serait absolument inacceptable si le risque sanitaire impliquait un véhicule dangereux destiné au transport scolaire ou des effluves de benzène dans le sous-sol d'une école.

Il est intéressant de constater que les économies de bout de chandelle entretiennent des habitudes alimentaires toxiques alors que les autres domaines de la consommation ne sont que rarement touchés par la parcimonie. La plupart des Américains achètent de l'eau minérale en bouteilles, par exemple, alors que l'eau potable est disponible au robinet pour une fraction du prix et que les normes de qualité gouvernementales pour l'eau du robinet sont plus strictes que pour l'eau en bouteilles. Tous niveaux de revenus confondus, on peut nous faire confiance en ce qui concerne les achats absolument futiles : baladeurs plutôt que poste de radio ; accès Internet à haut débit pour les jeux ; gros véhicules pour des charges minimales ; vêtements de marque. « Faire des économies » en matière vestimentaire signifie être à l'affût des marques soldées plutôt que porter la même chose que l'année passée. La peur d'élever des enfants qui ne seraient pas à la mode est compréhensible. Mais, dans l'ordre des priorités, « être à la page » prime-t-il sur « rester en bonne santé » ?

On ne devrait jamais recourir à la science pour prouver ce qui est évident mais de nombreuses études montrent que l'absorption régulière de fast-foods et de produits transformés favorise l'embonpoint et augmente donc les risques de diabète, les problèmes cardiovasculaires, articulaires et plusieurs types de cancer. Sur le plan national, on dépasse vraiment les statistiques : la majeure partie de l'argent destiné à l'alimentation sert à acheter ces calories bon marché et la santé de la plupart des citoyens est mise en danger à cause du surpoids et du manque d'activité. Depuis 1990, les cas de diabète liés à l'obésité ont plus que doublés, la proportion d'enfants victimes de cette maladie croît plus que toute autre. En conséquence de quoi on a changé le nom de ce diabète, passé de « diabète d'âge adulte » à « type II ».

Des estimations récentes démontrent qu'en matière de dépenses de santé un dollar sur trois est consacré aux dégâts provoqués par une mauvaise nutrition. Un dollar sur sept est dépensé plus spécifiquement pour atténuer les multiples méfaits du diabète : problèmes rénaux, accidents vasculaires, cécité, amputations.

Un point embarrassant mais néanmoins discutable réside dans le fait qu'on assujettit notre budget alimentaire à de terribles restrictions par crédulité vis-à-vis des publicités. L'agriculture industrialisée peut se permettre de promouvoir ses produits à grande échelle. L'industrie de la boucherie est contrôlée à 80 % par quatre compagnies ; la concentration est exactement la même pour le soja. Des budgets corporatifs si gigantesques favorisent la consommation de bœuf et de graisses ajoutées et ce n'est pas étonnant que des milliards de dollars soient consacrés chaque année à la promotion des fast-foods. Il est surprenant de voir comment le marketing arrive à récupérer ses investissements avec brio : en nous convainquant que la bouffe bon marché fait notre bonheur.

Jusqu'à quel point sommes-nous vraiment crédules ? Insister auprès des paysans pour que l'alimentation soit bon marché, c'est un peu comme obliger un enfant de dix ans à choisir sa carrière et à quitter la maison aussi sec. C'est une violation de l'esprit d'entreprise et l'échec est assuré. Quiconque a des notions de pédagogie repérerait le vice de cette stratégie parentale. De même, seul un agriculteur peut comprendre cette vérité analogue au sujet de la production alimentaire – le temps et le soin apportés génèrent une qualité qui compte –, mais allez donc expliquer ça à la population. Ce n'est pas l'industrie qui le fera mais les cultivateurs individuels en faisant part de leurs efforts constants pour produire des aliments sains qui ne présentent aucun danger. Ils peuvent informer les consommateurs de la possibilité de créer une chaîne alimentaire aussi saine ou malsaine qu'on le souhaite.

Ce type d'information ne tient pas dans un spot publicitaire de cinq mots. Et ces agriculteurs ne gagneront jamais la guerre des prix. Le mieux qu'ils puissent espérer, c'est une stratégie marketing fondée sur l'idée d'amitié.

Il s'agit de montrer au consommateur la valeur des soins prodigués et les avantages qui en résultent pour le voisinage. Peut-être est-ce une bataille perdue d'avance. Mais la croisade « Achetez bon marché » est en train de contribuer à la mort de nos compatriotes à raison de huit cent vingt personnes par jour ; quelqu'un ne va pas manquer de se rendre compte de *ça*. L'homme est un animal social et le bon voisinage, bénéfique pour l'espèce depuis la nuit des temps, un retour sur investissement.

⁂

Ashfield, Massachusetts, est aussi mignon que possible, même à l'échelle d'une petite ville de Nouvelle-Angleterre. Au centre trône une quincaillerie avec des fauteuils à bascule sous le porche. L'événement social d'importance qui permet à la population locale de prendre des nouvelles de leurs voisins est le marché de producteurs hebdomadaire.

Je l'ignorais quand nous sommes arrivés pour rendre visite à des amis. Nous avons sorti notre glacière en même temps que les bagages pour offrir à notre hôte nos premières tomates, grosses comme le poing. Ces trésors patiemment mûris en juin n'allaient pas manquer d'épater les gens de la région, m'étais-je dit. Hum ! À peine avais-je commencé à les sortir de la glacière que j'ai remarqué une demi-douzaine d'énormes tomates rouges, installées sur le rebord de la fenêtre de la cuisine, en train de faire bronzer leurs formes rebondies. Ces belles impertinentes reléguaient nos Early Siberians au rang de prétendante au titre de Miss Sympathique. J'ai sorti des cerises noires à la place en accompagnant, mine de rien, le cadeau de cette question : « Eh bien ! Elles viennent d'où ces tomates ?

– Oh ! C'est Amy, au marché. Elles sont belles, non ? »

Belles, ai-je pensé. La troisième semaine de juin à l'ouest du Massachusetts, je parie qu'elles ne sont pas aussi bonnes qu'elles en ont l'air, sinon ce serait un sacré miracle. Je mourais d'envie de savoir. Notre amie nous a promis de nous présenter Amy, la fée des tomates, pendant notre séjour.

Le jour dit, nous avons suivi une route étroite bordée de collines boisées qui menait d'Ashfield à la ferme où Amy cultive ses légumes tandis que son ami Paul travaille

Le véritable coût des prix bas

Un reproche récurrent à propos des produits biologiques et régionaux est qu'ils coûtent plus cher que leurs équivalents conventionnels (industrialisés). Bien des consommateurs ne se rendent pas compte du coût réel des aliments conventionnels avant même d'être sur les rayons des supermarchés. Nos impôts subventionnent le pétrole utilisé pour la production, la transformation et l'expédition de ces produits. On subventionne aussi directement l'agriculture à grande échelle qui dépend des produits chimiques. De plus, on est obligés de payer plus d'une année sur l'autre à cause des conséquences de ces méthodes de production sur la santé et l'environnement.

Voici un exercice d'arithmétique : additionnez la part de combustible utilisé en agriculture financée par nos impôts (22 milliards de dollars), les subventions directes du Farm Bill pour le maïs et le blé (3 milliards de dollars), le traitement des maladies liées à la nutrition (10 milliards de dollars), les coûts concomitants à l'utilisation de pesticides (8 milliards de dollars) et enfin le prix de la perte de nutriments à cause de l'érosion (20 milliards de dollars). Calculé au plus près, cela revient à une subvention nationale d'au moins 80 milliards de dollars,

comme consultant pour le design et la construction de logements novateurs. Leur maison est l'exemple même de l'innovation : une petite structure en forme de champignon dont le toit tapissé de gazon et de mousse est couvert d'une fourrure estivale jaune d'impatientes. Tout à fait l'endroit où l'on s'attend à voir un elfe, mais Paul et Amy sont apparus à la place. Ils nous ont invité sur le toit où l'on pouvait s'asseoir sur un petit banc. Le chien, Ulan, a monté l'échelle derrière nous puis s'est s'installé en haletant joyeusement tandis que nous découvrions la vue sur la vallée et le ruisseau en contrebas. Une partie du travail de Paul en architecture dynamique est d'encourager les gens à renouveler leur conception des matériaux de construction (c'est un spécialiste de murs en ballots de paille

approximativement 725 dollars par famille chaque année. En plus du prix affiché, voici ce que coûte votre alimentation industrielle bon marché.

Les méthodes biologiques consolident le sol au lieu de le piller grâce au fumier et aux cultures de protection. Elles éliminent pesticides et herbicides en utilisant plutôt des pesticides biologiques et une technique de désherbage démodée : la binette. Elles perpétuent la connaissance de diverses récoltes. Tout cela requiert plus de temps et de travail. Les exploitations plus petites paient des prix proportionnellement plus élevés pour l'emballage, le marketing et la distribution. Mais la différence majeure réside dans le fait que les cultivateurs biologiques ne nous forcent pas à payer les dépenses qu'ils ont engendrées dans d'autres domaines, comme les méfaits sur l'environnement et la santé publique. Plus grand sera leur rôle dans le paysage agricole américain, moins on aura de subventions à payer pour l'agriculture industrialisée. Pour quelques dollars de plus, c'est un investissement qui nous rapportera gros.

STEVEN L. HOPP

empilés) et à utiliser l'espace de façon créative (voir le chien sur le toit). Je piaffais d'impatience de voir le jardin.

Mais d'abord, nous avons dû prendre le petit déjeuner qu'ils nous avaient préparé, dans leur cuisine, petite mais pratique. Tout était produit dans le coin : yaourt et fraises, œufs, sauce confectionnée avec les tomates que j'enviais. Nous avons pris notre temps, parlé ferme et logement mais la journée nous conviait dans les champs, où des rangées de légumes profitaient déjà pleinement du soleil matinal. Amy, une perfectionniste autoproclamée, s'est excusée de l'état de ce qui m'apparaissait être les rangées les plus soignées possibles – avec moins de mauvaises herbes que notre jardin sur son trente et un. De temps en temps des stagiaires à mi-temps donnent un coup de main mais la ferme profite du dévouement à plein temps d'Amy.

À la mi-juin, deux semaines après le dernier gel, un jardin de Nouvelle-Angleterre est surtout vert : une dentelle de bouquets de primeurs, du chou chinois, de la coriandre, des brocolis et des pois. Tomber sur une tomate, quelle que soit sa variété, me semblait impensable, enfin jusqu'à ce qu'on ait longé une colline pour arriver devant deux grandes serres. Ce sont les deux chevaux de labour robustes et fiables de la ferme ; leur peau en plastique repose sur des fagots de bois. Amy ne cultive plus de tomates hors d'une serre. Avec, au printemps, un sol frisquet, les gelées tardives et un climat aléatoire, la saison est trop courte pour des récoltes dignes de ce nom à l'extérieur. Mais elle n'est pas adepte des cultures hydroponiques, hors sol, qui sont la norme chez les cultivateurs de tomates à grande échelle. Ses serres sont construites sur le sol du jardin, ses tomates poussent en pleine terre. « Elles ont meilleur goût, sûrement grâce aux micronutriments et à la faune du terrain qui leur donnent cette saveur de jardin. Il y a tant de composants du sol qui manquent dans les environnements plus stériles », dixit Amy.

En revanche, chauffer des serres pendant les hivers rigoureux de la région ne tentait pas Amy et Paul. Après quelques années expérimentales, ils en ont conclu qu'il était plus rentable d'utiliser un mélange de propane et de fours à bois pour les chauffer – ou bien rien du tout. L'une des serres n'est jamais chauffée mais permet d'allonger la saison des salades, épinards et autres légumes qui supportent des températures de – 6 degrés. Les légumes verts d'Amy se vendent tout l'hiver pour presque 7 dollars la livre. À New York, le mesclun d'hiver peut atteindre les 20 dollars.

Amy nous a dit que sa seconde serre était chauffée, mais seulement au printemps. J'ai jeté un coup d'œil par la porte et je suis restée interdite. Sainte Tomate ! Je n'avais jamais vu de plantes aussi splendides et comblées : trois mètres de haut, feuillues, s'étirant vers le ciel grâce à des fils tendus entre le sol et les poutres. S'il existait une chorale angélique chez les tomates, celles-ci chanteraient, c'est sûr. La variété qu'elle cultive est conçue pour la culture en serre et porte parfaitement son nom : Confiance.

Observer Amy, cultivatrice bien informée, plisser les yeux à la recherche de signes de parasites, s'arrêter pour palper une feuille et étudier sa couleur était une source d'inspiration. Nous avons marché entre les hautes plantes en admirant les grappes de fruits suspendus qui allaient du bas de la tige jusqu'en haut dans des teintes qui variaient du rouge foncé pour les tomates mûres jusqu'au blanc-vert au-dessus. Les ficelles de support étaient enroulées autour de fuseaux en hauteur que l'on pouvait dérouler pour baisser progressivement la plante et laisser les fruits du haut continuer leur ascension. D'habitude, les plants de tomate perdent leurs feuilles inférieures en grandissant ; cela pour que les tiges sans feuilles du bas s'entortillent sur le sol pour permettre aux tiges porteuses de continuer à s'enrouler. Mais ces plants-là étaient si dynamiques qu'ils refusaient de perdre une seule feuille. Lily a joué à cache-cache dans cette jungle de tomates pendant qu'Amy me montrait sa technique.

Elle l'améliore un peu d'année en année mais c'est déjà un véritable succès. À la dernière évaluation du sol, le technicien venu analyser la terre biologique faite de compost n'avait encore jamais vu de terre si riche en nutriments. Ici, la température est le plus grand obstacle ; Amy pourrait cultiver des tomates tout l'hiver mais le coût énergétique serait supérieur à sa marge bénéficiaire. Au début du printemps, lorsqu'elle met les plants en route, elle réchauffe le sol sous les semis (de l'eau chauffée au four à bois circule dans des canalisations souterraines) tout en laissant la température ambiante tomber assez bas. Selon elle, il importe plus d'avancer la saison que de l'allonger. Les gens sont prêts à dépenser plus pour une tomate en juin qu'en octobre, quand elles sont de l'histoire ancienne et qu'elles tombent de leurs branches dans tous les jardins. Commencer au printemps lui permet d'offrir des Confiance à une clientèle ravie de ce plaisir avant qu'aucun autre légume d'été ne pointe son nez dans les jardins du coin.

J'ai fait remarquer que, durant la première semaine de juin, elle pourrait demander un prix astronomique pour ses tomates. Elle a ri. « Je pourrais mais je ne le fais pas. Je fais partie de la communauté, les gens me connaissent. Je ne voudrais pas en profiter. »

Amy est bien plus qu'un membre de la communauté – elle a contribué à l'organisation du marché de producteurs d'Ashfield qui a un immense succès. Elle vend ses produits à des particuliers et à des restaurants et mange des produits locaux grâce aux autres producteurs qui l'approvisionnent en denrées qu'elle ne cultive pas elle-même. « On n'a pas de poulets car tant d'autres en élèvent. On troque donc nos légumes contre des œufs et de la viande. » Leur restaurant préféré achète tout l'été les fruits et légumes d'Amy, les deux derniers mois à crédit si bien que, l'hiver, Paul et Amy peuvent aller au restaurant quand ils le souhaitent. C'est un bon arrangement, « une superbe alternative aux conserves ».

Comme bien des petites fermes, cette exploitation entièrement biologique n'est pas certifiée biologique. Amy évalue le coût d'une telle certification à 700 dollars par an et ne croit pas qu'elle en tirerait beaucoup de bénéfices. Pratiquement tous ses clients la connaissent personnellement ; beaucoup ont visité la ferme. Ils savent qu'elle est dévouée au travail sans produits chimiques car elle accorde de la valeur à sa santé, à ses produits, à la sécurité de ses aides et clients et à la viabilité du sol de ses champs et serres.

Tous les agriculteurs comme Amy s'accordent à penser que les normes certifiées biologiques sont en principe une bonne idée. Lorsque des consommateurs se procurent des denrées non locales, le label « certifié biologique » leur assure que ces aliments ont bien été cultivés selon des normes explicitement codifiées. En revanche, les cultivateurs qui vendent directement aux consommateurs n'ont généralement pas besoin de ces garde-fous – leur existence tient autant de la mission que du commerce. Les clients d'Amy font confiance à ses méthodes. Aucune bureaucratie ne peut remplacer cette relation.

En outre, toute la paperasserie des certifications biologiques n'offre que des garanties limitées au consommateur. Elle atteste précisément que les légumes ont été cultivés sans technique génétique ou herbicides et pesticides connus pour leur toxicité ; que l'on n'a pas donné aux animaux d'hormones de croissance ou d'antibiotiques. « Certifié biologique » ne signifie pas nécessairement une culture durable, des rapports amicaux avec les ouvriers agricoles, le meilleur rendement énergétique possible, l'absence de cruauté ou toute autre valeur importante aux yeux du consommateur.

L'intérêt croissant pour l'alimentation biologique a inspiré les gigantesques conglomérats agroalimentaires qui ont trouvé là, à un certain niveau, un moyen de s'enrichir. Ils ont déplacé les denrées du type salade en sachet et lait sans hormones des petits magasins spécialisés aux supermarchés de base, voire aux hypermarchés. Mais les prix bas ont aussi un coût. Pour respecter les critères bio fédéraux de la façon la moins coûteuse et ainsi maximiser les profits, des producteurs bio qui travaillent à l'échelle industrielle (pas tous) éliminent tout ce qui peut l'être et créent des groupes d'influence afin que le gouvernement relâche encore plus les normes bio. On autorise à présent certains additifs chimiques suite à la pression de ces industriels du biologique. Il en va de même pour l'enfermement des animaux. Un poulet peut être vendu comme « fermier » (« de plein air ») si le bâtiment dans lequel il est enfermé (aux côtés de vingt mille autres) présente une ouverture vers une minuscule cour, et ce, même si cette porte reste fermée si souvent que le poulet ignore ce qu'aller dehors signifie. Cet exemple n'est pas théorique. Une marque nationale de produits laitiers biologiques utilise également des animaux enfermés – il s'agit ici de vaches dont le temps de « plein air » qui leur est alloué les trouve dans des enclos surpeuplés dépourvus d'eau et d'ombre. Plus la corporation est grande, plus ses motivations sont éloignées de l'esprit originel de l'agriculture biologique et plus loin seront expédiés ses produits vers des clients qui se réjouiront de la scène bucolique reproduite sur l'emballage sans jamais connaître tous les tenants et les aboutissants.

Parce que l'agriculture biologique nécessite un travail intensif, garder les prix à leur plus bas niveau a souvent conduit les cultivateurs qui la pratiquent à grande échelle vers des conflits directs avec les syndicats d'ouvriers agricoles. Un peu plus de la moitié de ceux-ci ne sont pas informés et aucun n'est à même de gagner plus que le salaire minimum. Si les ouvriers employés par les fermes biologiques à échelle industrielle échappent au moins au contact direct avec des pesticides, ils vivent souvent avec leurs familles dans des villes chantiers où les effluves d'insecticides sont aussi courants que la pauvreté.

À l'origine, le but de l'agriculture biologique ne consistait pas uniquement à protéger la qualité des aliments mais aussi l'environnement des fermes et des communautés par le biais de méthodes naturelles biologiques et diversifiées qui restent durablement saines. Ces principes ont été exposés dans leurs grandes lignes par J. I. Rodale, sir Albert Howard, lady Eve Balfour ainsi que par les autres contributeurs à la théorie et à la pratique de l'agriculture biologique moderne. De façon implicite, ce sont des valeurs que les consommateurs soutiennent en achetant des produits bio. De plus en plus de petits exploitants, comme Amy, ont le sentiment que les grandes corporations bio trahissent cette confiance en exigeant à court terme bien trop de sacrifices de la part du biotope et des communautés de personnes.

La meilleure et unique réplique, pour les cultivateurs et les consommateurs, consiste à s'impliquer de plus en plus dans les entreprises d'alimentation locale. Il sera peut-être impossible d'empêcher la corruption des normes biologiques lorsqu'elles sont appliquées à grande échelle. Un procédé aussi complexe que l'agriculture durable ne saurait être mandaté ou contrôlé ; le gouvernement pourrait aussi bien légiférer sur les mariages heureux. Les cultivateurs industrialisés, s'ils ne sont poussés que par le profit, trouveront toujours le moyen de respecter les critères de l'agriculture biologique tout en en violant l'esprit.

Mais « cultivé localement » est un terme dont la signification est incorruptible. Dans cette histoire, éviter l'essence du transport, de l'emballage et les additifs néfastes fait partie des obligations mais l'intrigue va bien plus loin. C'est un accord à l'amiable dans un lieu où les gens se retrouvent semaine après semaine. Cela implique des cultivateurs dont on connaît le prénom. Cela signifie une politique de porte ouverte dans les champs où les acheteurs de la région sont les bienvenus pour jeter un coup d'œil et choisir leurs fruits sur la branche. Local, c'est une confiance grandissante envers les paysans.

9. SIX CHOSES IMPOSSIBLES AVANT LE PETIT DÉJEUNER

Fin juin

Lorsque j'étais étudiante, deux États me séparaient de ma famille dans le Kentucky. Un week-end, j'ai étudié la carte et trouvé un nouvel itinéraire. Une fois emprunté, il s'est révélé plus rapide et quand je suis rentrée à la maison, j'ai fièrement averti toute la famille du véritable génie cartographique qui m'avait fait gagner trente-sept minutes.

« Trente-sept minutes, dit mon grand-père, songeur. Et tu viens d'en perdre quinze pour nous en faire part. Tu as prévu quoi pour les vingt-deux qui restent ? »

Bonne question. Je suis toujours incapable d'y répondre lorsque la religion du gain de temps me fait sauter un repas, une corvée, ou mettre tout le monde à la porte pour une durée indéterminée. Cette hâte masque une vérité, à savoir que la vie est une équation zéro. Chaque instant gagné sera consacré à autre chose, probablement aussi quelconque que le fait de fixer le pilastre en cherchant à comprendre pourquoi on a monté l'escalier quatre à quatre. En revanche, accomplir la tâche qui attend – même la plus anodine – plutôt que de la reporter, à un moment qu'il faudra bien finir par déterminer, participe de l'harmonie d'une journée.

J'ai un ami cultivateur qui serait à coup sûr de l'avis de mon grand-père en ce qui concerne les économies de temps. Il se sert de chevaux de labour plutôt que d'un tracteur. Ça ne prend pas un siècle de labourer un champ avec une charrue tirée par un cheval ? La réponse, dit-il, est si. L'éternité, voilà le bon état d'esprit. « Quand je suis là-bas à cultiver le maïs avec une bonne équipe, dans le calme de l'après-midi, à regarder les oiseaux dans les haies, oh ! là, là ! Je pourrai faire ça toute la journée. Les gosses de la ville viennent ici et me demandent : « Qu'est-ce que vous avez comme distraction, dans le coin ? » Je leur réponds : « Je cultive mon champ. »

Maintenant, des décennies plus tard, plus vieille et bien moins futée que lorsque j'étais étudiante, j'aborde avec plus de calme les routines de la vie comme mon ami dans son champ de blé. Je n'ai pas encore appris à rester sereine devant toutes les corvées de la maison (« Vous faites quoi pour vous distraire ? – Je récure des casseroles et des poêles, ça vous va ? ») mais avec la cuisine, je m'approche de cette quiétude. L'éternité, voilà le bon état d'esprit pour nourrir une famille : faire réduire les tomates jusqu'à ce qu'elles fondent en une sauce rouge dorée parfumée à l'origan pour des pâtes. Auparavant, cueillir des fruits mûris au soleil, détacher des feuilles d'origan de leur tige, cultiver tout ça à partir de graines – oui. Toute une vie, voilà ce qu'il me faut. Pour nous, cuisiner est une vraie distraction. Quand j'ai le cafard, je vais dans la cuisine. Je feuillette les pages de mes livres de recettes favoris, en me réjouissant à la perspective du joyeux tintamarre d'un repas familial. Je reste devant une soupe qui bouillonne, ferme les yeux, inhale. Tout ce qui sort du sol et a trait à la nourriture apaise mon âme.

C'est vrai, j'ai autre chose à faire. Pendant dix-neuf ans, j'ai appartenu à la cohorte des mères de famille qui travaillent, et pour lesquelles des aliments précuits seraient justifiés si seulement j'acceptais d'en nourrir ma famille. En principe, je n'ai rien contre ce qui est pratique. J'éprouve un profond attachement pour mon lave-vaisselle et j'apprécie les ustensiles brillants rangés dans les tiroirs, toujours prêts à se transformer en menace pour tout légume mort ou vif. Je suis experte dans l'art d'accommoder vite fait un repas après les longues journées de travail, mais parfois, quand nous sommes trop épuisés, nous filons au restaurant, histoire de ne pas salir la cuisine.

Seulement s'il fallait qu'en permanence je définisse ma façon d'alimenter les miens par la devise « qu'on s'en débarrasse vite fait ! », une chose précieuse de notre vie de famille disparaîtrait. Et je ne parle pas de nos tailles de guêpe, quoique, à coup sûr, elles disparaîtraient aussi dare-dare. Je veux parler du dîner, pierre angulaire de la santé mentale de notre famille. Si je devais le chiffrer, je dirais que 75 % de mes principaux efforts d'éducation ont été fournis pendant le dîner ou autour de celui-ci. Je suis convaincue que je ne suis pas la seule mère à penser ainsi. Une étude a d'ailleurs prouvé qu'il y avait un point commun parmi les personnes âgées de dix-huit ans dotées de qualité intellectuelles hors du commun et dont les origines ethniques, géographiques et sociales étaient diverses : l'habitude de s'asseoir avec leur famille pour le dîner. Ce n'est pas seulement la nourriture qui les rend exceptionnelles. Mais sans doute leurs parents – leur attention, leurs priorités et la constance de leur soutien. Les mots : « Je t'attends pour dîner. »

Je comprends bien que la plupart des citoyens américains n'ont pas le loisir de cultiver leurs aliments ou même de voir ceux-ci pousser. Mais j'ai du mal à accepter leur symbiose forcenée avec les plats préparés et à emporter. La cuisine, dans notre culture, est un art moribond. Savoir pourquoi est une question intéressante qui me paraît d'autant plus ardue que je me retrouve empêtrée dans des considérations politiques et socio-économiques dès que j'essaie d'y répondre. Je fais partie de la génération de femmes qui se sont toutes ralliées à ce cri de bataille : « Donnez-nous une bonne éducation pour que nous ne soyons pas obligées d'être des esclaves dans la cuisine ! » Nous avons refusé l'idée que nourrir un mari et tout faire pour qu'il reste présentable soit notre plus haute aspiration intellectuelle. Nous nous sommes battues pour l'égalité au travail. Nous sommes allées à l'école, avons planché pour chaque examen afin de gagner des galons et supplier la société de nous épargner tout travail manuel. Si ce plan échoue, nous exerçons un travail manuel à plein temps, que ce soit celui de charpentier, ouvrière d'une aciérie ou caissière. Le travail fini, nous méritons bien de rentrer à la maison et de nous mettre les pieds sous la table. Pourtant l'histoire s'est débrouillée pour nous jouer des tours : de nos jours, la plupart des femmes ont un emploi mais les tâches ménagères leur incombent toujours. Cuisiner à l'issue d'une longue journée est un fardeau dont tout le monde se passerait aisément.

Ce raisonnement tient la route. Sauf que, profits et intérêts aidant, il a engendré une culture alimentaire pathologique. Lorsque les femmes de ma génération se sont détournées de la cuisine, elles ont été accompagnées dans cette voie par une industrie profiteuse qui savait bien reconnaître une proie vulnérable et épuisée quand elle en voyait une. « Mesdames, nous susurra la publicité, allez-y, libérez-vous. *Nous* nous occupons du dîner. » L'industrie a ouvert la porte en grand et nous nous sommes engouffrées dans une crise nutritionnelle sans précédent. Si vous pensez qu'il est exagéré de parler de toxicité à propos de notre alimentation, lisez donc les instructions sur les emballages de poulets de batterie. Hélas, nous avons plongé dans des habitudes alimentaires malsaines qui sont allées de pair avec un sabotage de la dynamique familiale. Quoi qu'on en dise ou qu'on en pense, la nourriture demeure le centre de toute culture. La nôtre fonctionne maintenant sur des calories vidées de toute substance.

Lorsque nous avons troqué les tâches ménagères pour des carrières, la promesse implicite était que nous allions acquérir une indépendance financière et une influence sur le cours du monde. Mais en terme de vie quotidienne, ce marché s'est révélé diabolique. Nous avons oublié l'odeur du pain chaud, le rythme mesuré des routines nourricières, la tâche créative de façonner les goûts de nos familles et leur appétit de vie ; à la place, on nous a fourgué de grands congélateurs et des snacks. Ou, encore pire, des hot dogs tout prêts et des enfants livrés à eux-mêmes. Je pense sincèrement que c'est la plus grande supercherie de ma génération.

Que faire ? Pour la plupart, mâles ou femelles, nous avons des jobs à plein temps, qui semblent organisés autour de la présomption qu'une fée du logis est à la maison pour ramasser le linge sale – servir de relais entre l'école et la fin du travail, faire ce qui ne peut l'être que durant les heures ouvrables et aussi être consciente que nous rentrons à la maison l'estomac dans les talons – mais en fait la fée a quitté les lieux. On avait besoin de son salaire pour payer l'hypothèque et l'assurance maladie. Ceux qui organisent le temps de travail ne l'ont-ils pas remarqué ? En réalité, la fée, c'est nous, papa et maman réunis, surmenés, qui reléguons les corvées ménagères dans un espace-temps exigu calé entre le travail, le ramassage scolaire et l'heure du coucher. Manger des plats préparés ou des hamburgers semble peut-être salutaire, à court terme, jusqu'à ce que nous nous mettions à perdre ce que les vrais repas apportent à une famille : politesse, économie et bonne santé. Or nous sommes nombreux à souhaiter un retour à la case départ, là où l'attention et l'alimentation ne ressemblent pas à un travail de gardien de zoo mais à quelque chose de plus joyeux et créatif.

« Faire la cuisine gratis » et « transpirer au-dessus des fourneaux » sont des activités qui ne divergent que par un certain état d'esprit. La distinction est majeure. Dans bien des pays, des femmes actives continuent à mettre autant de passion dans l'acte de cuisiner, passant immédiatement de leur travail au marché pour trouver les meilleurs ingrédients et nourrir ceux qu'elles aiment avec aplomb. En France et en Espagne, il m'est arrivé de participer à des réunions d'affaires avec des journalistes et des éditrices, durant lesquelles la conversation prenait un virage à 90° pour passer de la littérature postcoloniale au marché de poissons et à la qualité des champignons et des poireaux du jour. Apparemment, il leur était égal de sembler appartenir à une autre ère, préféministe ; dans le contexte d'une cuisine saine, poissons et poireaux sont aussi respectables que la littérature postcoloniale. Et plus marrants, sans conteste.

Être femme au foyer à plein temps n'est sans doute pas envisageable pour celles d'entre nous qui ont vu le jour dans notre ère moderne sans portefeuille d'actions sous l'oreiller. Mais apprécier le temps du repas comme une chance d'exercer sa créativité plutôt qu'une corvée reste une option possible. La participation de l'époux et des enfants est un élément indispensable de l'équation. En revanche, être obsédé par des cols de chemises immaculés, le repassage et des sols si propres qu'on pourrait manger par terre l'est bien moins. Dans ce domaine, nous avons gagné le droit d'oublier la perfection. Mais des cuisines où l'on mijotait et mangeait de bons plats, qu'est-ce que c'était bien ! Nous les avons jetées avec l'eau du bain. Ce serait peut-être une bonne idée de les rattraper par la peau du cou et de les réintroduire chez nous avant qu'il soit trop tard.

Il est facile de prétendre ne pas avoir le temps de faire la cuisine ; plus dur est de regarder ce qu'on fait à la place et de se justifier en disant que ça en vaut la peine. Certaines personnes ont deux emplois, des heures supplémentaires et aucun loisir, jamais, d'autres sont démunies d'une cuisinière ou d'un réfrigérateur voire sans abri. Mais la plupart d'entre nous avons la chance de faire des activités pour notre plaisir, notre intérêt ou l'amusement de la famille. Cuisiner peut en faire partie.

Il va de soi que les gens actifs développent une éthique de l'efficacité. Je n'ai jamais eu le moindre scrupule à ignorer les étapes plus ou moins futiles d'une recette prétentieuse pour m'en tenir à l'essentiel. Voire à oublier complètement les livres de cuisine durant la semaine pour me fier surtout à des repas simples, déjà préparés des milliers de fois avec des variations sans fin : *frittata*, sautés de toute sorte, pâtes agrémentées d'une source de protéines et de deux légumes. Ou des soupes qui peuvent mijoter toutes seules pendant des heures dans notre marmite en terre, surnommée la Fée. Les recettes plus compliquées, nous les réservons au week-end : lasagnes, quiches, poulet rôti, desserts. J'ai une autre règle en ce qui concerne les plats sophistiqués : toujours doubler les proportions pour récupérer son investissement et déguster à nouveau ce plat délicieux plus tard dans la semaine.

Les habitudes font gagner du temps et de l'énergie. Tout comme une mère sait gérer les sautes d'humeur de son bébé, nous avons appris à construire des garde-fous réservés aux moments de la semaine où nous rentrons épuisés et où les dîners pour sujets en état d'hypoglycémie sont recommandés. Le vendredi soir, par exemple, c'est le jour des pizza-cinéma. Amis ou petits-amis sont les bienvenus ; nous louons un film tout public et un autre pour plus tard quand les enfants seront au lit. Nous avons toujours les ingrédients de base sous la main – farine, levure pour la pâte, mozzarella et tomates fraîches, en boîte ou séchées selon la saison. Le reste varie avec le potager et les préférences de chacun. Les enfants difficiles gardent le contrôle de ce qu'ils acceptent d'ajouter, selon leurs propres exigences, tandis que les aventuriers choisissent parmi un éventail qui peut aller de l'aubergine fumée aux oignons caramélisés, herbes fraîches et épinards. Comme c'est devenu une habitude, nos pizzas se font toutes seules, sans complication, pendant qu'on décompresse ensemble dans la cuisine, avec un verre de vin, si on a l'âge, en parlant de la semaine passée. C'est simple, le vendredi, je ne dois jamais réfléchir à ce qu'on va manger.

J'aime que la cuisine prenne un caractère social. Les amis semblent toujours heureux de prendre part à la confection d'une pizza, de tacos ou rouleaux de printemps végétariens maison. Les dîners à la bonne franquette, où tous participent, sont une vraie bénédiction. Les plats à emporter ne sont pas la seule solution. Avec en tête, un répertoire de base de recettes simples, le plus grand travail est juste d'allumer le gaz et de s'y mettre. J'ai aussi développé la tactique astucieuse d'inviter des amis dont j'admire la cuisine, en leur proposant de fournir tous les ingrédients dont ils ont besoin et mes services en tant que marmiton. C'est comme ça que j'ai enfin appris à faire la paella, le pad thaï et les sushis mais cette tactique servirait tout aussi bien pour acquérir des techniques et des recettes de base. Pour un novice endurci, la première étape est sûrement la plus dure : se convaincre que ça vaut la peine en termes de santé et d'économie, sans parler de sauver ce monde qui est dans les choux.

Dans les choux, il l'est vraiment. Faire la cuisine représente le plus grand écart entre la bonne et la mauvaise bouffe. Les avantages sont quantifiables : cuisiner et manger chez soi, même avec des ingrédients dispendieux, est donné par rapport aux plats préparés par un restaurant ou une usine. Ceux qui sont les plus horrifiés par le prix élevé des produits bio scrutent peut-être le code-barres de plats préparés par des restaus bio et pas celui des légumes. Un régime de qualité n'est pas une option élitiste pour ceux qui préparent les plats eux-mêmes. En général, plus les gens ont de l'argent, plus ils consomment de sodas et d'aliments préparés ; les plats concoctés à la maison avec des ingrédients frais sont l'apanage des ruraux plus modestes. Le rapport entre la réussite économique et l'échec nutritionnel est devenu si répandu qu'il a un nom : la transition nutritionnelle.

Dans ce pays, les plus pauvres vivent souvent dans des quartiers où tout ce qui relève de l'épicerie n'est vendu que dans des stations-service. Dans certains cas, les aides pour la nourriture n'atteignent qu'un maigre dollar par personne et par repas, ce qui permet d'acheter des haricots et du riz, un point c'est tout. Mais nous sommes nombreux à jouir d'options bien plus grandes sans en tirer nécessairement tous les avantages. La cuisine faite à la maison avec des ingrédients complets est une vraie économie. C'est excellent pour éviter les kilos en trop, si c'est un souci – ce qui est vrai pour deux tiers des adultes aux États-Unis. Le sirop de maïs et les graisses ajoutées ont été repérés dans la nourriture de fast-food (ils en sont d'ailleurs les principaux ingrédients) mais ils se cachent aussi dans les denrées présumées innocentes telles que les crackers. Faire la cuisine, c'est contrôler notre porte d'entrée, pas uniquement pour ce qui compose nos repas mais aussi ce qui en est exclu.

Enfin, faire la cuisine est un acte citoyen. C'est la seule façon d'être sérieux en ce qui concerne la consommation d'ingrédients locaux, ce qui contribue à maintenir les terres agricoles et l'économie régionale en bonne santé. Cuisiner et manger avec des enfants leur apprend la politesse et développe des talents pratiques dont ils se serviront plus tard pour économiser de l'argent et rester en bonne santé, quoi qu'il arrive, durant leur vie, à l'industrie alimentaire pleine de pétrole. En général, les moments passés en famille sont précieux pour nous et bien d'autres passions tout aussi légitimes que la cuisine risquent de reléguer celle-ci au dernier plan. Mais, si aller vite fait chercher un hamburger est le seul moyen pour que les enfants soient à l'heure à l'entraînement de football, le cas vaut d'être débattu. Des plats qui favorisent l'artériosclérose en nous faisant gagner quelques minutes pourraient plus tard nous faire perdre des années.

Les familles qui ont mis de côté l'âme de la cuisine ne savent sans doute pas ce qu'elles perdent : le chant d'un plat saisi à vif, le bavardage des cuillères à mesurer qui s'entrechoquent, l'odeur de levain de la pâte qui repose, la palette de couleurs et de goûts appliquée sur la pizza avant qu'on l'enfourne. La chorégraphie de tous les gens affairés dans la cuisine exprime, en soi, une certaine vision de la famille, être ensemble chez soi après que chacun a passé la journée à son affaire. Les arts culinaires signifient bien plus que la dernière cerise posée sur le gâteau dans la mesure où ils ont de l'influence sur la longévité. Il semble que nous ayons distribué aux enfants d'aujourd'hui des cartes responsables d'une espérance de vie plus courte que celle de leurs parents, c'est-à-dire nous, qui prenons soin d'eux. Notre culture culinaire partie à vau-l'eau en est seule fautive. Qu'avons-nous donc gagné en prenant ce raccourci ?

⁂

Une fois que vous vous mettez à cuisiner, une chose en appelle une autre. Une nouvelle recette est aussi captivante qu'un rendez-vous à l'aveugle. Pardonnez-moi, mais il n'y a rien de plus enivrant qu'un nouvel ingrédient. J'ai cultivé de nouveaux légumes juste pour avoir une idée de leur goût : topinambours, edamame, potimarrons. Une recette facile peut se révéler très lente à élaborer à cause des expérimentations que nous tentons.

Nous suivons des processus dès leur début, histoire de voir si on y arrive. Nous avons fait nos pâtes, les avons découpées, nous avons élevé des dindes pour les rôtir ou en faire des saucisses, fabriqué notre chutney. Pour de grandes occasions, nous sommes même prêts à faire des tartes aux cerises décorées de croisillons de pâte dorée à l'œuf et des raviolis aux bordures ciselées, ce qui nous donne la satisfaction de voir ces recettes livresques joliment concrétisées.

Bien des loisirs, du tricotage de pulls à la construction de maquettes d'avion, ont sans doute une origine identique, le désir de contrôler tout un procédé de fabrication. Karl Marx a nommé ce désir l'antidote à l'aliénation. Les psychologues d'entreprise sont souvent d'accord, ils remarquent que les ouvriers fabriqueront une voiture de meilleure qualité s'ils participent à tous les stades de construction plutôt qu'à une seule tâche monotone, toujours le même boulon au même endroit, durant leur morne journée. Pour ce qui est de l'alimentation, notre tâche monotone consiste maintenant à mettre des aliments fades dans notre bouche, sans aucune idée des étapes qui ont précédé. Il est donc logique que nous nous désintéressions de ce que nous ingurgitons. Quand je réfléchis au fait que les Américains mangent délibérément mal, j'en viens à cette hypothèse : l'aliénation alimentaire. Nous sommes incapables de ressentir comment et pourquoi ça nous fait du mal. En fait, nous mourons par manque d'antidote.

Pour moi, cela suffit à remettre la cuisine au cœur de la vie de famille, en tant que lieu où l'on comprend que nos aliments préférés sont issus d'un processus et ne sont pas seulement des produits. C'est la première raison d'être de notre potager, de notre goût pour la confection de pain et autres expériences qui au fur et à mesure deviennent des habitudes. Faire du fromage, par exemple.

Bon, je sais. Jusqu'à ce dernier exemple, vous me suiviez mais là vous baissez les bras. Je ne vois pas pourquoi, puisque faire une livre de mozzarella prend moins de temps que cuire une tarte, mais en général les gens trouvent que faire son fromage est superflu. S'il se trouve qu'un livreur débarque quand je suis en train de couper et égoutter le caillé, j'ai l'impression d'être une extra-terrestre.

Quels sont les fous qui font leur fromage ? Dur à concevoir, trop rustique, trop quelque chose. Nous sommes devenus si étrangers à la confection de choses banales, qu'il semble falloir toute l'habileté d'un cabinet diplomatique pour combattre l'assujettissement des Américains au « vite fait » et nous remettre à faire des choses nous-mêmes, chez nous. Tricoter est redevenu populaire parmi les étudiantes en partie grâce au livre *Stitch and Bitch*. Pour la femme au foyer, il y a Martha. La cuisine française avait son immortelle Ginette. Grillades, cuisine cajun, ragoûts, tous ont leur gourou. Qui pourrait nous convaincre que ça pourrait valoir le coup de faire son propre fromage ? Un orateur motivé, un copain, un artisan – une reine du Fromage, peut-être ?

Oui, une telle personne existe. Elle s'appelle Ricki Carroll. Depuis 1978, quand elle a fondé sa fromagerie New England Cheesemaking Supply, et commencé à organiser des ateliers dans sa cuisine, elle a appris à plus de sept mille personnes à faire du fromage. Je ne comptabilise que ses auditeurs directs, pas ceux d'entre nous qui avons commandé des fournitures en ligne et appris à nous débrouiller avec son livre *Cheesamaking Made Easy* qui s'est vendu à plus de cent mille exemplaires. Si vous cherchez « reine du Fromage » sur Internet, vous tomberez tout de suite sur elle.

Quand je suis allée la voir, c'était moitié par admiration, moitié par curiosité et j'ai découvert que si nous, famille rurale un tantinet « prosélyte » pour ce qui est des procédés alimentaires, voulions être perfectionnistes, nous avions certainement beaucoup à apprendre de Ricki

Carroll. Cette femme, elle, fut une source d'inspiration de la Loire à Las Vegas. C'est la Billy Graham du fromage.

Bon, pas vraiment. C'est juste Ricki. Elle vous séduit dès que vous mettez un pied sous le porche de sa ferme du Massachusetts, de style Queen Ann, très pittoresque avec ses lupins et ses lys en fleur près du perron. Puis vous passez la porte d'entrée et vous tombez de l'autre côté du miroir, dans un endroit où d'anciens ustensiles cohabitent avec des poupées fantaisie, des masques africains, des instruments de musique rares et des couvertures ahurissantes qui papotent tranquillement en plusieurs langues. Ce lieu vous prépare à votre rencontre avec la Reine, qui accueille les participants de l'atelier avec un sourire, enjoint tout le monde à entrer dans la grande cuisine tandis qu'elle entreprend d'attacher ses cheveux bouclés avec une barrette en forme de perroquet.

Ricki nous avait invités à lui rendre visite après avoir appris que nous nous intéressions à la cuisine locale et artisanale. Elle nous a généreusement proposé d'être ses invités, avec six autres amis, à un atelier d'une journée pour les fromagers débutants. Nous nous sommes donc assis à de grandes tables et nous sommes présentés à la vingtaine d'autres participants. J'étais déjà en train de prendre des notes, pas sur la fabrication du fromage, mais sur les traits caractéristiques des gens qui participent à ce genre de choses.

Il y avait de tout : des hommes pour qui il s'agissait d'un cadeau original de fête des Pères, une chef cuisinière qui espérait élargir ses capacités culinaires, des mères de famille en quête de régimes plus sains et de produits locaux. Martha, une Texane, possédait des buffles d'eau (des Indes) et rêvait de faire de la mozzarella. Les buffles s'appellent Betsy et Beau ; elle a fait passer des photos. Peut-être étions-nous tous un peu fous, mais assister à ce séminaire nous donnait l'impression d'appartenir à un ordre secret. Nous avions tourné le dos au veau d'or de la nation, à ses produits laitiers sous cellophane. Nous formulions un vœu commun : comprendre un aliment que nous apprécions et reprendre la main en matière de besoins.

Nous avons examiné les bols d'acier inoxydable, les thermomètres et les paquets de culture d'enzymes rassemblés devant nous pendant que Ricki s'est mise à nous parler de son monde. Le fromage découle d'une idée pratique : le lait se détériore vite s'il n'est pas réfrigéré mais peut se conserver à l'infini – en s'améliorant d'ailleurs – sous forme de fromage. Après de modestes débuts, c'est devenu fascinant pour tous. Les fromagers artisanaux combinent l'art à la science. Partout dans le monde, on fait du fromage sans instruments scientifiques comme le faisaient nos grands-parents. En Géorgie, nous dit-elle, elle a observé des fromagers tourner le caillé avec une brindille avant d'emmailloter la casserole chaude – plutôt que de surveiller la température à l'aide d'un thermomètre – dans un pull en laine d'enfant, une couverture de bébé et une cape.

Histoire de se mettre en route, Ricki a déclaré que nous allions faire du queso blanco, de la ricotta au lait entier, du mascarpone, de la mozzarella et du cheddar fermier. Oui, nous, ici et aujourd'hui. Sceptiques, nous l'avons regardée, alors qu'elle nous guidait pour le premier fromage en précisant que le lait utilisé serait du lait ordinaire acheté chez l'épicier. Le lait cru fermier est merveilleux à manipuler, le non-homogénisé est génial mais n'importe quel lait est bon du moment qu'il ne porte pas la mention « pasteurisé ». La pasteurisation à température élevée, nous a expliqué Ricki, dénature les protéines du lait et détruit le caillé. La seule utilité du lait UHT est qu'on peut l'expédier très loin ; ce procédé lui permet de pouvoir être stocké des semaines entières sans aucun changement chimique.

Parce que sa chimie est déjà si différente, le lait UHT ne pourra jamais produire de fromage, un point c'est tout. Cette discussion a confirmé ce que j'avais appris chez moi lors de mes premières tentatives. Avant d'apprendre à éviter le label UHT, j'en avais utilisé pour produire une sorte de fiasco de mozzarella. Le caillé ne durcit pas et se transforme en une sorte de bouillie pleine de grumeaux.

« Demandez à votre épicier, d'où vient le lait, nous conseilla Ricki : plus la source est proche, mieux c'est. Si vous lisez les étiquettes, vous pourrez trouver une laiterie qui n'est pas trop loin et n'a donc pas pasteurisé le lait à haute température. Encore mieux, suggéra-t-elle, demandez à droite et à gauche pour trouver un fermier qui a du lait frais. Il ne sera peut-être pas à vendre, puisque, dans la plupart des États, les restrictions et les quotas rendent la vente directe impossible. Mais quelques-unes peuvent le faire ou vous indiquer des moyens de détourner ces interdictions. Vous avez peut-être le droit d'acheter du lait cru pour vos animaux familiers, par exemple. Les chatons vont adorer votre mozzarella. Si vous le souhaitez, vous pouvez pasteuriser le lait cru vous-mêmes mais la plupart des épidémies de listeria ou autres maladies transportées par le lait se produisent dans des laiteries à échelle industrielle, et pas dans les petites entreprises qui se préoccupent réellement de la qualité de leurs produits. »

Le thème des régulations a touché un nerf sensible chez de nombreux petits producteurs de lait de notre atelier. Anne et Micki, deux mères qui élèvent leur famille dans des fermes voisines de Nouvelle-Angleterre, se sont intéressées à la production domestique de lait après que leur pédiatre leur a suggéré de passer au lait biologique. Si une famille peut choisir un aliment biologique, a-t-il dit, ce devrait être les laitages. L'industrie prétend que les hormones de croissance dans le lait sont sans danger ; ce pédiatre – d'ailleurs, il n'est pas le seul – a vu trop de jeunes filles entrer prématurément dans la puberté.

C'est pourquoi Micki et Anne ont acquis leurs propres vaches de Jersey, heureuses de garantir ainsi à leurs familles toute une vie de lait sans hormones. Anne fait aussi du kéfir qu'elle aimerait bien vendre sur le marché de producteurs mais c'est impossible. La fille de Micki confectionne des gâteaux à la glace et aux cookies en se servant de leurs propres œufs et lait – un délice qui a tant de succès qu'elle pourrait en vendre pour se constituer un pécule pour l'université, si cela n'était pas illégal. « Nous n'avons pas de licence, nous a dit Micki et nous n'en aurons jamais. Les réglementations sont impossibles à suivre pour une petite laiterie. »

Et elle n'exagérait pas. Les réglementations de la plupart des laiteries d'État ressemblent à des manuels ultra-élaborés de diktats : l'endroit où l'on trait les vaches doit être pourvu d'éclairage incandescent de 100 watts ou plus, placé près du tank à lait mais pas au-dessus ; il doit être doté de vestiaires pour les employés et d'un endroit séparé pour se laver les mains, même s'il y a une maison avec salle de bains à dix pas, avec de l'eau chaude et de l'eau froide transmises par un mitigeur ; le lait doit être pasteurisé dans un endroit spécial, pas une cuisine lambda, avec sa propre entrée et une allée pavée privée ; on doit transformer le lait quotidiennement ; on doit faire des tests d'hormones pour chaque bain de lait même s'il s'agit de votre vache et que vous ne lui avez pas donné d'hormones, le tout supervisé par un laboratoire qualifié.

Pour la pasteurisation, il ne faut que trois ustensiles : une casserole en acier, une source de chaleur et un thermomètre qui va jusqu'à 62,77degrés. Je suppose qu'il faut ajouter à la liste la capacité intellectuelle de lire la température sur un thermomètre. Je l'ai fait maintes fois sans bénéficier de routes pavées et de vestiaires pour employés, sans me douter que j'étais un vrai danger public. En fait, lorsque plus tard j'ai consulté ces réglementations, j'ai appris que l'on pourrait m'accuser d'être en violation avec la loi de Virginie 2VAC5-531-70 uniquement parce que je fais du fromage pour ma consommation personnelle. Il faut une imagination débridée pour voir comment ces règles protègent la santé des consommateurs. Bien d'autres produits crus – en particulier les volailles de batterie – sont porteurs d'une menace plus élevée pour la santé humaine en terme de charge pathogène, et pourtant le gouvernement nous fait confiance pour les rendre inoffensifs dans nos modestes cuisines. En revanche, il est aisé de comprendre que des règles extrêmement strictes pour le lait avantagent les lobbies de l'industrie en éliminant toute compétition issue des producteurs artisanaux.

Ricki comprenait très bien la position des petites laiteries artisanales ; grande voyageuse, elle avait rencontré bien des gens qui travaillaient sans les équipements spécifiques réglementaires. En Grèce, par exemple, elle avait vu des bergers faire leur fromage dans une bergerie immédiatement après la traite du lait, préparer de la feta au feu de bois et jeter le petit-lait sur le sol de pierre pour le laver. La bactérie commune dans la région était parfaite, non seulement pour la confection de fromage mais aussi pour éloigner tout autre micro-organisme potentiellement dangereux. Les vignerons français suivent le même principe en utilisant la pulpe de raisin fermentée qui sert de compost pour leurs vignes. Au cours des siècles, des vallées entières se sont imprégnées de microbes adaptés à une bonne fermentation du vin, créant ainsi un goût de terroir particulier.

Parmi nos aliments les plus indispensables – yaourt, vin, pain et fromage – nombreux sont ceux qui résultent d'une culture de microbes contrôlée. L'idée peut nous déplaire mais des germes sont constamment en train de parcourir chaque millimètre de notre planète. Nos propres corps sont de véritables colonies de bactéries dont les rapports sont codifiés entre voisins du rez-de-chaussée et du premier étage. Sans ces habitués, nos entrailles sont vite la proie de nouveaux venus bien moins agréables en quête d'un logement bon marché. Ce qui nous garde en bonne santé est une coexistence pacifique et savante avec des microbes plutôt que le génocide bactériel qui semble faire rage depuis peu. Les parents germophobes peuvent maintenant se procurer des couverts, des sets de table, voire des vêtements imprégnés de produits chimiques antibactériens. Tout ce qui est calme et de bon tempérament, si on a l'intention de le manger, se retrouve bombardé d'antibiotiques. Malgré cela, aux États-Unis, plus de cinq mille personnes par an sont tuées par des agents pathogènes alimentaires. Il est évident que la quête d'un environnement stérile n'est pas une bonne idée, surtout si elle se substitue à un travail méticuleux.

Et c'était bien notre programme : un travail méticuleux. Ricki est passée en un éclair des fromages de terroir aux cultures de bactéries fromagères et à la méthode pour chauffer nos casseroles de lait à la bonne température. Chantre de la lenteur, elle allait vite. Nous avions juste ajouté la culture pour démarrer nos cheddars qu'elle abordait déjà le fromage suivant. Un miroir fixé au-dessus du fourneau pour qu'on puisse observer le contenu de nos casseroles, elle ajouta du vinaigre en riant, car les proportions étaient intuitives, pour que le queso blanco prenne. Il n'y a pas de formule parfaite, affirma-t-elle, seulement quelques principes de base et assez de confiance en soi pour se lancer.

Nous n'avions pas encore confiance en nous mais nous étions débordés quand même, nous les aventurières de la laiterie, pères, éleveurs de buffles et rêveurs. On se sent vraiment subversif quand on maraude dans la cour des professionnels et qu'on fabrique soi-même son fromage. Nos narines inhalaient l'odeur douce et citronnée du petit-lait qui bouillait. La chaleur humide de la cuisine faisait boucler nos cheveux tandis que de nouvelles textures et saveurs entraient peu à peu dans le domaine du possible :

mascarpone, fromagina, mozzarella. Un possible encore distant, certes. Autant de succès en une seule journée semblait peu probable.

Pendant la pause-déjeuner, je suis allée faire un tour aux toilettes, feu d'artifice de couleurs vives, avec une citation d'*Alice au pays des merveilles* peinte sur le mur :

« Inutile d'essayer, dit Alice. Qui pourrait croire en l'impossible ?

– Vous péchez, selon moi, par manque d'entraînement, dit la Reine. Quand j'avais votre âge, je m'y exerçais une demi-heure par jour. Eh bien, il m'est arrivé parfois, avant même l'heure du petit déjeuner, de croire jusqu'à six choses impossibles [1]. »

⁂

Je dois admettre que je n'étais pas entièrement novice. Je faisais déjà du fromage depuis quelques années, commandais les ingrédients et les cultures de bactéries à Ricki et suivais les recettes de son livre. Nous n'avions pas été poussés dans cette voie culinaire uniquement par l'esprit d'aventure mais aussi par des maux de ventre. L'intolérance au lactose est un trait héréditaire par lequel les intestins d'une personne perdent, après l'enfance, leur capacité à digérer le sucre du lait qu'on appelle lactose. Les molécules sucrées flottent non digérées dans l'intestin, fermentent et créent un ouragan de gaz. L'effet est plus ou moins similaire à l'ingestion de tout autre glucide indigeste tel que du carton ou de l'herbe.

Il ne s'agit pas d'une allergie ou même, techniquement, d'un trouble. Les scientifiques affirment que l'âge de quatre ans, période typique où l'intolérance se manifeste, correspond au moment où la nature s'attend que nous

1. Lewis Carroll, *Alice au pays des merveilles*, traduction de Philippe Rouard, Paris, Hachette, collection Grandes Œuvres, 1984.

soyons totalement sevrés et nous nous nourrissions d'aliments solides ; en d'autres termes, l'arrêt progressif de la digestion du lait est un phénomène normal. Chez tous les autres mammifères, l'enzyme de digestion du lait disparaît peu de temps après le sevrage. C'est pourquoi j'ai tendance à préciser, lorsque des gens se réfèrent à cette intolérance comme à une maladie, que nous les intolérants sommes tout à fait à même de digérer les sucres contenus dans l'alimentation adulte, tels que ceux des fruits et des légumes, merci, on ne peut seulement pas être *allaités par une vache*. D'accord ?

Mais aucun animal n'est plus bizarre que l'*Homo sapiens*. Au cours de milliers d'années, quelques populations isolées ont développé des liens profonds avec leurs animaux domestiques et une mutation génétique leur a donné une nouvelle adaptation particulière : elles ont conservé leurs enzymes de digestion du lactose après l'enfance. Les généticiens ont confirmé que les adultes buveurs de lait constituaient une exception à la norme et ils ont pu identifier le gène anormal sur le deuxième chromosome qui permet la persistance du lactase. (Si ça vous intéresse, il s'agit du gène SNP C/T13910.) Cette mutation relativement récente s'est produite il y a dix mille ans, peu après la domestication par les hommes d'animaux producteurs de lait. Ce gène s'est propagé rapidement parmi ces populations de bergers de par l'avantage inestimable qu'il leur conférait, leur permettant de se nourrir au sein de toute autre espèce *ad vitam aeternam*.

Le gène de digestion permanente du lactose est présent chez 86 % des Nord-Européens. En revanche, on ne le retrouve que chez un tiers des Européens du Sud qui n'ont jamais été de grands bergers. En Extrême-Orient, où l'on ne connaissait pas de troupeau laitier, le gène est absent. Même maintenant, les habitants du Sud-Est asiatique n'ont pratiquement aucune tolérance au lactose. Seulement 10 % environ des Asiatiques américains peuvent digérer du lait à l'âge adulte, tout comme moins de la moitié des juifs américains et un quart des paysans mexicains. Chez les natifs d'Amérique du Nord, les chiffres sont incomplets mais on estime que les proportions s'échelonnent entre 20 et 40 %. Parmi les Africains américains, la tolérance au lait à l'âge adulte est élevée, pratiquement 50 % ; cela est dû à un autre facteur historique intéressant. La mutation à l'origine de la persistance du lactase a eu lieu à diverses reprises de façon indépendante en même temps que l'habitude de boire du lait à l'âge adulte. On retrouve cette mutation chez des populations qui n'ont rien en commun si ce n'est les vaches : les grands et minces Fulani d'Afrique occidentale ; les pasteurs Khoi d'Afrique du Sud ; et les Européens du Nord à la peau pâle.

Et puis, pour être bref, l'une de ces peuplades a entrepris de conquérir le monde. Aussi discutable que soit cette ambition, il suffit d'ajouter qu'ils se sont appropriés la plupart des panneaux publicitaires de la planète. C'est pourquoi, que nous soyons nés avec ou sans le gène « La Leche for Life », on nous rebat les oreilles avec le même refrain selon lequel nous devrions boire de grands verres de lait tous les jours. Et nous le croyons, nous les voulons, ces os et ces dents solides. C'est fou comme on se démène pour ressembler à des veaux. Les médecins vous le confirmeront, la plus grande majorité d'Américains intolérants au lactose en sont même inconscients. Ils continuent à boire du lait et à souffrir de maux de ventre.

Aussi blanches que nous soyons, ma fille aînée rousse et moi, un gène robuste et récalcitrant a passé des générations pour venir nous rappeler que tout est relatif, y compris être « blanc ». Nous ne tolérons pas le lactose. Malgré cela, comme tout le monde, nous avons inclus des produits laitiers dans notre alimentation. Je ne peux, pour ce choix, blâmer entièrement la propagande de l'industrie laitière. Le lait des mammifères est un aliment miraculeusement riche et complet pour les bébés qu'il est censé nourrir ; c'est le secret du succès rencontré par les moutons, bœufs, bisons, kangourous, phoques, éléphants et baleines qui ont peuplé la planète verte et bleue de leurs espèces et de leurs bébés qui tètent. Pour les autres, c'est une source enviable de protéines, calcium, minéraux et graisses.

Ce n'est donc pas étonnant que, dans le monde entier, des peuples aient trouvé, après des siècles d'expérimentations, un nombre incalculable de façon de rendre le lait plus digeste. Yaourt, kéfir, queso fresco, beurre, mascarpone, montasio, parmesan, halloumi, manchego, bondon, emmental, chenna, ricotta et quark : les variations sont innombrables. Le goût n'est sûrement pas le premier enjeu. Tous se conservent plus longtemps que le lait frais et leur production implique toujours une réduction des sucres lactiques.

Le procédé chimique est assez rudimentaire. Le lait consiste pratiquement en 85 % d'eau ; le reste est composé de protéines, minéraux, graisse du beurre, vitamines, oligo-éléments et sucres (lactose) – dissous dans l'eau. Il suffit d'ajouter de l'acide à ce magma pour que les molécules solides des protéines coagulent et se transforment en caillé d'une texture proche de celle de la confiture. Chauffée un peu, cette gelée dégage le petit-lait (lactose et eau). D'habitude, on transforme le lait en caillé à l'aide de bactéries spéciales qui mangent – devinez quoi – le lactose. Ces microbes spéciaux dévorent le lait et transforment le lactose en acide lactique inoffensif, ce qui fait cailler le lait.

Les sucres qui restent se dissolvent dans le petit-lait. Au moment où ce liquide se forme et est drainé, le lactose part avec lui. Les étapes de chauffage, pressage et vieillissement du caillé éliminent encore plus de petit-lait et le caillé se durcit et développe un goût généralement plus prononcé. En règle générale, plus le fromage est à pâte dure, moins il contient de lactose. Tout ce qui contient moins de 2 % de lactose est en général toléré par tous. Plus il y a de graisse moins il y a de lactose – le beurre n'en contient pas du tout. De même, le lait concentré sucré consiste en 12 % de lactose. Pour les autres produits, la quantité de lactose retirée dépend des bactéries utilisées pour la fermentation. Un bon yaourt fait à partir d'une culture de bactéries peut contenir jusqu'à cinq bactéries différentes mangeuses de sucre. Il suffit d'un peu de connaissance en biochimie et on peut naviguer en toute sécurité sur le sentier des produits laitiers.

Chez nous, les fromages à pâte molle étaient les plus périlleux à consommer. Dans les fromages industriels, la proportion de lactose varie énormément. La fermentation et le drainage du petit-lait sont des opérations qui prennent du temps, ce que la production en masse ne peut pas forcément se permettre. Quelques fromages à pâte molle ne sont pas issus de cultures mais juste caillés à l'aide d'un acide. Quelle qu'en soit la raison, nous n'avons jamais bien assimilé le fromage crémeux du commerce. Mais je suis têtue. Je me suis dit que si je pouvais contrôler moi-même le procédé, et m'assurer que le lactose avait été supprimé, j'obtiendrais peut-être un fromage digeste.

En réalité, c'est ridiculement facile de fabriquer des fromages à pâte molle. Le plus dur, c'est de commander les cultures de bactéries appropriées sur catalogue ou en ligne. Une fois ces paquets de microbes à fromage dans votre freezer, avec une bouteille de bon lait, un thermomètre, une passoire et des tissus à fromage, vous êtes aux commandes : chauffez le lait à 30 degrés dans une casserole en acier inoxydable, ouvrez le paquet de culture et mêlez-la au lait. Retirez la casserole du feu, mettez un couvercle et laissez reposer toute la nuit. Le lendemain matin, la mixture se sera gélifiée en un caillé blanc. Transvasez-le à la cuillère dans une passoire tapissée de tissu à fromage et laissez le petit-lait s'écouler. Il ne vous reste qu'à le saler, l'étaler sur du pain et vous régaler.

Selon les bactéries utilisées, on obtient divers fromages. Ce sont les petites bêtes qui travaillent toute la nuit, pas vous. Vous n'avez qu'à dormir. C'est pas génial ?

Nos fromages de chèvre et notre fromagina étaient si délicieux et digestes que nous avons voulu essayer les fromages à pâte dure. C'est beaucoup plus de travail mais le procédé est à peu de chose le même. La plupart des recettes exigent une culture bactérienne et de la présure, une enzyme naturelle, qui cause la solidification du lait en un caillé très ferme en quelques minutes et non plus en une nuit. Pour la mozzarella, ce caillé est pétri comme de la pâte, chauffé jusqu'à ce qu'on ne puisse plus le toucher puis étiré comme de la pâte à modeler. Toute l'opération, du lait froid à la belle natte de mozzarella impressionnante sur son assiette, prend moins d'une heure. Pour les fromages à pâte dure de type cheddar, le caillé est coupé en petits cubes, chauffé à feu doux puis pressé dans une roue et affiné pendant des semaines voire idéalement des mois. Le plus délicat, pour les garder aussi longtemps, c'est de protéger nos fromages de notre gourmandise. Peu à peu, nous avons converti un bon nombre d'amis à ce plaisir de faire son propre fromage.

Chez Ricki, nous avons vraiment fait six choses impossibles, mais la moitié seulement avant midi. Pour le déjeuner nous avons goûté notre queso blanco frit avec des légumes, des tomates en tranches avec notre mozzarella et des dates farcies de mascarpone. Nous nous sommes régalés, félicités et nous sommes remis au travail pour la session suivante. Nous avons placé le fromage dans une presse mécanique pour en extraire l'humidité tandis que Ricki évoquait l'affinage et le paraffinage de façon très concrète – comme si nous allions tous rentrer chez nous pour les expérimenter. Je suis prête à parier que ce fut bien le cas. L'atelier fini, nous nous sommes tous réunis dans le bureau de Ricki pour commander les cultures et fournitures dont nous aurions besoin pour nos prochaines tentatives. Quelques dollars de bactéries en sachet produiront des litres de caillé. Un thermomètre à fromage coûte 10 dollars et les autres ustensiles – casseroles et bols inoxydables – sont déjà présents dans la cuisine de tout marmiton qui se respecte. Nous sommes partis, sûrs que nous saurions nous y mettre tout seuls. Les amis qui avaient participé à cet atelier sont rentrés en Virginie, à New York et à Boston. Ils m'ont tous appelée dans le courant de la semaine avec les tout derniers scoops en matière de fromage.

Pourquoi faire tout ça ? Difficile à dire. Certains affinent des produits exquis alors que d'autres cherchent juste le comestible, mais nous sommes tous éblouis par cette expérience alchimique, quand le lait se sépare en petit-lait et caillé blanc ou que la mozzarella s'étire dans nos mains en une tresse luisante et dorée. Nous nous relions par-delà la géographie et le temps aux artisans de Camembert, aux bergers grecs, aux Mongoles des steppes qui traient leurs juments – à tous ceux qui ont déjà observé un pot de lait par une nuit de pleine lune et ont imaginé le fromage. Nos meilleurs souvenirs affleurent, pleins de senteurs, d'amour familial, et d'une nourriture qui semblent être venue par magie des routines enfantines. Espérons que nos enfants se souviendront de nous ailleurs qu'assis au volant de la voiture.

Plus tard cet été, l'atelier fromager et notre voyage loin derrière nous, la mère de Steven est venue chez nous. Elle s'acquittait de ses tâches de grand-mère sur bien des fronts mais semblait être au paroxysme du bonheur dans la cuisine. Elle nous racontait des histoires inédites, surtout à propos de sa mère, qui fut chassée de son pauvre village montagnard d'Italie à quinze ans pour chercher fortune en Amérique. Dans la ville poussiéreuse de Denver, elle a épousé un beau cultivateur de légumes sicilien et élevé cinq filles grâce à une bonne pratique du jardinage, de la confection des pâtes et autres fondamentaux. Jusqu'à la fin de ses jours, elle a gardé l'habitude de faire de la ricotta.

Elle s'appelait Laura, mais était surtout connue sous le nom de Nonnie et j'imagine qu'elle aurait adoré nous voir tous ensemble, un samedi d'été, en train de faire de la mozzarella : fille, petit-fils, arrière-petites-filles et moi, tous en train d'étirer gaiement le fil doré. Trois générations de plus qui savent répondre à la faim grâce à l'art le plus ancien que nous connaissons et perpétuons.

Grandir dans la cuisine

PAR CAMILLE

Chez nous, la cuisine est l'endroit où il faut être. Le temps passé à préparer le dîner est absolument essentiel parce qu'il nous rassemble après nos diverses activités respectives et qu'il nous donne le sentiment, lorsque nous nous asseyons à table, que la nourriture dans nos assiettes est remarquable. Quand on cultive des légumes à partir de graines, qu'on élève des volailles depuis l'état de poussins, il va de soi que l'on éprouve une reconnaissance infinie pour notre nourriture. Le simple fait de préparer le dîner à partir d'un rien nous laisse le loisir d'anticiper sa saveur si bien que chaque bouchée devient particulière.

Dans notre famille, cuisiner m'a aidée à chérir quelques habitudes alimentaires dont j'ai plus tard compris la singularité chez les gens de ma génération – par exemple, je ne peux pas manger debout. Je m'assieds, même pour un encas, histoire d'être sûre que je serai consciente de ce que je mange et ne grignoterai pas passivement. Nul doute que je garderai cette habitude toute ma vie et embêterai mes enfants à ce sujet.

Je connais plein de familles qui dînent ensemble, quelques-unes qui cuisinent, mais très peu qui poussent « la cuisine à partir d'un rien » au niveau de la mienne. J'ai toujours su qu'avoir un parent qui fait du fromage et l'autre du pain presque tous les jours était spécial. Les amis que j'ai invités à la maison ont généralement été impressionnés et intrigués par les drôles de productions qui avaient lieu dans la cuisine. Ils ont vraiment toujours apprécié manger du bon pain chaud au dîner et du fromage crémeux au déjeuner. Pourtant, j'avoue avoir été gênée le jour où je suis arrivée à la maison avec une amie végétarienne, un samedi, au moment où mes parents étaient en train de faire des saucisses de dinde.

« Qu'est-ce qu'ils font ? » murmura-t-elle en fixant le tube de viande crue qui s'allongeait inexorablement sur le plan de travail. « Oh ! C'est juste de la saucisse. T'inquiète pas. » Je l'ai poussée hors de la cuisine vers ma chambre. La scène était un peu embarrassante mais certainement moins que d'entrer dans une maison où les parents se servent de la cuisine comme d'une arène et se jettent des assiettes à la figure. De toute façon, qui a des parents irréprochables ?

Le plus difficile quand on grandit dans un foyer où tout est fait maison, c'est qu'un jour il faudra déménager et se contenter de pain et yaourts du commerce. Ma mère a vite compris l'avantage qu'elle pouvait en tirer. « J'imagine que tu devras venir nous voir plus souvent si tu veux bien manger », me disait-elle. Loin de la maison, j'ai réalisé que ce qui me manquait allait bien au-delà de la nourriture : aller cueillir des légumes frais dans le potager ou prendre un bocal de tomates séchées dans le cellier pour l'apéro. Il est évident qu'attraper vite fait une assiette de salade ou de sushi à la cantine entre deux cours est très pratique mais manger à la va-vite, pour moi, c'est de la triche.

Si je vois les choses comme ça, c'est peut-être parce que cette éducation comporte une éthique : pour obtenir ce que l'on veut il faut du travail. J'ai été impliquée dans la culture et la préparation de ce que je mange depuis mon plus jeune âge, ce qui m'a sûrement donné une certaine confiance en moi. De la même façon que les repas ne se matérialisent pas dans une épicerie, une nouvelle voiture et de solides connaissances ne sortent pas comme par magie d'un chapeau. J'ai compris que je les aurai, un jour, si je travaillais. Si tout ce que je désirais m'était offert sur un plateau, j'aurais sûrement envie d'autre chose.

Préparer un repas n'est pas nécessairement compliqué. La plupart des recettes de ce livre prennent moins d'une heure. L'Américain moyen passe tous les jours trois heures et demie devant la télé. Même si une famille n'arrive à partager un repas que deux fois par semaine, qu'il s'agisse du petit déjeuner, du déjeuner ou du dîner, je pense que ça en vaut la peine. Pendant mes années de lycée, le dîner était souvent ma seule chance de voir ma sœur et mes parents. Nous prenions des nouvelles de chacun, nous évoquions les traumatismes et les victoires de nos journées respectives. Ça pouvait aussi finir par un éclat de rire qui durait tout le repas. D'accord, on risque de s'étrangler mais c'est aussi une assez bonne façon de décompresser.

Parmi ceux que l'on prépare entièrement nous-mêmes le fromage est l'un de nos aliments préférés. Cette recette de mozzarella maison est tirée du livre de Ricki Carroll *Home Cheese Making* et ne prend en fait que trente minutes. Pour la présure et autres cultures à fromage, contactez New England Cheesemaking Supply Company.

MOZZARELLA EN 30 MINUTES

Avant de commencer, pesez tous les ingrédients dans des récipients en verre ou en céramique très propres. Servez-vous d'eau sans chlore.

4 litres de lait pasteurisé (surtout pas UHT)

1,5 cuillerée à café bien rase d'acide citrique dissous dans 70 ml d'eau

1/4 de cuillerée à café de présure liquide diluée dans 70 ml d'eau froide

Faites tiédir le lait à feu doux dans une casserole en acier inoxydable en remuant constamment. À 12 °C, ajoutez la solution d'acide citrique et mélangez soigneusement. Le lait devrait commencer à cailler à 31 °C.

Ajoutez la présure en remuant de haut en bas et continuez

de faire chauffer le lait jusqu'à 37 °C puis ôtez du feu. Le lait caillé devrait se détacher de la casserole, prêt à être retiré à la cuillère. Le petit-lait devrait être clair (s'il était encore opaque, attendez un instant). Servez-vous d'une louche ou d'une écumoire pour transvaser le caillé dans un récipient qui va au micro-ondes. Appuyez doucement sur le caillé pour enlever le plus de petit-lait possible puis égouttez-le. Passez le caillé une minute au micro-ondes à haute température et malaxez-le avec les mains ou une cuillère pour enlever encore plus de petit-lait. (Les gants en caoutchouc sont utiles car la préparation est chaude.) Passez à nouveau deux fois au micro-ondes (35 secondes) en pétrissant la pâte à chaque fois. C'est alors le moment de saler le fromage puis de le pétrir à nouveau jusqu'à ce qu'il soit lisse et élastique. Lorsque vous pouvez l'étirer en longues tresses, c'est fini. Si le caillé venait à se casser, c'est qu'il a besoin d'être chauffé à nouveau. Une fois le fromage homogène et luisant, roulez-le en petites balles pour le manger immédiatement ou le mettre au réfrigérateur.

Si vous n'avez pas de four à micro-ondes, servez-vous de la casserole à petit-lait dans laquelle vous ferez chauffer le caillé jusqu'à ce qu'il soit trop chaud pour le prendre à la main. La température idéale est 80 °C.

Voici trois façons délicieuses de déguster votre mozzarella :

SALADE D'ÉTÉ

2 belles tomates
1 boule de mozzarella
Feuilles de basilic
Huile d'olive
Sel et poivre

Coupez les tomates en rondelles et placez-les sur un grand plat. Insérez une fine tranche de mozzarella et une feuille de basilic entre chaque rondelle de tomate. Ajoutez un filet d'huile d'olive et une pincée de sel. C'est prêt !

※ AUBERGINE PAPOUTZAKIA

1 kg d'aubergines
Huile d'olive
2 oignons, de l'ail
2 belles tomates, coupées en dés
2 cuillerées à café de noix de muscade
Sel et poivre
170 g de mozzarella coupée en tranches ou râpée

Coupez les aubergines dans la longueur et faites-les revenir dans l'huile d'olive. Retirez de la poêle et placez-les dans un plat allant au four.

Hachez les oignons et l'ail et faites revenir dans l'huile d'olive. Ajoutez les dés de tomate et les épices avant de mélanger soigneusement. Parsemez ce mélange sur les aubergines en ajoutant une couche de fromage sur le dessus. Dorez au four à 180 °C (thermostat 4) pendant 20 minutes.

※ PIZZA DU VENDREDI SOIR

(Pour deux pizzas de 30 cm : pour une famille, des amis et peut-être aussi le déjeuner du lendemain.)

Pour la pâte :
3 cuillerées à thé de levure
375 ml d'eau tiède
3 cuillerées à soupe d'huile d'olive
300 g de farine blanche
250 g de farine complète

Faites dissoudre la levure dans l'eau puis ajoutez l'huile d'olive et le sel. Mélangez bien les deux farines et versez-les dans le mélange eau-levure. Laissez monter la pâte 30 à 40 minutes.

Pour la garniture :

200 g d'oignons en tranches

2 poivrons, coupés en dés

450 g de mozzarella tranchée finement

300 g de tomates fraîches en saison (sauce tomate en hiver)

Les autres ingrédients (au choix)

1 cuillerée à soupe d'origan

1 cuillerée à café de romarin

Huile d'olive

Pendant que la pâte monte, préparez les oignons en les passant à la poêle pour caraméliser les sucres, ce qui transforme l'oignon frais en un vrai régal. Faites-les d'abord revenir dans l'huile d'olive à feu moyen jusqu'à ce qu'ils soient translucides (sans se colorer). Puis baissez le feu, ajoutez un peu d'eau pour éviter qu'ils brunissent et faites revenir 10 à 15 minutes de plus pour qu'ils deviennent encore plus doux et sucrés. Les poivrons peuvent suivre le même traitement.

Une fois la pâte montée, divisez-la en deux boules égales et étalez-la avec les doigts en cercles de 30 cm de diamètre, sur un fond fariné. Servez-vous d'une spatule pour faire glisser le fond de pizza dans un moule fariné et ajoutez la garniture.

Répartissez bien le fromage sur la pâte puis garnissez avec les autres ingrédients en finissant avec les épices. Si vous vous servez de sauce tomate, répartissez-la en premier sur la pâte avant d'ajouter le fromage puis les autres ingrédients. Enfournez à 220 °C (thermostat 7) pendant 20 minutes pour que la croûte soit dorée et croustillante.

Nos pizzas préférées

L'été :

Mozzarella, rondelles de tomates, basilic, filet d'huile d'olive.

Mozzarella, tomates en dés, oignons caramélisés, poivrons, champignons.

Tomates en dés, miettes de feta, épinard ou bettes, olives noires.

L'hiver :

Fromage fermier, poulet, olives, champignons.

Sauce tomate, mozzarella, poivrons séchés, champignons, anchois.

10. MANGER LOCAL

Fin juin

À quelques heures de route d'ici, au nord du Massachusetts, se trouvent les villes ouvrières du centre du Vermont. Là-bas, une statue en granit érigée dans la Grande Rue a plus de chances de commémorer la vie d'un tailleur de pierre inconnu que celle d'un dignitaire en costume. Justement un héros local nous contemplait de haut et nous l'avons admiré en passant : aussi digne que le marteau qu'il tenait, cet immense homme de pierre aux manches retroussées nous rappelait le grand-père italien de Steven.

Nous étions toujours en vacances, en route vers le nord et affamés. Nous nous sommes arrêtés pour déjeuner dans un restaurant agréable avec ses tabourets de chrome étincelant le long du comptoir et ses box alignés sur un côté. De lourds mugs blancs attendaient d'être remplis de café. Pour une pièce jaune, Patsy Cline et Tammy Wynette étaient prêts à pousser la chansonnette. Une affiche indiquait que la recette du juke-box était collectée à la fin du mois pour être aussitôt envoyée à Farm Aid. La foule du déjeuner était partie aussi avons-nous pu choisir notre table et recevoir illico notre commande. Les hamburgers étaient épais, les frites croustillantes et le *coleslaw* frais. Le sandwich de dinde était accompagné d'une purée de patate douce. Lily semblait si absorbée par son milkshake qu'on aurait sûrement du mal à attirer son attention.

Les propriétaires, Tod Murphy et Pam Van Deursen, sont venus voir si tout se passait bien – et accessoirement nous informer de la provenance des aliments. Tout ce qui se trouvait dans nos assiettes avait été produit à un jet de pierre de là. Le bœuf ne vient jamais des parcs d'engraissement d'Iowa, ni les frites de ces paquets géants surgelés dans une usine qui s'approvisionne chez le cultivateur le moins cher du moment. Histoire de changer agréablement de rythme, ici, on fait les frites avec des patates. Nous sommes dans le Farmer's Diner, où non seulement les pièces jaunes soutiennent l'agriculture locale mais également toute l'entreprise.

C'est vraiment l'idée la plus enfantine qui soit : un restaurant sert des aliments produits à moins d'une heure de route. Pourquoi n'en existe-t-il pas plus ? Pour une raison similaire au fait que la statue de la Grande Rue s'agrippe à son marteau alors que les véritables tailleurs de pierre de cette ville de granite ont dû trouver d'autres métiers dans une nation qui importe maintenant son granite de Chine. Jadis, le gigantesque immeuble situé derrière le restaurant était consacré à la taille de pierre ; à présent ce n'est plus qu'un entrepôt pour des pierres qui sont taillées, façonnées et importées de l'autre bout de la planète. Pourtant, si une ville devait connaître une véritable économie locale opposée à l'import à bas prix, c'est bien celle-ci.

Acheter ses biens à des entreprises locales plutôt qu'à des chaînes nationales génère trois fois plus d'argent pour l'économie locale. Dans le pays entier, des études aboutissent toutes à ce constat alors que les consommateurs continuent à faire leurs courses dans des chaînes en se plaignant que les rues du centre-ville bordées de jolis magasins à la mode d'autrefois sont de plus en plus désertes. Les bonnes affaires du jour semblent toujours avoir la haute main.

Le Farmers Diner est donc un endroit où les gens veulent être rassasiés pour moins de 10 dollars et c'est exactement ce qu'ils ont : cuisine de base, abordable et sans chichi. Le petit déjeuner paysan – deux œufs, deux pancakes, le choix entre saucisse et bacon – coûte 6,75 dollars. Le hamburger du Vermont avec *coleslaw*, frites maison ou salade coûte 6,50 dollars. Quel qu'en soit le prix, il est rare de commander un hamburger qui ne soit pas accompagné du « blues » du bœuf en parc d'engraissement. Pour nous c'était une petite expérience à inscrire en rouge dans nos calepins puisque nous avions banni depuis dix ans le bœuf de batterie. Pratiquement toute la viande de bœuf des petits restaurants provient de ces parcs. C'est sacrément dur de l'éviter, je vous assure, surtout quand on se dépêche le matin et qu'on jette un coup d'œil au menu de la cantine pour constater, une fois de plus, qu'il y aura des tacos, des hamburgers ou le « choix du chef ». Le chef choisit toujours de la viande de bœuf. Moi, je prépare vite fait un sandwich au beurre de cacahuètes ; chacun ses raisons. Pour Lily, c'était une première que d'aller au restaurant commander des hamburgers. Il était donc très logique qu'elle me jette constamment des regards affolés – *c'est vraiment OK ?* Oui. Le bétail avait été élevé sur des pâturages par une connaissance du patron. Lorsque Tod nous a demandé comment était notre hamburger, ce n'était pas par politesse. La question était sincère. Nous lui avons répondu que la viande était délicieuse.

Tod Murphy avait été agriculteur. Le plus grand défi économique qu'il avait dû relever, avec ses voisins fermiers, avait été de trouver un marché pour ses produits de qualité. Ouvrir ce restaurant lui a semblé être un vrai projet de pionnier américain. Il nous fit remarquer que Thomas Jefferson pensait, en se fondant sur l'expérience coloniale, que l'agriculture et la démocratie étaient liées. Cultiver la terre répond aux besoins de l'agriculteur, de ses voisins, de la communauté et assure une indépendance vis-à-vis des pouvoirs centralisés. « À l'époque de Jefferson, l'agriculteur était roi, affirma Tod. Maintenant ce sont les multinationales. » Tod ne pensait pas devoir réécrire la Déclaration d'Indépendance mais plutôt mettre en œuvre un projet commercial qui tienne. Il a trouvé des investisseurs et a ouvert son restaurant rural dont le slogan est « Pensez local, agissez en voisins »

Tout rêveur qu'il soit, il a l'esprit pratique. « La pensée globale est une abstraction. Ce dont le monde a besoin maintenant, ce sont des politiques locales plus à l'écoute des gens. Faire ses courses dans un magasin d'outillage dont le propriétaire habite en ville. Acheter des tomates locales en été et du pain cuit dans la région. Cuisiner chez soi. Voilà de vraies preuves d'amour pour un lieu. »

On apprécie immédiatement l'endroit qu'il a conçu : une personne peut s'asseoir et manger deux œufs sur le plat, pondus par une poule qui a une vie aussi belle que son fermier. Je suspecte également que c'est une énorme charge de travail pour Tod, Pam et leurs enfants, Grace et Seamus, qui commencent la journée à la ferme et font marcher le restau jusqu'à l'heure de fermeture. Ils ont dû créer tout un réseau de fournisseurs de confiance, en toute saison, favorisant le partenariat local et prenant en charge les problèmes humains pour le meilleur et pour le pire. Que le cultivateur de patates tombe malade ou le vendeur d'oignons soit en plein divorce, les denrées doivent continuer à être livrées.

Tenter de rester compétitif avec les multinationales est évidemment un défi pour une petite entreprise. Si Tod a réussi, c'est en partie grâce à la création d'une annexe qui fabrique toutes les saucisses du petit déjeuner, le bacon, le jambon fumé et la dinde et qui vend ensuite ces produits dans des commerces de la région. Avec un chiffre d'affaires annuel d'un demi-million de dollars, le Farmers Diner Smokehouse et le restaurant peuvent créer un marché pour mille cinq cents porcs par an. C'est juste ce qu'il faut pour faire marcher l'annexe. Une boulangerie voisine s'occupe du pain et des petits pains pour les burgers. Les emplois de tailleur de pierre ont beau s'être enfuis en Chine, Tod se démène pour que ce ne soit que des porcs du Vermont, des céréales, des pommes de terre et des œufs locaux qui finissent dans les assiettes de porcelaine blanche de son restaurant.

Son succès extraordinaire a valu une renommée internationale à son restaurant, au moins parmi ceux qui s'intéressent à l'économie du marché alimentaire. Ici, en ville,

---

Oser demander

La disponibilité croissante de produits locaux dans tous les domaines est en rapport direct avec la demande des consommateurs de la région. La plupart d'entre nous n'ont pas l'habitude de demander quelle est l'origine de nos aliments, c'est pourtant simple.

D'abord, chez l'épicier, quand le caissier vous demande si vous avez trouvé ce que vous vouliez, vous pourriez répondre : « Pas vraiment, je cherchais des légumes du coin. » Plus le magasin est petit, plus l'épicier est ouvert à vos suggestions. Les coopératives alimentaires devraient être particulièrement réceptives. Les restaurants aussi peuvent être plus flexibles sur leurs fournisseurs et vos conversations avec le personnel ou le propriétaire peuvent facilement inclure des questions au sujet des plats ou vins locaux. Pour les restaurateurs, il est clair que les produits locaux sont les plus frais et ils sont des acteurs puissants dans la demande croissante de tels ingrédients. Vous pouvez étudier un peu à l'avance ce qui sera facilement disponible dans votre région.

---

ce n'est pourtant que le restaurant du coin. Le client lambda vient pour l'atmosphère et la nourriture : ce sont les gens du NASCAR (organisme qui s'occupe des courses automobiles), de vieux Italiens et des Ukrainiens d'une maison de retraite voisine. Les personnes âgées raffolent des betteraves Chioggia, des légumes et des plats rustiques qui leur rappellent le pays. Certains clients soutiennent aussi l'idée du local avant tout. Mais qu'ils s'en préoccupent ou non, ils reviennent toujours pour la nourriture.

Comment définit-on *local* dans ce cas ? « Un périmètre d'une heure de route », selon Tod. Leur lieu de livraison le plus éloigné est situé à 105 kilomètres. Garder un approvisionnement toute l'année en bœuf, porc, poulet et dinde de fermes voisines est assez facile puisqu'on les congèle. On trouve aussi toujours des œufs, du lait, de la glace et du

---

Les politiciens locaux et régionaux ont besoin que nous exprimions nos souhaits à voix haute. Bien des lieux sont appropriés à la promotion de la nourriture locale : réunions municipales, conseils d'école voire réunions des commissaires d'État. Il est logique de prendre la parole dans tout endroit où l'on sert à manger et où des preneurs de décision ont une influence sur l'acquisition de nourriture, y compris dans des églises, clubs et garderies d'enfants. Il est crucial que les législateurs fédéraux entendent aussi parler des problèmes d'alimentation locale. La plupart des gouvernements des États réfléchissent chaque semaine à des législations qui ont trait à l'agriculture. En ligne, on peut s'informer des thèmes abordés, signer pour des lois qui aident les fermes locales. Dans diverses parties du pays, les détails changent mais pas les motifs. Plus il y aura de questions, plus nous aurons d'options.

STEVEN L. HOPP

---

fromage locaux tout comme les aliments qui se conservent bien : pommes de terre, betteraves, carottes, oignons, choucroute et sirop d'érable. Le granola est fabriqué à Montpelier, les spaghettis et raviolis directement ici, en ville. Pour les légumes frais, c'est un vrai problème. La carte ne change pas beaucoup selon les saisons mais les ingrédients, si. On trouve moins de vert dans son assiette quand dehors le sol est tout blanc. La bière est brassée localement sauf pour Bud et Bud light qui, selon Tod, « sont incontournables. On ne vend pas à des puristes ». Évidemment, on a aussi besoin de café et il est biologique, issu du commerce équitable.

Le Farmers Diner ne prétend pas être une salle de classe, une église ou un endroit pour les rassemblements politiques. Pour bien des fermiers de la région, c'est une source majeure de revenus et pour tous les autres, c'est un endroit où l'on vient manger. Tod a le sentiment qu'ici, on transcende la politique dans le sens de la lutte entre Républicains et Démocrates. « Il s'agit plutôt de l'oligarchie contre l'anti-oligarchie. » Autrement dit, de David contre Goliath. De Tom Jefferson contre le roi George. Ça veut dire, des gens qui tentent de conserver leur travail et leur maison dans un même lieu contre les conglomérats qui récoltent l'argent de leurs clients et le déposent sur un compte en banque géographiquement très éloigné. Quand j'étais enfant, on appelait ça de l'« opportunisme ». Maintenant, on dirait que c'est la Voie américaine.

Des slogans publicitaires inondent les ondes dans le but de détourner les clients des magasins, restaurants et fermes locaux. Et personne ne trouve que c'est antipatriotique. Tod Murphy en est furieux. « On a beau avoir l'illusion de la liberté de consommation, en réalité on a sacrifié la vie de nos communautés pour le plaisir d'acheter des montagnes de trucs bon marché. La fabrication et l'importation de toutes ces babioles peuvent se révéler extrêmement nocive : travail des enfants à l'étranger, pluie acide dans le nord-est, terres agricoles exsangues, villes où le moteur économique repose sur la vente de stupéfiants. La plupart du temps, on a une apparence de liberté mais non sa substance. »

On ne peut pas dire que ce soit vraiment un acte radical que de vouloir inverser le courant en commençant avec un déjeuner dans le coin. Il ne s'agit pas non plus d'une proposition du style « tout ou rien ». « Si chaque restaurant achetait seulement 10 % de ses denrées à des fermiers locaux, avança Tod l'infrastructure de l'alimentation industrielle s'écroulerait. » Dix pour cent semblaient être un caillou jeté à la tête de Goliath. Lily a pris sa petite cuillère et l'a plongée dans sa glace à l'érable de Rock Bottom Farm's. À chaque cuillerée, nous avons entendu une déflagration due à l'effondrement de l'industrie. Sale boulot, soit, mais il faut bien que quelqu'un s'en charge.

11. LES NATIONS SLOW FOOD

Fin juin

À Montréal, le lieu le plus excentré de notre circuit, nos cousins canadiens nous ont demandé d'un air amusé ce que nous voulions voir de leur ville ; la nourriture avons-nous répondu en chœur ! Nous étions curieux de savoir ce qui poussait ici, au seuil – pour des gens venus du sud – de la toundra glacée. Nous sommes partis pour Chinatown et Little Italy. Ici comme aux États-Unis, la meilleure façon de découvrir la cuisine locale est d'aller dans les quartiers d'immigrés.

Nous avons vu des restaurants qui affichaient de la « cuisine canadienne » en plus de leurs plats nationaux. Nos hôtes nous ont expliqué que c'était un peu comme la cuisine américaine, une cuisine par défaut : *pas* chinoise, *pas* italienne. « Cuisine américaine » ne signifie donc rien ? me suis-je demandé alors que nous passions dans une rue de Chinatown où des bouchers suspendaient des canards plumés et mous comme on accrocherait des chaussettes sur une corde à linge – si tant est que vous supportiez l'image d'une chaussette palmée et étiquetée. Ce qui m'amène à penser que parmi tout ce qui ne fait pas partie de la cuisine américaine on trouve en premier lieu tout ce qui a encore des pieds. Un tel spectacle dans une grand rue américaine causerait la fuite éperdue des clients vraisemblablement prêts à poursuivre les coupables en justice pour traumatisme psychologique infligé à des mineurs. Notre culture agit comme si la nourriture était dépourvue de toute origine biologique et qu'il suffisait de choisir une enseigne de magasin (arches, seau ou chapeau de cow-boy [1]) pour répondre à la question : « D'où ça vient ? »

Et ce n'est pas fini. Nous avons notre *clam chowder* de Nouvelle-Angleterre, notre gombo de Louisiane, notre chou et nos haricots noirs du Sud, tous typiques d'une région. Mais mis tous ensemble, aucune grande ligne nationale ou thématique n'en sort. La cuisine d'autres nations, de l'Italie notamment, est renommée pour la diversité de ses spécialités régionales. Pourtant ce pays parvient à exporter une cuisine estampillée Italie, dans laquelle on retrouve des ingrédients de base (la *pasta*) et une attitude particulière. On reconnaît l'origine des plats en les voyant, mais peut-être aussi grâce à leur esprit : *Mamma mia ! Bon appétit*. Faites passer la sauce.

Interrogez un Italien, un Mexicain, un Indien, un Japonais ou un Suédois sur l'aliment que leur a apporté l'Amérique du Nord, tous répondront par un mot qui commence par Mc. Il faut dire qu'ils en avalent. La consommation d'aliments transformés progresse dans le monde entier en proportion de la richesse. Les stations de métro françaises sont couvertes de publicités pour des plats tout préparés. Lors d'un récent voyage, j'ai sollicité

1. C'est-à-dire, Mc Donald, Kentucky Fried Chicken et Arby's Roast Beef.

l'avis de mon auditoire quant au risque que la France perde sa tradition gastronomique et j'ai trouvé l'assistance divisée à parts égales entre : « Jamais ! » et « C'est évident ! » Les femmes actives de mon âge ou plus jeunes ont admis avoir recours à ces plats bien qu'elles sachent s'en passer. Elles m'ont appris que même l'Institut national des arts culinaires devenait moins rigide, après qu'il a annoncé que ses cours de préparation du poulet n'allaient plus commencer par « plumes, pattes et viscères 101 ». Des murmures ont parcouru la foule à l'évocation de ce sujet qui avait été à l'origine de débats passionnés à la radio. J'en ai déduit qu'« admettre les plats préparés » signifiait beaucoup de ce côté-ci de l'océan. Tout de même, ce sont des signes de changement. Tous les jours, beaucoup de Parisiens vont au Mc Do, même si ce ne sont sûrement pas les mêmes d'un jour sur l'autre. Ils y vont par attrait de la nouveauté pas pour la qualité.

Je suppose que nous sommes tous ébahis à l'idée de ce que d'autres gens peuvent manger. Ici, sur le trottoir du Chinatown de Montréal, nous nous sommes arrêtés pour admirer des poissons d'au moins dix kilos qui se poursuivaient au ralenti dans quelques litres d'eau. Lily et mes jeunes nièces les ont examinés de près, puis elles m'ont regardée avec de grands yeux interrogateurs : dîner ou animaux domestiques ? je n'en savais rien. Nous avons fouiné dans des magasins qui vendaient du thé, des champignons séchés et de splendides robes qui se zippent sur le côté, si ajustées qu'on les dirait peintes à même le corps. Nous avons déjeuné dans une cafétéria bondée où les plats variaient du calamar frit au Jell-O.

Plus tard, nous sommes allés dans un magasin libanais très divertissant pour les enfants. Ils n'arrêtaient pas de venir me montrer des comestibles étranges : des flacons de fleurs en sucre ; une sorte de cola apparemment fait avec des haricots ; « du thé de montagne grec » qui à mes yeux ressemblait à un tas d'herbe sous cellophane. Une immense vitrine, de la largeur du magasin, au fond, exposait les fromages. Il ne s'agissait pas là de modestes carrés jaunes ou de tommes mais de gigantesques blocs blancs que Moïse aurait tout aussi bien pu rapporter des montagnes. Il était évident qu'ici, le fromage était une chose sérieuse. Une jeune femme ceinte d'un tablier blanc était prête à me trancher un peu de fromage de chèvre, de vache ou de brebis. Nous avons discuté et elle m'a confirmé que ces produits étaient fabriqués dans une cuisine proche de là. J'étais curieuse de savoir quelle sorte de présure et de cultures on utilisait pour les fromages du Moyen-Orient. Elle a paru très étonnée ; la plupart des clients ne s'intéressaient pas à ce type de détails. J'ai confessé m'y être essayée à la maison.

« Vous faites votre fromage vous-même, répéta-t-elle impressionnée. Vous êtes une vraie femme au foyer. »

J'ai mis des années à en arriver là mais j'ai pris sa remarque comme un compliment.

⁂

Notre curiosité nous a fait passer d'un quartier à l'autre de Montréal jusqu'au splendide marché de Little Italy. Près de l'entrée, des plantes formaient le mot *Benvenuto*. Sous une marquise longue de plusieurs pâtés de maison, des clientes portant des cabas pleins à craquer se bousculaient dans les allées entre deux étals ouverts débordant de produits frais. Dans n'importe quelle langue, c'était l'endroit où faire ses courses.

J'ai tenté le français puisque je ne parle pas italien. *Elles sont d'où, les tomates ? D'ici, madame !** [1] D'ici au Québec, ne cessaient de répéter fièrement tous les vendeurs. Lorsque je me suis enquise de l'origine de ses

1. Tous les mots et expressions en italique suivis d'un astérisque sont en français dans le texte.

œufs un paysan narquois m'a néanmoins répondu : « De poulets, madame. » Nous avons vraiment été estomaqués de voir ce que les maraîchers québécois téméraires avaient réussi à récolter au premier jour officiel de l'été dans cette région encore récemment couverte de gel : asperges, carottes, laitue, rhubarbe, tomates de serre et des petites fraises très sucrées. On trouvait du sirop d'érable à foison et, bien sûr, d'innombrables produits à base de cet arbre dont la feuille est l'emblème national de ce pays. Plus surprenant, le marché regorgeait de pommes de la région qui avaient été stockées depuis leur dernière récolte à l'automne mais croquaient encore, toutes sucrées sous la dent. Des pépiniéristes anglais prisaient à une époque certaines variétés de pommes pour leur récolte tardive et leur bonne conservation – ces variétés ont pour la plupart disparu des îles Britanniques, noyées sous les importations hors saison en provenance de Nouvelle-Zélande. Apparemment ces fruits oubliés qui se conservent bien n'ont pas disparu du Québec.

J'ai soulevé une tête de brocoli gargantuesque. Elle était trop belle pour être vraie, mais la famille des choux apprécie le froid. J'ai demandé au vendeur d'où elle venait.

« *D'Amérique du Sud, madame** », répondit-il.

Dommage, ai-je pensé. Étrange aussi car en Amérique du Sud, soit le climat est tropical, soit, comme maintenant, c'est l'hiver. « *Quel pays ?** »

« *La Californie, madame**. »

J'ai ri. L'erreur était naturelle. Sur la carte mondiale des fruits et légumes, la Californie pourrait aussi bien être un État indépendant. Une superpuissance, en réalité un État qui exporte plus de fruits et légumes que la plupart des pays du globe. N'avait été pour les combustibles impliqués dans l'affaire, j'aurais pu déborder de fierté patriotique. Finalement, notre pays ne se caractérise pas seulement par les arches, les seaux et les chapeaux de cow-boy. Mais les légumes n'étant que des ingrédients, « la cuisine américaine » n'en sort pas grandie pour autant. Le brocoli californien sera coupé en dés pour des sautés asiatiques, ajouté à des pâtes italiennes *primavera* ou servi avec un bol de macaroni au fromage selon les ménagères.

Malgré tout, qu'on en tire des bénéfices culturels ou non, ces camions de brocolis et d'artichauts californiens apportent de la bonne humeur hivernale et des vitamines à ceux qui, dans le monde entier, vivent sous des climats plus mornes. Jusqu'en septembre, les Québécois peuvent se nourrir de leurs récoltes, mais en février, lorsque la neige monte jusqu'aux fenêtres et qu'il faut une couverture chauffante sur le moteur pour démarrer sa voiture, des épinards frais et des brocolis sont bienvenus. Si j'habitais sous ces latitudes, j'en achèterais et arborerais le drapeau californien dans ma cuisine. Même dans le Dixie, il m'était arrivé d'acheter des concombres en hiver et je le referai probablement. Je me suis demandé : une fois que je serai sortie de mon sevrage d'aliments industriels, serais-je capable de goûter les délices végétales du monde de façon responsable – comme un acheteur *social* de brocolis – sans rechuter à nouveau dans la dépendance ? Les légumes californiens n'incarnent pas la tentation car celle-ci est en nous, nous qui ouvrons grandes nos veines au flot d'aliments consommateurs de pétrole pour devenir des drogués flegmatiques alors que, sous nos yeux, les fermes s'étiolent et disparaissent. Il semble que nous soyons conçus avec une jauge de pondération défectueuse.

Au marché, nous avons acheté des pommes, du sirop d'érable, des plantes pour les plates-bandes de notre hôtesse et des asperges parce que, chez nous, la saison était finie. Comme ces gens de la jet-set qui traversent le pays pour le nouvel an, nous allions tricher avec le temps et célébrer cette fête une fois de plus. La saison des asperges deux fois par an : quelles vacances de rêve !

⁂

Nous avons quitté le Canada en passant par les chutes du Niagara, nous arrêtant pour contempler cette cataracte tumultueuse, source éternelle d'inspiration pour les hommes, les lunes de miel et certaines régates terriblement casse-cou. Sur le pont du *Maid of the Mist* [1], trempés par les gouttelettes en suspension dans l'air, nous avons réfléchi au courage des quatorze hommes, des deux femmes et de la tortue qui s'étaient lancés par-dessus cette chute d'eau bouillonnante dans des véhicules divers, parmi lesquels des barriques de bois, une balle géante en caoutchouc, un kayak en polyéthylène, une cloche de plongée, un scooter de mer et, à une occasion seulement, un jean et une veste légère. Les deux femmes et la tortue (dont on dit qu'elle avait cent cinq ans) ont survécu, tout comme neuf des hommes, bien que le secret de la réussite n'ait toujours pas été dévoilé. L'homme au jean et à la veste s'en est sorti ; celui avec le scooter des mers et celui au kayak non, ni d'ailleurs William « le rouge » Hill dans sa bulle de caoutchouc sophistiquée. Et le tonneau blindé d'une demi-tonne de fer a convoyé sans danger la tortue mais n'a pu sauver son ingénieux compagnon.

S'il vous semble que l'idée selon laquelle les hommes sont de drôles d'animaux lorsqu'il s'agit de protéger leurs propres intérêts parcourt ces pages, je plaide coupable.

⁂

Après la frontière, nous nous sommes dirigés vers le sud-ouest en traversant le vignoble de l'État de New York et le nord de la Pennsylvanie où des vignes sans fin bordent la rive caillouteuse du lac Érié. Le jour suivant, nous sommes arrivés au cœur vallonné de l'Ohio où nous

1. Bateau à vapeur qui sillonne le bas des chutes.

allions rendre visite à des amis dans leur ferme laitière. Leur comté rural ressemblait à une carte postale du cœur de l'Amérique, à l'époque où ce cœur battait encore. De vieilles fermes et des étables formaient des îlots paisibles parmi les mers ondulantes de maïs, d'avoine argenté et d'épeautre roux.

Nous nous sommes engagés dans le chemin en passant sous un érable argenté gigantesque. Lily s'est installée sur la balançoire en bois accrochée à l'une des branches, haute de sept mètres. Un commando de poules couleur chamois nous a ignorés, continuant de picorer de long en large dans la cour, tandis que trois vieux chiens trottinaient vers leur maîtresse pour lui signaler notre arrivée. Elsie est apparue, arborant un sourire aussi radieux que le soleil. « Reposez-vous sous le porche, dit-elle en remplissant des verres d'eau à la pompe. David s'occupe du maïs, alors qui sait quand il aura fini. »

Nous avons proposé de lui donner un coup de main, aussi Elsie est partie dans son jardin avec sa brouette pour en revenir avec un beau tas de pois qu'elle venait de glaner. Nous avons installé des fauteuils de jardin en cercle sous les cerisiers, entassé les pois sur nos genoux et avons attaqué l'écossage. Les pois sont des créatures du printemps, heureux de germer dans un sol froid et de fleurir durant des journées fraîches et humides mais la chaleur arrête la floraison, la dernière cosse s'élance et puis *basta*. Bien que similaires sur le plan nutritionnel, les pois et les haricots vivent à des saisons différentes ; d'habitude dans les jardins, les pois ont fini leur carrière avant que la première cosse de haricot soit prête à être récoltée. C'est une bonne chose pour le jardinier parce que chacune de ces plantes, en haute saison, vous mettra à genoux tous les jours. De hautes lianes de pois flétries sont un soupir de fin de printemps, une pause avant l'éveil des haricots, des courges et des tomates.

Nous avons échangé les dernières nouvelles en continuant d'écosser les pois. Des cerises Stark's Gold de la taille d'une pièce de un dollar étaient suspendues au-dessus de nos têtes. La saison ici avait une semaine de retard par rapport à la nôtre et ici, aussi, le sol était très sec. Elsie nous a informés qu'ils n'avaient pas eu une goutte de pluie depuis presque un mois – un vrai désastre pour juin, le pic de la croissance pour les végétaux et l'herbe des pâturages. Quelques orages avaient fait mine de poindre pour se dissiper ensuite. L'après-midi était calme : pas de voiture sur la route, ni de tracteur qui labourait les champs alentour. Il est surprenant de constater comme l'oreille sélectionne les bruits faits par des hommes : la parole, la musique, les moteurs. L'absence de ceux-ci forme ce qu'on appelle le silence. Peut-être qu'en centre-ville, ou dans un champ de maïs stérilisé par les produits chimiques, tout devient vraiment calme une fois que les gens et les moteurs se sont tus. Mais sur ce point précis de la carte, je fus frappée par la prégnance du silence : un troglodyte de Caroline chantait, perché sur le toit de la grange ; des jaseurs d'Amérique poursuivaient leurs chamailleries en pépiant tout en haut des cerisiers ; plus loin sur le chemin, un moqueur polyglotte accomplissait une drôle de danse saccadée, comme frappé par l'esprit des oiseaux. Le saladier pour les pois résonnait comme une cloche insistante à chaque fois qu'on y jetait notre obole.

Nous avons entendu meugler et une trentaine de vaches du Jersey couleur caramel ont pris le sentier. Elsie nous a présenté sa fille Emily et son gendre Hersh qui nous ont salués en conduisant les vaches vers la salle de traite. Lily et moi avons secoué les feuilles sur nos genoux pour suivre le troupeau. Emily et Hersh, qui habitent à côté, s'occupent de la traite tous les jours à cinq heures le matin et le soir. Emily enjoignait gentiment aux vaches d'entrer dans la salle de traite, comme on parlerait à des enfants (« Allez Lisette, regarde où tu mets les pieds ») et m'a conseillée de garder mes distances avec Ésaü, le taureau.

« Il est tyrannique et déteste les femmes. D'ailleurs, je crois que c'est pour ça que les vaches ne l'aiment pas beaucoup. Mais il engendre de très bonnes laitières. »

Pendant qu'Emily faisait avancer les vaches, Hersh a fixé les tuyaux de la machine à traire. Pendant la pause le couple s'est rejoint sur un banc tandis que leur petit garçon, Noah, parcourait l'étable et les pièces attenantes en se cognant à droite et à gauche, rebondissant, dans son joyeux parcours, d'un chambranle de porte à la paroi d'une stalle. Lily l'a aidé à s'installer sur une petite balançoire suspendue dans l'embrasure d'une porte. Hormis la machine à traire bourdonnant discrètement, la grange était calme ; seules quelques vaches se bousculaient en mâchant leur foin. Le bois de la grange, poussiéreux et accueillant, avait bien cent ans. Je ne m'imaginais pas devoir venir ici tous les jours à cinq heures, mais ça ne semblait pas déranger Emily. « Le reste du temps, on est tellement occupés chacun de notre côté. La traite des vaches nous donne l'occasion, à Hersh et à moi, de nous asseoir ensemble cinq minutes. »

Un petit gang de chats affairés, la queue en l'air, s'est rassemblé près du banc pour laper le moule à tarte qui recueillait le lait débordant. J'ai observé quelques centaines de litres de lait de Jersey couler dans le labyrinthe de tubes transparents et flexibles formant un système de circulation crémeuse. Une pompe activée par un générateur tirait le lait des pis des vaches jusque dans une cuve en acier inoxydable. Le camion d'une coopérative biologique le transporte ensuite jusqu'à l'usine où il est pasteurisé et conditionné dans des packs vert et blanc. Sa destination est un mystère. Notre supermarché vend cette marque si bien qu'au fil du temps, notre famille a peut-être acheté du lait de cette étable ou au moins quelques-unes de ses molécules mêlées au lait provenant d'un nombre infini d'autres laiteries. Du moment qu'il respecte les critères de la compagnie, avec un pourcentage constant de crème et de décompte bactériologique nominal, le lait de cette ferme prend part au mélange et devient une denrée anonyme. Cette perte d'identité nous semblait honteuse, vu son origine. Les minéraux du sol et la douceur de l'herbe de ce comté contribuent sûrement au goût particulier du lait, comme diverses régions françaises donnent aux vins leurs appellations.

Peu après l'heure de la traite, David est rentré de ses champs de maïs. Il a ri de lui-même car il avait perdu toute notion du temps – Elsie l'avait bien prédit. Il nous a fallu cinq minutes pour combler le décalage qui nous séparait de notre dernière rencontre. David et Elsie sont tous deux dotés d'une très belle grâce sans âge. Elsie incarne la gentillesse absolue tandis que David ne se départ jamais d'un humour pince-sans-rire quand il parle du monde et de ses habitants, y compris de ses collègues, qui arborent sans scrupule des casquettes offertes par Cargill ou Monsanto. « Au moins, on sait qui contrôle leur lobe frontal. » David et Elsie vivent et travaillent exactement là où ils sont nés ; dans le cas de David, dans la même maison et la même ferme. On ne compte plus les ballades de musique country qui déplorent la chose mais, pour ce couple, il semble que tout se passe très bien.

Nous avons apporté des plats sur une table de pique-nique dressée sous les cerisiers. Hersh s'est joint à nous et, pendant qu'il asseyait Noah sur une chaise haute, Emily est arrivée avec un pichet de lait frais. Dans cette famille ils avaient le gène pour le boire, ça coulait de source. Pour la première fois depuis longtemps, j'ai envié ces porteurs du gène C/T13910. Pendant le dîner, la conversation est passée des cultures qu'on avait vues au Canada aux nouveautés pour les exploitants américains. David s'inquiétait du Système national d'identification des animaux par lequel le ministère de l'Agriculture américain prévoyait de répertorier, avec un numéro d'identité et la position géographique, chaque animal domestique du pays. Quiconque ne possédant même qu'un cheval, un poulet, une vache ou un canari sera légalement tenu de le signaler et de l'inscrire dans la banque de données. Les agriculteurs ne sont pas très chauds, c'est un euphémisme. « On pense à la sagacité de Mark Twain, fit observer David. Parfois je me demande si le monde est gouverné par des gens intelligents qui se moquent de nous ou par des imbéciles qui le font exprès. » Mais à vrai dire, il ne s'en fait pas trop car il doute que le gouvernement puisse être à la hauteur de ce projet. D'après lui, obliger un demi-million de fermiers à inscrire chaque poule et chaque vache sera plus corsé que de forcer les Afghans à arrêter la culture du pavot.

Le bœuf qui avait gentiment contribué de sa personne aux boulettes posées dans nos assiettes avait loupé le panneau. D'ailleurs, tout ce qui était sur la table était d'origine locale : les pois juste écossés, la salade ramassée dix minutes auparavant, les fraises d'Emily. J'ai demandé à Elsie combien de produits elle achetait hors de la communauté : « Farine et sucre, dit-elle puis elle réfléchit un instant. Des fois, on fait une folie et on s'achète quelques bretzels. »

L'idée m'a traversé l'esprit que l'évaluation psychologique mondiale la plus efficace pourrait ne contenir qu'une question : pour vous, qu'est-ce que « faire une folie » ? Je me suis demandé combien d'années je devrais encore résister au chocolat belge avant d'atteindre le self-control d'Elsie. Je voulais encore avoir la lune, vraiment – et je la voulais dans mon jardin.

Après dîner, nous avions encore une longue soirée d'été devant nous. David avait envie de nous montrer son exploitation. Nous avons envisagé les possibilités qui s'offraient à nous : se faire une place dans la carriole de David ou conduire notre propre véhicule, un hybride tout neuf fonctionnant à l'essence et à l'électricité et qui en était à son premier voyage. Évidemment, les chevaux étaient très attirants mais David et Hersch avaient entendu parler de ces hybrides et brûlaient de tester cette nouvelle technologie. David nous a avoué avoir rêvé, il y a longtemps, en cultivant son maïs, d'un système qui recueillerait les frictions d'une carriole qui freine et convertirait cette énergie en force de propulsion. Il se trouve que Toyota vient d'y penser. Nous nous sommes entassés dans le véhicule qui ne mange pas d'avoine, en route sur le chemin poussiéreux derrière l'étable, vers une petite montée qui allait dans les champs.

Elsie nous l'avait bien dit, la sécheresse était tangible. Les pâturages étaient desséchés mais le maïs de David avait bonne mine, enfin plus ou moins, selon les endroits. Le sentier passait entre deux champs dont l'aspect trahissait des parcours différents : sur la gauche, le champ avait été cultivé de façon conventionnelle trente ans avant que David ne reprenne le flambeau ; sur la droite s'étendait une terre qui n'avait jamais connu autre chose que le fumier et l'assolement. La disparité entre les deux était presque comique tant elle était flagrante, comme une publicité des années 1950, sauf que le « nouveau et amélioré » ici n'était pas le grand gagnant. À présent, David cultivait les deux côtés de façon identique mais, même après dix ans, le maïs de la parcelle qui avait toujours été biologique était beaucoup plus haut et verdoyant.

Cette différence relève d'un phénomène objectif de pédologie : ce qu'on nomme « sol » est un ensemble d'organismes vivants pour la plupart microscopiques dans une matrice nutritive. Par définition, l'exploitation biologique enrichit les composants vivants et non vivants du sol. Aujourd'hui, l'exploitation conventionnelle du sol consiste en une réduction efficace de ce procédé en ajoutant quelques nutriments de base à ceux, nombreux, qui sont soustraits chaque année avec la récolte de la biomasse. Avec le temps, c'est un peu comme tenter d'élever ses enfants avec des tartines de beurre de cacahuètes et toujours la même histoire le soir pendant dix ans.

S'ils pleurent, donnez-leur plus de pain, plus de beurre de cacahuètes et lisez deux fois l'histoire. Si un observateur d'une autre planète peut penser que les besoins sont satisfaits, un parent comprend immédiatement que la monotonie amène un lent dépérissement. Les produits chimiques qui stérilisent le sol détruisent du même coup les organismes qui combattent les maladies des plantes, ceux qui aèrent et produisent de la fertilité. Une étude récente a prouvé que le fait d'ajouter du phosphore (le P dans tous les engrais NPK) détruit les minuscules filaments des champignons qui aident les plantes à absorber les nutriments. Cette perte est plus évidente pendant les périodes de stress et de sécheresse.

« Tant de gens ont ajouté foi à la propagande pour les pesticides et les herbicides, dit David. Comment a-t-on pu ainsi mordre à l'hameçon ? » Pour lui, ces dégâts irréparables commis à l'encontre de son champ étaient comme une blessure de guerre. Par « on », il entend les paysans comme lui, même s'il n'a pas utilisé de produits chimiques. Il a grandi au début de l'ère des engrais à base d'ammoniaque et du DDT mais n'a jamais compris la logique intrinsèque au concept d'empoisonnement de la terre.

En haut de la colline, il nous a soudain fait signe de nous arrêter pour observer quelque chose : nous avions surpris une alouette haussecol en plein milieu de son rituel de séduction. Le mâle s'est envolé comme une fusée d'une petite butte dans le champ de maïs et a oscillé haut dans le ciel en sifflant une chanson vibrante, intense en point d'interrogation. *Elle dira oui, je vous en prie, elle dira oui ?* Il était suspendu là au-dessus de nous dans le ciel blanc et puis, son envolée dansante à son paroxysme, il a soudain fait un piqué. Dans la lumière bronze, nous étions immobiles et silencieux, impressionnés. Nous avons entendu d'autres oiseaux que David et Elsie ont identifié à leurs chants : bruant vespéral, bruant sauterelle, passerins indigo et une grive des bois. Des hirondelles à front blanc se dépêchaient de rentrer chez elles, dans leurs nids de boue en forme de bouteille sous les avant-toits de la grange. Des hirondelles bicolores, des troglodytes mignons, des merles bleus, des grands ducs d'Amérique et des effraies des clochers nichaient aussi alentour. David et Elsie semblaient tenir à tous ces oiseaux autant qu'aux vaches qui les faisaient vivre.

Elsie et David ne sont pas des ornithologues typiques armés d'une paire de jumelles et membres du Club Audubon [1] ni des hippies idéalistes qui tentent de sauver les baleines. Ce sont des agriculteurs pragmatiques qui veulent défendre un moyen de subsistance que nombre de leurs confrères ont perdu. Ils protègent les alouettes et les bruants d'une mort par pesticides pour bien des raisons. L'une d'elle, et pas la moindre, est liée au fait que ces créatures leur servent de pesticide. L'agriculture biologique met en œuvre un niveau d'analyse biogéographique plus souvent associé aux travaux des scientifiques qu'à celui des paysans. Le lien entre David et son champ de maïs est pour moitié méditatif, pour moitié biologique. L'interaction entre les plantes, les insectes, les oiseaux, les microbes et les mammifères est si complexe que David est toujours surpris par le nombre de découvertes qu'il fait encore après toute une vie passée principalement dehors à observer. Il a vu des nuées d'alouettes migrer chaque année et sait ce que cela signifie. Il observe des hirondelles à front blanc suivre la moissonneuse-batteuse dans les champs à l'abri du vent puis attraper des cicadelles et des sauterelles pendant que les hirondelles noires

1. Le Club Audubon fut créé à la fin du XIXe siècle principalement dans le but d'observer et de protéger les diverses espèces d'oiseaux des États-Unis. Célèbre peintre et ornithologue, J. J. Audubon (1785-1851) a documenté cinq cents espèces d'oiseaux d'Amérique. Ce club s'intéresse aujourd'hui à la préservation de la nature en général et organise de nombreuses activités liées à l'observation et à la préservation de l'écosystème.

dévorent des tipules. Rien que l'idée de les recouvrir d'une nappe de poussière toxique, ne serait-ce qu'une fois, sans parler de le faire régulièrement, lui semble une manœuvre autodestructrice similaire au fait de mettre le feu à ses champs et ses étables.

David et Elsie ont été élevés par des agriculteurs et ils reproduisent à nouveau ce schéma. Pendant l'après-midi, leurs enfants, belle-famille et petits-enfants n'ont cessé d'aller et venir dans la cour et la maison, les adultes parlant des tâches à se répartir et les enfants pieds nus poursuivant leurs jeux d'été entre cousins. Nous nous sommes arrêtés pour rencontrer le fils et la belle-fille de nos amis dont la maison était située derrière les champs de maïs de David. Jusqu'au soir, la conversation a porté sur les rotations de pâturages les meilleures pour les bovins ; dans la cour, il s'agissait de savoir à qui était le tour de grimper sur le pneu qui servait de balançoire.

Bien des mois plus tard, lorsque j'ai évoqué cette visite à un ami, il m'a demandé, acerbe : « Quoi, il n'y avait même pas un moustique pour troubler cet Éden ? » Il y avait sûrement des moustiques. Je ne m'en souviens pas. Ce que je sais, c'est que cette famille a subi des chagrins et des pertes, comme tout le monde. Mais pourquoi, s'ils sont le plus souvent heureux, cataloguer leur vie comme une utopie ou une bizarrerie ? Aux citadins, on accorde d'un coup le succès, la satisfaction et ce qui en découle. Les membres de la famille étendue de David et Elsie partagent un travail qu'ils aiment et une productivité impressionnante. S'ils sont loin d'être riches, ils sont satisfaits de leurs conditions matérielles et, ce qui est primordial pour des agriculteurs, ils ne sont pas couverts de dettes et ne souffrent pas de longues heures de trajet pour occuper un emploi hors de la ferme. Ils travaillent beaucoup mais chérissent une vie qui leur permet de s'asseoir tous ensemble pour déjeuner en famille ou d'observer les hirondelles rentrer au nid, le soir après la traite des vaches, près de l'étable.

Ils font partie d'une communauté étonnamment vaste de petits fermiers. Il va sans dire qu'il existe sûrement des gens dans le voisinage qui leur tiennent rancune sans raison, ont des enfants difficiles, des disputes au sujet de l'emplacement de clôtures. Rien que de très humain. Mais David et Elsie ont prospéré modestement en cultivant la terre. En ville, une vente aux enchères est organisée afin que les producteurs vendent en gros aux restaurants et chaînes d'épiceries régionales. Rien ne voyage très loin.

DÉFAITE DANS LA CHASSE AUX PARASITES

Quoi de plus simple ? Pulvériser les champs de produits chimiques pour tuer insectes et mauvaises herbes, augmenter le rendement et récolter plus de céréales et de profits. Améliorer les résultats en aspergeant la récolte actuelle. Sous l'angle d'une seule année, ça pourrait marcher. Mais à long terme on a un problème. Les parasites préparent leur contre-attaque.

Sur la surface d'un seul champ, l'utilisation de pesticides réduit immédiatement le nombre d'insectes sans toutefois les éliminer totalement. Selon la densité de la pulvérisation, l'angle du vent et la proximité de l'extrémité du champ, les bestioles écopent de différents dosages de poison. Ceux qui reçoivent une dose létale meurent instantanément.

Quels insectes restent en vie ? Évidemment, ceux qui ont eu le réflexe de plonger pour se cacher. Mais aussi certains qui, ayant reçu une dose mortelle, ont néanmoins développé une résistance naturelle aux produits chimiques. Si cette résistance est génétique, elle se renforcera avec les générations suivantes. Avec le temps, les pulvérisations régulières engendreront une augmentation de la proportion d'insectes génétiquement résistants. Un jour, toute la population résistera aux produits chimiques.

C'est un exemple concret de l'évolution et qu'on le retrouve ou non dans les manuels, il se développe vite dans les champs cultivés de façon conventionnelle. Plus de 500 espèces d'insectes et de mites résistent actuellement aux méthodes chimiques, aux côtés de 150 virus et autres plantes pathogènes.

Les agriculteurs vivent confortablement et les acheteurs sont satisfaits de la variété et de la qualité des fruits et légumes proposés, avec pour commencer des fleurs pour les plates-bandes en mai, puis des légumes et pour finir, en octobre, des citrouilles et des pommes. La coopérative du coin vend des fromages locaux à des prix abordables. Le quincaillier vend des bocaux à conserve hermétiques, de bons outils mais pas de bimbeloterie.

On dirait un type de communauté disparu il y a une

Plus de 270 herbicides récents sont devenus inefficaces dans le traitement de certaines mauvaises herbes. Près de 300 espèces de mauvaises herbes résistent aux désherbants. Hum ! et maintenant ?

L'approche de base fut d'augmenter les doses de produits chimiques. En 1965, les agriculteurs américains utilisèrent 170 millions de kilos de pesticides. En 1989, le chiffre passa à 403 millions. Moins de dix ans après, il atteignit près de 500 millions. Ce qui représente 1,8 kilo de pesticide par Américain, pour un coût de 8 milliards de dollars. 20 % de ces pesticides officiels sont répertoriés par l'EPA (Environmental Protection Agency) comme étant cancérigènes pour l'homme.

Alors, comment s'en sortent nos bestioles ? Très bien. En 1948, lorsqu'on a introduit l'utilisation de pesticides, les agriculteurs en consommaient à peu près 25 millions de kilos et subissaient 7 % de perte en récolte. En comparaison, en 2000, ils ont utilisé un demi-milliard de kilos de pesticides. Perte de récolte ? 13 %.

Les biologistes remarquent que l'agriculture conventionnelle s'est engagée dans une course aux armements évolutionnistes qu'elle est en train de perdre. Comment sortir de ce conflit ? Grâce à l'agriculture biologique qui permet aux populations prédatrices d'insectes de rester en proportions admissibles dans nos champs et de rompre le cycle infernal.

STEVEN L. HOPP

génération. Mais non, pas entièrement. Si une communauté agricole a survécu ici, c'est possible ailleurs. Le succès de celle-ci semble reposer sur divers facteurs, le travail régulier, l'économie, la flexibilité, la modestie des attentes et le refus scrupuleux de l'endettement – mais, autant que j'aie pu l'observer, jamais sur des miracles. À moins, bien sûr, que nous vivions dans un monde où ces qualités ont glissé de l'enclos des vertus quotidiennes pour tomber dans celui des « miracles », je ne saurais dire.

⁂

Il faisait nuit lorsque nous avons repris le chemin de la maison de David et Elsie à travers les champs de maïs. Lorsqu'elle roule lentement, notre voiture fonctionne seulement grâce à sa pile, étrangement silencieuse, comme si le moteur avait été coupé sans arrêter le mouvement. Nous entendions les oiseaux de nuit et le doux crissement des pneus sur la poussière lorsque nous avons traversé le champ.

« Arrête-toi ici, a dit soudain David. Avance un peu pour que les phares pointent vers le champ. Maintenant, éteins-les. »

Le champ scintillait de ce qui devaient être des millions de lucioles – je n'en avais jamais vu autant réunies. Elles avaient sûrement invité leur famille des États limitrophes dans cette zone sans atrazine. Elles clignotaient au hasard, très nombreuses, une vision d'étoiles affolées.

« On va essayer un truc. Allume tes phares une seule fois puis éteins-les à nouveau », a dit David.

Ce qui se produisit fut incroyable. Après notre flash, le champ est devenu noir puis une vague de millions de lumières nous a répondu à l'unisson.

Oh ! Pour nous convaincre que nous n'étions pas tous victimes d'une hallucination collective, nous avons recommencé. Et encore. Hurlant à chaque fois tant le sentiment d'être démiurge est enivrant. Ce n'est pas rien de leurrer un million de créatures sans cerveau. Après cinq ou six tours, les lucioles ont semblé comprendre que nous n'étions pas leur dieu, à moins qu'elles aient perdu la foi ; en tout cas, elles se sont remises à clignoter de leur propre chef.

David a gloussé : « Feu d'artifice des gamins de la campagne. »

⁂

Nous sommes restés dans l'obscurité passé minuit, sous les cerisiers, à parler de la loi sur les fermes, de nos enfants, de religion, du futur, de livres et de l'écriture. Pendant ses loisirs, concept que j'ai du mal à associer à cet homme, David écrit et édite le Farming Magazine, un petit journal consacré à l'agriculture durable. On aurait pu parler encore des heures mais nous y avons réfléchi à deux fois. Il arrive aux gens d'avoir envie de faire la grasse matinée, mais jamais aux vaches.

Je me suis réveillée le lendemain matin, consciente de la brise qui entrait par les hautes fenêtres, du soleil qui brillait sur les murs blancs, du bruit des sabots d'un cheval qui passait sur la route. J'ai eu la sensation de m'être éveillée dans un autre monde, loin de toute nuisance.

Lily est allée chercher des œufs au poulailler, se sentant comme chez elle. Nous avons petit-déjeuné en nous régalant de délicieux porridge maison agrémenté de fraises et de crème. Dans certains hôtels, on se serait fait servir ce petit déjeuner bio dans notre chambre pour 20 dollars. Je l'ai fait remarquer à David et Elsie – bien des gens considèrent ce type d'alimentation comme un privilège des classes nanties. David a ri. « Tu l'as dit, on mange des trucs de luxe. Faits avec des flocons d'avoine bio qui sortent de la même caisse que ce qu'on donne à nos chevaux ! »

Nous avons rangé nos affaires pour le départ, en nous rappelant les articles que nous voulions échanger. Puis nous avons promis de revenir tout en exprimant le souhait que David et Elsie passent aussi par chez nous, bien que ce soit moins probable car ils ne se déplacent pas autant que nous. Presque tous leurs voyages sont limités à l'endurance de leurs trotteurs qui tirent leur boghei. David et Elsie sont amish.

Avant d'avoir des amis amish, je pensais qu'ils observaient des contraintes strictes ou répugnaient à des choses telles que la voiture, hybride ou non. Comme bien des gens, j'ai eu besoin d'en connaître personnellement pour m'ôter tout a priori. Les amish ne rejettent pas les technologies par principe, mais seulement celles dont ils pensent qu'elles changeraient en pire leur mode de vie. Je me sens proche de cette position ; en réalité, nous sommes nombreux à regretter de n'y avoir pas pensé plus tôt avec tout le bruit qui s'est introduit dans nos maisons. Comme on me l'a expliqué, les amish utilisent la technologie selon leurs besoins. Lorsque l'équipement pour la traite des vaches fut abordé dans la communauté de David et Elsie, les fermiers laitiers firent remarquer que la traite à la main impliquait la capacité à soulever des pots de lait de 40 kilos, ce qui excluait la participation des femmes et des enfants, pas assez robustes pour le faire. Les machines de traite furent donc acceptées car elles permettent aux familles de travailler ensemble. Pour des raisons similaires, la plupart des fermiers de la communauté utilisent des tracteurs de façon occasionnelle comme pour tirer une lourde charrue ou une batteuse (un tracteur peut prendre en charge le travail de plusieurs fermes). Mais pour le labour quotidien, beaucoup préfèrent le rythme calme et silencieux d'une paire de percherons ou de chevaux belges.

David résume sa position en ce qui concerne la technologie en un mot : les limites. « Le cheval de labour met une limite sur l'étendue de notre exploitation et le boghei tiré par notre trotteur pose aussi une limite sur la distance de nos voyages. C'est en gros ce dont nous avons besoin. Cela contribue à la bonne santé de notre communauté. » Il est logique, bien sûr, que la limitation du territoire rapporte des dividendes en fonction de ce que l'on a déjà et permet de s'en occuper sans recourir à l'endettement. L'étonnant est de trouver des communautés entières qui acceptent si élégamment de telles limites au sein d'une nation qui semble allergique à un tel concept, se targuant plutôt de la liberté d'aller aussi loin qu'elle le souhaite, aussi vite qu'elle le peut et d'acheter jusqu'à ce qu'elle n'ait plus rien – voire plus grâce aux cartes de crédit.

Des agriculteurs comme Elsie et David créent un lien entre le passé et le futur. Ils ont refusé d'adhérer au paradigme agricole moderne de ce siècle – et à celui de la vie de famille, d'ailleurs, car leurs valeurs ne sont pas matérielles : liens intergénérationnels au sein de la famille, esthétique de la nature et plaisirs du travail partagé. En limitant leur consommation et en conservant les talents des générations précédentes de paysans, ils y parviennent. Une fois le modèle d'agriculture intensive épuisé, je ne prévois pas qu'on se bouscule au portillon pour endosser cet habit austère. Mais je présume que bien des gens auront besoin de conseils au sujet de l'agriculture durable.

Je m'en suis rendu compte il y a quelques années, lorsque David et Elsie sont venus diriger un atelier de laiterie biologique dans notre comté, à la demande des producteurs laitiers des environs qui cherchaient de nouvelles méthodes. Ils se sont retrouvés devant une assemblée de participants découragés, la plupart au bord de la faillite, qui avaient suivi, leur carrière durant, les méthodes modernes en terme de laiterie : hormones de croissance, antibiotiques, mécanisation. David est profondément modeste mais l'ironie de la situation n'a pu lui échapper. Devant lui se trouvait un groupe de paysans travailleurs qui avaient assisté à la ruine progressive de leurs animaux, terres et comptes bancaires depuis cinquante ans, au moment où le ministère de l'Agriculture avait officialisé sa politique en ces termes : « Agrandissez-vous ou dégagez. »

Et voici leur professeur, un agriculteur qui était resté petit. Assez petit en tout cas pour ne pas avoir à exploiter ses champs de maïs à une cadence si rapide qu'elle ne lui aurait pas permis d'étudier le sol et d'écouter les oiseaux répondre de leur chant au lever du jour.

Biologiquement vôtre

PAR CAMILLE

Au mot biologique, tous les magasins diététiques explorés me reviennent à l'esprit. Où qu'ils soient tous semblent avoir le même parfum : sucré, odeurs truculentes des poudres de protéines, des sacs de céréales, des fruits frais et du chanvre. J'imagine que ce mot est teinté d'associations diverses selon les gens. Lorsqu'il se rapporte à la nourriture – et non aux plus redoutés des cours de chimie de première année –, « biologique » signifie à l'origine un type particulier d'exploitation agricole ; maintenant il implique un style de vie avec ses magazines et ses marques de vêtements. Ce mot s'est aussi glissé subrepticement dans un patchwork assez vague de marques d'aliments, évoluant en catimini du « 100 % biologique » au « contient des ingrédients biologiques ». Comme de l'argot rebattu, ce terme est devenu confus à cause de sa popularité croissante. Il est vrai, par exemple, que les biscuits « fabriqués avec du cacao bio » ne présentent aucune trace de pesticides ou d'additifs dans la poudre de chocolat mais cela ne constitue pas une garantie pour la farine, le lait, les œufs et les épices contenus dans le biscuit.

Pourquoi se préoccuper de savoir quels ingrédients ou combien sont biologiques ? Les raisons vont plus loin que la présence d'agents cancérigènes. Les fruits et légumes biologiques vous apportent en réalité plus de nutriments. Ces fruits et légumes sont plus robustes que ceux issus de l'agriculture conventionnelle justement parce qu'ils ont dû combattre leurs prédateurs eux-mêmes. Les plantes ont une vie difficile. Elles ne sont pas obligées de chercher leur nourriture à droite et à gauche ni de construire des nids pour élever leurs petits mais elles ont leurs soucis. Quand on a des racines plantées dans le sol et des feuilles qui ont besoin d'être en contact avec la lumière du soleil, c'est dur de se cacher des prédateurs. Vous êtes coincés, en plein jour. Imaginez ce scénario : la pauvre maman haricot sans défense observe, terrifiée, incapable de bouger ou parler, une abominable marmotte engloutir ses bébés haricots un à un. Vous baissez déjà les bras ?

Passons au mélodrame végétal suivant : le légume de potager manque d'espace privé. Si on vous a plantée dans une rangée de tomates, vous y resterez pour le restant de vos jours, à regarder, épouvantée, vos voisines se débattre avec d'horribles chenilles de sphinx tout en étant convaincue que vous serez la prochaine suppliciée. Si personne ne pulvérise d'insecticide sur ces prédateurs, la seule réplique possible pour une plante est de s'endurcir en produisant ses propres composés contre les insectes et les maladies. C'est pourquoi les fruits et légumes biologiques possèdent plus d'antioxydants – ces composés nutritifs élaborés pour la santé de la plante et non la nôtre – que ceux issus de l'agriculture conventionnelle. Plusieurs études, dont celle dirigée par Allison Byrum de la Société de chimie américaine, ont démontré que les fruits et légumes cultivés sans pesticides ou désherbants contiennent entre 50 et 60 % d'antioxydants en plus que leurs homologues traités. Ces mêmes antioxydants qui font des miracles pour les plantes ont aussi un effet magique sur le corps humain, le protégeant pas tant des chenilles de sphinx, mais de maladies, du vieillissement cellulaire et de la croissance de tumeur. Dépenser un peu plus pour ces produits bio permet d'acquérir ces nutriments supplémentaires tout en étant plus bienveillant pour l'environnement et le bien-être des générations futures (comme la mienne !).

Les aliments les plus savoureux dans la vie sont biologiques. Ce dessert (adaptation d'une recette de Jamie

Oliver dont nous a fait profiter Linda) est un excellent moyen d'utiliser le surplus de mûres qui, dans notre comté, sont lavées par la pluie et cueillies à même la ronce. La sauce au melon fera passer l'un des plus délicieux fruits orange de l'été de la table du petit déjeuner à celle d'un dîner aux chandelles. C'est élégant et succulent servi avec du saumon ou du poulet.

CRUMBLE AUX MÛRES ET AU BASILIC

2-3 pommes, coupées en dés
500g de mûres
2 cuillerées à soupe de vinaigre balsamique
1 belle poignée de basilic haché
50 g de miel ou plus selon l'acidité des mûres
5 cuillerées à soupe de farine
3 cuillerées à soupe rebondies de sucre roux
120 g de beurre frais

Préchauffez votre four à 200 °C. Mélangez les pommes, les mûres, le vinaigre, le basilic et le miel dans une cocotte allant au four puis laissez reposer.

Coupez le beurre bien froid en dés et mêlez-le à la farine et au sucre puis travaillez le tout du bout des doigts afin d'obtenir un mélange friable non uniforme. Répartissez les miettes de crumble sur les fruits et faites dorer au four pendant 30 minutes.

SAUCE AU MELON

(Pour six belles portions)
1 melon de Cavaillon (taille moyenne)
1 poivron rouge
1 petit piment Jalapeño
1/2 oignon rouge
10 g de menthe fraîche
1 ou 2 cuillerées à soupe de miel
2 cuillerées à café de vinaigre blanc

Coupez le melon, le poivron et le piment en petits dés. Hachez finement l'oignon et la menthe. Ajoutez le miel et le vinaigre et laissez reposer au moins une heure avant de servir avec des blancs de poulets grillés ou des filets de poisson.

12. COURGETTES À GOGO

Juillet

Le trop-plein d'herbes folles a assassiné le président, les chiens perdus, les annonces classées, et le visage plein d'espoir de Miss Amérique. À notre retour de vacances, fin juin, le magma de journaux qui protégeait nos légumes était en train de se mêler au terreau. Les allées bien dessinées avant notre départ entre chaque carré de légumes étaient maculées d'une ombre verdâtre. Les mauvaises herbes s'accrochaient au cou de nos jeunes aubergines et montaient à l'assaut des haricots. Pour un jardinier, les mauvaises herbes garantissent le plein emploi.

Amarante, pousses de phytolaque, chiendent, pourpier : nous leur avons déclaré la guerre pied à pied jusqu'à ce qu'elles hantent nos rêves. Nous avons cuit le pourpier à la vapeur et l'avons mangé. Pas mal. Et puis le répertorier comme un comestible inoffensif a conforté l'idée que la victoire était nôtre. Après tout, « mauvaises herbes » est un terme arbitraire – une plante qui pousse là où vous n'en voulez pas. Qu'il ait bon goût ou non, le pourpier devait être déraciné. Le souci avec les mauvaises herbes n'est pas d'ordre esthétique mais fonctionnel. Ces herbes adorent les terres qui viennent d'être labourées et poussent si vite que, si on les laissait faire, elles enverraient les plantes *ad patres* en appliquant leur tactique guerrière qui consiste à entrer en compétition avec les racines puis à faire de l'ombre.

L'agriculture conventionnelle se sert d'herbicides chimiques pour se débarrasser des mauvaises herbes mais puisque les cultivateurs bio s'y refusent, ce sont elles – plus que les insectes – qui représentent le défi le plus coûteux et le plus problématique. Dans de grandes exploitations, où un système de protection comme le nôtre n'est pas praticable, les cultivateurs biologiques ont souvent recours à des assolements de trois ou quatre ans grâce à des cultures de couverture rapides telles que le sarrasin et le seigle qui surpassent vite en nombre les herbes indésirables. Ils recourent aussi à la méthode de labour à nu – les mauvaises herbes ont à peine le temps de germer qu'un second labour détruit les pousses – avant de planter les céréales. L'alternative à l'utilisation intensive de produits chimiques nécessite donc de prendre en considération l'écosystème et de faire preuve d'astuce. Car, comme dit notre oncle Aubrey : « Les mauvaises herbes sont un fléau mais elles sont futées. »

Je ne m'en vante pas mais il faut bien admettre que les pousses d'amarante nous avaient envahis. Nous avions exploité le même terrain pendant des années sans jamais avoir autant de chiendent. Pourquoi était-il devenu si incontrôlable cette année ? Était-ce la météo, le déséquilibre de fertilité, un temps de labour mal choisi ou le fumier de cheval utilisé ? La chaleur du compost est censée détruire les graines de mauvaises herbes mais ce n'est pas toujours le cas. J'ai feuilleté mon journal potager pour trouver une explication. Ce que j'ai découvert, c'est que pour les cinq dernières années on retrouvait le mot mauvaise herbe à quasiment chaque entrée du mois de juin et début juillet : « Passé la matinée à biner et arracher les mauvaises herbes… utilisé le rotoculteur et désherbé les rangs de maïs… après-midi nuageuse, bon climat pour désherber… attaché les grappes de raisins, désherbé » et cette entrée optimiste : « Fini de désherber. » (Tu parles !) D'habitude, on dit que les hommes se souviennent des périodes de bonheur et oublient les moments douloureux – seule explication au fait que les femmes puissent avoir plus d'un enfant. Et plus d'un jardin aussi me suis-je dit.

En plus de désherber, nous avons passé le week-end du 4 juillet à appliquer de la chaux en grains aux haricots et aux aubergines histoire de décourager les coléoptères, et à fixer les tiges des tomates à des cages spéciales de plus d'un mètre de haut. En février, ces plantes n'étaient pas plus grosses qu'un bouton de bottine. En mai, nous les avions plantées alors qu'elles étaient plus petites que ma main. En un mois, elles étaient pliées en deux, plus hautes que moi, et déferlaient hors de leurs cages comme les chutes du Niagara, chargées d'au moins 25 kilos de fruits mûrs chacune.

Voilà pourquoi nous recommençons tout chaque année. Pour constater la croissance de jour en jour, cette merveilleuse accumulation de biomasse inexpliquée responsable de l'explosion de joie d'un jardin en juillet. Nourris seulement de ce qu'ils captent dans l'air et la terre, les haricots nains s'épanouissent, l'okra explose, le maïs, empressé, s'étire vers le ciel tel un gamin qui tend les bras pour enfiler sa chemise. Les concombres et les melons montrent au début une méfiance suburbaine ; espacés discrètement les uns des autres comme des pavillons dans un lotissement mais dévergondés par la chaleur de l'été, ils s'étalent toujours plus loin de leurs fondations pour former des zones feuillues peu recommandables. Nous, les jardiniers, nous nous tenons au beau milieu de ces excroissances en nous démenant comme des beaux diables à coups de désherbage, tuteurage, arrosage et paillage, l'œil aux aguets pour parer aux méfaits des bestioles, des marmottes et du ciel. Mais pour être honnête, les plantes travaillent bien plus, impliquées qu'elles sont dans la vraie production. Nous supervisons, elles triment.

Les jours d'abondance sont arrivés d'un coup. Durant ce même week-end du 4 juillet, nous avons déterrés soixante-quatorze carottes, une demi-douzaine d'oignons et toutes les têtes d'ail. Planté à l'automne, l'ail résiste à l'hiver sous une couche de paille. Nous avons déniché notre premier kilo de patates nouvelles à peau rouge et chair jaune. Avec les derniers pois croquants, nous avons récolté les premières tomates Silvery Fir Tree et Choix de Sophie suivies dès le lendemain de dix tomates de plus. Nos précieux premiers concombres ont été encore plus palpitants à découvrir que les tomates. La sensation fraîche et verte qui nous envahit lorsque nous croquons un concombre s'était tant fait attendre… Bannir les légumes transportés, nous l'avions vite compris, nous priverait la plupart de temps de concombre. Ici, leur saison est de courte durée et nous ne pouvons les conserver qu'en saumure. Ils ne sont qu'eau et croquant, et alors ? Ils m'avaient manqué. La disette s'est arrêtée le 6 juillet, jour de récolte de six pièces vert foncé, deux Suyo Long (une variété asiatique épineuse toute tarabiscotée), vingt-cinq miniconcombres, un légume de gourmet qui ressemble à un gros cornichon blanc comme neige. Le surlendemain, on en récolterait autant. Et encore tous les deux jours pendant un mois ou plus s'ils ne succombaient pas à la nécrose du liber et autres bestioles. Toute la journée et tout l'été, les concombres sont devenus nos encas de prédilection. Il s'agirait de s'en lasser avant l'hiver.

Le septième jour, une pluie battante m'a condamnée à rester à la maison, m'obligeant par la même occasion à refaire connaissance avec mon bureau où rôdaient quelques échéances. Le soir venu, pour une fois, je n'étais pas fourbue par une journée de jardinage. J'ai donc décidé de concocter un bon dîner. Nous avons utilisé plusieurs kilos de concombres et de tomates pour faire notre premier gaspacho de l'été, notre soupe préférée, et l'avons assaisonné d'une grande quantité de coriandre fraîche. Pour peaufiner le repas, nous avons agrémenté des pâtes orzo de fromage râpé, d'une profusion de basilic frais du jardin accompagné de plusieurs poignées de courge émincée. Après des mois de restrictions en terme de créativité, pour soutenir les ingrédients locaux, nous passions enfin aux dédommagements fiscaux.

Le mélange courge-orzo fait partie des nombreuses recettes « de fin de saison des courges » auxquelles nous ferions souvent appel plus tard. C'est un plat délicieux et nourrissant dont on ne détecte pas forcément les divers ingrédients. Invités et enfants s'en sont régalés sans savoir qu'il contenait de la courge. L'importance de ce qui précède va vite devenir claire.

⁂

À la mi-juillet, nous récoltions douze tomates par jour, autant de concombres, nos premières aubergines et des courges en énorme quantité. Un ami est passé un matin au moment où je jouais des pieds et des mains pour traîner deux caisses de fruits et légumes dans la maison. Il a prononcé une citation biblique : « La récolte est abondante et les tâches moindres. »

J'acquiesçai, bien sûr, mais en vérité il fallait que je retourne immédiatement dans le potager pour extraire à peu près deux cents oignons – notre réserve pour l'année. Les bulbes s'étaient joliment multipliés durant les longs jours d'été et n'attendaient plus que d'être extirpés du sol, grattés puis tressés en de lourdes nattes qui seraient suspendues à une poutre de la cuisine et embaumeraient nos repas tout l'hiver. Il fallait aussi cueillir des betteraves, un panier de haricots verts, glisser des assiettes en carton sous deux douzaines de melons en train de mûrir pour les protéger de l'humidité et des cloportes. Une semaine de plus et nous pourrions les récolter ainsi que le maïs sucré, les poivrons et l'okra. La récolte était abondante, certes, mais les labeurs sans fin.

En pleine saison, nous devions toujours garder à l'esprit que notre travail de jardiniers servait à nous nourrir, ainsi que quelques amis de temps à autre, mais que nous n'étions pas des maraîchers qui vivent de leur commerce. L'état d'esprit est très différent. Il est vrai que durant notre année d'alimentation locale, nous avons eu tendance à oublier cette distinction tant la tâche, en dépit de nos autres occupations, avait pris une importance considérable dans notre existence. Au lieu de travailler pour gagner de l'argent qu'on dépenserait ensuite pour s'approvisionner, habitude contemporaine, nous travaillions directement pour nous nourrir, en sautant toutes les étapes intermédiaires.

C'est une question d'efficacité, me disais-je, les jours où le travail paraissait aussi accablant que tout autre job d'appoint. Mais la plupart du temps, nous en récoltons d'immenses bénéfices. Jardiner vous force à sortir tous les jours pour raffermir votre cœur, vos poumons ainsi que quelques muscles dont l'existence vous était jusqu'alors inconnue, créant un équilibre très sain qui corrige les méfaits des travaux sédentaires susceptibles de nous transformer en patates avachies. Au lieu de conduire jusqu'à une salle de gym, il vous suffit de marcher vers la colline pour y soulever gratis des fourchées de terre, pratiquer le hatha-yoga en désherbant et devenir ceinture noire de la binette. Aucune échappatoire. Les mauvaises herbes pourraient remporter la bataille.

Dans un jardin, le silence règne : sans téléphone, tout devient méditation et harmonie. Après un après-midi chaotique de réponses *in extremis* à des rédacteurs, éditeurs ou traducteurs, de délais intenables, de questions de contrats incompréhensibles et d'exigences incroyables du fisc, toutes choses relevant de ma routine, je savoure la courte distance qui me sépare de mon deuxième job. Il n'y a pas de meilleure thérapie que de grimper là-haut dans les champs, disparaître une heure dans la fragrance jaune-vert des rangées de tomates pour répondre aux exigences de collègues plus calmes et disciplinés. Lorsque je prends dans mes mains les rameaux doux aussi tendres que des poignets de bébé, je leur apprends à s'attacher aux tuteurs, j'arrange leur couverture de paille et inhale leurs remerciements plein d'oxygène.

Comme notre ami David qui médite sur la Création en cultivant son champ, je me sens privilégiée d'accomplir une tâche qui me donne le loisir d'écouter le tonnerre au loin et d'observer les oisillons mésanges voleter de leur nid installé dans un trou de la barrière jusqu'au carré de concombres pour le déjeuner. Ce passe-temps, en fin de compte, c'est de l'ornithologie qui rapporte gros.

Tous les jardiniers que je connais sont accros à ces moments passés dehors dans la boue parmi les jeunes pousses vertes. Pourquoi ? Un thérapeute astucieux pourrait diagnostiquer un syndrome de dépendance et nous enrôler tout de suite dans des meetings de « Tomates anonymes ». Nous aimons tant nos jardins que c'en est douloureux. Pour eux, nous restons courbés des heures à en avoir mal au dos pour arracher des poignées de chiendent par la racine. Nous agrippons notre binette favorite comme un partenaire de tango, d'une rangée à une autre, à un rythme effréné qui nous épuise. Nous scrutons les scarabées jaunes à pois noirs, varicelle fulgurante apparue sur le feuillage des haricots. Nous passons des heures recroquevillés sur nos légumes, comme des esclaves et redressons de temps en temps notre dos en passant la main sur notre front en sueur, ce qui barbouille notre visage de boue et le métamorphose en masque guerrier conçu par un enfant. Pourquoi le jardinage rend-il accro ?

Ce besoin est probablement inscrit dans notre code génétique. L'agriculture est le moyen de subsistance le plus ancien qui a perduré sans discontinuer parmi les hommes. C'est grâce à elle que nous nous sommes élevés du rang de simple primate à celui d'Animal en chef. C'est la base du succès de notre dispersion depuis notre habitat d'origine en Afrique jusque dans toutes les régions du globe, qu'elles soient froides, sèches, en altitude ou moites. Cultiver la terre fut la première activité suffisamment prospère pour nous permettre de nous établir à un endroit, créer des groupes sociaux complexes, raconter nos histoires et construire nos villes. Les archéologues ont trouvé des preuves solides que la culture des plantes et la domestication des animaux remontent, dans certaines régions du monde, à quatorze mille ans – ceci prouve que, partout, l'agriculture est considérablement plus ancienne que ce que nous nommons civilisation. Les plantes dont nous nous nourrissons essentiellement étaient déjà cultivées il y a cinq mille ans. Les premiers êtres humains ont toujours suivi des schémas identiques où qu'ils soient, créant des petites économies agricoles fondées sur la culture de ce qu'ils avaient sous la main : blé, riz, haricots, orge et maïs selon les continents en même temps que la domestication des moutons en Iraq (9000 av. J.-C.), des cochons en Thaïlande (8000 av. J.-C.), des chevaux en Ukraine (5000 av. J.-C.) et des canards en Amérique (avant les Incas). Si vous voulez savoir ce qui est venu en premier, le poulet dans toutes les casseroles ou le politicien, la réponse coule de source.

Les chasseurs-cueilleurs ont peu à peu développé des talents pour maîtriser et augmenter leur approvisionnement de nourriture, pour apprendre à garder le surplus et nourrir des familles durant les saisons froides ou sèches et puis ils se sont installés pour construire des villes, des empires et ce qui s'ensuit. Lorsque la centralisation se désagrège, comme elle est destinée à le faire, on retourne à l'exploitation familiale. L'Empire romain a si bien profité des fruits d'immenses exploitations agricoles où trimaient les esclaves qu'à la fin de cette période les petites fermes avaient quasiment disparu. Lorsque Rome s'est effondrée, ses citoyens urbanisés sont allés se réfugier jusque dans les plus petits recoins et fissures des montagnes et vallées d'Italie en reprenant une fois de plus le travail agricole pour nourrir leurs familles. Ils sont d'ailleurs célèbres pour avoir su perpétuer cette tradition.

En ce qui concerne notre dépendance actuelle à l'égard des grandes exploitations, des signes suggèrent que nous pourrions mieux nous en sortir que les Romains. L'Europe industrialisée se méfie depuis peu des ressources alimentaires mondialisées, du fait notamment de la maladie de la vache folle et des organismes génétiquement modifiés. L'Union européenne – par le biais d'agences gouvernementales et de décrets – travaille à présent pour préserver ses fermes, ses produits locaux et ses spécialités culinaires.

Ici, aux États-Unis, nous sommes toujours, selon les statistiques, sous l'emprise des dîners à la va-vite, mais il ne nous a pas échappé qu'il y avait quelque chose de pourri dans notre alimentation et ses méthodes de production. Les sociologues parlent de « perte du Milieu » lorsqu'ils se réfèrent à la fois au centre de l'Amérique et à ses exploitations de taille moyenne décimées par la mode, une décennie durant, de l'exploitation gigantesque. Nous répondrons plus rapidement aux problèmes si nous adoptons des solutions régionales plutôt que nationales. Des bureaux dispersés dans le Midwest élaborent leurs propres alternatives, exigent que les écoles, les prisons et autres institutions publiques achètent des aliments biologiques locaux. Dans bien des États, des mesures tendent à amener les jeunes vers l'agriculture, une profession dont l'âge moyen est actuellement de cinquante-cinq ans. Près de 15 % des exploitations sont à présent dirigées par des femmes – une augmentation de 5 % en trente ans. L'essor incroyable des activités biologiques (exploitations et commerces) est tel que l'on peut en conclure que les consommateurs sont prêts, non seulement à défier un géant industriel, mais aussi à accepter le changement. Le secteur de vente directe aux consommateurs est en pleine croissance. Sous nos vêtements à la mode, il semble que nous soyons restés des animaux qui ont conservé la trace du désir d'aller près du puits renifler l'eau et les sources de nourriture.

Dans le monde des médias et du commerce, la notion de retour à la terre est encore caricaturée comme étant une utopie de hippie écervelé. Mais aux yeux de gens qui portent une salopette pour travailler et tiennent leurs réunions au sommet, assis sur leur tracteur, l'image est sûrement sans importance. Dans une nation qui investit ses flots de ressources dans les cultures de base – du maïs et du soja à gogo mais rien à se mettre sous la dent – « le retour à la terre » est une option qui séduit tranquillement un grand nombre de personnes. La popularité du jardinage en est la preuve ; tout comme l'incroyable développement de l'agro-tourisme, qui comprend notamment les opérations de cueillette de fruits, les paniers bio, les restaurants et les bed & breakfast à la ferme. Nous sommes nombreux, sans être jardiniers ni cultivateurs, à entretenir une nostalgie de la ferme *via* le passé de notre famille, qu'il soit réel ou fictif : une envie secrète de nous lier à une existence qui débute chaque matin par le chant du coq dans la cour.

⁂

En été, la fantaisie d'un jeune coq devient… comment le dire avec élégance ?… l'acharnement le plus effréné qu'il m'ait été donné de voir en matière de technique de séduction. Comme prévu, un poussin sur deux dans l'élevage de Lily s'est révélé être un mâle. Nous l'avons tous constaté quand les coquelets se sont lancés dans leurs expériences d'accouplement, grimpant tout de guingois sur les poulettes, à reculons ou sur le côté. Les jeunes poules les repoussaient pour continuer de grappiller des petites bêtes dans l'herbe. Mais trois poules plus vieilles, des oiseaux adultes que nous avions depuis un petit bout de temps, n'ont pas accepté les jeunes idiots de gaieté de cœur. Emmy, une vieille Jersey Giant, a réagi comme toute grand-mère l'aurait fait si un écervelé s'était approché dans ce but : elle lui a pincé la tête et l'a poursuivi jusque dans un buisson de buis.

Ces jeunes mâles avaient beaucoup à apprendre, pas seulement dans l'art de s'accoupler. Un coq adulte et adroit prend sa tâche au sérieux en tant que protecteur de la basse-cour, utilise des sons différents pour alerter ses poules en cas de prédateurs aériens, nourriture ou dangers. Il accompagne ses femelles au poulailler à la tombée du jour. À défaut d'un vrai poulailler, il les force à grimper sur une branche ou tout autre perchoir sûr pour la nuit. La féministe en moi déteste l'admettre, mais un troupeau de poules de plein air se comporte très différemment en l'absence de coq : elles sont éparpillées, vulnérables, des âmes errantes et perdues. Bien sûr, ce ne sont que des poulets. Ils ont des cerveaux d'oiseau, se sont transformés en groupes polygames et vivent depuis des millénaires avec des humains qui récompensent leur docilité et leur production d'œufs. Les poules modernes de variété robuste pondent un œuf par jour pendant des mois d'affilée jusqu'à ce que les jours d'hiver soient trop courts. Et elles le font sans avoir besoin d'un mâle. Les grandes exploitations avicoles braquent de la lumière artificielle sur les poules afin d'allonger la période de ponte, le tout, sans avoir recours à un seul coq. L'œuf standard d'épicerie est stérile. Mais dans une cour où les poulets picorent et risquent d'être dévorés par une buse, le comportement du groupe est plus intéressant quand un coq dirige les opérations.

C'est pour cela que Lily voulait un coq, pour assurer la protection du groupe et voir ses poules élever des poussins l'année suivante. Nous cherchions un « bon » coq, pas un nul. Au fil du temps, nous avions eu les deux. Notre grand favori fut M. Doodle. Si une carrière professionnelle s'était ouverte à lui – les chiens ont bien leurs épreuves de gardiens de troupeau ou autres – on aurait pu mettre M. Doodle à la retraite anticipée en tant qu'étalon. Il avait l'œil averti en matière de sécurité et un cœur juste. Je gardais des chenilles, trouvées dans le jardin, pour les lancer dans la cour et observer M. Doodle courir les attraper une à une, puis pencher la tête pour réfléchir

---

CULTIVER CHEZ SOI

On a compris, Barbara Kingsolver a 16 hectares et une mule (en réalité, c'est un âne). Mais comment quelqu'un comme moi pourrait-il participer à cet esprit de culture alors que je vis dans un appartement face à l'autoroute et aux fenêtres de voisins ? Je vais élever un cochon dans ma chambre d'amis ?

Elle est grande comment, votre chambre d'amis ? Je plaisante. Même pour les gens qui vivent dans des agglomérations urbaines - cela concerne plus de la moitié de la population - contribuer directement à l'économie de l'alimentation locale n'est pas exclu. Jardinage dans des pots sous les porches, sur des balcons, sur des escaliers voire contre une fenêtre ensoleillée peut produire un nombre surprenant de pousses, d'herbes aromatiques et même de légumes. Quelques plants de tomates dans une jardinière peuvent rapporter gros.

Si vous avez une cour, vous pouvez en transformer un coin en jardin. Il vous suffit d'en bêcher la partie la plus ensoleillée pour les légumes de saison ou bien d'opter pour un jardin mixte, planté de vivaces comestibles. Les fruits, les noix, les agrumes et les

---

et finalement les redistribuer à chacune de ses poules avant de recommencer l'opération. Tout nombre de chenilles qui n'était pas un facteur de six le paniquait ; il détestait le favoritisme.

C'était le mâle idéal. Ceux qu'on avait à présent n'étaient pas du genre à se faire réinviter. Nous leur avons accordé le bénéfice de l'âge. Tout honnête homme fut un jour chenapan, nos coqs pouvaient donc se faire chasser sous le buis une fois ou deux avant que leur nature de gentleman se révèle. Nous allions dorénavant observer nos coquelets de près dans leur jeu de survie. Tous, sauf un, allaient finir dans nos assiettes, il ne s'agissait donc pas de s'apitoyer. Garder plusieurs coqs à la fois n'est pas très charitable. Ils finissent toujours par s'engager dans un sport bien connu, illégal dans quarante-huit États.

Qui serait le vainqueur ? Les critères sont stricts et

---

baies existent sous une multitude de formes très gracieuses et il s'en trouve toujours pour chaque région.

Si vous n'êtes pas propriétaire, vous aurez tout de même de nombreuses possibilités de jardiner en ville. Bien des projets d'agriculture collective permettent, voire exigent, que les participants mettent la main à la pâte, en l'occurrence, à la terre ; ils offrent parfois des arrangements, main-d'œuvre contre nourriture. La plupart des agglomérations accueillent des jardins communautaires, aux protocoles très divers – pratique très ancrée en Europe qui s'est implantée ici. Certains louent des potagers aux premiers venus ; d'autres offrent un lopin de terre aux résidents d'un quartier. Il existe des jardins dirigés par des bénévoles pour répondre à un but spécifique, tel que l'approvisionnement d'une école du quartier ou bien en réponse à des besoins précis de participants handicapés ou de jeunes en difficulté. Vous trouverez des informations et des adresses sur le site de l'Association américaine de jardins communautaires : www.communitygarden.org.

STEVEN L. HOPP

---

divers : signaux d'alarme éloquents, personnalité désintéressée pour la répartition des victuailles et l'installation nocturne, bon comportement à l'égard des humains. Il arrive qu'un bon coq se mette à attaquer les enfants, crime capital dans notre basse-cour. Enfin, notre coq aurait besoin d'une voix mélodieuse. Son cocorico, nous allions l'entendre plus d'un millier de matins. Les Chantecler, comme les nomment les histoires d'enfants, sont aussi diversement doués que les chanteurs d'opéra. Nous voulions un Pavarotti. L'aptitude au chant est surtout génétique et se développe avec les hormones mâles. Jusqu'à présent nous n'avions rien entendu qui s'approche d'un chant.

Et un matin, soudain, c'est arrivé. Nous étions en juillet et je venais comme tous les ans de déplacer notre chambre à coucher sous le porche à l'abri des regards. Les nuits d'été sont douces et merveilleuses bien qu'il soit difficile de dormir avec tout ce qui se passe la nuit tombée : criquets, sauterelles et lucioles s'approprient tout l'espace visuel et sonore. Les chouettes effraies poussent la sérénade. Les chevreuils nous surprennent avec l'étrange sonorité nasale de leurs cris d'alarme. Un beau matin, donc, alors que je contemplais la lente coloration du versant boisé de la colline passer du gris au vert, j'ai entendu ce que j'ai pris pour une nouvelle variété de crapaud de Virginie : « Croak ! »

J'ai réveillé Steven, comme toute femme du monde entier, pour lui demander : « C'était quoi, ce bruit ? »

Je savais qu'il n'allait pas m'en vouloir puisque ça n'avait pas trait à une ennuyeuse suspicion de cambriolage mais à la vie des animaux sauvages. Il s'est assis, aux aguets. Ses travaux de recherche portent sur l'acoustique animale : chants d'oiseaux et autres types de communication animale. Il sait reconnaître par leur chant tous les oiseaux natifs de l'est des États-Unis et classer la plupart des insectes, mammifères et amphibiens au moins par catégorie. Comme le commun des mortels, j'en suis incapable. Je peux confondre des cris de mammifères avec des oiseaux et certains insectes avec des outils. Son avis de professionnel sur ce coassement prédiurne ? « Chai pas. »

En les écoutant plus longtemps, il est devenu clair que deux d'entre eux faisaient une sorte de concours : « Croo-ak ! »

(Pause pour formuler la réponse.)

« Cri-iggle-ick ! »

Steven a compris bien avant moi. Il s'agissait de nos rejetons de l'été. Les apprentis coqs.

Lorsque l'aube a pointé, plus de voix ont rejoint le chœur. L'une s'est peu à peu distinguée en tant que chef de chœur à laquelle les autres répondaient d'une manière qui rappelait les fêtes religieuses d'antan.

« Rrrr-arrr-orrrk ! »

« Crii-iggle-ick ! »

Nous nous retrouvions avec ce qui ressemblait à une nouvelle branche de l'école Berlitz réservée aux coqs, et un enseignant recruté pour pas un rond.

Les filles nous ont entendu rire et nous ont rejoints sous le porche pour voir ce qu'il y avait de si drôle. Nous nous sommes vite retrouvés tous ensemble dans le lit pris de fou rire après chaque refrain. Bienvenus dans cette drôle de ferme. J'avais mentionné un Pavarotti ? Nous avions un gang de ratés sans oreille musicale. Combien de semaines encore devrions-nous supporter cette audition éprouvante avant d'affiner la sélection ? Un participant qui sortait du lot ponctuait toujours la fin de son chant d'une sorte de rot : « Crr-rr-arrr…*blurp* ! »

Celui-ci avait son avenir tout tracé dans une cuisine. La mienne.

⁂

Nos dindes, après être passées par le duvet ingrat de l'adolescence, étaient désormais splendides dans leur plumage adulte. Les Bourbon Red comptent parmi ce qu'il se fait de plus beau chez les dindes. Elles ont un corps roux châtain, des ailes blanches et le bout des plumes rectrices blanc. Évidemment, les mâles ne chantaient pas mais, niveau testostérone, c'était la seule chose qui leur faisait défaut. On connaissait la chanson. Avant d'emménager en Virginie, j'en avais élevé quelques-unes pour tâter le terrain, voir si nous aimions cette variété avant de nous lancer dans un vrai élevage. J'avais pris cinq volailles et, dès le premier jour, j'avais eu peur de ne jamais pouvoir réconcilier leurs mignonnes têtes ébouriffées avec la saison de Thanksgiving. Mais cet été-là, à l'apparition des hormones de l'adolescence, le problème lié à leur physique adorable s'était résolu de lui-même, et comment !

Quatre oiseaux sur cinq étaient des mâles ; ils avaient complètement oublié qui j'étais, moi, jadis une mère pour eux, et s'étaient lancés dans une orgie volaillère qui avait duré des mois. Imaginez un peu le spectacle : le dindon fait la roue de façon spectaculaire pour les beaux yeux d'une cour de dindes. Maintenant, imaginez-le, multiplié par quatre, répétant sans cesse le même scénario, mois après mois. L'unique femelle a sûrement passé l'été à regretter de ne pouvoir lever les yeux au ciel. Ces mâles voulaient l'impressionner ou mourir d'avoir essayé. Ils déployaient leurs plumes avec un bruissement de taffetas, allongeaient le cou le plus haut possible pour enfin éructer un gargouillement rauque. Encore, encore et encore. Notre plus proche voisin était même venu demander timidement : « Hum, je ne veux pas être indiscret mais, dites-moi, votre coq est malade ? »

Nous avons été très soulagés au moment de s'en séparer, cette année-là, point final de notre expérimentation en matière de dinde. En automne, les dindons s'étaient mis à terroriser Lily, six ans à l'époque, en se ruant vers elle en gloussant dès qu'elle entrait dans la basse-cour pour nourrir ses poulets. Au début, elle avait fait pression pour pouvoir les nommer, ce que j'avais refusé pour accepter ensuite avec une idée de ce qu'elle avait en tête ; elle les baptisa M. Thanksgiving, M. Dîner, M. Saucisse et dans un formidable élan culinaire tiré par les cheveux – M. Sushi.

Nous savions donc très bien à quoi nous attendre avec notre troupeau qui grandissait. Vers la mi-été, toutes nos volailles nées en avril étaient bien installées. Notre poulailler est une grange à grain centenaire, avec un toit en tôle ondulée, des côtés en fil barbelé recouverts d'un treillis de lamelles de vieux bois. Nous avions agencé le bâtiment en le divisant en deux grandes pièces qui servaient d'enclos nocturnes pour les poulets et les dindes (ils n'aiment pas vivre ensemble), à l'abri des ratons laveurs, des opossums, des coyotes et des grands serpents, tous de redoutables prédateurs. Nous nous servions de l'entrée du bâtiment qui permettait d'accéder à chaque poulailler par une porte pour stocker les graines et autres provisions. Côté poulets, il y avait tout un mur de pondoirs (Lily était ambitieuse) et une porte à l'arrière qui menait directement dehors – pendant la journée, les poulets se baladaient en liberté dans toute la cour et n'étaient enfermés que la nuit. Côté dindes, une ouverture à clapet leur permettait de gagner un vaste enclos en plein air ceint de barbelés.

Les dindes venaient de comprendre comment fonctionnait cette ouverture et elles profitaient des jours ensoleillés pour n'entrer dans le poulailler qu'à la tombée du jour. Bien des gens croient que poulets et dindes sont des mangeurs de graines (en ce qui concerne les oiseaux de batterie, les graines sont leur meilleur plat), alors qu'en réalité ils consomment beaucoup d'herbes et de feuilles si on les laisse picorer. Ils sont également tous deux de vrais carnivores. J'ai vu bien des vers et des insectes vivre leurs derniers instants, accrochés à un bec dans notre cour, et pas seulement des scarabées et des vers de terre mais aussi des salamandres et des grenouilles égarées. La mention « poules végétariennes élevées en liberté » trouvée sur les boîtes d'œufs est fausse, à moins qu'un dompteur ne les ait entraînées avec un collier à électrochocs. Nos dindes étaient habiles pour dénicher à manger, bien plus grandes à présent que nos poulets mais plus lentes en ce qui concernait leur maturité sexuelle. Rien n'était encore établi, à ce sujet, quant au développement de ces oiseaux. Sincèrement, j'espérais avoir des femelles.

⁂

Mes enfants ont du mal à le croire mais j'ai grandi sans avoir jamais entendu parler de courgette. Nous ne connaissions qu'une sorte de courge d'été : la Yellow Crookneck (courge jaune à col originaire du New Jersey) que nous cultivions en abondance dans notre potager. Ils en vendaient sûrement l'été au supermarché IGA, pour la pauvre âme sans ami qui devait en acheter. Nous avions trois variétés de courges d'hiver à écorce dure : courge musquée, citrouilles et une géante rayée, la courge pleine de Naples, qui peut peser autant qu'un enfant de huit ans. L'hiver, nous en gardions toujours une sous la main, dans l'escalier qui menait à notre grenier frais et en sciions un morceau à chaque fois que nous voulions avoir notre dose de légume orange. Elles sont parfaites pour les tartes. C'est tout en ce qui concerne les histoires de courge de ma tendre enfance. Ce serait suffisant pour bien des gens.

Pas pour mon père. Toujours en quête d'aventure, il alla un jour fouiner dans le nouveau magasin qui venait d'ouvrir pas loin du nôtre. Oh ! Quel splendide monde de produits culinaires exotiques : ils avaient de vraies tartes à la crème, congelées toutes fraîches dans des moules d'aluminium et des légumes dont nous n'avions jamais entendu parler. Les artichauts, par exemple. Nous, les gosses, avons voté pour les tartes mais la décision de papa a prévalu : il a rapporté des artichauts. Maman les a cuits à l'eau, comme il se doit, et nous les a servis avec des fourchettes, pensant que nous les mangerions dans leur intégralité. On s'est donné du mal. Il a fallu attendre vingt ans pour que je touche à nouveau un artichaut.

Mais nos vies ont changé radicalement le jour où papa a rapporté des courgettes. « C'est italien », nous a-t-il expliqué. Nous ne savions pas trop comment cela se prononçait mais alors que les artichauts nous avaient tiré les larmes des yeux et menés au bord de l'étouffement, nous avons adoré ces dirigeables vert foncé. L'année suivante, papa a découvert qu'il pouvait commander des graines et cultiver ce légume étranger ici, chez lui. À cette époque, j'étais en charge de la section « courge » du jardin – mon frère s'occupait des oignons – et nous étions des enfants attentifs. Je suis sûre que l'on doit l'introduction de la courgette en Amérique du Nord au comté de Nicolas dans le Kentucky. Si ce n'est pas le cas, nous avons rempli notre mission en en offrant aussi bien à nos amis qu'à des inconnus. Nous les mangions cuites à la vapeur, au four, frites, dans des soupes en été comme en hiver car ma mère avait inventé une recette à tomber par terre de soupe à la courgette avec un soupçon d'oignons qu'elle conservait dans des bouteilles par lots de vingt. Je descends d'une lignée de gens fiers qui savent très bien traiter la courge.

C'est pourquoi juillet ne m'effraie pas. Nous avons ramassé nos premières petites courges jaunes à col au début du mois, de vraies beautés que nous aurions pu voir servies dans des restaurants chic, sautées avec leurs fleurs. Le 6 juillet j'ai cueilli deux pâtissons (une courge blanche en forme de soucoupe volante), quatre Yellow Crooknecks, six courgettes dorées et cinq Costata Romanesca – de la famille des courgettes, elle est agréablement ferme sous la dent et a le chic pour atteindre la taille d'une batte de base-ball en une nuit. Je suis la fille de mon père, toujours prête à me lancer dans de nouvelles aventures *via* le catalogue de graines, et suis restée en charge de la section des courges du jardin. Parfois j'exagère mais je n'étais pas encore prête à l'admettre. « J'adore toutes ces courges », déclamai-je. Elles apportent l'arc-en-ciel de leurs formes et couleurs dans la cuisine avec les premiers haricots de la saison (Purple Romano et Gold of Bacau), les miniconcombres blancs, les bettes multicolores et les betteraves Chioggia, un légume oublié d'Italie dont la coupe fait apparaître des anneaux rouges et blancs similaires à ceux d'une cible. J'étais toujours d'humeur joyeuse, deux jours plus tard, lorsque j'ai rapporté la dix-neuvième courge de la journée. Puis trente-trois de plus au cours de la semaine suivante, y compris une lourde cargaison de Costatas. Contrairement aux autres courges, elles ne perdent pas leur délicieuse saveur quand elles atteignent une taille imposante bien qu'elles soient intimidantes. Nous les avons ouvertes et farcies d'oignons sautés, de miettes de pain et de fromage avant de les enfourner dans notre four à pain situé à l'extérieur. Tous les invités étaient obligés d'en manger et d'en rapporter chez eux, emballées dans des sachets en plastique. Nous avons même commencé à choisir nos invités parmi les gens qui n'avaient pas de jardin. Nos amis jardiniers étaient assez au courant du problème pour nous claquer la porte au nez à la simple vue d'un gros sac en plastique.

Camille a bien contribué à enrayer l'invasion. Avant l'anniversaire de sa sœur, elle a adapté diverses recettes pour en créer une absolument géniale : les cookies à la courgette et aux éclats de chocolat. Elle a préparé de la pâte pour une fournée de cent biscuits, faisant disparaître au passage un bon nombre de mastodontes verts qui menaçaient la cuisine. Elle a fait tourner le plat, pendant la fête d'anniversaire de Lily, un sourire malin aux lèvres tandis que les enfants s'agglutinaient autour de la table de la cuisine pour voir Lily ouvrir ses cadeaux. Les enfants de neuf ans détestent les courges. Nous les avons regardés qui mastiquaient. Ils en ont redemandé. Ha !

Camille les a mis au défi de deviner l'ingrédient secret, fixant des yeux de façon suggestive les dirigeables vert foncé qui restaient (l'un deux coupé en deux) sur le plan de travail :

« Cannelle ? Flocons d'avoine ? Sucre candi ? »

Motus et bouche cousue. Mais une fois les papiers cadeau envolés, la poussière retombée et les cent cookies dévorés, nous avions encore plus de ces dirigeables dans la cuisine.

Nous avions planté trop de vignes ? Devrions-nous laisser les mauvaises herbes les envahir plus tôt ? Oh ! Fidèle courge, elles ne vous laissent jamais en carafe. Tôt, un samedi matin, rêvant éveillée j'ai murmuré à Steven : « Nous avons besoin d'un cochon.

– Un cochon ?

– Pour les courges. »

Il savait que je plaisantais. D'abord, les cochons sont suffisamment futés pour ne pas se laisser aisément moissonner. Leurs yeux diffusent une sensibilité attachante inconnue des volailles, même lorsque vous les avez élevées dès leur plus jeune âge. Et puis, nous n'avions pas besoin d'un cochon domestique.

Mais nous avions besoin de quelque chose pour nous débarrasser de toutes ces courgettes – un but utile pour la pyramide de biomasse végétale qui envahissait nos vies. Ma famille sait très bien que je suis, par nature, incapable de gâcher de la nourriture. J'ai été élevée par des parents économes qui avaient eux-mêmes grandi durant la Dépression, quand la famine menaçait réellement. Adulte, j'ai appris à me racheter un jean lorsque les miens étaient reprisés avec des pièces cousues l'une sur l'autre mais je n'ai pas appris à jeter de la nourriture encore excellente à la poubelle. Même pas pour le compost, sauf si elle n'est vraiment plus bonne. Pour moi, c'est comme jeter une montre Rolex. La métaphore est toute fictive. C'est à la sueur du front qu'on cultive ce que l'on va manger. Ça commence avec une graine et la suite défie toutes prévisions. Du point de vue d'un animal, c'est en soi ce que nous avons de plus précieux.

Mais j'étais confrontée à ce monceau de courgettes dans la cuisine, leurs cousins entassés dans un panier – entre cuisine et jardin – qui n'attendaient qu'un mot pour les rejoindre : les « boat courgettes ».

J'étais parfois obligée de poser mon couteau pour admirer leur profusion sans égale. Leur intelligence imposante et élancée. Leur poids. J'essayais de les faire tenir sur la tête ou le côté : ici, dans la cuisine, se trouvaient les prémices de notre propre Stonehenge végétal. Bon d'accord, je perdais tout contrôle. Jamais je ne pourrais gagner cette course-là. Si ces menhirs se mettaient à pourrir, alors je pourrais les utiliser dans le compost. Quant à ceux qui avaient dépassé toute mesure, nous les fendions en deux pour en nourrir les poulets – ce qui n'est pas du gâchis mais produit des œufs et de la viande. Un cochon pourrait vraiment venir à bout de cet amoncellement…

Ils ne pourraient pas inventer un moteur qui fonctionne à la courgette ?

Le pire c'est que des gens essayaient de nous en refiler. Un jour nous sommes rentrés pour en trouver un sac plein accroché à la boîte à lettres. Le coupable n'était bien sûr pas en vue.

« Oh ! là, là ! quelle excellente idée ! »

Garrison Keillor prétend que juillet est la seule période de l'année durant laquelle les gens ferment leurs voitures à clef dans le parking de l'église pour que personne n'installe de courgettes au volant. Je croyais que c'était une blague !

Je ne souhaite pas débattre de la présence ou non de mesures de sécurité suffisantes dans notre région sinon pour spécifier qu'à la campagne, en général, on ne ferme pas sa porte à clef. La notion de « quartier privé » ne fait sens à nos yeux qu'en termes de bétail qu'on éloigne des champs. L'atmosphère est décontractée dans notre petite ville et nos voisins sont prêts à nous donner la marque et le modèle de tout véhicule qui emprunte notre allée si nous leur demandons. Ma famille fut donc étonnée de me voir vérifier les serrures des portes et barrières dès que nous quittions les lieux.

« Vous voulez vraiment que je mette les points sur les i ? Imaginez que quelqu'un entre par effraction pour déposer des courgettes. »

Nous n'étions qu'en juillet. Je n'accepterais désormais aucune courgette de plus mais n'étais pas prête à baisser les bras.

L'esprit de l'été

PAR CAMILLE

Ce samedi après-midi de la mi-juillet, notre ferme déborde de vie. Nous rentrons de chaque excursion dans le jardin les bras chargés de concombres, courges et tomates. À présent, nous récoltons aussi les poivrons, les aubergines, les oignons, les haricots verts et les bettes. Dans quelques heures, des amis viendront dîner, aussi contemplons-nous, maman et moi, notre pile de légumes frais et commençons à tout préparer. D'abord, la soupe de concombres que nous servirons en premier et qui a besoin de refroidir. Quatorze petits concombres prennent un à un le chemin du mixer pour en sortir en une fraîcheur de purée vert vif. Puis nous ajoutons le yaourt au lait écrémé fait la veille. Enfin, les herbes viennent se mêler à la mixture fraîche et légère que nous transvasons dans un saladier mis dans le réfrigérateur entre des sacs géants de courgettes.

Il nous faut maintenant cuire le pain. Chez nous, c'est la tâche de l'homme : Steven sort divers paquets de farine pour faire des miracles. Une cuillerée de ceci, une pincée de cela rejoignent le mixer jusqu'à ce que Steven semble satisfait. Puis la pâte est pétrie au mixer et nous la laissons reposer et monter. Plus tard, nos amis arrivés, Nancy, véritable artiste du pain, roule et pétrit la pâte en forme de petites baguettes bien dodues. Dehors, le four à pain en pierre, installé au printemps dernier, crépite depuis des heures. Nancy avait très envie de venir le tester. Steven et elle enfournent les baguettes sur des plaques parsemées de farine, une fois le charbon enlevé. À l'intérieur, la température approche les 370 °C.

Pendant ce temps, maman et moi confectionnons le dessert : un sorbet à la cerise. Nous les avons cueillies sur l'arbre qui donne de l'ombre à notre porche et nous nargue avec ses grappes de fruits disposées sur ses branches les plus inaccessibles. Chaque été, c'est la même chose : Steven et moi grimpons aux échelles installées à l'arrière de la camionnette stratégiquement garée au préalable sous le cerisier ; maman nous prodigue ses conseils de prudence puis finit par nous rejoindre. Des centaines de cerises noires et luisantes resteront hors de portée pour quiconque n'a pas d'aile. Les geais se régalent, mais nous récoltons tout de même une belle quantité de cerises cette année. Maman dénoyaute les cerises, les mains maculées d'une sorte d'encre rouge sombre tandis que je fais chauffer l'eau et le miel. Nous mélangeons les fruits au sirop et laissons la préparation refroidir avant de la mettre dans la sorbetière.

Les baguettes sont vite cuites dans le four chaud. Après un quart d'heure, nous les sortons et les coupons en deux. Le parfum suffit à vous donner envie d'abandonner toute expérimentation de gourmet pour mieux vous régaler du pain. Malgré tout, nous résistons à la tentation et tranchons les baguettes dans la longueur avant de les mettre sur une grille. Nous les couvrons de légumes grillés et de fromage, en commençant par des tranches de mozzarella faite la veille avec l'aide de ma petite sœur et de notre grand-mère italienne. Ensuite viennent les tranches de courge jaune bien revenues, de pâtissons, poivrons verts, aubergines et oignons que je viens d'enlever du gril. La couche finale est composée de tomates fraîches au basilic. Nous mettons le tout au gril un instant puis nous asseyons à table pour savourer le repas. J'ai l'impression d'avoir passé la journée à cuisiner mais le résultat en vaut la peine.

La soupe est sublime après un passage au réfrigérateur. C'est l'apogée d'un après-midi passé à couper des légumes et à se pencher au-dessus du gril. Nous savourons chaque cuillerée avant de sortir du four les baguettes qui croulent sous les légumes. Le fromage a fondu juste comme il fallait si bien que tout fusionne en un seul goût extraordinaire.

Le temps de discuter un peu et c'est l'heure du sorbet. Il est presque trop rouge pour être vrai, combinaison parfaite de l'acide et du sucré. Tout le monde finit son dîner, un sourire aux lèvres. Ce fut un des meilleurs repas de ma vie, pas seulement parce qu'il était délicieux mais aussi parce que tout venait de plantes dont nous avions observé les petites graines muer en jungles exubérantes. Nous avions assisté au développement de la mozzarella dont le lait avait caillé puis avait rendu du petit-lait. Nous avons vu le pain passer d'une masse couleur de sable à une teinte dorée et croustillante. Nous étions vraiment liés à ce repas.

Voici les recettes qui sont entrées dans la composition de ce fabuleux dîner estival. J'en ai ajouté deux qui permettent, l'air de rien, d'utiliser une profusion de courgettes. Une autre façon très facile d'accommoder les courgettes consiste à les couper dans le sens de la longueur, de les badigeonner d'huile d'olive avec du sel, de l'origan et du thym avant de les faire griller avec des hamburgers ou du poulet. Les haricots verts sont également délicieux grillés de cette manière. Quant à la recette des cookies aux courgettes, elle a passé l'épreuve des enfants de dix ans.

SOUPE AU CONCOMBRE ET AU YAOURT

8 petits concombre, épluchés et émincés
750 ml d'eau
750 ml de yaourt nature
2 cuillerées à soupe d'aneth
1 cuillerée à soupe de jus de citron (facultatif)
200 g de feuilles et pétales de capucine (facultatif)

Passez le tout au mixer jusqu'à ce que la consistance soit homogène, refroidissez avant de servir. Décorez avec des fleurs de capucine.

⁘ PANINI AUX LÉGUMES GRILLÉS

Assortiment de courges d'été
Aubergine
Oignon
Poivron
Huile d'olive
Romarin
Origan
Thym
Sel et poivre
2 pains blancs (45 cm)
2 boules de 225 g de mozzarella
3 belles tomates
Feuilles de basilic

Tranchez les légumes dans la longueur en lamelles de moins de 1,5 cm d'épaisseur. Mélangez l'huile d'olive aux aromates (ne soyez pas avares en herbes) puis faites mariner les légumes en vous assurant que les deux côtés soient bien recouverts de la marinade. Faites griller jusqu'à ce que les légumes soient plus ou moins dorés ; Pour les oignons et les poivrons, utilisez un panier à gril.

Coupez le pain dans sa longueur. Placez-le sur une plaque allant au four et ajoutez des couches successives de légumes grillés puis de mozzarella et enfin de tomates. Aspergez d'huile d'olive et faites griller jusqu'à ce que le fromage ait fondu. Décorez avec les feuilles de basilic et découpez avant de servir.

SORBET À LA CERISE

500 g de cerises dénoyautées
180 g de sucre (ou de miel selon votre goût)
160 ml d'eau

Pendant qu'une personne s'occupe de dénoyauter les cerises, une autre peut mélanger l'eau avec le sucre dans une casserole à feu doux. Touillez jusqu'à ce que le sucre ait fondu (le sirop sera alors clair) et laissez refroidir. Lorsque les cerises sont dénoyautées, ajoutez-y le sirop et passez le tout au mixer (niveau 1) jusqu'à ce que le mélange soit lisse puis réfrigérez avant de verser la préparation dans la sorbetière.

PÂTES ORZO À LA COURGETTE DÉGUISÉE

300 g de pâtes orzo (la version multicolore est rigolote)
1 oignon émincé, de l'ail
3 belles courgettes
Huile d'olive pour faire revenir
Thym
Origan
100 g de fromage type parmesan

Faites bouillir un litre et demi d'eau ou de bouillon de poulet et ajoutez-y les pâtes. Faites cuire de 8 à 12 minutes.

Servez-vous d'une râpe à fromage pour râper les courgettes ; faites-les dorer un instant à la poêle avec l'oignon et l'ail.

Ajoutez les épices au mélange de courgettes, mélangez soigneusement puis retirez du feu.

Mélangez le tout au fromage et aux pâtes, salez et servez tiède ou à température ambiante.

COOKIES AUX COURGETTES ET AUX COPEAUX DE CHOCOLAT

(Pour deux douzaines de cookies)
1 œuf battu
125 g de beurre ramolli
125 g de sucre roux
80 g de miel
1 cuillerée à soupe d'extrait de vanille
125 g de farine blanche
125 g de farine complète
1/2 cuillerée à thé de levure
2 pincées de sel
2 pincées de cannelle
1 pincée de noix de muscade
250 g de courgettes finement râpées
300 g de copeaux de chocolat

Mélangez l'œuf, le beurre, le sucre et le miel dans un grand saladier.

Mélangez les farines, la levure, le sel, la cannelle et la noix de muscade dans un petit saladier.

Mélangez les courgettes et les copeaux de chocolat aux autres ingrédients, passez au mixer. Déposez des cuillerées de pâte sur une plaque préalablement beurrée puis aplatissez avec le dos d'une cuillère. Faites cuire 10 à 15 minutes à 180 °C.

N'en parlez pas à ma sœur !

Menu d'été

Dimanche : poulet braisé aux courgettes, au maïs et à la coriandre.

Lundi : panini aux légumes grillés servis avec une salade.

Mardi : tranches de poulet froid (cuit dimanche) et pâtes orzo à la courgette.

Mercredi : hamburgers avec haricots verts et courgettes grillés.

Jeudi : beignets de fleurs de courgette farcis au fromage servis avec une salade.

Vendredi : pizza aux courgettes grillées, aubergines, oignons caramélisés et mozzarella.

Samedi : côtelettes d'agneau et courgettes farcies au four.

13. LA VIE DANS UN ÉTAT RÉPUBLICAIN

Août

J'ai tenu un journal durant la plupart de mes années de jardinage. J'ai l'habitude de griffonner, de prendre note des triomphes et des échecs de chaque saison dont je suis de toute manière assez convaincue qu'ils resteront ancrés dans ma mémoire. Que les melons Collective Farm Woman surprennent par leur pudibonderie, que les Dolly Partons produisent des tomates si rebondies que les plants en vacillent : qui pourrait l'oublier ? Eh bien, moi, apparemment. L'hiver venu, quand il est temps de commander de nouvelles graines, j'ai toujours besoin de regarder mon journal pour vérifier. Posé grand ouvert sur ma table de nuit, il m'invite tous les jours à commenter la météo, les changements saisonniers en matière de floraison et de fructification, les événements familiaux notables, la récolte du jour ou simplement ce qui m'a occupée. La puissance sise dans le cerveau de la taille d'un pois du colibri, par exemple. Malgré ses longues migrations et les tempêtes de sa vie privée, le colibri revient tous les printemps à la même date, à un jour près, construire systématiquement son nid près de la porte de la cuisine.

Au fil du temps, de tels phénomènes se remarquent. Comme le fait qu'aussi blasée que j'aie pu devenir, l'hiver détruit jusqu'à ma dernière once de mondanité et me fait renaître chaque été avec la naïveté d'un enfant : la première tomate de la saison m'émeut jusqu'aux larmes. Ses mensurations sont consignées dans mon journal avec le soin porté à un faire-part de naissance : c'est une Précoce ! 112 grammes ! 16 juin ! Bénédiction que nous attendions depuis si longtemps. Les semaines suivantes, je note au fur et à mesure l'arrivée, la taille et la qualité des diverses variétés : deux Green Zebra, quatre splendides Jaune Flammé, une seule Russian Black de 220 grammes. J'inscris que cette dernière remporte notre premier test comparatif gustatif de l'été – bon équilibre entre l'acidité et la douceur avec de belles nuances épicées. Je les décris dans mon journal comme un œnologue prend note d'une découverte. Le même jour, je rapporte que notre voisine veut se débarrasser de toutes ses Russian Black sous le prétexte qu'elles sont « trop laides pour être mangées ». J'en prends volontiers quelques-unes.

Avec l'accroissement des récoltes, la valeur diminue. Trois semaines après l'entrée de la « première tomate », je troque le vocabulaire dithyrambique pour un langage plus mathématique : « 10 Roma, 8 Celebrity, 30 Juliet. » Je continue les statistiques pour avoir une idée des variétés les plus performantes, mais début août, je passe du recensement à l'unité à la masse totale en kilos. Nous apportons la récolte du jour dans des sacs en plastique que nous déposons sur une balance de boucher, dans la cuisine, pour griffonner le poids sur un calepin avant de passer à l'étape suivante.

À ce moment de l'année, nous avions officiellement dépassé les rendements des jardiniers amateurs. Mes notes nous montreraient éventuellement si nous avions dépassé le revenu minimal mais il était certain que nous avions répondu à la question primordiale de l'exercice : que faut-il faire, au sens propre, pour nourrir une famille ? Organiser les plantations printanières s'était révélé compliqué. Combien de citrouilles mange une famille dans l'année ? Combien de bocaux de condiments ? Mon territoire de prédilection, c'était les tomates : nous ne pouvions pas en avoir trop. Nous les aimions fraîches, en tranches, en soupe et dans les salades, pour les sauces et les chutneys. J'avais planté cinquante pieds.

En juillet, tout suivait son cours lorsqu'un jour nous avons atteint les 25 kilos de tomates. En août, le chiffre avait grimpé jusqu'à 151 kilos. À la mi-août, notre voisine est passée me voir alors que j'étais en train de faire des conserves. Je l'ai regardée, les sourcils froncés : « C'est moi qui ai accepté quelques-unes de tes tomates il y a quinze jours ? »

Elle a ri. Mais il était hors de question qu'elle les récupère.

Ce n'est pas parce que l'on en est envahi qu'on ne les aime plus, ces tomates, même une fois les premiers émois oubliés. C'est ce que j'affirme aux enfants lorsqu'ils remarquent un phénomène similaire dans leurs albums photo : des douzaines de photos du premier sourire, des premiers pas… suivies par bien peu de preuves qu'une deuxième puis troisième année ont réellement eu lieu. Les tomates (comme les enfants) n'atteignent jamais l'état repoussant des courges – elles sont trop bonnes pour qu'on s'en lasse et, si un soupçon de ras-le-bol pointait, nos amis citadins seraient toujours heureux de les accueillir. Les tomates fraîches du jardin sont si incroyablement savoureuses qu'elles nous dégoûtent à vie des fruits d'importation insipides du commerce. Malgré une éducation stricte dès le plus jeune âge, je ne peux finir mon assiette, au restaurant, si elle contient une pauvre tranche de tomate anémiée à la texture farineuse dont le goût avoisine celui de l'eau un peu aigre. Je suis ébahie que ces choses soient toujours sur le marché mais, apparemment, les mangeurs de tomates du monde entier se contentent d'une teinte « plus ou moins rouge ». On ne développe le goût d'un fruit meilleur que par expérience.

Crouler sous les tomates est le privilège exclusif du jardinier et de celui qui fait ses courses à la ferme. L'excès fait rarement partie du sort des ruraux aussi acceptons-nous celui-là de bonne grâce s'il se présente. L'hiver, je songe souvent à la belle saison des tomates sans jamais regretter en avoir croqué une seule.

⁂

Quand nous sommes-nous rendu compte que nous nous dirigions à grands pas vers une récolte familiale de tomates qui atteignait 20 % d'une tonne ? Les premiers indices sont apparus lorsqu'elles se sont mises à occuper chaque surface plane de notre cuisine. À la mi-août, les tomates recouvraient les plans de travail d'un bout à l'autre, du devant à l'arrière. Aucun espace pour poser un plat à laver. L'évier était rempli de sphères rouges qui flottaient dans l'eau. Le dessus de la cuisinière restait couvert de plaques de four où s'empilaient des demi-tomates qui attendaient leur tour. La planche à découper ne désemplissait pas, les couteaux tranchaient sans relâche.

Tous les ans, août est consacré aux tomates. Rien de nouveau. Nous les cuisons des heures à faible température, surtout les Jaune Flamme orange et sucrées qui ont la taille idéale pour être coupées en deux, salées et parsemées de thym avant de les faire sécher des heures durant jusqu'à ce qu'elles aient l'aspect d'une bouse de vache, toutes aplaties – la recette utilise le terme de « savate » si vous préférez. Leur saveur caramélisée, après une lente cuisson, est parfaite pour les pizzas et les panini et nous en congelons des centaines. Nous les coupons en tranches et les glissons dans les tiroirs du séchoir qui fonctionne 7 jours sur 7. « Séchés au soleil » fait très chic mais le soleil de Virginie n'a aucune chance face à l'humidité du sud ; un séchoir à faible voltage produit un effet similaire. Nous préparons des sauces en quantités astronomiques que nous stérilisons avant de les mettre en conserve. En fin de saison, les étagères de notre garde-manger regorgent de boîtes de tomates entières, jus de tomate, chutney, diverses sauces piquantes ainsi que notre préférée, aigre-douce, à base de tomates, d'oignons et de pommes.

Août est pléthorique, tous légumes et fruits confondus. Derrière les courges et leur excessive reproduction vous trouvez les haricots verts, qui doivent être cueillis chaque jour en haute saison. Ils sont meilleurs tout frais et fins, sautés et servis avec une pointe de vinaigre balsamique. Mais nous avons trouvé ou inventé un bon nombre de recettes à base de haricots pour ceux qui grossissent. La meilleure consiste à les réduire en une purée vert vif qui servira de sauce pour des crudités ; nos connaissances en raffolent jusqu'à ce qu'on leur avoue qu'il s'agit d'une pâte de haricots verts. Elle se conserve et se congèle et il ne lui manque qu'un nom plus astucieux. Le meilleur que nous ayons trouvé est « guacamole de haricots ».

À la fin de l'été, toutes sortes de fruits et légumes passent entre nos mains mais il se trouve que ce sont les tomates gorgées de soleil qui exigent le plus d'attention et envahissent notre quotidien. Quand Lily était trop jeune pour m'aider, elle devait passer une partie de l'été assise à la table de la cuisine avec ses crayons de couleur à me regarder travailler. L'été de ses cinq ans, elle a écrit et illustré un petit livre intitulé « Maman, la reine des tomates » qui a épuisé le spectre entier de ses crayons rouges.

Il n'y a pas d'été sans période de carence en bocaux. Alors je fais la queue à la quincaillerie, les bras chargés d'une ou deux caisses de bocaux avec leurs couvercles, sorte de renouvellement de mon adhésion à une société secrète. Des femmes âgées et quelques hommes, aussi, manifestent leur approbation ou demandent franchement : « Qu'est-ce que vous mettez en conserve ? » Ces gens doivent me prendre pour une anomalie de ma génération, une dissidente coriace alors qu'aux yeux des plus jeunes, s'ils viennent à me remarquer, je prends les traits d'un vulgaire fayot. J'imagine que je suis les deux.

Faire des conserves ne mérite pourtant pas sa réputation de pratique archaïque néfaste pour la liberté et la santé psychologique des femmes. C'est une activité simple qui ne demande pas, pour les tomates et les fruits, d'équipement sophistiqué. Le botulisme – issu de ce célèbre bacille mortel qui se développe dans des récipients hermétiques sans oxygène – ne peut apparaître dans un environnement à pH bas. C'est-à-dire que les tomates acides, les raisins et les fruits provenant directement de l'arbre peuvent être mis en conserve en toute sécurité dans un simple bain d'eau bouillante. Tous les autres légumes doivent être placés dans un stérilisateur à pression qui les soumet à des températures supérieures à celle de l'eau bouillante. Il faut dépasser les 115 degrés pour éliminer les bacilles botuliques. Le ministère de l'Agriculture indique qu'un pH de 4,6 est considéré comme une mesure sûre pour lutter contre ces bactéries. Depuis 1990, on a démontré que certaines variétés de tomates peu acides sont situées à la lisière de la moyenne conseillée, ce qui implique que les instructions publiées jadis ne seraient pas sans danger. Les recettes actuelles conseillent d'ajouter du jus de citron ou de l'acide citrique aux tomates mises en conserve par stérilisation classique. Le bacille botulique est l'une des neurotoxines les plus puissantes de la planète et certainement pas un invité à qui se frotter.

L'acidité est la clef de la sûreté si bien que toutes les sortes de condiments préservés dans du vinaigre sont sans danger. Dans diverses régions du monde, la saumure est une méthode de conservation choisie pour tout ce qui va de l'asperge au chutney de courgettes ; j'ai une recette indienne de pêches à la cannelle en saumure. Notre condiment de base est le haricot que l'on consomme essentiellement aromatisé à l'aneth et mélangé avec des haricots verts. Cette année, j'étais en train d'en faire des bocaux lorsque Lily et une de ses amies ont déboulé dans la cuisine en se pinçant les narines car elles voulaient savoir pourquoi la maison entière empestait le vinaigre de cidre. J'ai dirigé ma cuillère en bois vers le chaudron bouillonnant et leur ai expliqué que je faisais des pickles. J'aimerais bien savoir ce que les amis de mes enfants racontent sur nous. L'amie de Lily a parcouru la cuisine d'un œil méfiant : moi avec mon tablier, la bouilloire qui chantait, la montagne de haricots que je coupais pour qu'ils entrent dans les bocaux, chaque recoin où aurait pu se cacher mon balai de sorcière. « Je ne savais pas qu'on pouvait faire des pickles avec des haricots », a-t-elle remarqué. Je lui ai confirmé qu'il était possible de faire des pickles avec pratiquement tout. Elle est revenue une heure plus tard alors que je nettoyais la cuisine, les bocaux étaient laissés à refroidir sur le plan de travail, leur mélange de haricots verts, violets et jaunes alignés comme les soldats d'une armée unifiée. Elle a scruté l'un des bocaux de près avant d'annoncer : « Non ! Ils ne se sont pas transformés en cornichons ! »

Tous les ans j'envisage d'acheter un stérilisateur à pression et d'apprendre à m'en servir afin de pouvoir conserver mes haricots comme des haricots. Mais je ne l'ai toujours pas fait. Il est très commode de blanchir les courges, les haricots, les pois, l'okra, le maïs et le basilic et de les mettre au congélateur en portions individuelles. Mais puisque les produits à base de tomates représentent la moitié de nos fruits et légumes conservés, je préfère les avoir sur mes étagères plutôt que de dépenser de l'électricité pour les congeler. Et puis il nous faudrait un congélateur plus grand. De plus, en septembre, il n'y a rien de plus réjouissant que de contempler le tableau de tous ces splendides bocaux rouges alignés. Ils ressemblent à des cadeaux précoces de la Saint-Valentin et, pour une mère qui travaille, ils le sont. Je compte sur eux. Je ne suis certainement pas la seule mère qui pense souvent à son dîner au dernier moment. Or, la décongélation, ça prend du temps. Si je prévois un peu, je peux jeter des sacs de légumes surgelés ou séchés dans le fait-tout avec une dose de notre bouillon de poule ou de dinde surgelé et me régale d'une bonne soupe le dîner venu. Mais si je ne m'y suis pas prise à temps, un bocal de sauce, un paquet de nouilles et du fromage râpé nous sauveront. Tout comme un demi-litre de sauce aigre-douce préparée avec des blancs de poulet et un bol de riz. Je considère que mes conserves sont du fast-food payé à l'avance avec du temps.

Ce tarif n'est pas le travail fastidieux imaginé par bien des gens. En haute saison, je sacrifie quelques samedis pour faire des conserves avec ma famille ou des amies. Une cuisine pleine de buée, remplie de femmes qui papotent n'est pas si différente que ça des groupes de lecture, sauf qu'à la fin, nous disposons de bocaux pour de futurs repas. Ce n'est pas réservé aux paysans et aux jardiniers non plus. Pour quiconque a la possibilité de faire ses courses au marché, mettre en conserve les fruits et légumes de l'été est un moyen pratique de manger ces produits toute l'année. C'est aussi une faveur rendue aux fermiers qui devront vivre en décembre de ce qu'ils auront vendu en août. En effet, il leur est impossible de placer leurs tomates invendues sur un compte courant. Si vous les achetez maintenant, en grande quantité, il y a de fortes chances que les fermiers en rapportent plus l'été suivant.

Si faire des conserves vous paraît trop compliqué, il y a

d'autres moyens de garder des fruits et légumes achetés en gros pendant leur saison. Dix kilos de tomates après cuisson rendront un bocal de sauce tomate qui tient dans cinq boîtes de 250 millilitres dans votre congélateur, chacune équivalant à un repas en famille. Attention, le parfum dégagé dans votre cuisine est susceptible de provoquer des demandes en mariage intempestives. On peut même congeler des tomates entières, posées en rang d'oignons sur un plateau du congélateur puis rassemblées dans de grands sacs une fois qu'elles ont durci (elles se cogneront l'une contre l'autre comme des balles de criquet), pour en soustraire quelques-unes en hiver lorsque vous ferez des soupes ou des ragoûts. Comme elles n'auront pas bourlingué entre-temps, elles seront toujours locales en février.

⁂

Certaines chaînes de supermarchés en Virginie, Caroline du Nord et dans le Tennessee proposent des légumes biologiques de saison emballés dans des sachets qui portent le label « Récolte des Appalaches ». Les lettres de cette marque forment une arche au-dessus d'un dessin stylisé de champs labourés au soleil près d'un torrent bleu ciel et de l'inscription : « Nourriture saine, fermes saines, près de chez vous. »

Les étiquettes peuvent mentir, j'en suis consciente. Bien des producteurs trichent sur les étiquettes pour suggérer que leurs vaches ou leurs volailles de batterie paissent sur de verts pâturages ou que leurs tomates sont récoltées à la main par des propriétaires heureux plutôt que par des immigrés exploités qui touchent un cent par livre. Mais les fruits et légumes vendus sous le label « Récolte des Appalaches » viennent vraiment de fermes saines, et je le sais car elles sont à côté de chez moi. La reconnaissance d'une marque dans les grandes chaînes de supermarchés est un développement rassurant pour les paysans du coin, dans une région qui a régulièrement souffert de problèmes liés à l'environnement, d'un taux de chômage à deux chiffres et d'une saignée constante des jeunes qui refusent de participer à l'économie rurale.

Mettre une partie de la récolte sous ces emballages n'a pas été une mince affaire. Chaque paquet de fruits biologiques sous cellophane avec un code-barres contient son univers de travail et de promesses spécifiques faites au consommateur. Pour répondre à ces exigences, les paysans doivent suivre une formation spéciale, recevoir le label de culture biologique, trouver des marchés fiables et avoir accès à une usine d'emballage. Une association à but non lucratif, « Développement durable des Appalaches », leur procure tout ceci pour promouvoir des exploitations agricoles profitables et saines sur le plan écologique au sein de dix comtés de Virginie et du Tennessee. En 2005, dix ans après le début de ce programme, les fermes familiales participantes ont vendu ensemble un total de 236 000 dollars de fruits et légumes biologiques à des détaillants régionaux et des supermarchés qui ont à leur tour revendu le tout aux consommateurs pour près de 300 000 dollars.

L'usine d'emballage est située dans une splendide vallée à la frontière entre les deux États, aussi pittoresque que la vignette du logo. La première année, l'association s'est débrouillée pour convertir l'aile d'une ancienne ferme à tabac en quartier général et a pu utiliser un espace réfrigéré pour stocker les fruits et légumes avant qu'ils ne soient classés et expédiés dans des camions. L'usine d'emballage utilise à présent toute la grange équipée d'un quai de déchargement pour les camions, de chambres froides et de tapis roulants pour faire passer les fruits et légumes aux points de lavage et de calibrage. Les tomates sont à la fois le veau d'or et la *prima donna* de cette entreprise car la réfrigération classique leur fait perdre leur saveur et une chaleur humide leur est insupportable, si bien qu'une toute nouvelle annexe de 30 mètres sur 5 a été ajoutée spécialement pour elles avec une température ambiante maintenue à 13 degrés.

Les paysans apportent leurs légumes par camions entiers, dans des cageots qui n'ont jamais été utilisés pour des produits issus de l'agriculture conventionnelle. Il en va de même pour l'équipement de cette usine de conditionnement qui n'a jamais vu que des produits biologiques. La plupart des maraîchers ne consacrent que 0,5 à 2 hectares à l'agriculture biologique parmi d'autres cultures conventionnelles. Ceux qui sont fidèles à ce programme ont le droit d'agrandir leur superficie de culture bio mais dépassent rarement les 2 hectares car ce type d'agriculture est très astreignant. Après avoir planté, désherbé et éloigné les parasites toute la saison sans produit chimique, l'étape finale de la cueillette commence souvent avant l'aube. Quelques paysans ont une bonne heure de route jusqu'à l'usine. En haute saison, ils peuvent être amenés à faire ce trajet plus de trois fois par semaine. L'année passée, le maraîcher le plus important de l'association, avec 6 hectares de culture maraîchère, a livré deux cents cageots de poivrons et quatre cents de tomates en une seule journée. Vingt-trois fruits et légumes sont à présent vendus sous le label, y compris des melons, des concombres, des aubergines, des courges, des pois, des laitues et de nombreuses variétés de tomates et poivrons.

Le directeur de l'usine étiquette chaque cageot à son arrivée pour que l'identité du fermier soit indiquée dans toutes les étapes de lavage, de calibrage et d'emballage des fruits et légumes jusqu'au point de vente. Les producteurs sont payés lorsque le supermarché a fait son chèque ; l'association prend 25 % de commission, un revenu qui est redistribué dans les formations, les dépenses liées à l'emballage et la certification biologique. Les coopératives peuvent vendre leurs produits sous la tutelle d'une certification de groupe, ce qui leur permet d'économiser des centaines de dollars en frais et comptabilité mais les obligerait à demander une certification individuelle s'ils voulaient vendre à d'autres clients (sur des marchés de producteurs, par exemple). Le chiffre d'affaires a considérablement évolué, avec chaque année un nombre croissant de maraîchers, et ce malgré la légendaire circonspection des paysans. Nombreux sont les indécis qui observent leurs voisins du coin de l'œil pour déterminer si leur engagement dans ces nouvelles méthodes se révélera salutaire ou désastreux. Le terme de « culture à haut profit » est ici exprimé en rapport avec une culture de base très bon marché comme le maïs ; en saison, même une tomate bio de belle qualité ne rapporte qu'entre 50 et 75 cents la livre au producteur tandis que le prix le plus bas pour celles issues de l'agriculture conventionnelle est de 18 cents. Les participants ne peuvent résister à ce projet pour bien des raisons. Une fois qu'elles ont appris à cultiver de façon biologique, bien des familles sont motivées pour exploiter toutes leurs terres de cette manière, y compris leurs prés.

L'association a embauché une commerciale à plein temps, Robin, qui passe une bonne partie de sa vie au téléphone, dans sa voiture, à arpenter le sol des épiceries et organiser chaque vente aux supermarchés, un légume par semaine à la fois. Elle-même cultivatrice, elle connaît les enjeux. Parmi les employés, on trouve également le directeur de l'usine et les travailleurs saisonniers qui lavent et classent selon leur taille et leur maturité les cargaisons de fruits et légumes en provenance directe des champs puis les mettent dans des barquettes en polystyrène sous cellophane qui seront ensuite livrées aux supermarchés.

Les jours d'été à l'usine de conditionnement, les fruits et légumes passent à la chaîne en quantités qui donnent à mon propre travail domestique une envergure de lilliputien. Les tomates dévalent le long d'une chaîne de tri, plusieurs kilos à la minute, avant de tomber dans des trous de tailles diverses sur une chaîne vibrante. De chaque côté de la chaîne, les ouvriers les récupèrent, cherchent des défauts, contrôlent la maturité et emballent les tomates aussi vite que leurs mains leur permettent pour enfin apposer l'étiquette « certifié biologique ». En observant ce processus, je pensais sans arrêt aux gens que je connais qui ne supportent pas ce mot « biologique » à cause des associations de pensée qu'il éveille en eux. « J'ai toujours peur qu'on me rabâche d'un ton docte la même rengaine de M. Bio, m'a avoué une amie. Tu sais, le type ultra-lent aux cheveux gras qui fait craquer ses articulations en te faisant la leçon… » J'ai ri car, bien que l'alimentation me tienne tant à cœur, je vois très bien de qui elle parle : dreadlocks, birkenstock aux pieds, il attend à la caisse avec sa bouteille de jus d'épeautre bio recommandé pour la digestion et s'approche sournoisement de mon caddy pour en scruter le contenu, l'haleine aillée et le cœur prêt à bondir pour me sauver d'une erreur fatale de karma alimentaire.

Pour vous rassurer, voici ce à quoi ressemble « Récolte des Appalaches » à la source : bottes de travail Red Wing, coupes de cheveux soignées, Levi's avec un peu de boue aux revers, des hommes et des femmes qui vont sûrement à la messe le dimanche mais gardent leur religion pour eux quand ils viennent travailler dans cette usine qui était jadis une exploitation de tabac. Si une pincée de morale est ajoutée à leur produit, dites-vous bien que ça ne vient pas de chez eux.

Les 13 degrés de la pièce aux tomates offrent un agréable répit à la touffeur de juillet mais ici aussi l'activité bat son plein : les cageots sont empilés sur des palettes en colonnes qui vont jusqu'au plafond. D'un côté, les tas de légumes attendent leur tour tandis qu'à l'autre bout de la pièce ils remplissent des cageots sur le point d'être convoyés par camions jusqu'aux épiceries. Il reste juste assez d'espace aux ouvriers pour manœuvrer, déplacer les palettes destinées au calibrage et au tri avant de s'atteler à la tâche fastidieuse d'apposer un autocollant sur chacune des milliers de tomates qui passent chaque jour – en plus de chaque poivron, chou, concombre et melon. Finalement, c'est ainsi que le caissier reconnaît les fruits et légumes bio.

Les supermarchés n'acceptent que les produits dûment emballés, codés et étiquetés conformes à certaines normes de couleur, taille et forme. Les melons ne doivent pas avoir de tige, les concombres doivent avoir une longueur comprise entre 15 et 20 centimères. Inutile que des aubergines biscornues se présentent au portillon. Chaque récolte a son quota d'éléments comestibles mais non conformes aux critères du marché et qui sont bons à jeter à la poubelle.

Or, cultiver un légume droit et un de ses confrères cagneux représente autant de travail pour des valeurs nutritionnelles identiques. Les ouvriers à l'usine de conditionnement sont aussi effarés que les cultivateurs devant l'amoncellement de cageots de nourriture gâchée. La pauvreté et la faim ne sont pas des concepts abstraits dans notre région ; jeter de bonnes denrées est absurde. Avec l'aide de plusieurs églises et d'associations caritatives, « Récoltes des Appalaches » s'est débrouillé pour distribuer les légumes de second choix durant l'été aux familles à bas revenus. Des fruits et légumes frais et biologiques sont apparus pour la première fois de leur vie dans leur alimentation.

⁂

J'ai grandi parmi des paysans. À l'école nous étions partagés en deux groupes, de façon aussi incontournable que chez les hindous, les castes chez nous ne dépassant pas le chiffre de deux : « ferme » et « ville ». Quoique mon père ait travaillé en ville, nous n'y habitions pas si bien que, selon les règles sacrales implacables du lycée, j'étais une « paysanne ». On pourrait s'étonner de l'existence d'une telle distinction rural-citadin dans un comté qui ne pouvait s'enorgueillir que de deux feux de circulation, une quincaillerie, pas de bar (le comté était au régime sec) et moins de résidents que le bateau de croisière typique des Caraïbes. Une fois à l'université, je suis restée en constant émerveillement devant le fait que ma petite faculté, jouissant d'un effectif d'à peu près deux mille étudiants, soit 25 % plus grande que ma ville natale.

Pourtant, même au sein d'une communauté si rurale, nous avions notre bourgeoisie autoproclamée, distincte des malheureux ruraux identifiables à leurs chaussures (parfois boueuses quand nous devions prendre des chemins de terre pour rejoindre l'arrêt du bus scolaire), leurs vêtements (pas du dernier cri) ou *via* leur boîte postale, tout simplement. Toute mon enfance, j'ai ressenti une crainte révérencielle devant l'adresse de contes de fées de certaines de mes camarades de classe, « 14, rue de la Sauterelle » par exemple. Rétrospectivement, je mets en doute la justification d'une telle distinction : nous, enfants de la ferme, étions bien propres sur nous et parfois habillés avec goût. La ligne de ségrégation était néanmoins irrévocablement dressée. La mixité sociale était mal vue sinon pour de grandes occasions infligées par nos parents comme le dîner du Club de français, et le flirt entre les deux castes était inconcevable sauf pour les tragico-romantiques.

Comment était-ce possible ? Pourquoi les trottoirs ombragés derrière les bureaux du journal conféraient-ils à leurs riverains le sentiment d'être différents de ceux qui résidaient dans les maisons blotties parmi les pâturages et les champs de tabac ? Le lustre des rats des villes se serait vite terni, c'est maintenant que je le comprends, si les orgueilleux rejetons des commerçants avaient été catapultés d'un coup à Philadelphie ou à Louisville. « Urbain » est un terme très relatif. Mais au fond, cette distinction est importante. L'antipathie entre l'urbain et le rural est si ancrée dans notre culture qu'elle a son propre lexique : (A) bêcheur, blanc-bec ; (B) cambrousard, culterreux, péquenaud, bouseux, pedzouille, glaiseux, fille de paysan, provincial, beauf. Vous voyez sans doute où je veux en venir. La liste est bancale. Il n'y a pas de doute quant à savoir qui remporte la guerre culturelle.

Les ruraux que je connais ne seraient, pour la majeure partie, pas prêts à abandonner leur statut. Comme d'autres minorités, nous avons détourné quelques-unes des insultes mentionnées ci-dessus en fleurons de l'identité culturelle. À utiliser avec modération. J'ai déjà eu maintes occasions de me réinventer en tant que rat des villes mais je suis

SOUTENIR L'INSOUTENABLE

La loi sur l'agriculture donne-t-elle un coup de pouce à tous ces pauvres cultivateurs ?

Non. Elle les a aidés mais depuis sa promulgation, immédiatement après la Dépression, la loi fédérale sur l'agriculture a progressivement été modifiée par des groupes de pression de l'agrobusiness. Elle profite désormais majoritairement aux grands groupes. L'allocation de subventions est fondée sur les types et volumes de cultures : entre 1995 et 2003, les trois quarts des remboursements ont profité à 10 % des cultivateurs dont les revenus bruts sont les plus importants. En 1999, plus de 70 % des subventions furent consacrés à seulement deux cultures de base : le maïs et le soja. Ces aides promeuvent donc la production industrialisée, non les petites exploitations diversifiées, et créent en réalité un environnement compétitif qui aide les cultivateurs subventionnés à écarter les petits en causant leur faillite. C'est cela et non une productivité croissante qui a permis aux grandes corporations d'avoir la mainmise sur l'agriculture aux États-Unis avec moins d'un tiers des exploitations encore contrôlées par des individus.

Mais les exploitations familiales sont les plus susceptibles d'utiliser des méthodes durables, de protéger l'environnement, les espaces verts, de pratiquer l'assolement et des méthodes de

restée profondément rurale en mon for intérieur, même durant mon séjour dans les plus grandes villes du monde. C'est sûrement cette dualité qui m'a sensibilisée au phénomène américain d'antipathie entre urbains et ruraux, à ses effets sur les gens de chaque camp. Les problèmes ruraux sont moins couverts par les médias et sont considérés comme étant intrinsèquement comiques. La corruption des municipalités est dénoncée partout ; lorsqu'il s'agit de petites villes, ou du Tennessee, elle alimente les blagues des talk-shows. Thomas Hardy a écrit sur les gens qui trayaient les vaches mais un écrivain qui ferait de même de nos jours serait vite écarté. La politique de notre nation est faite dans les villes, majoritairement contrôlées par des

contrôle des parasites et des mauvaises herbes sans produit chimique. En d'autres termes, elles mettent exactement en pratique ce que 80 % des consommateurs disent vouloir soutenir alors que l'argent de nos impôts fait le contraire.

À la suite des protestations considérables contre ce manque de soutien, le Congrès a inclus un minuscule amendement en faveur des produits locaux dans son projet de loi sur l'agriculture de 2002 : un soutien aux marchés de producteurs, aux projets alimentaires municipaux et aux produits locaux destinés à l'école. Mais le total de tous ces programmes représente moins de 0.5 % du budget de ce projet de loi et rien ne concerne l'alimentation en soi mais plutôt la publicité et la mise en place de ces programmes. Les consommateurs qui se préoccupent de l'alimentation, de la santé et du problème du flot de mauvaises calories qui inonde les cantines pourraient faire savoir à leurs députés qu'ils demandent une restructuration complète de la loi sur l'agriculture. D'ici là, le soutien pour l'agriculture locale et durable devra venir directement des consommateurs motivés.

Pour plus d'informations, consultez www.farmaid.org.

STEVEN L. HOPP

électeurs citadins peu informés des changements environnementaux de notre pays, des hommes et des femmes qui travaillent la terre.

La carte du pays est atrocement ravinée par ces bouleversements : au fil du temps et à mesure que des fermes déposaient le bilan, l'Amérique a versé une fraction toujours plus petite de chaque dollar investi en nourriture (à présent moins de 19 %) à ses paysans. La division psychologique entre ruraux et citadins en est sûrement une cause. « Les gens doivent à tout prix comprendre, écrit Wendell Barry, que l'acte de manger prend nécessairement place dans le monde, que c'est un acte nécessairement agricole et que notre alimentation détermine de manière considérable notre façon d'exploiter le monde. » Les gens *doivent*, prétend-il, mais on dirait vraiment que la plupart de ceux qui mangent *ne le font pas*. Si c'était le cas, comment alors expliquer le mépris contenu dans l'insulte adressée aux cultivateurs d'aujourd'hui ? « Qu'ils bouffent de la terre » est un euphémisme. Le citadin américain de la classe moyenne semble bien plus se préoccuper des ouvriers asiatiques exploités.

Un symptôme de cette crise d'identité des citadins contre les ruraux semble être notre acceptation d'une autre fracture récente : celle qui divise les États républicains (rouges) des États démocrates (bleus). Cette carte en couleur suggère que les deux côtes sont peuplées de citoyens libertaires bien éduqués tandis que l'immense centre et le Sud seraient traversés de marques de pneus cloutés de 4 × 4 laissant dans leur sillage poussiéreux une avalanche de canettes de bière et de cris barbares. D'accord, j'exagère un tantinet. Mais c'est un peu ce que je ressens lorsque des amis citadins me demandent comment je peux supporter la vie à la campagne « si loin de tout » ? Généralement, quand j'entends cette question au téléphone, je suis à la fenêtre en train de contempler la forêt, un torrent et un potager, et je pense : définis donc *tout*. D'autres résidents des côtes qui sont normalement dotés de sensibilité se réfèrent à toute cette étendue de notre continent située entre les Cascades et le fleuve Hudson comme à « l'intérieur ». Je crois comprendre que c'est maintenant le terme. J'ai du mal à comprendre la nécessité de fourguer Minneapolis, Atlanta, ma petite bourgade natale du Kentucky, Yellowstone Park et le reste dans une unique catégorie qui n'inclurait ni New York ni la Californie. « Se rendre à l'intérieur » semble être une aventure risquée qui pourrait nécessiter des machettes pour se frayer un passage parmi les lianes.

En réalité, la politique dans les régions rurales n'est pas plus prévisible que dans les villes. « Conservateur » est un choix raisonnable pour un paysan qui risque de perdre en une année sa maison et son moyen de subsistance en essayant une nouvelle culture. Mais c'est conservateur dans le sens de l'expression « qui souhaite préserver ce qu'il a, peu disposé à changer les règles du jeu en une nuit » et très loin de l'utilisation, souvent absurde, qu'on fait maintenant de ce terme en politique. Le comté rural où j'ai grandi comptait si peu de Républicains qu'ils se sont tous inscrits comme Démocrates histoire de pouvoir voter dans la seule élection primaire locale. Ma toute première confrontation avec une politique radicale soucieuse des classes fut liée à une grève de mineurs dans l'un des coins les plus ruraux de mon État et de ma nation.

La seule généralité que je me risquerais à formuler au sujet de la politique rurale est qu'elle tend à diviser les « gens du coin » des « gens d'ailleurs ». Lorsque mes voisins rencontrent de nouvelles têtes, la première question qu'ils leur posent n'est pas « Que faites-vous dans la vie ? » mais plutôt « Vous êtes de quelle famille ? ». En général, nous passons plus de temps à tenter de déterminer si nos familles sont liées. Sinon par les liens du sang du moins par ceux du mariage. Si ce n'est pas le cas, en identifiant une personne importante que nous connaîtrions tous deux. Ce n'est qu'après ce rituel que la conversation peut passer tranquillement à d'autres sujets. J'ai la chance d'avoir un ancêtre qui fut médecin dans ce comté de 1910 aux années 1940. Souvent, des personnes âgées me racontent des naissances *in extremis* mémorables ou des accidents pour lesquels mon grand-oncle fut appelé ; j'ai de la chance qu'il ait été doué et fidèle au serment d'Hippocrate. Mais un ancêtre criminel vous donnera aussi accès au statut de « gens du coin », du moins parmi ceux qui pardonnent. En revanche, celui qui emménage ici sans lien familial identifiable aura moins de chance. Un tel vilain canard risque de rester « le nouveau » jusqu'à la fin de ses jours, même s'il est arrivé jeune et vit jusqu'à cent ans.

Cette méfiance envers les nouveaux venus, typique des campagnes, est peut-être injuste mais on peut aisément en comprendre les causes. Les régions rurales ont presque toujours été traitées comme une propriété coloniale des villes. Les profiteurs nordistes installés dans le Sud après la guerre de Sécession ne furent ni les premiers ni les derniers opportunistes à miser sur une économie extractive. Lorsque des consortiums basés en ville viennent mettre en œuvre leurs grands projets à la campagne – qu'il s'agisse de charbon, de bois ou d'agriculture à échelle industrielle – l'idée est toujours de prendre ce qui a de la valeur, de l'expédier dans les grands centres, de faire fortune et de laisser le chaos derrière eux.

Étant donné cette habitude, on pourrait s'attendre que les soi-disant États républicains élisent des candidats qui soutiennent les valeurs de la classe ouvrière. En réalité, dans pratiquement toutes les régions, notre nation est divisée à part quasi égales entre deux partis qui, sur le plan des classes sociales, ne se distinguent apparemment pas l'un de l'autre. Si on coloriait chaque État en fonction du dosage exact de bleu et de rouge obtenu lors des dernières élections, nous nous retrouverions devant un énorme pays violet. La division claire et nette n'est qu'une approximation médiatique.

Les rapports difficiles entre le cœur du pays et les côtes, les fermes et les usines, la campagne et les villes sont sûrement réels. Mais ils sont à la fois plus rudimentaires et plus subtils que ce qu'en disent la plupart des analystes politiques. Il est question de loyauté, d'aperception des communautés et de ce qui importe pour chacun en fonction du sol sur lequel il se tient, littéralement parlant. Wendell Berry l'a bien mieux décrit que « bleu vs rouge » dans une phrase de son roman *Jayber Crow* [1] habité par des paysans qui tentent de survivre grâce à ce que le marché actuel principalement citadin est prêt à payer pour son alimentation. Après avoir vu presque toutes les fermes faire faillite, l'un des protagonistes commente : « Dieu sait si j'ai souvent souhaité que ces imbéciles crèvent de faim. Maintenant j'ai peur que ça se produise vraiment. »

⁂

En plein été, à peu près au moment où, dans ma cuisine, je voyais rouge, il se passa la même chose chez bien des producteurs de tomates du comté. Ils avaient appris et appliqué les méthodes biologiques, supprimé les produits chimiques et fait tout ce qu'il fallait pour cultiver le produit souhaité par les consommateurs. Ils avaient patienté trois ans pour obtenir la certification biologique. Ils avaient arrosé, désherbé et cueilli, séparé les tomates rondes des difformes afin de proposer les tomates bio parfaites commandées par les chaînes de supermarchés. Soudain, alors qu'ils les avaient transportées par camions entiers dans l'attente d'une bonne rémunération, quelques acheteurs se rétractèrent. « Pas cette semaine », a dit un magasin, puis un autre, sans avertissement. Ni la semaine suivante, ni celle d'après. Une tomate ne peut être mise de

1. Sixième roman de Wendell Berry, écrivain, poète et cultivateur originaire du Kentucky.

côté. Des montagnes de fruits mûrs se sont entassées derrière l'usine de conditionnement avant de se transformer en une bouillie orange pullulant de nuées de drosophiles.

Ces tomates étaient parfaites, les acheteurs affamés. Des accords avaient été passés. Mais des palettes de tomates bio californiennes s'étaient mises à inonder le marché à quelques dollars de moins. C'est dur à avaler vu le montant d'essence impliqué dans l'affaire mais, pour les grosses compagnies, le transport est déductible des impôts si bien que c'était nous, les contribuables, qui financions ces expéditions. Les cultivateurs de Californie avaient seulement besoin de gagner la confiance des supermarchés car, avec une armée de cueilleurs bon marché, ils pouvaient compter sur les consommateurs pour choisir les produits les moins chers.

Le tour était joué, toute une année de planification et de travail familial s'était transformée en bouillie rouge.

Nos cultivateurs avaient été prévenus d'une telle éventualité – les acheteurs de supermarché ne s'engagent généralement pas de façon ferme. Les fermiers avaient donc pris un risque et ils avaient perdu. Quelques-uns tenteront leur chance l'année prochaine en limitant sûrement les dégâts avec des courges et des pois. Du courage, un sens pratique et la capacité à optimiser le plus possible une situation catastrophique sont des qualités nécessaires dans l'agriculture. Avant que toutes les tomates ne soient pourries, Appalachian Harvest s'est arrangé pour donner et redistribuer l'énorme quantité de tomates invendues à des familles dans le besoin. Cet été-là, les pauvres du comté furent riches en tomates.

« Nous sommes très contents de les avoir données, m'a confié un cultivateur. Nous sommes fiers d'être généreux et d'aider notre prochain, c'est dans nos cordes. Mais nous sommes nombreux à avoir du mal à joindre les deux bouts.

On dirait qu'à la fin, c'est toujours ceux qui ont le moins qui donnent le plus. Pourquoi ? »

À Charlottesville, Asheville, Roanoke et Knoxville les clients des supermarchés n'eurent aucune idée de la quantité de cœurs brisés et de trahison qui se trouvaient emballés dans ces boîtes de tomates californiennes sous cellophane. Ils ont peut-être remarqué l'absence des autres cette semaine-là, les production locales porteuses du label « Fermes saines, près de chez vous ». À moins qu'ils aient simplement vu « tomates biologiques » et qu'ils les aient glissées dans leur caddy. *Les gens doivent à tout prix comprendre que notre alimentation détermine notre façon d'exploiter le monde.*

Ils le comprendront ou pas. En attendant, la joyeuse musique du supermarché continue de tourner.

Saison des bocaux

PAR CAMILLE

Quand j'étais enfant, l'été me paraissait durer une éternité. Un mois entier pouvait s'être écoulé sans que je sache quel jour on était. Le temps semblait s'étirer en une interminable journée paresseuse passée à cueillir des mûres et pêcher des écrevisses. Mes amies et moi vivions pour ainsi dire ensemble, migrant entre la piscine et les bois où nous jouions aux orphelines livrées à elles-mêmes dans la nature. L'école était à des années-lumière. Notre monde était composé d'herbe verte, de soleil et d'imagination.

Et puis c'était soudain le mois d'août : une tragédie toujours renouvelée. « Déjà ? Comment est-ce possible ? » me demandais-je, ébranlée par l'horrible évidence qu'il me fallait un classeur à trois anneaux et un crayon de papier HB. Ce n'est pas que l'école ait été une mauvaise chose mais l'été était tellement mieux.

C'était rarement le calendrier qui annonçait la rentrée. Pour certaines de mes amies, c'était les sols brillants et les néons des grands magasins avec leurs promotions de rentrée. Pour moi, c'était le bain bouillonnant du stérilisateur et l'odeur des tomates. Chez moi, la fin de l'été annonce le bourdonnement sans fin du séchoir et l'impossibilité d'ouvrir le réfrigérateur sans que d'énormes sacs de légumes s'écroulent et s'écrasent à vos pieds. Toute demi-heure libre est consacrée à couper ce qui sera mis en conserve : les haricots et le maïs à blanchir et congeler, les concombres à trancher et mettre en saumure, les courges surgelées, séchées ou fourguées à un ami. Et puis, les tomates. Chaque jour, elles roulent par kilos du jardin, tachent tous les torchons de leur jus écarlate. Nous coupons en tranches les petites et les étalons sur les plateaux du séchoir. Nous mettons en conserve les moyennes, à l'écoute du « ping » qui nous informe que le couvercle est hermétiquement fermé. Le reste est destiné aux marmites bouillonnantes de sauce tomate.

Beaucoup de pagaille et de soucis pour rien, doivent penser les néophytes. Pour nous, c'est une étape importante de l'été. Pas seulement parce que le résultat est synonyme de repas succulents toute l'année à venir mais parce que c'est notre au revoir au soleil et au rythme décontracté de l'été, une façon d'apprécier ce que la saison nous a donné. La cuisine en ébullition du mois d'août est notre façon de passer des heures tranquilles et des tâches de plein air de l'été aux routines plus strictes de l'école et du travail, une fois l'automne venu. J'aime y penser comme à une méditation sur la fin de l'été.

La culture américaine laisse peu de place à la réflexion nonchalante. J'observe les gens qui travaillent, soi-disant des modèles pour moi, constamment poussés en avant, qui prennent le moins de vacances possible. Et puis souvent, les vacances aussi sont pleines d'activités sans fin si bien que vous rentrez souvent d'un congé absolument épuisé. Faire des conserves de sauce tomate, ce n'est pas vraiment une semaine de thalasso, mais il ne fait aucun doute que c'est une pause dans le tourbillon multitâche quotidien. C'est un procédé qui appelle le ralentissement et la concentration : maintenant, on coupe les légumes, maintenant on remue jusqu'à ce que la sauce épaississe, maintenant on stérilise les bocaux, on prend soin de vérifier qu'ils sont hermétiques. Si vous voulez faire autre chose en même temps, mieux vaut que ce soit d'écouter vos propres pensées. Toute autre activité pourrait gâcher la marmite entière. Je suis toujours en transe quand je fais des conserves. J'atteins un état où le simple fait de tourner la cuillère en bois est la seule chose au monde qui importe et je pourrais continuer à jamais. Que vous préfériez vous asseoir sur un rocher dans un lieu paisible ou contempler les bulles de sauce tomate, ça fait du bien au corps de ralentir et d'être à l'écoute.

Le procédé est aussi simple que cela : (1) on plonge les tomates dans l'eau bouillante et on les épluche ou bien on les cuit avec d'autres ingrédients pour faire une sauce ; (2) elles sont versées dans des bocaux stérilisés (nous les retirons du lave-vaisselle) et (3) les bocaux bouillent au bain-marie le temps requis. Nous utilisons une marmite émaillée d'une contenance de dix litres.

Les recettes suivantes comptent parmi mes préférées pour conserver la générosité de l'été tout au long de l'année. Le secret de famille pour notre sauce tomate (qui ne restera pas secret) est l'addition de cannelle et de muscade, généralement considérée comme des épices à dessert mais utilisées dans de délicieux plats grecs et orientaux. La recette des trois sauces est adaptée du livre de Janet Chadwick *Busy Person's Guide to Preserving Food*. Notre guacamole de haricots est inspiré de *Recipes from a Kitchen Garden* écrit par Renée Shepherd et Fran Raboff – très pratique pour concocter des repas à partir des fruits et légumes du jardin. Ces recettes sont à la fois simples et créatives.

GUACAMOLE DE HARICOTS

250 g de haricots verts équeutés
1 oignon haché grossièrement
1 cuillerée à soupe d'huile d'olive
3 œufs durs
100 g de feuilles de basilic frais
1 cuillérée à soupe de jus de citron (facultatif)
Mayonnaise ou yaourt
Sel et poivre

Faites cuire les haricots à la vapeur jusqu'à ce qu'ils soient tendres.

Faites sauter l'oignon à feu moyen jusqu'à ce qu'il soit translucide.

Passez haricots, oignon, œufs, basilic et jus de citron au mixer jusqu'à l'obtention d'une purée.

Transvasez la purée dans un saladier et ajoutez suffisamment de mayonnaise ou de yaourt pour que la consistance soit ferme. Salez et poivrez. Délicieux servi sur du pain croustillant, des crackers ou des galettes de riz.

⁂ NOTRE SAUCE TOMATE SECRÈTE

Le but de cette recette est de préparer une belle quantité de sauce quand c'est la saison des tomates. Si vous en faites des conserves, suivez chaque étape attentivement. Si vous ajoutez des légumes frais, l'acidité changera et il serait dangereux d'utiliser une stérilisation classique (eau bouillante). Si vous la congelez, vous pouvez sans risque ajouter des poivrons, des champignons, de l'ail frais, etc. Cette recette donnera 6-7 litres de sauce – utilisez des bocaux de 0,5 litre ou de 1 litre ou bien des boîtes de congélation.

10 litres de purée de tomates (à peu près 15 kilos de tomates)

4 beaux oignons hachés
50 g de basilic séché
125 g de miel
4 cuillerées à soupe d'origan séché
3 cuillerées à soupe de sel
2 cuillerées à soupe de zestes de citron séchés
2 cuillerées à soupe de thym
2 cuillerées à soupe de poudre d'ail (ou plus)
2 cuillerées à soupe de persil séché
2 cuillerées à café de poivre
2 cuillerées à café de cannelle

1/2 cuillerée à café de noix de muscade

Jus de citron en bouteille ou acide citrique : indispensable !

Faites cuire les oignons dans une marmite de 12 litres – ajoutez un peu d'eau si nécessaire mais pas d'huile si vous mettez en conserve (très important !). Ajoutez la purée de tomates et toutes les épices, faites bouillir et mijoter à feu doux 2 ou 3 heures jusqu'à la consistance souhaitée. Remuez fréquemment, surtout à la fin, pour éviter que la sauce ne brûle. Pendant ce temps, faites chauffer l'eau dans une marmite pour la stérilisation, stérilisez les bocaux dans l'eau bouillante ou dans le lave-vaisselle, et versez l'eau bouillante sur les couvercles des bocaux.

Ajoutez 2 cuillerées à café de jus de citron OU 1/2 cuillerée à café d'acide citrique dans chaque bocal de 1 litre (la moitié pour ceux de 0,5 litre). Cet ingrédient assure le taux d'acidité de la sauce. Lorsque la sauce est prête, versez-la dans les bocaux en laissant un espace de 2 cm en haut. Bouchez les bocaux, plongez-les dans l'eau et faites bouillir 35 minutes. Retirez de la marmite, laissez refroidir, vérifiez la fermeture, étiquetez et conservez pour l'hiver.

⁜ CONDIMENT, SAUCE ET CHUTNEY – TOUT EN UN SEUL JOUR

Si vous n'avez pas de potager, faites des réserves de tomates, pêches, pommes et oignons à la fin de l'été lorsque vous pouvez vous les procurer au meilleur prix au marché. Puis prévoyez un après-midi entier et un(e) ami(e) pour ce projet passionnant qui vous procurera des saveurs délicieuses tout l'hiver.

Bocaux et couvercles : 14 bocaux de 0,5 litre et 7 de 250 ml.

Commencez avec une très grande marmite (en fonte si

possible). Vous ajouterez divers ingrédients au fur et à mesure pour stériliser trois sauces différentes.

4 litres de purée de tomates
24 pommes
7 oignons hachés
2 litres de vinaigre de cidre
1,5 kg de sucre
160 g de sel
3 cuillerées à café de clous de girofle en poudre
3 cuillerées à café de cannelle
2 cuillerées à café de paprika
2 cuillerées à café de moutarde

Faites la purée de tomates ; enlevez le trognon des pommes et coupez les en morceaux ; hachez grossièrement les oignons. Mettez le tout dans la marmite avec le vinaigre, le sucre et les épices. Faites bouillir puis mijoter 2 heures pour épaissir. Pendant ce temps, chauffez l'eau du stérilisateur et stérilisez les bocaux et les couvercles (dans de l'eau bouillante ou le lave-vaisselle) puis gardez-les au chaud jusqu'à ce que vous vous en serviez. Remplissez 7 bocaux de 0,5 litre de la sauce barbecue épaissie, en laissant bien 2 cm d'espace en haut de chaque bocal. Mettez les bocaux, couvercles bien fermés, dans le stérilisateur et faites bouillir 10 minutes. Retirez et faites refroidir.

2 kilos de pêches en tranches
1,5 kg de sucre
125 ml d'eau
2 cuillerées à café d'ail en poudre
1 cuillerée à café de Tabasco

Faites cuire les pêches dans l'eau, dans une casserole, jusqu'à ce qu'elles soient tendres. Ajoutez le sucre et portez lentement à ébullition en mélangeant bien pour que le sucre se dissolve. Faites épaissir (15 minutes) en mélangeant pour éviter que cela n'attache.

Ajoutez le mélange de pêches à la préparation à la tomate qui reste puis portez à ébullition pour faire la sauce aigre-douce. Emplissez 7 bocaux de 0,5 litre, en laissant bien 2 cm d'espace ; stérilisez 10 minutes. Retirez puis faites refroidir.

250 g de raisins secs

250 g de cerneaux de noix

Ajoutez à la marmite, mélangez soigneusement et portez à nouveau à ébullition pour faire le chutney. Remplissez 7 bocaux de 250 ml en laissant bien 2 cm d'espace en haut de chaque bocal. Stérilisez 10 minutes. Retirez.

Pendant que les bocaux refroidissent, assurez-vous que les couvercles sont bien hermétiques grâce au vide créé pendant le refroidissement. Vous les entendrez faire « ping ». Pour plus de sûreté, une fois bien refroidis, appuyez au centre du couvercle – il devrait être comprimé et non desserré. (Si un bocal n'est pas hermétique, réfrigérez-le et consommez-le rapidement.)

Étiquetez bien chaque bocal avant d'oublier ce qu'il contient et partagez avec l'ami(e) qui vous a aidé(e). La sauce barbecue est délicieuse avec des poissons au four ou grillés et avec du poulet. La sauce aigre-douce donne une note asiatique aux plats de riz. Le chutney ravive tous les plats.

Menu pendant la saison des tomates

Dimanche : poulet grillé avec salade de tomates et maïs en épi.

Lundi : gaspacho maison avec du pain frais et du fromage frais.

Mardi : ratatouille de tomates et aubergines grillées servie avec du riz (ou du pain) et du parmesan râpé.

Mercredi : poisson ou agneau grillé servi avec du pain croustillant, du chutney et du guacamole de haricots verts.

Jeudi : légumes asiatiques sautés avec nouilles chinoises (ou riz) et sauce aigre-douce.

Vendredi : pizza avec des tranches de tomates, du basilic frais, de la mozzarella et un filet d'huile d'olive.

Samedi : pâtes à la sauce tomate maison et boulettes de viande.

14. ON N'ÉCHAPPE PAS À LA « MOISSON »

Septembre

À l'aube du premier samedi de septembre, l'air était aussi sucré et cristallin qu'une pomme croquée dans l'arbre. En juin et juillet, je nourris toujours l'espoir puéril que l'été, diapré de jus de groseille et de mûre, est immuable. Puis vient le jour d'automne qui rappelle que tout passe. En septembre la lumière du jour prend goût au badinage : les baies vertes éparpillées dans les buissons au bord du chemin se mettent à rougir l'une après l'autre, sorte de guirlandes de Noël résolues bien qu'intermittentes ; les bois résonnent du chant impatient des oiseaux migrateurs qui se mettent à rêver du Sud et l'air frais nous donne aussi envie de bouger, d'enfiler jean et pull, tenue idéale pour randonner. Steven et moi nous sommes levés tôt ce matin-là, avons jeté un coup d'œil dehors puis nous sommes regardés pour finalement grommeler dans le style récriminations maritales habituelles : c'était bien ton idée, non ?

Pas de randonnée aujourd'hui. Ni le bonheur de siroter un café sous le porche au début de l'automne en regardant la ferme s'éveiller. Mais plutôt, un dur et inévitable jour de travail au programme. La veille au matin, nous avions séquestré une demi-douzaine de coqs et autant de dindons dans une pièce de l'étable baptisée le « couloir de la mort ». C'est là que nous emprisonnions les volailles au chaud et au propre avec de l'eau mais sans rien à manger, pour un jeûne de vingt-quatre heures avant la « moisson ». Ça rend les choses plus nettes et semble aussi calmer les bêtes. Je pourrais bien vous dire qu'elles ont ainsi tout le loisir de mettre de l'ordre dans leurs affaires de cœur, si ça pouvait vous rassurer. Mais elles ont bien peu d'affaires de cœur et aucune idée de ce qui les attend.

À cinq mois, nos coqs avaient atteint un beau poids et, férus de combats depuis peu, ils laissaient libre cours à leur furie hormonale croissante devant toute cible mouvante, y compris nous. Quand un coq vous attaque à coups d'ergot, ça laisse des marques. Lily devait s'armer d'un tuyau métallique de bonne dimension pour aller chercher ses œufs. La taille de notre basse-cour ne supportait pas une telle dose de machisme aviaire. Ce ne serait sûrement pas une partie de plaisir, mais il était grand temps d'appliquer notre programme de réduction de testostérone. La journée étant splendide, nous avons soupiré avant de nous résigner à enfiler nos vieilles galoches sanglantes pour ce jour fatal.

⁂

Il y eut sûrement un temps où je considérais que parler de « moissonner » les animaux était un euphémisme. Plus maintenant. Lorsque nous planifions le moment idéal pour la basse-cour, c'est toujours en fonction de la date fatale. Qu'il s'agisse de glaner des végétaux ou des animaux, nous fêtons toujours l'événement avec des amis. Le terme de moissonner englobe l'idée de plan, de respect et de labeur. Quand il s'agit d'animaux, la planification et l'effort physique sont souvent bien plus considérables que pour quelques végétaux dociles et la mise en œuvre bien plus complexe. C'est bien moins amusant que de passer une journée d'automne à cueillir des pommes mais, en principe, le procédé est similaire tout comme le mot utilisé pour le décrire.

« Tuer » est un terme fortement connoté, et, pour la plupart d'entre nous, il est inéluctablement lié à un commandement : « Tu ne tueras pas. » Toutes les religions en ont un du même genre. Et pour toutes, excepté peut-être le jaïnisme d'Inde, ce commandement est assujetti à une clause. Il est parfaitement clair qu'il ne s'agit pas de tuer un moustique. Qui, parmi nous, n'a jamais délibérément tué d'êtres vivants ? Lorsqu'un enfant est malade, nous nous jetons sur un médicament, commettant là un massacre délibéré et voulu de streptocoques. Nous aspergeons les cafards de notre cuisine d'acide borique ou attrapons vite fait un vaporisateur d'insecticide. Ce que nous entendons par « tuer », c'est enlever la vie cruellement – ou bien de façon accidentelle tel le « Oups ! On dirait que je viens de tuer ma violette africaine ». Bien que les conséquences soient incomparables, ce que ces différents actes de « tuer » ont en commun est un gâchis inutile supposément accompagné d'une dose de regret.

La plupart d'entre nous ont bien compris, même sans grande connaissance de l'origine de nos aliments, que chaque petite bouchée avalée depuis notre plus jeune âge (excepté le caillou ou la bille accidentel) était, avant son triste sort, vivante. Le fait biologique le plus simple stipule que nous, animaux, ne pouvons rester en vie qu'en mangeant d'autres organismes vivants. Quant aux plantes, elles n'ont rien à se reprocher, elles, puisqu'elles sont génétiquement programmées pour fabriquer leurs aliments, tranquillement, sans bruit, à partir d'un peu de soleil, d'eau et des quelques minéraux qui se trouvent aspirés par leurs radicelles. Bizarrement, c'est aux animaux que nous avons accordé des droits tandis que nous amputons et décapitons en toute impunité les saintes plantes. Qui a jamais pensé implorer pardon en tondant sa pelouse ?

Plus on creuse, plus les règles morales se compliquent lorsqu'il s'agit de détruire nos compagnons biologiques. Si pour des raisons morales nous décidons qu'il est possible de tuer des plantes mais pas d'animaux, ce qui exclut donc la viande, la volaille et le poisson de notre alimentation, nous devons toujours accepter le fait que chaque sac de farine, chaque plaque de tofu provient d'un champ où des nuées d'êtres ailés et à poil furent exterminés durant le labour, la culture et la récolte. On estime à 67 millions le nombre d'oiseaux qui meurent chaque année des suites d'une exposition aux pesticides dans les fermes américaines. Les papillons aussi sont massacrés à l'état de larve par le pollen génétiquement modifié présent dans presque tout le maïs américain. Renards, lapins et goglus des prés sont chassés de leur habitat par la famine, sinon amputés par des moissonneuses. Les insectes subissent de lourdes pertes même lorsqu'on utilise des méthodes biologiques : les vers de terre sont inopinément coupés en deux par la bêche. Contrairement à la légende, chaque extrémité ne survit pas, les deux meurent.

Penser qu'il est possible de vivre sans prendre la vie d'autrui est une illusion. Les êtres humains ne peuvent pratiquer la non-violence dans leur alimentation que jusqu'à un certain degré. J'ai entendu un moine bouddhiste affirmer que le nombre de morts « alimentaires » était minimisé si l'on mangeait un steak, une mort pour plusieurs repas, alors que l'équation est inverse pour un bol de clams. D'autres ont perdu l'appétit devant des steaks qui proviennent d'animaux d'élevage industriel. Ma religion, je la prends chez Wendell Berry qui écrit : « Je n'aime pas l'idée que certains animaux ont beaucoup souffert pour me nourrir. Si je mange de la viande, je veux qu'elle provienne d'un animal qui a eu une belle vie paisible dans les pâturages près d'une rivière et d'un bouquet d'arbres dont il a pu savourer l'ombre. Je deviens aussi exigeant pour les plantes que je mange. »

Je suis fondamentalement proche de l'éthique végétarienne sur tous les points sauf un : même de façon très sélective, je mange de la viande. Les arguments qui condamnent l'abattage d'animaux tout en ignorant en bloc la destruction de quantité d'êtres vivants inhérente à l'alimentation végétarienne me laissent de marbre. Le nombre incalculable de morts liées aux pesticides et au changement d'habitat – celle des scarabées et des lapins est imputable à la confection de notre pain et de nos hamburgers végétaux – forme un bien triste gâchis. L'abattage de nos animaux, au moins, n'est pas injustifié et fait partie d'un projet qui implique du travail et une récompense. Nous élevons ces créatures dans un but. Une telle préméditation peut sembler cruelle mais, sans elle, toute la palette d'animaux de ferme n'aurait pas lieu d'être. Concevoir la civilisation d'un point de vue végétalien signifie éliminer de nos mémoires *Les Trois Petits Cochons*, *Le Petit Monde de Charlotte*, le veau d'or et *Tess*. Ensuite, éliminez tous les apports de nos ancêtres qui ont appris à domestiquer des animaux. Enfin, réécrivez l'histoire de notre évolution puisque l'*Homo sapiens* est devenu l'espèce que nous sommes grâce à des orgies carnivores régulières.

Le détail le plus troublant dans ce révisionnisme végétalien est ce qui touche au futur. Si les animaux de la ferme ont des droits civils, de quels aspects de leur asservissement aux hommes vont-ils vouloir s'affranchir ? La plupart ne tiendraient pas deux jours sans présence humaine. Récemment, j'étais en train de faire une omelette, et mes enfants me distrayaient en me lisant le portrait d'une actrice de cinéma végétalienne. Son rêve était de fonder un ranch, un abri sûr, où vaches et poulets vivraient joyeusement en liberté et mourraient de leur belle mort. « Attendez un peu que les vaches se mettent à beugler pour être traites », ai-je dit. Ayant élevé et allaité mes enfants, je peux vous dire en connaissance de cause qu'il n'y a pas pire douleur qu'un pis trop plein. Nous nous sommes demandé ce que la pauvre starlette allait faire de ses Jersey pleines de lait, sans parler des œufs que les poules pondraient un peu partout. Quelle drôle de vie pour cette malheureuse : errer dans la ferme sur ses hauts talons, slalomer entre les bouses de vache, se pencher avec élégance pour ramasser des œufs et les placer dans un incubateur où ils écloraient comme des fous pour grandir et pondre encore plus d'œufs. C'est un sale travail que d'essayer de garder toute une chaîne de vies non consommées. Mes filles, réalistes, ont observé qu'elle engagerait quelqu'un.

Pardonnez-nous. Nous sommes conscients qu'elle avait de bonnes intentions et si on compare son idée à l'excentricité des fantasmes des millionnaires, c'est certainement un beau projet. C'est la soi-disant noblesse du geste qui nous reste sur l'estomac ; lorsque la supériorité morale se mélange à l'ignorance crasse, il se forme un ballon d'air chaud qu'il est extrêmement difficile de ne pas vouloir crever. Ce fantasme de mouvement pour la libération des fermes n'est que le reflet de l'actuelle confusion culturelle au sujet des animaux de ferme. Ils sont la propriété des hommes, pas uniquement sur le plan légal mais aussi biologique. Au cours des millénaires de notre savante histoire, nous avons créé des cheptels entiers à partir de géniteurs sauvages dans le seul but de nous nourrir. Si on les laissait en liberté, les malheureux mourraient de faim, succomberaient aux griffes de leurs prédateurs et détruiraient les habitats et la vie de la plupart sinon de toutes les choses naturelles. Si nous les logions aux frais de l'État, ils seraient un fardeau plus énorme à porter que l'ensemble de nos écoles et de nos prisons réunies. Aucune personne sensée ne peut vraiment souhaiter cela. Mais vivant loin des vrais travaux de la ferme, bien des hommes ignorent les raisonnements appropriés à l'abattage. Sachant que nous élevons des animaux pour leur viande, de nombreux amis nous ont avoué – sans jugement mais à titre de confession : « Je ne crois pas que je pourrais tuer un animal. » Et j'explique : « Ce n'est pas ce que tu crois. Ça n'a rien à voir avec le fait d'envoyer ton vieux chien dans les limbes. »

Ceux qui ne sont pas cultivateurs ne connaissent que trois catégories de vie animale : les humains ; les animaux domestiques (pour les jeunes) ; et les animaux sauvages (soi-disant beaux et rares comme on les voit à la télévision). Décapiter délibérément un de ces animaux est impensable, pour des raisons évidentes. C'est pourquoi je comprends qu'il est difficile de concevoir la « moisson », acte radical qui implique la décapitation de têtes de laitues vivantes tout comme le passage à la guillotine d'une diversité d'êtres susceptibles de plisser leurs yeux globuleux au moment fatal. Nous n'aimons pas particulièrement ce procédé mais nous avons de l'estime pour ce rituel important, qui nous apprend beaucoup ainsi qu'à nos amis assez courageux pour venir nous aider. C'est une façon de se reconnecter avec le but ultime pour lequel ces animaux ont été élevés. Nous oublions toute illusion concernant celui qui leur a donné la vie et celui qui doit la leur retirer.

Une amie, chez qui nous nous approvisionnons en agneaux élevés en plein air et en volailles, est d'accord avec nous. Kirsty Zahnke a grandi au Royaume-Uni et remarque que l'attitude des Américains face à la vie et à la mort complique sûrement la donne. « Dans ce pays, on dirait que les gens font tout pour éviter la mort. Au lieu de se réjouir du moment présent, ils s'inquiètent énormément du futur. Je pense que ça s'applique aussi aux animaux – ces préoccupations sur le fait de "prendre la vie". Mes animaux ont tous joui d'une belle existence avec la mort comme conséquence naturelle. Je ne les abats pas sans pensée et gratitude et cette tâche reste difficile. Il m'a fallu du temps pour pouvoir manger mes propres agneaux, avec qui j'avais joué dans les prés. Mais les mots de Kahlil Gibran me viennent toujours à l'esprit :

« Lorsque tu tues une bête, dis-lui de tout cœur :

"Le même pouvoir qui te supplicie, me suppliciera aussi et comme toi je me consumerai

Car la loi qui te met entre mes mains me présentera à une main bien plus puissante

Ton sang et le mien ne sont que la sève qui nourrit les arbres au paradis." [1] »

Kirsty travaille avec une organisation environnementale locale dont elle accueille souvent les volontaires qui ne sont pas de la région ; ils campent sur son exploitation lorsqu'ils travaillent dans le coin. Nombreux sont ces activistes qui n'avaient pas mangé de viande depuis des années avant d'arriver chez elle – un état des choses qui loin de conduire au désastre mène à l'éducation. « Si l'on se met à apprendre les mantras des fermiers, ça peut changer votre point de vue. Je pense pouvoir avancer que 75 % des végétaliens et végétariens qui ont passé au moins une semaine ici se sont mis à manger notre viande et ses dérivés simplement parce qu'ils avaient constaté que ce que je faisais était bon – pour les animaux, l'environnement et les gens. »

Je respecte tout dîner dont les choix sont moralement motivés. Quant à ma position sur la non-violence, je la démontre en étant l'une de ces mères extrémistes qui refusent catégoriquement que ses enfants jouent avec des pistolets en plastique ou imaginent des scénarios avec mort d'homme. Mais au sujet des animaux d'élevage, mes

1. Khalil Gibran, *Le Prophète*, traduction de Pierre Dadah, Paris, Éditions du Rocher, 1993.

conclusions sont différentes. Les pamphlets végétaliens qui montrent des poulets entassés et des vaches malades avancent comme premier principe que toute viande est issue d'un élevage industriel. Non seulement c'est faux mais cela représente un affront pour les gens qui se donnent du mal pour élever des animaux dignement ou pour ceux qui supportent de telles pratiques grâce à leur pouvoir d'achat. Je ne veux à aucun prix faire souffrir une créature et ne mangerai donc jamais sciemment une bête restée toute sa vie debout avec des excréments jusqu'au ventre en espérant en finir jusqu'à ce qu'un jour, bang ! Au restaurant, je commande du poisson ou le plat végétarien.

Mais la viande, la volaille et les œufs d'animaux élevés sur des pâturages sont les plats de base de mes grands-parents en hiver et ils nous sont bien utiles ici durant les mois où une alimentation à base de tofu coûterait une vraie fortune en essence. Dans ce contexte, les bananes qui tuent la forêt équatoriale, le lait de soja transporté en camions réfrigérés, les épinards prélavés expédiés à trois mille kilomètres dans des sachets en plastique ne me semblent pas dénués de cruauté et de danger. Une centaine de voies diverses pourraient alléger les souffrances du monde. Ne plus manger de viande en est une ; ne plus manger de banane en est une autre. Plus nous en savons sur le système alimentaire, plus nous sommes amenés à faire des choix complexes. Il semblerait simpliste de ne bannir qu'un fruit alors que les hommes vivent sous bien des arbres différents.

Élever éventuellement moins d'animaux est possible ; éliminer les variétés animales destinées aux aires d'engraissage est un but auquel je contribue en élevant des races traditionnelles. La plupart des hommes pourraient consommer plus de légumes et moins de viande. Mais globalement, l'approche végétarienne est un luxe. L'argument galvaudé en faveur du végétarisme selon lequel il faut dix fois plus de terre pour produire une livre de viande que pour produire une livre de céréales n'est valable que pour un type précis de terre, fertile, bien arrosée et riche en minéraux. Les pauvres qui vivent sur des terres arides incapables d'accueillir une agriculture sont nombreux. Ceux qui n'ont pas la chance d'avoir des plaines fertiles et des céréales qui ondoient à perte de vue doivent se contenter de cosses d'arbres fibreuses, d'arbustes à feuilles coriaces ou d'herbes parsemées. Les chameaux, les rennes, les moutons, les chèvres, les bovins et autres ruminants sont les seuls à pouvoir transformer ces types de cellulose indigestes en lait et viande comestibles. Les extrémités du désert, la toundra et les terres difficilement cultivables de chaque continent – les côtes du Pérou, le sud-ouest des États-Unis, le Kalahari, le désert de Gobi, l'intérieur australien, le nord de la Scandinavie – sont peuplées de bergers. Les Navajos, les Mongols, les Lapons, les Masaï et une quantité d'autres tribus débrouillardes mourraient de faim sans leurs animaux.

Malheureusement, les troupeaux engendrent aussi des problèmes environnementaux. Le surpâturage a nui à beaucoup de paysages dans le monde, tout comme la destruction de forêts ombrophiles afin d'installer des ranchs. Mais un pâturage bien organisé est bénéfique aux habitats peuplés actuellement de ruminants ou qui le furent jadis. Des recherches sur l'environnement dans les déserts d'Amériques du Nord et du Sud ont démontré qu'une introduction bien dosée de bovins, moutons ou chèvres dans les herbages contribue à un rééquilibrage de la population végétale, essentiellement celle des arbres du genre des *Prosopis* (mesquite [1]) qui accompagnèrent durant des millénaires les grands mammifères herbivores à présent disparus. Les graines du genre *Prosopis* germent mieux après un séjour dans l'estomac d'un ruminant.

1. Acacia originaire du Mexique.

L'habitat a également besoin du retour des feux et des chiens de prairie, prédateurs des pousses de mesquite – je vous l'accorde, c'est compliqué. Mais les ruminants font vraiment partie de cet environnement.

Au nord-ouest du Pérou, dans la région très aride et déboisée de Piura, un projet innovateur utilise un outil à quatre pattes pour une reforestation intensive : la chèvre. Ce lieu sans herbe a perdu nombre de ses forêts natives de mesquite pour faire place aux réfugiés expulsés d'endroits plus verdoyants, qui s'y sont installés et ont coupé pratiquement tous les arbres pour faire du feu. Les chèvres subsistent grâce aux cosses des quelques arbres restants – sans abîmer les arbustes épineux – et dispersent les graines en les déposant, nichées dans de belles pelotes d'engrais naturel, sur tout le territoire. Les chèvres fournissent aussi du lait et de la viande à leurs bergers dans un lieu si dépourvu de pluie (aucune précipitation durant certaines années) qu'il est impossible de se nourrir de plantes. Les troupeaux paissent en liberté lorsque les fruits du mesquite sont de saison et vivent le reste du temps de cosses conservées dans des greniers cimentés. Ces animaux faciles d'entretien se reproduisent aussi sans frais si bien que ce projet élargit d'une année sur l'autre ses propres capacités de reforestation et d'approvisionnement dans toute la région.

Nous, environnementalistes angoissés, avons tendance à soupçonner l'homme et son mode d'alimentation d'être dangereux pour la Terre. Mais lorsque j'ai visité Piura afin d'évaluer ce projet mesquite/chèvre, toutes les mesures prises pouvaient être considérées comme des succès. Le scénario antérieur montrait des familles mal nourries dans un paysage brun desséché. En l'espace de quelques années après le début de l'opération, les familles vivaient toujours dans de simples cabanes de boue séchée et tasseaux de bois mais leurs villages étaient ombragés par des oasis vertes de végétation à croissance rapide. Ils trayaient les chèvres, faisaient du fromage, brûlaient les cosses de mesquite pour faire la cuisine et se réjouissaient de pouvoir manger de la viande plusieurs fois par mois. De petits jardins irrigués produisaient des haricots et des légumes verts afin d'enrichir leur alimentation mais, sous ce climat, ce sont les dérivés d'animaux qui permettront un jour d'éradiquer la malnutrition. Chaque famille propriétaire de chèvres signe un accord avec l'organisation donatrice (Heifer International et un groupe local ACBIODESA) en vertu duquel elle donnera sa première chèvre à une autre famille et de ce fait passera du statut de « pauvre » à celui de « bienfaiteur » – distinction majeure en termes de prise de décision et d'influence politique dans le pays. Pour le même prix, une cargaison offerte de blé, riz ou maïs n'aurait servi qu'à maintenir la pauvreté si répandue et aggravé la crise de l'environnement. Pour résoudre les difficultés de cette région la solution animale me paraît bien meilleure que la solution végétale.

Les montagnes des États-Unis où je vis, bien que ni desséchées ni misérables, ont leurs propres défis à relever. Ici, les exploitations sont petites et escarpées. L'utilisation de tracteurs diesel pour labourer la terre au printemps, lorsque c'est possible, fait glisser le sol arable jusqu'à la rivière à chaque précipitation, ce qui engendre bien des problèmes. Pour nous nourrir ainsi que nos voisins citadins, l'une des meilleures solutions est d'élever des mammifères ongulés et de la volaille sur les pâturages. Le bétail, les chèvres, les moutons, les dindes et les poulets savent très bien transformer des collines escarpées couvertes d'herbe en nourriture tout en fertilisant la terre discrètement avec leurs excréments. Ils le font sans boire une seule goutte de gasoil.

En fait, le pâturage planifié est plus sain pour la plupart des sols que les labours et les plantations annuelles et consomme beaucoup moins d'essence. L'herbe est une ressource renouvelable produite par l'énergie solaire.

À mesure que les consommateurs découvrent les bénéfices sanitaires de la viande de pâturage, les fermiers peuvent arrêter de labourer leurs terres et laisser les animaux prendre le relais. La pierre angulaire de ce projet consiste à promouvoir le bétail, la volaille et autres animaux de basse-cour traditionnels qui profitent de l'herbe des pâturages. La plupart des gens ne savent pas que poulets, dindes et cochons peuvent s'alimenter de feuilles puisqu'en général nous les voyons nourris en captivité. Même le bétail paît de moins en moins depuis que les programmes d'élevage du XXe siècle ont abouti à des animaux qui tolèrent – à peine – un régime à base de céréales supposé les engraisser durant les huit derniers mois de leur emprisonnement. Pendant des décennies, les consommateurs n'ont voulu que ces animaux-là.

Plus récemment, les conditions de vie dans les aires d'engraissage ont été dénoncées par des personnalités aussi diverses qu'Oprah Winfrey dans son émission télévisée et l'auteur de *Fast food nation*, Eric Schlosser. Dans son essai intitulé *Food with a face*, le journaliste Michael Pollan a écrit : « Plus que toute autre institution, l'exploitation industrielle d'animaux nous offre un spectacle cauchemardesque du visage du capitalisme en l'absence de toute contrainte morale ou régulatrice. Dans ces endroits, la vie elle-même est redéfinie – en tant que productrice de protéines – et accompagnée de souffrance. Elle se métamorphose en stress pour n'être plus qu'une équation économique à la recherche d'une solution bon marché […] L'industrialisation et la déshumanisation de l'élevage d'animaux aux États-Unis sont des phénomènes relativement récents et locaux dont on pourrait se passer : aucun autre pays n'élève et n'abat ses animaux de façon aussi intensive et brutale que nous le faisons. » Les consommateurs américains ont l'embarras du choix devant les problèmes causés par cette attitude : hormones de croissance, bactéries résistantes aux antibiotiques, taux malsain de cholestérol, E. coli mortels, consommation de pétrole, concentration du fumier dans des lagunes toxiques, sans compter la turpitude qui consiste à garder des créatures emprisonnées jusqu'aux limites de leur endurance physiologique et psychologique.

C'est ce dernier point qui m'a fait réagir. Oui, je suis quelqu'un qui élève des animaux dans le but de les débiter ensuite pour nourrir ma famille. Mais cette tâche a augmenté, non diminué, la compassion que j'éprouve pour ces pauvres bêtes qui sont obligées de passer leur vie entassées l'une contre l'autre en attendant que le prochain porridge leur ronge l'estomac. En 1997, lorsque nous nous sommes résolus à ne plus manger de viande de batterie, cette décision était similaire au choix du végétarisme puisqu'il n'existait pas d'alternative. Désormais, celles-ci sont nombreuses. Poulets et dindes de plein air sont disponibles dans les magasins diététiques et de nombreux supermarchés. Les marchés de producteurs approvisionnent en œufs, volailles, bœufs, agneaux et porcs élevés en plein air. Les éleveurs qui mettent leurs animaux au pâturage sont bien sûr obligés d'exiger plus d'argent pour leurs produits que les usines qui soustraient tout ce qu'elles peuvent des animaux jusqu'aux limites de leur équilibre. Certains consommateurs pensent devoir acheter le produit le moins cher. D'autres mangeront moins souvent de viande mais paieront le prix. Avec l'augmentation de la demande et le fait que toujours plus d'éleveurs sortent du système industriel, la structure des coûts va changer.

Après des années sans viande, il nous a semblé étrange de briser le tabou mais au fil du temps notre famille est redevenue carnivore. J'aime suivre les conseils de Julia Child qui sait « préparer le poulet pour qu'il produise une douce mélopée en rôtissant » tandis que son arôme de saindoux remplit la maison. Lorsqu'un ami a entrepris d'élever son bétail entièrement au pâturage plutôt que l'envoyer dans les aires d'engraissage à l'âge de six mois,

Mais non, nous n'avons pas perdu la tête !

Les vaches doivent avoir des amis haut placés. Si une cargaison de bifteck haché est contaminée par des agents pathogènes, notre gouvernement fédéral n'a pas autorité à rappeler la viande mais seulement à exiger que la compagnie émette une demande de rappel. Une fois ce rappel en cours, le gouvernement ne divulgue aucune information quant aux lieux de vente du bœuf contaminé car il considère que cette information ne regarde que la compagnie en question. Il est donc apparemment plus important de protéger les vaches que les gens qui en mangent. Il me faut à présent prendre des précautions car il existe des lois dans treize États qui déclarent illégal tout commentaire négatif au sujet des vaches.

Une maladie grave liée à nos amies les vaches est apparue au cours des vingt dernières années : l'encéphalopathie spongiforme bovine (ESB) communément appelée la maladie de la vache folle. La maladie de la vache folle et sa variante humaine, la maladie de Creutzfeldt-Jakob, sont irrémédiablement fatales aux vaches comme aux êtres humains. Détecter cette maladie est malheureusement une tâche rendue plus ardue par le fait qu'elle incube pendant des années dans sa victime. La maladie est devenue notoirement scandaleuse durant l'épidémie anglaise à la fin des années 1980. Elle a causé la mort de 150 personnes qui avaient mangé des vaches infectées ainsi que celle de milliers de bovins qui furent abattus. Le coupable, pour l'ESB, est une minuscule protéine difforme appelée un prion. Les prions forcent les autres protéines contenues dans la victime à prendre leur forme et détruire le tissu. Les prions concentrent leur activité dans le système nerveux où ils sont fatals. Comment les vaches contractent-elles ces prions ? Apparemment en ingurgitant d'autres vaches. Surpris ? Oui, on mélange des carcasses de vaches à la nourriture des bovins, leur imposant ainsi un régime cannibale. C'est une façon de produire des protéines supplémentaires avec les rebuts des abattoirs.

Une réponse appropriée serait d'arrêter ces procédures, ce qu'ont fait les Britanniques. Ils ont aussi entrepris de tester 100 % des vaches de plus de deux ans à l'abattage en vue de détecter la maladie et d'enlever les vaches « impotentes » (celles qui sont incapables de marcher seules) de la chaîne alimentaire. En conséquence, le Royaume-Uni a quasiment éradiqué la maladie en deux ans. Il est compréhensible que le Japon ait appliqué une législation et des pratiques identiques.

Aux États-Unis, la réaction fut sensiblement différente. Les mesures américaines interdisent de donner de la chair de vache à d'autres vaches mais permettent que cette chair soit donnée à d'autres animaux (dont les poulets) et qu'enfin, les restes de ces animaux soient donnés en pâture aux vaches. Les prions ne peuvent être détruits ni par une chaleur extrême ni par quelque médicament que ce soit, ils survivent donc sans souci à ce manège alimentaire. Le sang de vache (miam !) peut également être servi aux autres vaches et aux veaux tout comme les restes des plats dans un restaurant.

Après qu'on a détecté le premier cas de maladie de la vache folle aux États-Unis, cinquante-deux pays ont interdit l'importation de bœuf américain. Le ministère de l'Agriculture a exigé que 2 % des vaches « impotentes » soient testées, ainsi que 1 % des vaches à l'abattoir. Il s'est ensuivi que le nombre officiel de vaches impotentes aux États-Unis a baissé de 20 % (ai-je mentionné qu'il s'agissait de déclaration sur la base du volontariat ?) et seulement deux cas supplémentaires d'ESB furent déclarés. En mai 2006, le ministère de l'Agriculture a décidé que le risque était si bas que l'on ne devait plus tester que 0,1 % des vaches abattues. Jean Halloran, directeur des politiques alimentaires à l'Union des consommateurs, a interprété cette décision : « Elle ressemble à une politique du qui-ne-cherche-pas-ne-trouve-pas. »

Comment les consommateurs peuvent-ils réagir ? Est-il possible de savoir où trouver la viande testée comme dépourvue de prions par les bouchers industriels ? Non. Une compagnie a tenté de tester tous ses bœufs mais le ministère a déclaré que c'était illégal (certainement pour ne pas humilier les vaches porteuses de l'ESB). Vais-je suggérer un boycott ? Certainement pas ; les vaches sont nos amies (et puis je crois que ce serait illégal). Il est bon de se souvenir d'une chose : il n'y a jamais eu un seul cas d'ESB détecté parmi un troupeau élevé au pâturage ou nourri de façon biologique. Quant aux 99 % du bœuf américain restants, je recommande d'analyser les mots de Gary Weber, à la tête de l'Association nationale des éleveurs de bœuf : « Du fait de la rareté de cette maladie, le panel de consommateurs interrogés est parfaitement rassuré. »

Pour plus d'informations, allez sur le site www.organicconsumers.org/madcow.html.

STEVEN L. HOPP

ce que la plupart font, nous avons à nouveau accepté de croquer dans un hamburger. Nous pouvons toujours aller rendre visite aux animaux si nous avons besoin d'être rassurés sur la qualité de leur tranquille existence bovine.

Petit producteur de viande nous-mêmes, nous apprenons au fur et à mesure en élevant des races traditionnelles – ces antiquités économes qui savent rester au soleil, contempler la prairie, mâcher et même s'accoupler sans aide ! Nous sommes heureux que ces races anciennes n'aient pas disparu au siècle dernier bien que le risque ait été grand. Si ce n'était pas pour ces animaux qui prospèrent en plein air et pour les fermes qui les élèvent, je me serais contenté *ad vitam æternam* de sandwichs au tofu.

⁂

Être convaincu de la droiture d'un travail, hélas, ne suffit pas à l'accomplir. Le jour de la « moisson », nous avons enfilé nos vieilles galoches, affûté nos couteaux, allumé un feu sous l'énorme marmite et nous sommes préparés à ce qui nous attendait : boue, sang et une pluie de petites plumes. Certaines choses, quand on abat des poulets, sont irrésistiblement drôles. Et notamment les plumes que vous retrouvez dans vos cheveux, sur le dos de vos mains, collées au talon de votre chaussure gauche comme le carré de papier-toilette dans certaines comédies. Une multitude de petites étiquettes duveteuses et blanches se retrouvent collées partout sur le billot et la table, Post-it d'outre-tombe des poulets. Parfois, c'est l'humour noir qui nous aide à accomplir cet affreux travail ; nous rions des plumes, de notre couloir de la mort et du « retour des coqs vivants ».

Ce ne fut pas le cas ce jour-là. Des amis étaient venus nous aider, dont un couple de parents qui avait récemment perdu leur fils adolescent dans une noyade. Leurs cadets, Abby et Eli, comptaient parmi les plus proches amis de

Lily. Les gamins, ce qui était fort compréhensible, étaient solennels et nous, les adultes, avons mesuré chaque mot sous le poids de l'immense chagrin que nous ressentions en nous mettant à la tâche. Lily et Abby sont parties chercher le premier coq dans la grange tandis que j'étalais les couteaux et les feuilles de plastique sur la table installée dans le patio de derrière. Les hommes ont allumé un feu sous la marmite, une antiquité en cuivre chinée à une vente à la ferme, d'un volume de 200 litres.

Les filles sont revenues, en tenant le coq n° 1 par les pattes, la tête en bas. Cette position a pour effet instantané d'endormir le poulet ou en tout cas de le mettre dans un état proche du sommeil. Ce qui vient ensuite est rapide et radical. Nous le posons délicatement sur le billot, élément incontournable du jardin dont les taches d'hémoglobine fascinent les enfants qui nous rendent visite, et pang ! le coup de hache part. Toute sensation cesse avec ce coup rapide. On doit ensuite le tenir par les pattes au-dessus d'un grand seau en plastique jusqu'à ce qu'il soit vidé de tout son sang. Les paysans qui voient passer beaucoup de volaille sont mieux équipés ; ils ont notamment des bancs sur lesquels des « cônes d'abattage » sont fixés, sorte d'entonnoirs renversés qui tiennent l'oiseau tandis qu'on lui perce le cou à l'aide d'un couteau à lame effilée, coupant ainsi deux artères principales ce qui met fin à la fonction cérébrale. Comme nous ne sommes pas des pros, notre équipement est plus rudimentaire. En berçant puis en décapitant vite fait mes animaux, je suis assurée qu'aucun geste maladroit de ma part ne ralentira la procédure ou ne causera de souffrance.

La rumeur est vraie : le coq continue de battre des ailes durant ce processus. Si vous le laissez tomber, il fouettera l'air de ses ailes dans toute la cour, laissant des flots de sang sur son passage et ce, même si le corps ne court pas – ce n'est vraiment pas coordonné. La tête qui vient d'être détachée ouvre et ferme le bec en silence au fond du seau à entrailles, loin du tohu-bohu. La cause de tout ce grabuge est une explosion de neurones sans cerveau pour les guider. Ceux qui prétendent courir dans tous les sens comme un poulet sans sa tête, sont à des années-lumière de la réalité. Ce qui peut-être s'en approcherait le plus serait les dernières secondes convulsives d'un combat de catch.

C'était fini pour le coq n° 1 et il était déjà dans la marmite pour être vite ébouillanté. Après une minute d'immersion dans de l'eau à 63 degrés, les muscles se décontractent et libèrent les plumes ce qui facilite la plumaison. « Faciliter » est relatif – on doit enlever jusqu'à la dernière petite plume, assez soigneusement pour ne pas déchirer la peau. Les duvets de poitrine viennent par poignées entières tandis que les longues plumes des ailes et de la queue doivent parfois être retirées une à une à la pince. Si nous étions des pros, nous aurions un échaudoir électrique et une plumeuse automatique, un seau fascinant plein de doigts de caoutchouc qui tournent et font le travail en deux temps trois mouvements. Pour de prochains abattages, nous emprunterons peut-être l'équipement d'un ami mais aujourd'hui, nous avions fixé une poulie à une branche d'arbre afin de pouvoir tirer les carcasses ébouillantées au niveau de nos épaules, en les suspendant à une corde afin d'être plusieurs à plumer. Lily, Abby et Eli se sont chargés des plumes du cou et des poitrines en faisant les commentaires obligés tels que : « Berk ! Regarde où sa tête s'est détachée » et « Je me demande lequel de ces tubes lui servait de trachée ». La plupart des enfants passent en quatre-vingt-dix secondes de l'écœurement à la science dure. Quelques semaines plus tard, Abby a rendu un brillant exposé entièrement documenté intitulé : « On n'échappe pas au jour de la moisson. »

Laura, Becky et moi avons répondu aux questions des enfants et discuté de problèmes de mères tout en travaillant sur les plumes du dos et des ailes. Nos maris étaient passés à la décapitation suivante. Avec Laura, nous avons évoqué nos adolescentes – relativement nouvelles conductrices sur les étroites routes de campagne entre leurs jobs, leurs amis et la maison – et tous les problèmes afférents. J'étais tristement consciente du silence de Becky, de sa douleur d'avoir perdu un fils qui n'aurait jamais son permis de conduire. Nous vivons tous dans l'illusion d'une sécurité possible.

Je me suis demandé comment l'après-midi allait se dérouler, comment elle allait survivre à des mois et des années de confrontation quotidienne à l'irréparable. J'avais manqué de tact en invitant ces amis pour un après-midi de tuerie. Puis j'ai regretté cette pensée. Les gens en deuil marchent main dans la main avec la mort, à chaque instant du jour. Si nous craignons de leur rappeler l'existence de la mort, c'est que nous sommes loin de leur réalité. S'occuper des dindes – ce que cette famille ferait bientôt elle-même sur sa propre ferme – était simplement un autre type de travail. Le rendez-vous avec la mort, pour eux, c'était de se réveiller chaque matin sans leur frère et fils.

⁂

Au début de l'après-midi, six coqs avaient perdu leur tête, leurs plumes et viscères et reposaient sur de la glace. Il restait encore six dindes, la partie la plus dure du travail car ces animaux sont plus grands et plus lourds. Quelques-unes pesaient dans les 10 kilos. Elles seraient les pièces maîtresses de Thanksgiving sur notre table et celle de nos amis. Une au moins servirait pour la charcuterie – dans le jardin, j'avais de la sauge, du romarin, de l'ail des oignons et tout ce qu'il fallait pour faire de bonnes saucisses de dinde. Quant aux deux premiers coqs que nous avions tués, ils passeraient au four en fin d'après-midi.

Nous nous sommes accordé une pause. Pendant que Lily et ses amis se faisaient des couronnes de plumes et couraient dans le poulailler histoire de voir comment se portaient les survivants, les adultes ont décapsulé des bières et se sont installés dans des transats sous le soleil de septembre. La conversation a vite porté sur la préoccupation nationale de cet automne : Katrina, l'ouragan qui venait de toucher le sud de la Louisiane et le Mississippi. Nous étions horrifiés par les nouvelles qui commençaient à filtrer de ce déluge noir, les enfants réfugiés sur des toits, les familles endeuillées encore sous le choc qui pataugeaient à travers les rues, de l'eau jusqu'à la taille, brisant des vitres pour attraper des bouteilles d'eau. Quelle ironie, des gens assoiffés se noyaient.

Il était déjà évident que ce désastre resterait dans l'histoire. La Nouvelle-Orléans et un nombre incalculable d'autres villes à travers la Louisiane du Sud et le Mississippi étaient évacuées et abandonnées, comme mortes. Les caméras s'étaient concentrées exclusivement sur les pertes urbaines, envoyant des images de rues inondées, de gens réfugiés sur les toits, de vitrines brisées et du désespoir des citadins sans ressources pour se reloger ou juste partir. Je n'avais pas vu une seule photo de la campagne – un terrain de golf fut ce qui s'en approcha le plus. Je ne sais toujours pas si les victimes rurales de Katrina ont bénéficié d'une aide plus substantielle ou si l'on a simplement oublié d'évoquer leurs tourments.

Le désastre a atteint le reste du pays avec des retombées inattendues. Notre ville et nos écoles accueillaient déjà des personnes qui avaient tout perdu. Le bureau auquel je venais d'envoyer mon passeport pour qu'il soit renouvelé était maintenant sous l'eau. Le coût de l'essence avait triplé ici et là laissant notre nation choquée par les prix affichés. Des citoyens américains faisaient d'étranges déclarations selon lesquelles il fallait rester chez soi. Les spécialistes du climat déclaraient : « Si vous réchauffez le globe, il faudra bien en payer le prix. » Les économistes observaient les déficits budgétaires et prédisaient l'effondrement, le chaos, l'écroulement des infrastructures. Par bien des aspects, une catastrophe nous force à faire le point. En ce qui me concernait, ce désastre avait suscité le besoin irrésistible de vivre selon mes moyens. Je ne pensais pas en terme de budget domestique, ou national, mais au vrai budget, celui qui implique que nous consommions plus ou moins ce que nous produisons. Hantée par la vision de mon passeport détrempé, j'ai soudain eu envie de rester très près de chez moi, une main sur nos productions et ce même quand ce n'était pas facile ou drôle – comme aujourd'hui.

Les analystes cherchaient essentiellement à faire endosser aux politiciens la responsabilité du désastre. D'accord, mais d'autres points vulnérables étaient également en jeu ici – des populations entières dépendaient quotidiennement d'approvisionnement en eau, nourriture, essence, tous acheminés de loin comme il en va de tout ce qui est issu d'une production centralisée. À nos yeux, cet état de choses est normal. Sauf que la nature venait de le mettre à mal et je me demandais quelles réponses nous allions apporter.

⁂

Nous sommes restés d'humeur solennelle jusqu'à ce qu'Eli mette en scène une comédie burlesque à partir de morceaux de poulet piochés dans le seau à entrailles. Nous ne faisions qu'accomplir notre travail mais Eli, lui, dirigeait et produisait un spectacle. Il inventa la brosse à gratter le dos en forme de pied de dinde, le jabot de dinde soufflé en guise de ballon. Les enfants, même après avoir traversé une terrible épreuve, ont le don de deviner quand les adultes éprouvent le besoin de souffler. On nous a incités à applaudir au spectacle de deux têtes de dinde dans une parodie de talk-show télévisé. Tandis que j'éviscérais le dernier oiseau de la journée, j'ai réfléchi à deux fois avant de jeter certains accessoires dans le seau à boyaux. Je n'étais pas sûre de vouloir être le témoin de ce qu'un garçon de huit ans pourrait faire avec un intestin de quatre mètres de long.

La bonne nouvelle, c'est que nous avions presque fini. J'ai convié les adultes à tout arrêter et à se laver. Ils ont enlevé leurs tee-shirts qui leur avaient donné un air de figurant de *Braveheart*. Les filles ont convaincu Eli de reposer les têtes de dinde parlantes pour se soumettre à un lavage au tuyau d'arrosage. Nous avons pu parler, décontractés, de nos préoccupations personnelles, de tous ces détails triviaux et autres bonnes nouvelles qu'on aime partager avec ses amis. Ce qui ne va pas en ce moment au boulot. Comment les enfants se débrouillent avec leurs profs et leurs exposés. Ce que c'était pour moi d'avoir été mise sur la « Liste ».

Cette question faisait référence à un livre publié cet été, alertant notre nation des dangers que représentent cent personnalités en train de détruire l'Amérique. Pendant une semaine et demie, le livre a eu du succès et on a salué le fait que j'étais la soixante-quatorzième personne la plus dangereuse du pays. Cela donnait un certain peps à mon quotidien, ai-je considéré tout en continuant à faire mes bocaux de tomates, la lessive, mes allers-retours à l'arrêt du car scolaire et de temps en temps à pondre un roman, un essai, tout en sachant très bien que ce genre d'activité n'amène que des problèmes. À la maison mon nouveau statut n'a rien changé : il fallait toujours que j'attende mon tour, une fois les bandes dessinées lues, pour avoir mon Sudoku et le chien m'ignorait, comme d'habitude. Quelques-uns de mes héros se trouvaient bien plus haut sur la liste. Jimmy Carter était n° 6.

« Quand on est n° 74, on persévère », ai-je informé mes amis en plongeant la main plus loin dans la cage thoracique d'une dinde depuis, hum, le bas du volatile. J'essayais d'incérer les doigts entre les poumons et les côtes pour retirer d'un coup tout le paquet de viscères. Étriper une dinde morte demande de la pratique, de la dextérité et un vrai sens du danger. « Bond. James Bond », pourrait-on dire en guise de présentation dans bien des situations comme celle-ci. Mes amis m'observaient, exprimant ouvertement leur doute quant à ma réelle dangerosité. Ils ne pensaient même pas que je méritais d'être n° 74.

« Hé ! ai-je répliqué, sûre d'avoir la situation en main, c'est-à-dire le gésier, ne me déconcentrez pas. C'est moi le chef. Détruire l'Amérique n'est pas un jeu d'enfant. »

Quelqu'un m'avait envoyé un exemplaire du livre, certainement pour me protéger de moi-même. Deux amis sont allés le chercher dans la maison pour mettre en scène une lecture théâtrale de la quatrième de couverture. Ces amis que je connaissais depuis des années dévoilèrent des secrets sur moi, le président Carter et autres personnes du même acabit : « Ces gens-là, disait le livre, font partie de l'élite culturelle qui regarde d'un air méprisant les gens *ordinaires…* »

Des yeux craintifs se sont posés sur moi. Mon tee-shirt « Kentucky NCAA Champions » était si maculé de sang qu'on aurait pu croire que je l'avais porté à un match contre la Caroline du Nord. J'avais aussi des plumes plein les cheveux. J'étais recroquevillée, dans une position de yoga disgracieuse, les deux bras enfoncés jusqu'aux coude dans le postérieur d'une dinde.

Avec un bruit de ventouse, les viscères ont lâché et j'ai vacillé en arrière entraînant les intestins dans ma chute. Mes compatriotes ont beaucoup ri. Avec moi et non pas de moi, je pense.

C'était la fin d'une journée de travail. J'ai rincé le couteau de boucher au jet d'eau et enfilé des vêtements plus civilisés, fort soulagée de voir que mon alliance n'avait pas glissé dans un intestin de dindon pendant que tous les autres installaient la table de pique-nique sous le patio, mettaient les couverts et sortaient tous les plats préparés du réfrigérateur. La viande qui rôtissait sentait délicieusement bon. Steven a badigeonné la peau du poulet de notre sauce aigre-douce maison et débouché le vin. La nuit était tombée quand nous nous sommes assis pour nous régaler d'une salade de haricots, de tomates en tranches avec du basilic, d'une salade de pommes de terre bleues et de viande qui avait commencé le jour avec un fier cocorico.

Nous étions à bout de forces mais revigorés par cette journée passée avec de vrais amis. Nous, les vivants, nous progressons en tandem avec la mort, nous ne sommes rien d'autre « que la sève qui nourrit l'arbre céleste [1] », que nous le réalisions ou pas. Nous supportons cette compagnie grâce au bonheur de l'amitié, de bons repas et, si besoin est, de dindes parlantes.

1. Khalil Gibran, *op. cit.*

Carnivore

PAR CAMILLE

L'été de mes onze ans, en rentrant de notre ferme de Virginie, nous avons fait un détour par les plaines du Midwest. Nous sommes passés par un parc d'engraissage puis un autre. L'odeur était abominable et le spectacle de ces animaux absolument cauchemardesque : des vaches, les pieds dans des montagnes d'excréments, entassées si près les unes des autres qu'elles n'avaient aucun espace pour marcher. Elles ne pouvaient que meugler et mastiquer leurs céréales mêlées à la couche de bouse engluée à leurs pieds.

Regarder ces créatures par la fenêtre m'a soulevé le cœur et m'a coupé l'appétit. La partie extérieure du parc semblait encore plus cruelle que tout ce qui se passe dans un abattoir. Qu'il soit condamné ou non, aucun être vivant ne devrait vivre de cette façon. Une fois à Tucson, j'ai annoncé à mes parents que je ne mangerai jamais plus de viande élevée dans un parc d'engraissage. Je fus étonnée qu'ils expriment leur approbation immédiate et prennent la même résolution.

Cet automne-là, j'ai eu une autre révélation à la cafétéria de l'école : j'ai réalisé que la plupart des gens ne veulent pas savoir ce qu'a vécu leur hamburger avant d'être coincé entre deux petits pains. Quelques étudiantes ont refusé de s'asseoir à ma table car elles n'aimaient pas les justifications que je leur donnais pour ne pas manger de sauce bolognaise à la viande hachée ou de salade taco au déjeuner. Je ne pouvais pas comprendre que mes amies s'intéressent si peu à un sujet crucial. À ma grande surprise, elles n'exprimèrent aucune volonté de changer leurs habitudes et m'en voulurent de les culpabiliser au sujet de leurs décisions. Ce fut une leçon primordiale.

Personne (moi y comprise) ne veut qu'on lui dise quelle église fréquenter ou comment s'habiller, encore moins qu'on lui suggère ce qu'il devrait manger. L'alimentation représente un choix si personnel qu'il est logique que le sujet soit délicat. Huit ans après l'incident de la cafétéria, je comprends bien que j'ai eu tort d'essayer d'imposer mon éthique alimentaire aux autres même s'il s'agissait de mes amis. Il y a peu, j'ai été très agacée par une personne qui m'a conseillé de ne pas manger de yaourt car « si j'étais une vache, ça me plairait qu'on me traie ? ». Nous établissons nos critères moraux et privés à partir des informations en notre possession et, pour la plupart, souhaitons avoir des choix éclairés.

Aux États-Unis, les industries des œufs et de la viande prennent bien soin de ne pas rendre publiques leurs pratiques en ce qui concerne l'élevage des animaux. Des formules telles que « naturelle » inscrites sur les emballages de viande en supermarché ne signifient pas nécessairement que les vaches et les poulets soient d'accord avec ce terme. Les animaux confinés en batterie vivent un immense stress physiologique. Les vaches cloîtrées, nourries de céréales souffrent toutes de problèmes gastriques, d'acidité aiguë, qui causent des ulcères de l'estomac souvent fatals bien qu'elles ne vivent généralement pas assez longtemps pour en mourir. Le bétail dans notre pays est élevé en pâturage avant d'être envoyé dans des parcs d'engraissage pour prendre du poids durant la dernière moitié de sa vie. Les poulets et les dindes en batterie passent souvent toute leur vie sans voir la lumière du jour.

En revanche, si le bétail reste au pâturage jusqu'à la fin de ses jours, cette sorte de bœuf prend l'appellation « élevé en plein air ». Les différences entre ce type de bœuf et celui de batterie ne relèvent pas uniquement de votre compassion à l'égard des animaux : la viande et les œufs provenant d'animaux de plein air contiennent des nutriments sensiblement plus variés. Bien des études ont été publiées à ce sujet dont les résultats parviennent peu à peu au public. Les études du ministère de l'Agriculture ont trouvé, dans la viande élevée en plein air (son régime naturel), des taux de graisse saturée plus faibles, une présence plus élevée de vitamine E, de béta-carotène et d'oméga 3 par rapport à la viande de batterie. De façon pratique, *Mother Earth News* a ajouté à son site Internet une page « Poulet et œufs » qui invite les paysans à envoyer des œufs à un laboratoire pour une analyse nutritionnelle dont les résultats seront ensuite affichés. Le verdict confirme les résultats de l'étude publiés il y a quinze ans dans le *New England Journal of Medecine* : les œufs issus de poules fermières élevées en plein air contiennent deux fois moins de cholestérol que les œufs de poules élevées en batterie. Ils contiennent également plus de vitamine E, de béta-carotène et d'acides gras de type oméga 3 que leurs collègues de batterie. Plus un poulet profite du plein air, plus les différences augmentent.

De façon similaire aux poulets, les bénéfices nutritionnels du bœuf sont proportionnellement liés à la fraction de vie du bovin passée chez lui dans les herbages à paître de l'herbe plutôt que confiné avec un gruau de céréales. Le bœuf fermier présente moins de risque de contamination bactérienne car son régime à base d'herbe l'aide à maintenir un taux d'acidité dans son estomac qui répond aux normes. Au risque que vous quittiez ma table, je devrais ajouter que le fort taux d'acidité du bétail de batterie nourri aux céréales accueille souvent des souches de bactéries E. coli extrêmement néfastes à l'homme. Puisque l'élevage en batterie est si courant dans notre pays, cette souche spécifique de bactérie mortelle est de plus en plus présente dans notre sol, notre eau voire chez d'autres animaux, ce qui provoque des contaminations en chaîne comme les cas de maladies et de morts liées aux épinards en 2006 qui se sont étendus à tout le pays. Paître en liberté n'est pas seulement une pratique plus généreuse envers les animaux et l'environnement ; le produit qui en est issu est radicalement différent. Sur ces mots, je vous laisse faire votre choix.

La viande et les œufs fermiers sont disponibles partout. Voici une recette à base d'œufs qui fait partie de nos préférées. Si vous êtes audacieux, pourquoi ne pas vous procurer de la viande de dinde fermière et amuser les enfants de vos amis avec notre recette familiale de saucisse !

⁙ FRITTATA DE LÉGUMES

Huile d'olive (pour la poêle)
8 œufs
125 ml de lait
Chou vert émincé, brocoli, asperges ou épinards selon la saison
Sel et poivre
Feta ou autre fromage (facultatif)

Battez les œufs et le lait et versez la préparation dans un poêlon huilé allant au four puis chauffez à feu moyen.

Ajoutez les légumes et mélangez à la préparation d'œufs. Vous pouvez ajoutez la feta ou un autre fromage. Laissez à feu doux sans mélanger jusqu'à ce que les œufs aient pris puis mettez le plat en haut du four 2 à 4 minutes pour dorer. Faites refroidir avant de servir.

⁙ SAUCISSE DE DINDE ÉPICÉE

1 kg de chair de dinde crue coupée en dés avec le gras et la chair brune
100 g d'oignon émincé
5 g d'ail émincé

1/2 cuillerée à soupe de paprika
1,5 cuillerée à café de cumin en poudre
2 cuillerées à café d'origan frais
2 cuillerées à café de thym frais (ou 1 de thym sec)
1 cuillerée à café de poivre noir moulu
2 cuillerées à café de poivre de Cayenne (facultatif)
Boyaux de porc (demandez à votre boucher, facultatif)

Mélangez soigneusement toutes les épices dans un saladier. Ajoutez à la viande de dinde en prenant soin que la répartition soit harmonieuse. Si la viande est très maigre, vous pouvez ajouter un peu d'huile d'olive pour humidifier le tout. Couvrez et réfrigérez une nuit. Hachez la viande au mixer. Faites des petits tas de viande ou servez-vous des boyaux pour faire des saucisses. Kitchen Aid et les autres mixers proposent des accessoires bon marché pour remplir les saucisses ; votre boucher saura vous dire où trouver des boyaux de porc biologiques.

15. OÙ LES POISSONS SONT ROIS

Septembre

Steven est descendu dans la cuisine avec les valises et m'a trouvée perdue dans la contemplation d'une boîte remplie de minuscules caïeux. Ma commande d'ail par correspondance venait d'arriver.

Son visage s'est décomposé. « Tu veux planter ça maintenant ? »

Nous partions deux heures plus tard pour nos premières vraies vacances sans enfants depuis notre lune de miel – un voyage en Italie dont nous rêvions depuis presque dix ans. Mon nouveau passeport avait échappé à un jour près à l'ouragan qui avait détruit le bureau de La Nouvelle-Orléans d'où il provenait. Nous avions méticuleusement organisé la garde d'enfant pour Lily, l'aide pour la garde, et l'aide de l'aide, plus les corvées animalières et *tutti quanti*. Il n'y avait plus rien à faire au jardin, la maison était propre et nous allions enfin pouvoir profiter du soleil toscan et de romantiques dîners aux chandelles sous le ciel étoilé. Évidemment, la mariée risquait d'exhaler l'ail pendant sa seconde lune de miel…

« Désolée. » J'ai remis les bulbes dans leur boîte.

J'avoue avoir le don ridicule de me lancer dans des projets de dernière minute avant des événements importants. Je me souviens d'avoir déplacé 7 m^3 de terreau la veille de l'accouchement de mon premier enfant. Elle était en retard, je l'ai donc fait exprès, c'est vrai. Le soir de mon unique dîner à la Maison Blanche avec le président et Mme Clinton, j'avais les mains tachées de pourpre à cause de mes conserves d'olives de la veille. J'ai sarclé, planté et même tué des poulets quelques heures avant de prendre la parole à un gala de charité. Des divas se paient une manucure avant d'entrer en scène. Moi, je me contente de m'assurer qu'aucune atrocité ne s'est glissée sous mes ongles. Ma mère a élevé des enfants qui pensent qu'il faut mériter ce que le monde veut nous offrir. Lorsque je me suis assise et détendue durant notre vol vers Rome, je laissais donc derrière moi une cuisine nickel et une année de récoltes bien rangées aux côtés de bulbes d'ail non plantés. Je ferai avec.

Alors que la piste d'atterrissage de l'aéroport Leonardo Da Vinci à Rome était enfin en vue et nos cœurs prêts à *andiamo*, le pilote a dû repousser notre atterrissage. Vents contraires, a-t-il annoncé, laconique. Nous avons tourné à basse altitude au-dessus des champs rougeoyants de septembre, des fermes aux toits de tuiles et des écuries entourées de murets de pierre. Le vol de nuit s'était bien déroulé mais j'avais maintenant dix minutes imprévues pour m'adonner au doute. Ce voyage ne serait-il pas décevant ? Pourrais-je vraiment laisser travail et enfants derrière moi, plonger dans le luxe de la vie d'hôtel et de repas préparés par d'autres ?

Enfin notre 767 a piqué et frôlé en rugissant un champ labouré près de l'aéroport. Perdue dans cette zone intermédiaire qui précède le début d'une expérience, suspendue par la magie de l'aérodynamique moderne au-dessus d'un champ antique de terre caillouteuse noire, je me suis mise à observer les sillons fraîchement labourés puis le paysan lui-même. À un jet de pierre de l'agitation de l'aéroport international de Rome, il labourait à l'aide d'une charrue tirée par deux chevaux de trait. Pour des raisons encore obscures à mes yeux, j'ai pensé : je suis arrivée chez moi.

⁂

Je suis italienne par alliance : les grands-parents maternels de Steven sont nés ici et ont émigré à l'âge adulte. Sa mère et ses tantes ont été élevées dans une maison où l'on parlait italien et ont conservé les habitudes alimentaires de leur pays d'origine. Steven a d'autres ancêtres de par le monde mais nous ne les connaissons pas vraiment. J'ai observé moi-même que là où des gènes italiens sont présents, les autres abdiquent. Quant à sa fille, elle ressemble à une pomme tombée près de l'olivier ; si on l'interroge, Lily se proclame américaine avant d'ajouter immanquablement : « Mais en fait, je suis italienne. »

Une fois sur le sol ancestral, j'ai vite compris pourquoi cet héritage évince toute compétition. C'est une culture qui vous emporte immédiatement, vous installe dans la cuisine et vous nourrit si bien que vous choisissez de rester. Dans toute l'Italie nous n'avons jamais pris de repas décevant. Nous ne le cherchions pas non plus. Mais tout touriste se retrouve inévitablement à crier famine là où la cuisine n'est qu'accessoire : la cafétéria d'un musée ou un petit café en face d'une salle de concerts.

Un lieu où l'on se sustente sans qu'il soit question de cuisine – n'est-ce pas une drôle de notion ? Peut-être mais aux États-Unis nous en avons pléthore : des fast-foods où il s'agit d'aller vite ; des cafétérias pour emmagasiner des calories ; des bars sportifs où le sport n'est qu'un prétexte pour réduire ses artères au diamètre d'une épingle à cheveux. Dans la plupart des restaurants situés dans les aéroports, l'idée est de « captiver un public affamé ». Chez nous, il est logique qu'à moins de souhaiter vraiment un bon repas, on se contente au mieux d'une nourriture médiocre.

Nous avons découvert en Italie que si un établissement sert à manger, alors il y sera question de nourriture. Les cafétérias de musée proposent des paninis croustillants et des desserts maison ; n'importe quel petit restau qui sert à déjeuner à la foule de midi fait sûrement sa propre *pasta*, servie avec des truffes ou des mélanges maison. J'ai apprécié les pizzas sorties du four et bourrées d'ingrédients locaux répondant aux doux noms de Margherita, Capricciosa ou Quattro Stagioni. En soi des termes évocateurs et typiques.

Mais lire la carte était un bon passe-temps pour d'autres raisons. Apparemment les Italiens fréquentent plus assidûment les écoles de cuisine que celles de traduction. Je ne me plains pas : je crois sincèrement qu'à Rome, il faut faire de son mieux pour parler italien. Je parle bien quelques langues étrangères mais pas l'italien, hormis le vocabulaire concernant la musique classique, plus une chanson tirée des *Aristochats*. Le répertoire de Steven consiste en quelques mots affectueux et gros mots qu'il tient de sa grand-mère. Malgré tout, je ferais tout pour ne pas être comme ces Américains qui aboient leurs commandes à travers l'Italie dans un anglais de plus en plus sonore. Je serais l'une de ces Américaines qui traversent le pays, le front plissé par la concentration, devinant les mots d'après leurs racines latines et répondant quelques mots français mâtinés d'une prononciation italienne le tout assaisonné de grammaire espagnole.

À ma plus grande surprise, cette technique s'est révélée efficace dans 80 % des cas. Les Italiens sont profondément indulgents. À moins qu'ils ne soient polis et dotés d'un bon sens de l'humour. *Va bene*. Armés d'un dictionnaire et d'une grammaire, ajoutant chaque jour un peu plus de connaissance à notre arsenal linguistique, nous avons voyagé dans notre voiture de location par les routes sinueuses de montagnes jusqu'au village de la grand-mère de Steven dans les Abruzzes puis vers le nord à travers les exploitations d'Ombrie et de Toscane pour enfin prendre le train jusqu'à Venise. Chemin faisant nous avons eu des conversations passionnantes avec des gens qui ne parlaient pas un mot d'anglais. « J'ai toujours compté sur la bonté des inconnus. » Dans notre cas, ils furent assez obligeants pour mimer leurs explications et tenter patiemment de décrypter notre salmigondis de langues romanes.

Nous ne nous attendions donc pas à rencontrer un menu en anglais. Aucun problème. De toute manière, en guise de menu, il n'y avait souvent qu'un plat du jour et deux ou trois variantes. Mais les restaurants dotés de menus imprimés offraient généralement une traduction, surtout dans les lieux touristiques. Au fur et à mesure des traductions du type « poisson nez » « pizza aux mycoses » et encore moins appétissant « polypes grillés », j'eus moins honte de mon patois un peu tordu. On aurait dit que les « champignons porcins » pullulaient aux côtés de l'éternel favori qui constitue un réel défi biologique : la « mozzarella de taureau ».

Et l'hilarité ne s'arrêtait pas aux menus ; au musée du Vatican, une sculpture impressionnante portait la légende : le « Mécène génial de l'accouchement ». C'était donc lui, le responsable ! Un matin après le petit déjeuner, nous avons trouvé une petite note dans notre chambre d'hôtel qui nous avertissait qu'« en raison de travaux généraux au village, il n'y aurait ni eau ni électricité entre 8 h 30 et 11 h 00. Merci pour votre compréhension ».

C'est bien de compréhension que nous avions besoin dans ce genre de situation. Nous arrivions toujours tôt ou tard à comprendre les menus, bien qu'un plat récurrent ait défié notre entendement, le « losange cuit au four ». Nous fûmes tentés de le commander, histoire d'apaiser notre curiosité mais ne le fîmes jamais. Trop carré, j'imagine.

Ce n'est pas la sophistication ou la complexité qui rendent la cuisine italienne savoureuse mais le contraire : sa simplicité, une vraie obsession. J'ai cru un moment que j'exagérais, emportée par ma sensibilité exacerbée d'étrangère. Mais non. Dans la célèbre cathédrale de Sienne, j'ai scruté avec des jumelles les sculptures de marbre situées au-dessus de la porte d'entrée, plus haut que les fresques de Donatello, et découvert qu'il s'agissait d'aubergines, de tomates, de choux et de courgettes. Dans les auberges – les trattorias aux légendaires nappes à carreaux – nous avons écouté les conversations enflammées et ponctuées de gestes de nos voisins italiens. Peu à peu, nous avons compris qu'ils ne s'emportaient pas au sujet de politique mais d'huile d'olive ou de vins. Ou d'équipes de foot. Dans les villages, le personnel des restaurants nous enjoignait de goûter l'huile d'olive avant de nous confier que celle des villages voisins était atroce. En toute sincérité, pire qu'atroce : (à mi-voix) c'était de la *merda !* Évidemment les restaurateurs des villages voisins inversaient le compliment. Nous avons toujours acquiescé. Tout allait pour nous dans un *crescendo* de saveur.

Une cuisine simple n'est pas synonyme de frugalité. Un repas italien est comme une pièce de théâtre en plusieurs actes, sauf que, si vous n'y prenez garde, vous risquez d'être rassasié avant l'entracte. Il nous a fallu un certain temps pour nous adapter au rythme. D'abord vient l'*antipasto* – en septembre, de fines tranches de *prosciutto* avec du melon ou une *bruschetta* aux tomates mûres et à l'huile d'olive. Moi, ça me fait mon déjeuner. Mais non. Ensuite vient la *pasta*, faite à la main le jour même selon une recette maison et accommodée d'une sauce aux truffes ou de pecorino râpé et de *pomodoro*. Et ça, pour moi, c'est le souper. Mais non, nous n'en sommes qu'au déjeuner. Ensuite vient le *secondo* (en réalité le troisième), de la viande ou du poisson. Dans les montagnes, en cette saison, c'était souvent un lapin chasseur ou des saucisses de sanglier servies avec des cèpes ; sur la côte, des anguilles, des écrevisses, des anchois ou le poisson du jour sauté avec du jus de citron et de l'huile d'olive.

Avec tout ça sous la ceinture, le dîner arrive avec une salade ou *contorno* – un plat de poivrons rouges grillés, aubergines ou tomates en tranches au basilic. Enfin, si votre faim vous titille encore, vient la possibilité du dessert, le seul plat qu'on peut refuser en toute impunité. J'ai tenté poliment d'en éviter d'autres mais cela générait une telle consternation, le besoin pressant de savoir s'il était possible de quelque façon de réparer les dégâts que je me suis demandée quelle partie du « *No, grazie* » était une offense pour le chef. Un jour où j'ai vraiment insisté pour décliner la *pasta*, le garçon n'a consenti qu'à la condition expresse de nous apporter l'*antipasto* maison qui se révéla être un plat de *prosciutto*, de fromages variés, légumes au vinaigre, champignons farcis, fleurs de courgettes farcies de jambon et frites ainsi que plusieurs sortes de friands à la viande (le *secondo* nous attendait). Également incontournable après l'ingestion de nourriture, le café accompagné de liqueur : *grappa, limoncello, meloncello* ou autres puissantes variations régionales.

Je n'étais pas totalement novice en matière de repas pantagruélique mais, avant notre voyage, je ne m'étais attendue à rencontrer une telle cuisine que dans des restaurants chic et chers. Pauvre de moi. Qu'il soit à la campagne, en ville, fréquenté par des touristes, des employés de bureau, des ouvriers ou les invités d'un mariage, un restaurant, en Italie, fait tout pour que vous vous asseyiez et y restiez. Steven et moi nous sommes demandé si nous pourrions entrer dans nos sièges d'avion après deux semaines d'un tel régime. Comment est-il possible que tous les citoyens italiens ne pèsent pas chacun cent vingt kilos ?

Une fine observation de nos voisins de table nous a appris la tactique à suivre pour ce marathon du déjeuner (suivi par la saga du dîner) : accepter une bouchée de chaque plat. Les dîners en ville sont souvent plus formels mais les endroits champêtres pour lesquels nous avions une préférence servaient généralement dans un plat, à la bonne franquette, ce qui nous permettait de n'en prélever qu'une bouchée. Si nous aimions particulièrement un mets, il était facile de se resservir mais, dans la plupart des cas, quelques cuillerées suffisaient. Puis venait une lente mastication et le bonheur. Regarder les Italiens manger – surtout les hommes, je dois dire – est une distraction dont les guides touristiques ont omis de parler. Ils ferment les yeux, soulèvent les sourcils et émettent des bruits d'intense appréciation. C'est assez sexy. Bien sûr, je n'ai aucune idée de leur comportement à la maison, s'ils aident à faire la cuisine ou restent inactifs et rustres et maltraitent leur femme. Je suis consciente que les cultures méditerranéennes ont leurs propres problèmes. Parfait, inutile de détruire mes illusions. Je ne voulais pas les épouser, ces Italiens, je voulais seulement les regarder.

Manger un plat à la fois plutôt que plusieurs servis dans la même assiette permet de se concentrer sur chaque saveur, sur la perfection de chaque ingrédient. Un consommateur rompu à ce geste ne risque pas de s'aventurer dans une gargote qui sert des fritures indigestes. Selon les économistes, la consommation contrôle le marché. C'est pourquoi il est si difficile de mal manger en Italie. Lorsque McDonald a ouvert une succursale à Rome, chefs et consommateurs ont organisé une manifestation gastronomique sur la piazza di Spagna qui a abouti à la création de Slow Food International.

Au début du voyage, encore sous l'effet du décalage horaire qui fait oublier l'heure des repas, nous nous sommes retrouvés, un après-midi, avec une faim de loup sur une petite route de campagne. Nous avions sauté le petit déjeuner et le déjeuner. La carte n'indiquait aucune ville à moins d'une heure de distance. Alors que mon taux de sucre était en train de chuter dangereusement en deçà du raisonnable et mon humeur avec, Steven fit une promesse que nous avons tous déjà faite et regrettée : il s'arrêterait *au premier endroit ouvert*.

Nous nous sommes réjouis lorsqu'un hôtel-restaurant s'est matérialisé à l'intersection de deux routes, mais pour être honnête, nous fûmes aussi un peu déçus. C'est fou comme les rescapés peuvent être difficiles ! L'endroit semblait banal : une sorte d'hôtel bon marché qui, aux États-Unis, servirait des plats réchauffés. Nous nous sommes résignés à manger un repas médiocre.

Sur le parking, une foule exubérante réunie pour un mariage était occupée à se prendre en photo, une flûte de champagne à la main. Nous sommes passés sur la pointe des pieds avant d'être accueillis par une hôtesse inquiète à l'entrée du restaurant. « *Mi dispiace* ! » s'écria-t-elle, sincèrement désolée. Toute la salle à manger était réservée, cet après-midi pour un déjeuner tardif de mariage. Plutôt que de l'implorer à genoux, j'ai tenté d'exprimer verbalement notre désespoir. Les mots *affamato* et *affogato* se sont mélangés dans mon esprit. L'un signifie « affamé » et l'autre, je crois « œuf poché ». L'hôtesse nous a fait entrer, déterminée au plus profond de son âme à trouver une place pour ces pèlerins épuisés du pays d'Esperanto. Elle nous a installés à côté de la cuisine, littéralement derrière un palmier en pot. C'était parfait. De ce point de vue, nous pourrions participer en douce au mariage, nous transformer en espions voire en œufs pochés à notre guise tout en déjeunant.

L'hôtesse s'est dépêchée de nous apporter l'*antipasto*, suivi des meilleures *paste* que j'aie jamais mangées. Nous n'avons rien chipé au banquet mais nous sommes régalés des plats préparés à la va-vite pour le personnel. Pendant que nous mangions et recouvrions nos esprits, le repas du banquet a défilé sous nos yeux, une entrée raffinée après l'autre. Oubliez, je vous prie, toutes mes remarques sur la simplicité au cœur de la cuisine italienne. Nous assistions en fait à une vraie procession de comestibles. L'apothéose fut l'espadon couronné : toute une créature de la mer, d'au moins 1,30 mètre du museau à la queue, farcie, cuite au four et présentée langoureusement en S sur son propre chariot. On aurait dit qu'il souriait, reposant alangui dans toute sa gloire de poisson sur un lit de légumes d'automne bariolés délicatement placés sur un nid de feuilles de chou. Sur sa tête, un peu de guingois, le poisson portait une couronne sculptée dans un immense poivron rouge. Son nez pointu dépassait du chariot, au niveau des yeux des *bambini* qui couraient tout autour, si bien que l'extrémité de son épée avait été coiffée discrètement d'un citron taillé en forme de tulipe.

J'ai imaginé les marmitons affairés à sculpter la couronne de poivron et la tulipe en citron avant de placer le poisson roi sur son trône. Ici, dans ce petit hôtel sans prétention, nous n'avions pas affaire à des cuistots de cambuse mais à de vrais poètes.

⁂

Les routes des Abruzzes, d'Ombrie et de Toscane nous ont fait traverser des paysages agraires spectaculaires. Aux alentours des grandes villes, l'espace vert entre les immeubles résidentiels est principalement constitué d'une multitude de jardins potagers bien agencés et de parcelles de vignes de taille familiale. Ici, cultiver ses vignes voire mettre son vin en bouteilles pour sa propre consommation n'a rien d'excentrique. J'ai vu ces beaux petits jardins autour de toutes les villes d'Europe : Francfort, Londres, partout en France. Après la brutale dissolution de l'infrastructure alimentaire en Union soviétique, les coopératives de jardiniers se sont alliées afin de produire la majeure partie des fruits et légumes dont les citadins avaient besoin et sans lesquels ils auraient souffert.

En sillonnant la campagne italienne, béats devant une telle perfection, nous avons pu vérifier le bien-fondé d'un cliché : toutes les routes mènent bien à Rome. Chaque rond-point nous présentait un choix de flèches bleues qui dans les deux sens indiquaient ROMA. Au-delà des villes, dans les vastes vallées, de petites fermes se sont implantées, chacune avec sa modeste oliveraie, sa vigne, quelques figuiers et pommiers aux fruits mûrs en septembre et une bonne douzaine de plants de tomates chargés de fruits. Chaque foyer a son carré de citrouilles

---

CREUSEZ ! CREUSEZ ! CREUSEZ ! ET VOUS VOUS MUSCLEREZ !

Le 9 juillet 2006, à Édimbourg, en Écosse, le monde a perdu le plus grand défenseur de la nourriture locale de tous les temps : John Raeburn. Au début de la Seconde Guerre mondiale, lorsque les Allemands ont décidé d'affamer le Royaume-Uni en bloquant les importations alimentaires avec leurs sous-marins, Raeburn, un économiste spécialiste de l'agriculture, a organisé la campagne « Dig for Victory ». Les citoyens britanniques répondirent en masse à cet appel et plantèrent à manger dans les cours, les parcs, les terrains de golf, les terrains vagues, les cours d'école et même dans les douves de la Tour de Londres. Ces jardins urbains ont rapidement produit le double du tonnage d'aliments auparavant importés, approximativement 40 % des vivres de la nation, ce qui a inspiré la campagne « Jardin de la Victoire » aux États-Unis. Appelés à servir la nation, ces paysans urbains ont cultivé.

Un besoin similaire régit l'accroissement mondial actuel de production alimentaire citadine. Dans les pays en voie de développement qui voient croître le nombre d'indigents citadins, le jardinage spontané sur les lopins de terre disponibles fournit une quantité de vivres non négligeable. À Shanghai, plus de

---

et plusieurs rangées de brocolis, laitue et haricots. Devant une petite ferme ornée de stuc, nous avons remarqué une pile de courgettes jaunies trop mûres et gigantesques. J'ai prié Steven de prendre une photo pour prouver un fait universel : eux non plus ne savaient pas s'en débarrasser. Chez nous, on les aurait qualifiées de *persona non grata* et jetées par-dessus la clôture, côté forêt. Mais celles-ci étaient méticuleusement adossées à la maison comme une corde miniature de bûches de chauffage, sans doute un carburant hivernal pour un cochon ou une basse-cour. Les *secondi* du jardin deviendraient le *prosciutto* de l'année suivante.

Près du lac Trasimeno, nous nous sommes arrêtés à un petit stand de fruits et légumes au bord d'une route de

---

2 430 km^2 de jardin s'insèrent en marge de la ville. À Moscou, deux familles sur trois cultivent des légumes. À La Havane, à Cuba, plus de 80 % des fruits et légumes consommés proviennent des jardins ouvriers.

Non seulement ces jardins fournissent des fruits et légumes frais et locaux mais ils servent aussi de filtre pour l'air, contribuent à recycler les déchets, absorbent la pluie, offrent des espaces verts agréables, empêchent le développement industriel, contribuent à la sécurité alimentaire, réduisent les dépenses de combustible fossile, fournissent du travail, éduquent les enfants et revitalisent les communautés. Les espaces urbains couvrent 2 % de la surface de la planète mais consomment 75 % de ses ressources. Les jardins ouvriers contribuent à réduire ces désastres écologiques. Il ne nous manque plus maintenant qu'un couplet publicitaire aussi excellent que celui de la campagne de John Raeburn : « Creusez, creusez, creusez ! Et vous vous musclerez ! »

Pour plus d'informations, allez sur le site www.cityfarmer.org ou www.urbangardeninghelp.com

STEVEN L. HOPP

---

campagne. Nous avons expliqué que nous n'étions pas vraiment des clients mais des touristes passionnés de légumes. Amadeo, le propriétaire, semblait de toute manière ravi de partager – lentement afin que nous le comprenions – sa passion. Il était fier d'être un membre fondateur de la Société italienne d'agriculture biologique. Son étalage automnal regorgeait principalement de melons, de courges bigarrées et de suffisamment de variétés de citrouilles pour remplir un catalogue de grainetier spécialisé. J'étais particulièrement enchantée par l'une de ses variétés dont il avait fait des pyramides tout autour de son stand. Selon les critères conventionnels, ce type de citrouille n'était pas très glamour : bleu vert foncé, plus petite que la citrouille de Halloween, un peu ramassée et entièrement couverte d'excroissances bleutées. Il l'identifia comme une Zucca di Chioggia. Nous l'avons prise en photo tout en bavardant plus longtemps puis nous sommes mis en route histoire de découvrir, en bons touristes, d'autres chefs-d'œuvre du patrimoine mondial que les pyramides de citrouilles biscornues d'Amadeo.

En fin de journée, après avoir visité un musée consacré à l'huile d'olive, un marché, deux châteaux, un musée de la pêche et participé à une marche pour la paix organisée par le gouvernement italien, nous sommes repassés devant le stand d'Amadeo et n'avons pu résister au plaisir de faire, à nouveau, un brin de causette avec lui. Amadeo nous a bien reconnus, nous les touristes qui n'achetions pas de légumes, mais il s'est montré tout aussi chaleureux. La journée avait été bonne même si on ne pouvait pas dire que ses pyramides aient été dévalisées. J'ai admiré la citrouille et redemandé son nom pour le noter dans mon calepin avant de m'enquérir de sa comestibilité. Résigné, Amadeo a soupiré. Mangeable, *signora* ? Il me fit savoir que cette cucurbitacée couverte d'excroissance comptait parmi les plus délicieux légumes que l'humanité ait jamais connus. Je ne pouvais prétendre être une cuisinière ou une jardinière si je ne la cultivais ni ne la mangeais moi-même.

Je lui ai demandé s'il avait des graines, jetant un coup d'œil en quête d'un présentoir. Il s'est penché vers moi avec toute l'indulgence et la patience de quiconque est confronté à un vrai faible d'esprit : « *Les graines*, me confia-t-il, sont *à l'intérieur de la citrouille*. »

Oh ! Oui, bien sûr. Mais… ai-je tenté d'expliquer avec les gesticulations qui étaient devenues ma marque de fabrique et en pointant du doigt notre voiture de location. Nous ne faisions que passer et n'avions ni couteau, ni cuisine ou un quelconque moyen de prélever les graines de citrouille. Amadeo a pris note de notre désarroi avec condescendance. Nous allions à l'hôtel ? demanda-t-il. Un hôtel avec… cuisine ? Ils pourraient nous mijoter cette citrouille de diverses manières, au four, sautée, sous forme de soupe après nous avoir mis les précieuses graines de côté.

Je ne me voyais franchement pas débarquer dans la cuisine de l'hôtel une citrouille sous le bras pour demander qu'on me la découpe mais les choses étaient allées si loin, ai-je pensé, qu'il ne nous restait qu'à acheter ce foutu légume et le déposer plus loin dans un fossé. À moins que nous trouvions une façon d'extraire les graines. Mais j'avais encore une question à poser. Une citrouille cultivée dans un champ à côté d'autres courges d'hiver était sûrement pollinisée par des abeilles. Les graines donneraient donc toutes sortes de combinaisons farfelues dont personne ne voudrait. Dans mon pauvre bégaiement franco-spitalien, j'ai exprimé mon doute.

Son visage s'illumina. Il avait parfaitement compris et se mit à débiter ses explications à cent mots la minute. Il me montra un panier de courges colorées diversement difformes et me dit que celles-ci étaient autorisées à se mélanger entre elles librement avec les résultats abominables qu'on pouvait voir. Il voulut s'assurer que je comprenais bien. « *Signora*, c'est un peu comme si vous n'aviez pas épousé un Italien. Vos enfants pourraient être un drôle de croisement ! ! »

Pas épousé un Italien – *Mamma mia !* J'ai frissonné pour extérioriser mes pensées. Ce qui, apparemment lui a prouvé le bien-fondé de sa tentative d'enseignement de la génétique. Dans sa ferme, la Zucca di Chioggia était la plus estimée de toutes les variétés de citrouilles ; c'est pourquoi elle était cultivée dans un *seminario* afin que les graines restent fidèles à leur type.

Un *séminaire ?* J'ai bien réfléchi, tenté de trouver des racines similaires mais la seule vision qui me venait à l'esprit était celle d'une classe de jeunes citrouilles pieuses se consacrant à l'étude de la Bible. Puis j'ai ri en réalisant qu'il y avait bien une racine commune quelque part – le point commun étant certainement lié au fait que ces jeunes garçons chastes ne disséminent pas leurs gènes. Comment résister devant un légume si pur ? Et nous voilà partis avec notre précieuse cargaison, cabosses incluses.

De retour dans notre chambre d'hôtel, j'ai fait les cent pas sans la quitter des yeux essayant de rassembler assez d'audace pour la descendre dans la salle à manger. « Tu la prends, toi », ai-je proposé à Steven.

« Pas question », fut sa réponse serviable.

Nous sommes trop américains. Nous nous sommes dégonflés.

⁂

En Italie, il existe un type d'établissement touristique, *l'agriturismo*, dont on a du mal à traduire l'appellation en anglais : il s'agit d'une sorte d'hébergement à la ferme. Généralement, il y a peu de chambres, très joliment meublées dans un décor pittoresque proche du bed and breakfast mais avec les déjeuners et dîners inclus ainsi que la possibilité, si l'envie vous en prend, d'aider à sarcler les navets et récolter le raisin. Ce qui pousse les gens à fréquenter ces endroits c'est généralement le dîner servi de façon conviviale à une longue table de bois près de la cuisine. Pratiquement tout ce qui est posé sur la table, du vin à l'huile d'olive en passant par les fromages et les liqueurs, a été cultivé et produit sur l'exploitation. Cultivateurs et producteurs sont prêts à répondre aux questions et commentaires et la famille d'accueil, souvent, vient s'asseoir avec ses convives pour discuter du repas tout en le savourant. Légalement, ce type d'hébergement doit être exclusivement géré par des paysans dont les revenus principaux découlent de l'agriculture et non du tourisme. Les chambres doivent être installées dans des bâtiments de la ferme et toute la nourriture servie doit provenir de l'exploitation. On ne tolère pas les imposteurs.

Cette tradition est une grosse affaire en Italie. Neuf mille fermes hébergent plus de dix millions de personnes par an et génèrent presque 500 millions d'euros. Cette idée de tourisme agricole a vu le jour à l'époque, pas si lointaine, où les citadins allaient fréquemment à la campagne rendre visite à des amis ou à de la famille qui vivaient dans une ferme. Toute exploitation qui avait un peu de surplus pouvait suspendre un rameau feuillu sur la route pour indiquer que les voyageurs étaient les bienvenus pour faire une pause, goûter ou acheter les trésors locaux à emporter. Les Italiens citadins avaient l'habitude de passer quelques nuits à la campagne, dès qu'ils en avaient la possibilité, pour goûter aux spécialités régionales plus fraîches et toujours meilleures.

L'habitude est restée. Cette industrie du tourisme à la ferme attire aussi quelques étrangers mais, durant notre incursion dans l'agrotourisme italien, nous en avons rencontré peu, pour la plupart des Européens. La grande majorité de nos voisins de table avaient parcouru moins de 100 kilomètres. Qu'ils soient jeunes ou âgés, de Rome ou Pérouse, leur but était de garder à l'esprit les meilleures saveurs que la région avait à offrir. Nous avons bavardé avec des couples âgés qui éprouvaient une vraie nostalgie de leur enfance à la campagne. Un jeune couple, des parents actifs très occupés, s'était réjoui de ce séjour qui était leur première escapade en amoureux depuis la naissance de leurs jumeaux deux ans auparavant. La plupart des clients avaient leur travail en ville et profitaient de ces week-ends paisibles à la ferme pour troquer la sonnerie de leurs portables contre le chant matinal du coq et les doux meuglements du bétail Chianina – délicieux par ailleurs.

Ces touristes italiens étaient des convives agréables qui manifestaient à l'arrivée de chaque plat un immense intérêt, posaient des questions et parfois applaudissaient. Mes préjugés sur l'antipathie entre citadins et ruraux sont tombés en miettes en voyant les hôtes paysans, un tablier noué sur leurs vêtements de travail, véritables vedettes de la soirée dûment appréciés et respectés par leurs invités citadins.

La ferme-hôtel comporte souvent le mot *fattoria* dans son nom. Pour les anglophones, ce terme laisse supposer que l'endroit est fait pour vous engraisser, et je n'ai rien à dire sur cette interprétation mais en réalité le mot signifie « ferme » et dérive de la même racine que *factory* – un endroit où des choses sont faites. Notre *fattoria* préférée était en Toscane, près de Sienne, où bien des choses étaient en train d'être produites le jour de notre arrivée, y compris du vin. Nous avons contemplé le raisin passer sous la presse puis dans d'immenses réservoirs à fermenter en acier inoxydable installés dans une grange jouxtant notre chambre. Quelques hôtes avaient apporté des gants pour participer aux vendanges le lendemain matin. Nous étions en vacances des travaux de la ferme, merci, mais nous nous sommes baladés dans la propriété pour examiner les jardins et les étables. Une des spécialités de la maison était le bœuf de Chianina, le plus grand et le plus ancien type de bétail, dont l'apparition remonte aux

Étrusques. Blancs comme neige, deux mètres au garrot, ces bestiaux ont la réputation d'être doux comme des agneaux mais je les ai trouvés aussi intimidants que des bisons.

Dans le potager proche du corps de ferme, un vieil homme progressait lentement à genoux pour planter des laitues. Après avoir fini une rangée, il est venu nous parler tout en faisant un usage très agréable de l'unique mot qu'il connaissait en anglais : « *Yes !* » Cela ne nous a pas empêchés de bavarder une heure avec lui et de lui poser nos questions ; sa patience fut extrême avec les handicapés linguistiques que nous étions et son savoir encyclopédique. Il faut 100 kilos d'olives pour produire 14 litres d'huile. L'acidité est un facteur primordial. La qualité des olives cultivées sur cette ferme était (évidemment) la meilleure possible avec un des taux d'acidité de l'huile les plus bas du monde. Sur cette exploitation étaient également produits un vin à l'appellation reconnue dans tout le pays, du bœuf et encore d'autres délices. J'étais curieuse de connaître les températures hivernales qui selon lui descendaient rarement au-dessous de zéro bien qu'en 1987, un vent sibérien ait fait chuter les températures jusqu'à – 9 degrés, ce qui fut fatal aux oliviers du centre de l'Italie. Ils n'avaient rien récolté durant six ans après cet épisode mais, comme l'oliveraie était très ancienne et bien soignée elle s'en était remise.

Ici, toutes les olives étaient cueillies à la main. Ailleurs, dans une grande partie du pays, les vieux oliviers ont été remplacés, au cours des vingt dernières années, par de jeunes arbres taillés en petits buissons bien propres, parfaits pour la cueillette mécanisée. La mécanisation augmente évidemment la productivité mais le gouvernement s'efforce maintenant de préserver les anciennes oliveraies comme celle de cette ferme car les troncs noueux chapeautés de leurs vastes couronnes sont un élément du patrimoine national.

Notre nouveau guide s'appelait Amico. Apparemment, nous progressions dans l'alphabet de patriarches italiens pittoresques. Si Amadeo était un dévot poétique, Amico était l'amitié personnifiée. Il nous a montré les champs de crocus safran, une ancienne fleur toscane presque disparue et protégée depuis peu. Ensuite nous sommes passés aux vignes. J'ai voulu savoir comment ils protégeaient les raisins des oiseaux. En sauvegardant leurs prédateurs m'a-t-il répondu : jour et nuit, chats, faucons et hiboux patrouillent les terres à tour de rôle. Amico était également un fan des chauves-souris qui réduisent le nombre d'insectes et de coccinelles. Il adorait aussi les hirondelles qui construisent leurs nids de terre dans les granges. Ces oiseaux sont merveilleux, insista-t-il, en levant les yeux au ciel la main sur le cœur. Une autre de ses profondes passions était le Cavolo Nero di Toscana – un chou noir toscan. Il nous offrit une enveloppe, remplie de minuscules graines, avec des instructions minutieuses pour le cultiver et le cuisiner. D'ailleurs nous aurions de la soupe au chou toscan pour le dîner ce soir même. Ce secret, il nous l'a divulgué avec l'un de ces longs soupirs typiquement italiens.

Au dîner, nous avons été surpris de voir Amico prendre place en tête de table. Il s'est présenté aux autres invités en ouvrant grands les bras pour déclarer : « *Amico di tutti !* » Ce gentil vieil homme en blue-jeans boueux que nous avions pris cet après-midi pour un ouvrier agricole était en fait le propriétaire de ce beau domaine. Ça m'a fait réfléchir sur mon discours au sujet des paysans et des propriétaires fonciers, de l'humilité et de l'arrogance. Je suis habituée à une culture au sein de laquelle les paysans sont soit invisibles, soit l'objet de plaisanteries sans fin. Depuis l'instant où j'avais observé des chevaux de trait labourer la terre des environs d'une ville fascinante, l'Italie n'avait cessé de me surprendre.

« Ça suffit, ai-je dit à Steven plus tard ce soir-là en retirant notre Zucca di Chioggia bohème du coffre de la voiture. Ils ne vont pas nous chasser de cet endroit pour possession illégale de citrouille avec intention de la cultiver. Au pire, ils pourraient prétendre qu'elle est médiocre parce qu'elle vient d'une autre province. » Mais non, l'intendant l'a admirée le lendemain matin et le personnel de la cuisine nous a promptement tendu un énorme couteau et une cuillère. Ils nous ont suggéré d'aller la charcuter près de l'enclos aux cochons où tout reste serait grandement apprécié.

En effet, les gigantesques cochons roses ont humé l'air, grogné et crié comme… des cochons qu'on égorge quand nous avons pourfendu notre trophée. Sa chair était dense et jaune crème avec en son centre une cavité remplie d'énormes graines blanches. Nous avons eu pitié des cochons qui braillaient et avons découpé la chair de la citrouille pour leur dîner plutôt que le nôtre en prenant soin de distribuer équitablement les morceaux entre chaque enclos pour éviter une révolte porcine. De retour dans notre chambre, j'ai rincé au mieux dans le lavabo la chair gluante attachée aux graines mais j'avais vraiment besoin d'une passoire que la cuisine m'a volontiers procurée. Le reste de notre séjour, nous avons étalé les graines sur un torchon au soleil mais elles n'étaient pas complètement sèches lorsque nous avons quitté la *fattoria*. Elles allaient moisir et ne survivraient pas si nous les laissions dans une valise si bien que durant la fin de nos vacances italiennes – sous la pluie, dans le train – tout s'est organisé autour des possibilités d'étaler les graines en plein air pour qu'elles sèchent. Le plus grand défi fut relevé dans un hôtel vénitien très chic où je les ai disposées dans un épais cendrier en verre soufflé posé sur une commode. Nous partions pour toute la journée aussi ai-je laissé un mot à la femme de ménage car je craignais qu'elle ne les jette. J'ai fait de mon mieux pour écrire quelque chose de ce style : « Surtout ne dérangez pas les grands séminaristes, en vous remerciant ! »

Mais nous avons passé bien des jours dans des endroits bucoliques où, avec nos graines, nous pouvions nous dorer au soleil toscan, entourés de paysages trop beaux pour être vrais. La campagne du centre de l'Italie n'a rien à voir avec les sites touristiques célèbres de l'Amérique du Nord : ni les étendues désertes de Grand Teton, ni la grandeur architecturale du profil de Manhattan. La Toscane est parsemée de fermes, comme mon comté natal. Sa beauté vient d'un mélange harmonieux du naturel et du domestique : des vagues de collines capitonnées de rangées de vignes jaune verdoyant d'un côté, des cercles d'oliviers vert argent ponctuant l'autre versant ; les champs d'alfalfa, de tournesols et de légumes dessinent un patchwork dans des tons jaunes et verts à angles différents bordés des triangles noirs des barrières et des bois alentour.

L'effet est à la fois familier et sauvage avec un équilibre entre la géométrie et le chaos. Ces paysages de carte postale sont la signature des petites fermes diversifiées réputées pour leur gastronomie. Les Américains ne pourraient-ils pas aussi apprendre à mettre en valeur ces paysages autour des villes, à les chérir par gourmandise mais aussi par sens de l'esthétique plutôt que d'abandonner ces lieux au développement suburbain ? Ne sait-on aimer l'agriculture que sur cartes postales ?

Bien sûr, les gens de Toscane et d'Ombrie ont eu bien plus de temps que nous pour faire la paix avec leur environnement. Ils habitaient et se nourrissaient de ce paysage savamment ciselé plus de mille ans avant que les pères fondateurs n'aient appris à enterrer une tête de poisson sous chaque plant de maïs dans le Nouveau Monde. Pour leur nourriture, ils ont choisi un critère incontournable : qu'elle soit fraîche et issue du sol sous leurs pieds. Les *paste* sans prétention ont encore la saveur du blé mûri au soleil ; les tomates à l'huile d'olive fruitée regorgent des sucres et de la chaleur de fin d'été ; la feuille de laitue et la chicorée dévoilent l'odeur des minéraux propres à leur sol ; la soupe au chou noir a des effluves de jardin fertile.

Sur le chemin qui nous a menés à la *fattoria*, nous avons vu un modeste écriteau qui semblait incarner la différence intraduisible qui existe entre la tradition culinaire italienne et la nôtre. Cette affirmation, on ne la voit nulle part aux États-Unis. Elle promet simplement :

Nostra terra...

E suo sapore.

Je ne suis pas linguiste mais je vois ce que ça veut dire : ici, vous sentez et goûtez notre terre.

16. BATAILLE DE POTIRON

Octobre

À l'automne, encore sous le charme de la Toscane, je me suis mise à regarder notre petite ville d'un œil nouveau. Certes, nous n'avons pas de villages médiévaux perchés mais nous savons exploiter les charmes du paysage bucolique qui est le nôtre. « Regardez, me suis-je exclamée, nous vivons à *Pleasantville*. » Ma famille n'a pu qu'acquiescer. Toutes les vitrines étaient décorées gaiement pour célébrer l'automne. Dans la rue principale, les lampadaires étaient ornés d'épis de maïs enrubannés d'orange vif. Le commissariat avait placé un épouvantail sur le pas de sa porte.

J'ai déjà mentionné le fait que l'art des jardins est une affaire sérieuse ici. L'automne, avec son mélange de référence à la « belle récolte » et au kitsch de Halloween amène le meilleur et le pire dans les jardins : nature morte bigarrée de chrysanthèmes et de potirons. Grande meule de foin avec une paire de jambes plantées au milieu. Des blue-jeans et des bottes bourrés de vieux journaux (enfin j'espère) ; disons que c'est un clin d'œil aux consignes de sécurité à la ferme. Un thème commun hante tous ces décors, il s'agit du vénérable potiron. Alignés en rang d'oignons, lustrés, fiers et voyants, ils dessinaient les boutons de cuivre de l'uniforme d'apparat du village. Après nos courses de la matinée, nous sommes passés devant un champ de potirons dans lequel un vieil homme et un jeune travaillaient ensemble à la récolte, se passant les énormes globes orange pour les empiler sur le camion et les transporter au marché. Nous nous retrouvions droit dans un tableau de Norman Rockwell.

À chacun son heure de gloire, même la courge rampante voit enfin son avènement. En juillet, si nous proférons des injures à l'encontre de la courgette c'est pour mieux sacrer, en octobre, ses cousins majestueux, le roi Cucurbitacée et Son Excellence des perrons. En Italie, ma crainte que le folklore culinaire de mon pays natal soit passé entièrement à l'ère de la cellophane n'avait cessé de croître. Mon cœur était à présent joyeusement rasséréné. Voilà un vrai natif rebondi d'Amérique du Nord, cultivé localement, jamais emballé et installé comme un souverain qui se pavane sur tous les perrons.

Un diablotin me susurrait à l'oreille : « Ah oui ! Tu crois que les gens savent vraiment que c'est comestible ? »

Le lendemain matin, un ange tonitruait dans mon autre oreille : « Et comment ! » avec probablement trop d'assurance pour un être angélique. Car je venais d'ouvrir les pages « cuisine » de notre gazette locale pour tomber sur deux pleines pages en couleur intitulées « Tout ce que vous pouvez faire avec un potiron… » Soupe au curry à la citrouille, saté de potiron ! Le journaliste enjoignait ses lecteurs à passer outre la tarte pour profiter de tout le potentiel de ce légume riche en vitamines. J'étais en effervescence. Nous avions fait pousser trois sortes de potirons maintenant installés dans notre cellier ou sur les marches du perron. Je prévoyais un repas spécial pour une réunion de famille le week-end suivant. J'ai tourné la page pour lire les recettes.

Pendant que je les parcourais, le diablotin en profita pour se moquer rudement de l'ange et lui administrer un revers cinglant. Toutes les recettes commençaient avec le même ingrédient : « 1 boîte de potiron (400 g). »

La liste des commissions précisait :

1 boîte de potiron (pour la soupe au curry)

1 énorme globe orangé (pour la porte)

Voyons, les amis. Aucun d'entre vous ne se rappelle comment on prend un couteau, on ouvre le potiron, on en gratte les graines et on le met au four ? On peut y sculpter un visage mais il est formellement interdit de le couper en quartiers ? Ne sommes-nous pas une nation renommée dans le monde entier pour son appétit de chair explosée et broyée sur le grand écran et/ou lors de conflits armés ? Attendez voir un peu que nos ennemis apprennent ça.

Deux jours plus tard, ma mère a ouvert la porte de la cuisine et m'a prise sur le fait, en train de perpétrer un abominable forfait. « Barbara ! C'est dangereux », s'est-elle exclamée.

J'ai observé la situation objectivement : le potiron était bien bleuté mais semblait s'accrocher avec ténacité à la vie. Je me servais d'un couteau de boucher véritablement monstrueux en prenant soin de protéger mes doigts. « Maman, il n'y a aucun risque, je sais me servir d'un couteau », ai-je insisté.

En ce qui concernait sa progéniture directe, l'opinion de ma mère était qu'il n'est jamais trop tard, dans le cours normal des choses, pour perdre quelques phalanges ou la faculté de voir.

Papa, c'est une autre histoire. Pour être honnête, il est sûrement responsable de la tendance qu'a ma mère à s'affoler. Il a bien sûr voulu s'en mêler. « Prends les choses en main ! » lui ai-je dit. Avant sa retraite, mon père avait commis pratiquement tous les actes chirurgicaux d'urgence imaginables au XXe siècle, voire opéré dans des blocs dépourvus d'électricité. Je n'allais pas dénier son art de manier le couteau.

Le potiron nous a fait transpirer, couteau au poing pendant une bonne demi-heure sans aucun progrès notable. Notre victime était un énorme spécimen de la variété Queensland Blue. Je m'étais fait piéger par les commentaires dithyrambiques du catalogue quant à sa fière apparence, son physique carré d'Australienne et la saveur de sa chair jaune. L'année prochaine, la variété à excroissances d'Amadeo, la Zucca di Chioggia, entrerait en compétition pour le titre de championne du monde de notre parcelle de potirons mais, pour le moment, l'Australienne régnait. Et celle-ci ne capitulait pas. Mon assistant chirurgien et moi avions scié de plus belle, en faisant des pauses pour considérer les progrès et élaborer une stratégie. Au plus profond de mon cœur, je mourais d'envie de suivre une recette à base de « potiron en boîte (400 g) ».

Cuisiner les potirons à partir du fruit n'est peut-être pas destiné aux petites natures mais généralement, ce n'est pas si difficile. Je ne tentais pas seulement de le débiter en morceaux – si tel avait été mon but, Papa s'en serait acquitté très vite. Non, je faisais des chichis, j'insistais pour découper l'écorce aussi proprement que possible afin de retirer les graines et transformer le tout en une jolie soupière dans laquelle je ferais cuire la soupe. Deux de mes livres en font une recette phare. Je recevais aussi une foule de conseils de ceux qui étaient auprès de moi – à quoi servent donc les familles ! – qui convergeaient tous vers l'idée que, sur le plan gustatif, ça reviendrait au même de réduire simplement la bête en bouillie. Mais il s'agissait d'un dîner spécial et j'avais l'intention de faire les choses au mieux. « Vous verrez, laissez-moi faire », ai-je dit doucement en agitant mon couteau. Je n'ai jamais suivi de cours de cuisine mais je sais ce qu'ils prônent dans les écoles : tout est dans la présentation !

Nous fêtions Thanksgiving avec un mois d'avance car aucun d'entre nous ne pouvait se libérer le jour dit. Depuis la « moisson », nos congélateurs étaient remplis de dindes, mais la réunion de famille du jour comptait des végétariens qui n'apprécieraient pas la présence d'un énorme volatile mort sur la table, aussi belle qu'ait été son existence. Pour moi, la cuisine sans viande est une routine ; j'étais heureuse de concocter un festin végétarien. Mais

---

COMMERCE ÉQUITABLE, UN POINT C'EST TOUT

Le mouvement pour l'alimentation locale s'attaque à divers problèmes liés à la nourriture, dont la responsabilité environnementale, la durabilité de l'agriculture et des revenus justes pour ceux qui cultivent. Acheter directement à de petits exploitants satisfait ces trois critères mais qu'en est-il des épices de notre tarte à la citrouille ou de notre café qui ne poussent pas où nous habitons ?

Il est possible d'appliquer des critères similaires à des produits importés. Le café, le thé et les épices sont cultivés de façon écologiquement responsable par certains petits exploitants, principalement dans les pays en voie de développement. Nous pouvons donc encourager ces pratiques en offrant une rémunération juste pour répondre à l'effort fourni. Cette approche, dénommée commerce équitable, s'est développée en un considérable effort international qui souhaite contrecarrer l'exploitation grandissante dont souffrent les cultivateurs de ces pays. Le soutien apporté par les consommateurs à ces petits exploitants consciencieux aide à contrer les grandes compagnies, tout en soutenant les moyens de subsistance, l'environnement et les communautés de petits exploitants.

Le café est un exemple du bon fonctionnement du commerce équitable, avantageux pour les cultivateurs, les consommateurs et leur environnement. Comme plante de sous-bois, le café fut traditionnellement cultivé à l'ombre d'arbres fruitiers, de noyers et d'arbres destinés à être abattus. La production à grande échelle a transformé cette culture en une monoculture, rempla-

aujourd'hui, comme hôtesse, j'étais étrangement anxieuse à l'idée de servir un produit traditionnel imposant et récolté en automne comme pièce maîtresse de notre repas. Une bonne soupe au potiron servie dans son splendide carrosse était exactement ce qu'il nous fallait pour un Thanksgiving sans dinde.

C'est du moins ce que je pensais avant de m'apercevoir que cette cucurbitacée n'allait pas se rendre docilement vers les limbes végétales. Même les plus vils de nos coqs confrontés à l'inéluctable ne s'étaient jamais tant

çant les forêts sauvages par des champs absolument inutilisables pour la faune, abondamment pulvérisés d'engrais et d'insecticides. Cette méthode n'est très productive qu'à court terme, cause l'érosion du sol et tue la biodiversité tropicale – y compris les oiseaux migrateurs qui avaient l'habitude de revenir chez nous l'été. Sans parler des résidus chimiques présents dans le café. En revanche, les cultivateurs qui utilisent des méthodes traditionnelles s'appuient sur la diversité des forêts pour fertiliser les récoltes (grâce à l'humus des feuilles) et contribuent à réduire les parasites du café (grâce aux prédateurs protégés). Bien que son rendement soit plus faible, la méthode traditionnelle est durable et soutient la faune locale des forêts. Choisir du café cultivé avec ces techniques et issu du commerce équitable donne une chance aux petits exploitants d'entrer en compétition avec les grandes productions uniformes et aide à maintenir l'habitat.

Des agences indépendantes de certifications (semblables à celles qui s'occupent de l'agriculture biologique) assurent que les critères de commerce équitable sont respectés. Avec la croissance de la demande, la variété des produits s'étend aussi et inclut le chocolat, les noix, les huiles, les fruits secs voire certains produits faits à la main. Pour plus d'informations, consultez les sites www.transfairusa.org, www.fairtrade.net ou www.ifat.org.

STEVEN L. HOPP

débattus. Finalement, Papa et moi sommes tombés d'accord quant à la stratégie à suivre pour opérer notre Queensland Blue à laquelle manquait la cavité centrale qui d'habitude facilite l'ouverture des Jack-o'-lantern. Nous avons fini par trépaner notre patient, créant une béance torturée suffisamment présentable pour faire office de soupière. J'ai frotté la cavité de sel de mer et versé du lait préalablement chauffé avec beaucoup de sauge et d'ail confit. Avec précaution, je l'ai placé dans le four. Selon la recette, après une heure de cuisson, je pouvais me servir d'une cuillère pour gratter délicatement l'intérieur de la soupière et mêler la chair de potiron cuite à la soupe.

J'ajouterai à présent mes propres conseils à cette recette : ne grattez pas trop et ne laissez pas trop longtemps au four. J'avoue m'être attendue à de gentils applaudissements en l'honneur du chef lorsque j'ai posé notre majesté potiron sur la table plutôt qu'à l'affolement et à la chasse aux torchons qui ont suivi son apparition. Le carrosse royal s'était effondré. Heureusement, je l'avais déposé dans un grand plat à tarte en faïence et nous avons ainsi pu sauver la nappe et neuf dixièmes de la soupe.

Les gens que j'aime ont goûté mes succès comme mes échecs depuis mon tout premier riz au lait pour lequel j'avais suivi la recette à la lettre sans comprendre que les « 200 g de riz » devaient être cuits au préalable. Comparé à cette concoction assassine pour les dents, tous s'accordèrent à dire que ma soupe était délicieuse. Et elle l'était vraiment, si ce n'est cette histoire de présentation gâchée. Et puis à quoi sert une réunion de famille si personne ne se sacrifie pour être le dindon de la farce, sujet d'hilarité pour les futures réunions ? Accompagné des lasagnes aux bettes de Camille, de notre mozzarella maison et des dernières tomates, nous avons pleinement savouré la majesté accidentée. Si quelqu'un nous suspectait, Papa et moi, de cruauté délibérée envers des légumes, il ne s'est pas encore manifesté. D'ailleurs, nous avons pris le large.

⁂

Le potiron est le plus grand légume que nous consommions. Écorce dure, chair ferme, graines mûres, c'est le dernier fourgon du train potager. Des premières pousses aux feuilles et têtes de brocolis au début du printemps en passant par les tendres tomates de l'été, les poivrons et les aubergines puis les melons et enfin les graines dures que sont les haricots secs et les cacahuètes, la parade est longue et stupéfiante. Nous venions de récolter les derniers fruits mûrs : les cacahuètes dont les fleurs orange en forme de pois éclosent vers la mi-été avant d'essaimer leur pollen et de démarrer les graines puis de faire pousser d'étranges tiges longues et dirigées vers le bas qui font plonger leurs cosses vers la terre en les plantant quelques centimètres sous le sol autour de la base. Bien des gens sont conscients que les cacahuètes se récoltent sous terre (leur nom africain est « noix de terre ») sans pour autant se poser la question de savoir comment une graine, produite par une fleur, peut se retrouver sous terre. Si vous avez ruminé la question, ne vous étonnez plus. Les cacahuètes sont les perfectionnistes opiniâtres du royaume des plantes, qui s'obstinent à replanter leurs graines sans aide extérieure. En revanche, ça leur prend une éternité. L'ultime rituel avant l'arrivée du gel consiste à arracher les buissons de cacahuètes, à secouer la terre de ce monstre botanique qui se grignote comme encas.

Nous nous attendions à présent à ce que le gel tombe sur nos pâturages. Dans l'ordre, nous avions consommé toute une saison de développement botanique. Des mois allaient passer avant qu'une nouvelle feuille ne sorte son nez du sol. Donc… que faire à présent ?

Une toute autre catégorie de légumes aidait les gens à passer l'hiver avant que les supermarchés n'éradiquent le concept de saison. Cette variante de la croissance végétale n'est pas une exception mais plutôt un fier auxiliaire de la politique végétale. Une poignée de plantes comestibles ne sont pas annuelles mais bisannuelles. Leur plan est de pousser tout l'été à partir d'une graine, de garder profil bas tout l'hiver pour fleurir le printemps suivant. Pour ce faire, elles stockent les sucres produits pendant l'été dans un gros tubercule ou un bulbe qui reste tapi sous terre jusqu'au printemps après que leurs feuilles sont à nouveau mortes.

Pour leur propre satisfaction, les hommes déjouent leur projet, assassinent la plante et lui dérobent ses économies au moment où les bas de laine sont bien remplis. Carottes, betteraves, navets, ail, oignon et pommes de terre sont les unités de stockage durement économisées d'une plante qui avaient l'intention de vivre une saison de plus afin de satisfaire sa destinée sexuelle. Économe moi-même, élevée dans le respect du dur labeur, j'ai l'impression d'être un impitoyable escroc lorsque je déterre les tubercules ; si l'émotion devait dicter mon régime, je ne serais pas seulement végétarienne mais je me nourrirais d'air et de nouilles comme un enfant de trois ans car je suis profondément désolée pour les plantes. Dans un silence vert et vertueux, elles travaillent aussi dur qu'un poulet ou une vache. Elles ne bêlent pas ni ne vagissent lorsqu'on les décapite, les déracine, retire leurs petits de leur étreinte. À leur égard, nous sommes absolument implacables.

Mais pour être honnête, je les dévore comme personne. Les tubercules représentent le secours du dévot de l'alimentation maison. Avec les haricots secs et les céréales, ils nous apportent des nutriments végétaux les mois où nous n'avons rien de frais sous la main. Puisqu'ils se conservent bien, il est facile d'en produire pour toute une année. J'ai des voisins qui râlent sur la difficulté de cultiver les pommes de terre alors qu'en magasin, un sac géant coûte moins que le journal avec son supplément week-end. Pourtant, tous les printemps nous sommes dehors à combattre le froid et le sol bourbeux pour planter les patates à temps. Nous ne le faisons pas pour les quelques centimes d'économie mais parce que le sac de 25 kilos trouvé dans le commerce a plus ou moins le même goût que le journal du dimanche si l'on compare avec notre propre production. Un lot de Carola nouvelles ou de Red Gold fraîchement déterrées au début de l'été a son propre goût : doux comme une noix, et qui tient à la cuisson. Peruvian Blues, Russian Banana Fingerlings, Yukon Gold : bouillies, elles gardent leur consistance et peuvent être consommées en salade ; passées au four, certaines prennent une teinte de beurre doux et une consistance aérienne. Un patatophile a besoin de chacune d'entre elles.

Le conseil standard sur la période de plantation est le même que pour les oignons et les pois : « Dès que le sol le permet. » Il s'agit donc d'une date subjective déterminée par l'impatience du jardinier. Je commence toujours à m'agiter vers la Saint-Patrick lorsque je passe par le rituel annuel qui consiste à me rendre au pas cadencé, armée d'une pelle, vers le carré des patates puis à planter ladite pelle dans le sol pour constater en toute objectivité scientifique que le sol n'est qu'un marais à moitié gelé. Pas d'offensive possible : je suis obligée d'attendre quelques semaines de plus. D'habitude, nous les plantons vers le 1er avril.

Du moment qu'ils ne sont pas noyés, le temps frais ne dérange pas les plants de pommes de terre. Ils descendent d'ancêtres sauvages venus des hautes terres des Andes où le climat est froid et sec durant toute l'année et les jours aussi longs que les nuits. Pour mûrir, ils ne sont donc pas sensibles au changement de la durée du jour. D'autres racines déclenchent leur processus de stockage de l'amidon avec la venue des longs jours d'été en préparation de l'hiver. En réalité, les oignons sont si sensibles à la durée du jour que les cultivateurs doivent choisir leurs variétés à l'aide d'une carte des latitudes.

Les températures ne sont pas un critère de confiance – elles peuvent monter et descendre par simple caprice et produire un hiver doux, un été indien et toute une armada de fausses saisons auxquelles nous donnons des appellations pittoresques. Mais aucun vent traître ne saurait modifier la trajectoire du soleil. Pour les êtres vivants, il est crucial de savoir quand exactement il faut stopper la croissance des feuilles et emmagasiner des forces dans les racines histoire de survivre à l'hiver. Une erreur peut être fatale et causer un retard qui empêchera la plante de se reproduire. C'est pourquoi, sous des climats tempérés, l'évolution est liée à la longueur du jour, c'est une question de vie ou de mort. Chez les animaux, elle détermine également la période d'accouplement, de nidification, de ponte des œufs et de migration.

Grâce au fait qu'elles viennent à l'origine d'un climat tropical dépourvu d'hiver et d'été en haute altitude, les pommes de terre ont évolué indépendamment de la durée du jour. À la place, elles ont programmé une période de repos indépendante du calendrier et les tubercules ne germeront qu'une fois celle-ci passée, un point c'est tout. Je l'ai appris par expérience au début de ma carrière de jardinage lorsque j'ai planté des pommes de terre achetées dans le commerce. À l'arrivée des jours plus chauds, j'ai attendu en vain, aucune pousse n'a émergé. On traite souvent les patates avec des produits chimiques pour qu'elles restent plongées dans leur léthargie mais j'avais planté des pommes de terre biologiques dont la paresse était inexcusable. Au bout d'un mois, je les ai déterrées pour savoir ce qui se passait avec ces indolentes. Je suis bien plus laxiste avec mes enfants, c'est sûr. Mes patates étaient encore endormies. Pas un œil ouvert, pas la moindre croissance, pousse ou bourgeon.

Maintenant je suis au fait : les patates ont un temps de repos préprogrammé qui ne saurait être contrarié quelle qu'en soit la raison. Les semences ne sont prêtes à être plantées qu'après le nombre de mois requis passés dans un cellier frais. J'avais supposé qu'une pomme de terre printanière était une pomme de terre printanière mais ces spécimens achetés en mars, dans un magasin, avaient dû être récoltées récemment dans un lieu distant où mars n'est pas la fin de l'hiver. Un univers végétal dépourvu de saison génère vraiment une confusion sans limite.

Si les patates du rayon fruits et légumes sont déjà en train de germer, en revanche, c'est le signe qu'elles sont prêtes à pousser. Elles sont alors comestibles aussi longtemps qu'elles n'ont pas été exposées à la lumière et n'ont pas développé de couleur verte sur la peau. Contrairement à la légende, ces patates en pleine photosynthèse ne vous tueront pas mais, comme toutes les équipes de nuit – y compris les tomates et les aubergines – les parties vertes de la plante contiennent des toxines et des agents mutagènes. En train de germer et un soupçon ridées, on peut encore les manger. Enveloppées dans un sac en papier placé dans le tiroir du bas du réfrigérateur, elles se conserveront six mois ou plus. Mais si j'ouvre nos sacs de graines en avril, je trouve toujours un enchevêtrement de longs germes chaotiques formant une sorte de boule arachnoïde.

C'est le signal du réveil. Nous les plantons et amorçons le buttage. Chaque petite pomme de terre se développe en une plante basse touffue dont le tubercule produira huit patates nouvelles ou plus. Les Fingerling produisent vingt pommes de terre par butte mais plus petites. Les feuilles sont douces et les fleurs ont des nuances blanc rosé, parfois lavande, selon la variété. Dans les Andes péruviennes, où les paysans cultivent encore bien plus de variétés que nous saurions l'imaginer, j'ai vu des champs de patates à fleurs pourpres aussi éclatants que des champs de tulipes hollandais.

Les toutes jeunes patates accrochées au tubercule continuent à grossir jusqu'à ce que la plante se fatigue et meure quatre à cinq mois après la plantation. Peu de travaux de jardinage sont aussi drôles pour les enfants que celui de récupérer en fin de saison ces trésors enfouis. Nous cultivons huit variétés différentes plus un assortiment surprise que Lily compare à la « chasse aux œufs de Pâques » lorsque nous les déterrons : je retourne la terre de chaque butte à la fourche-bêche et Lily se précipite sur les tubercules rouges, bleus, dorés et blancs. Pour moi, c'est un mélange entre la chasse au trésor et *Urgences* car je dois hurler « attention ! » à chaque fois que j'enfonce la fourche dans la terre histoire d'empêcher tout télescopage malencontreux entre les pics de la fourche et les doigts de ma fille.

Bien que la grande récolte vienne à la fin de l'été, nous avions déjà plongé les mains dans la terre pour remonter des petites patates rondes à la surface. On se sent un peu comme des adolescents en pleine séance de pelotage mais c'est une pratique consacrée par l'usage et que l'on nomme la pêche miraculeuse. Le moment idéal pour la pratiquer est juste avant le dîner : comme le maïs, les patates nouvelles déploient toutes leurs saveurs une fois plongées dans l'eau bouillante.

À la fin de l'été, nous avions fini la récolte des Yukon Gold, All-Blues et autres pommes de terre de conservation délicieuses cuites au four. En septembre, nous avions récolté les Fingerling – jaunes, de la taille d'un doigt, fort appréciées des gourmets et découvertes depuis peu par les consommateurs américains. Je les ai trouvées dans un catalogue de grainetier, les ai commandées sur un coup de tête et en suis devenue dingue. Notre pomme de terre la plus productive est une Fingerling vénérée par les Français quoiqu'elle ne porte pas un nom très glamour, la ratte. Ça veut dire exactement ce qu'on entend. J'étais déconcertée par ce nom jusqu'à ce que j'en cultive. Lorsqu'on creuse une butte arrivée à maturité, on se trouve face à un nid d'une quinzaine de bébés rongeurs en train de téter, tous le nez écrasé vers le centre et la queue pointée vers l'extérieur. En vertu de leur saveur incroyable et de leur vigueur, ces petits rats occupent une portion toujours plus large de mon carré de patates.

En octobre, toutes nos pommes de terre étaient dans le silo à côté des betteraves, carottes et patates douces (une vigne tropicale qui, botaniquement, n'est pas liée à nos pommes de terre). Nos oignons étaient également récoltés. Nous les sortons à la fin de l'été lorsqu'ils sont arrivés à maturité. Rien de plus facile alors que de les arracher en arpentant les rangées puis de les faire sécher au soleil le reste de l'après-midi avant de les aligner sur du papier journal quelques semaines dans un abri ou un garage bien aéré.

L'ail subit un traitement similaire. Aussi bonne que soit l'aération, le séchoir prend un arôme intense ; il y a longtemps, on installait les enfants dans ces abris pour les soigner d'une maladie que ma grand-mère appelait l'épizootie. Elle évoquait aussi des sacs d'ase fétide que les enfants portaient autour du cou pour éloigner les rhumes. La vraie ase fétide est une plante asiatique de la famille du fenouil dont le nom prend ses racines dans le mot fétide. Évidemment, l'ail a les mêmes vertus ; sa propriété médicinale consiste dans le fait que personne ne s'approchera des enfants et ne propagera donc de microbes en toussant. Comme on dit à New York : « Une pièce jaune vous permet de prendre le métro mais une gousse d'ail vous libère un siège immédiatement. » Pour être juste envers ses fervents adeptes, je devrais préciser que l'ail a une véritable propriété médicinale ; elle provient de ses composés antibactériens de soufre et de sa capacité à casser la fibrine et à fluidifier le sang. Le prophète Mohammed le recommandait en cas de morsure de serpent. Eleanor Roosevelt le prenait recouvert de chocolat pour améliorer sa mémoire et Pline l'Ancien prétendait que c'était excellent pour l'activité sexuelle. Je n'en mettrais pas ma main à couper.

Nous nous contentons d'un usage culinaire. Lorsque le dessus de l'ail et de l'oignon séché est passé du vert au brun sans avoir perdu de sa souplesse et que son odeur s'est adoucie, je les tresse en lourds écheveaux qui décorent notre cuisine tout l'hiver. Les bulbes se conservent mieux suspendus à température ambiante et nous coupons les têtes au fur et à mesure de nos besoins en commençant par le haut. L'ail est l'ingrédient essentiel de notre cuisine : sauce tomate, lasagnes, soupe au poulet, pratiquement tout plat excepté la tarte aux pommes commence par de l'ail émincé sauté à l'huile d'olive. J'en use comme d'un élixir du bonheur et vérifie le nombre des gousses aussi fréquemment que le solde de mon compte bancaire. Si je prends mes précautions, nous en aurons jusqu'à la mi-été au moment où l'ail nouveau est récolté. Mais nous franchissons toujours la ligne d'arrivée les mains vides.

L'ail, comme la pomme de terre, est un légume bien plus subtil que nous ne sommes amenés à le penser à force de toujours voir la même variété à peau d'argent dans les épiceries. Les amateurs d'ail connaissent la chanson. Seeds Savers Exchange (la bourse d'échange des conservateurs de graines) a répertorié des centaines de variétés, chacune prisée pour ses propres méthodes de culture et sa saveur particulière. On peut les diviser en deux catégories : les primitifs vigoureux à carapace dure ont une tige de fleur qui jaillit du centre du bulbe au début du printemps pour se frayer un chemin tout en circonvolution, puis muer en une sorte de nœud enchevêtré avant de fleurir ; les variétés d'ail à tige tendre, plus généralement utilisées, sont plus commodes à tresser et conserver. Au-delà, il est aussi compliqué de les classer que les vins rouges et les vins blancs, chacune ayant des légions d'adeptes enthousiastes. L'Inchelium Red a raflé le premier prix lors de tests de goût sur plusieurs continents.

Le Red Toch (selon mon catalogue) présente des qualités multiples, une odeur épicée et une saveur consommée. Le Persian Star, déniché dans un bazar de Samarkand en Ouzbékistan, a une « note douce et épicée ». Le Brown Tempest a une note de départ chaude et intense qui s'adoucit en une tonalité chaleureuse ; le Music est complexe et piquant ; le Chesnok Red est idéal pour une cuisson au four, « très aromatique avec un goût entêtant ». L'Elephant est simplement énorme.

Comment choisir ? Ne pouvant résister à la prose des catalogues de graines, j'ai commandé six variétés et planté une douzaine de gousses de chaque sorte. Enfouies sous la terre, recouvertes d'un paillis, les gousses ont passé l'hiver à sortir des petites racines fibreuses. Au printemps, la plante se met à croître en hauteur dès qu'il ne gèle plus. En plein été, elle aura huit à douze longues feuilles avec une gousse à leur base nichée dans le nœud dense de la nouvelle tête. Je les sors fin juin, ne pouvant m'empêcher de considérer ce moment comme la fin de l'année fiscale du potager. En réalité, cette histoire de faire pousser des choses est sans fin – l'ail retourne en pleine terre en octobre au moment où les plantes tuées par le gel s'empilent sur le tas de compost. La nourriture n'est pas un produit mais un processus qui ne dort jamais. Elle va juste sous terre par intermittence.

⁂

Octobre nous a offert le cadeau inattendu d'un premier gel tardif et donc quelques semaines supplémentaires de tomates, aubergines, poivrons et basilic. C'est généralement à la fin septembre que le gel vient tuer ces fragiles plantes, les réduisant à des tiges noircies – événement assez prévisible qui pourtant nous prend toujours au dépourvu. Le dernier bulletin météo du soir qui annonce le gel crée toujours une légère confusion dans le voisinage, envoyant tous les jardiniers dans la nuit froide pour cueillir les tomates vertes et les poivrons.

Les aubergines et les poivrons sont tous deux tropicaux par nature, s'éveillant tranquillement l'été pour être au meilleur de leur forme fin septembre. Nous étions heureux du rabe d'octobre qui nous a permis d'engranger des cohortes de poivrons orange, rouges et jaunes à notre rythme et non en état de siège. Le soir, nous faisions du feu sous le patio et alignions les poivrons dos à dos sur le gril comme des baigneurs sur une plage bondée. La chaleur flétrit leur peau qui fait des cloques. Ensuite nous les mettons au congélateur par sacs entiers pour que leur saveur fumée donne de l'entrain à nos pizzas maison pendant l'hiver. Si pour bien des gens l'automne est synonyme de feuilles qui brûlent, pour nous il évoque les poivrons grillés.

Le rituel de mon enfance pour lequel j'éprouve la plus grande nostalgie est celui des pommes. Tous les ans mes parents nous emmenaient en excursion dans un verger de famille du comté voisin où nous regardions le cidre en train d'être pressuré et grimpions aux arbres pour cueillir des fruits que les adultes aux pieds d'argile ne pouvaient atteindre. Assis dans les branches, nous mangions des quantités criminelles de pommes. Le temps d'automne me fait encore monter ce goût croquant et vert au palais. J'ai compris que d'autres membres de ma famille étaient sans doute à la recherche du souvenir olfactif d'un temps perdu, lorsque notre réunion d'octobre nous a conduits spontanément dans un verger de pommiers voisin. Nous avons acheté des cageots de pommes avec en tête l'idée de rentrer faire du jus et de la compote.

Je ne sais pas quels rituels mes enfants poursuivront jusqu'à l'âge adulte, quel est leur degré d'attachement à la pizza du vendredi, à l'odeur des poivrons grillés au feu de cheminée ou autre chose. Je sais en revanche que les goûts ont pénétré loin sous la peau jusqu'au cœur de l'envie.

En ce qui concerne mes filles, il se trouve que je désire le plus simple : si un jour, elles mouraient d'envie d'un verger où leurs enfants pourraient grimper dans les arbres, je souhaite de tout cœur que le monde ait suffisamment d'arbres avec des bras pour les accueillir.

Sublimes tubercules

PAR CAMILLE

Les diététiciens, semble-t-il, adorent ou détestent les pommes de terre. Ce légume est une source extraordinaire de glucides de qualité qui vous donnent de l'énergie et un sentiment de satiété. Ou bien, on devrait les éviter car leur horrible amidon vous fait grossir comme il n'est pas permis.

Quelle est la bonne version ? D'abord, mieux vaut ne pas généraliser. Les Idaho du commerce ne sont que la partie visible de l'iceberg. J'ai mangé des pommes de terre dont la taille variait de la boule de chewing-gum au cochon d'Inde et la couleur du doré au rouge brique en passant par le bleu éclatant. Quand vous sortez ces dernières de terre, elles sont quasiment noires, couvertes de couches de terre durcie mais une fois que vous les avez bien grattées, elles prennent une nuance violacée digne du plus grand bijoutier. Je suis toujours épatée lorsque je passe mon couteau dans une Peruvian Blue de saison, de trouver sa chair aussi vive qu'une myrtille mûre. D'ailleurs, le pigment naturel qui donne sa teinte splendide aux myrtilles et aux patates bleues est le même – un puissant antioxydant. Certaines crèmes antirides contiennent de la bouillie de myrtille comme ingrédient phare. Jusqu'ici, personne de ma famille n'a essayé de se frotter le visage avec de la pomme de terre pour garder un teint lumineux mais nous les consommons en appréciant la palette de nutriments qu'elle contient. Même les blanches mangées avec leur peau nous apportent des vitamines C et B6 et presque deux fois plus de potassium par gramme que la banane.

La mauvaise réputation de la patate vient de son indice glycémique (IG), utilisé pour quantifier l'augmentation du taux de sucre dans le sang lié à l'ingestion de divers aliments. Les aliments à fort taux d'IG (le sucre et le maïs) provoquent une forte élévation de glucose dans le sang qui à son tour fait monter le taux d'insuline. De façon répétée, c'est mauvais pour le corps et favorise le diabète de type II. Mais si l'on accompagne les pommes de terre d'aliments riches en fibres, protéines et graisses, celles-ci diminueront la réaction glycémique si bien que le niveau d'insuline ne bougera pas.

La valeur nutritionnelle d'une pomme de terre est d'autant plus appréciable qu'elle est consommée avec son emballage. Malheureusement, il n'est pas toujours inoffensif de manger la peau des pommes de terre. Leur croissance sous terre fait des patates cultivées de façon conventionnelle les légumes les plus concentrés en insecticide. Aux États-Unis, les patates contiennent souvent des insecticides à base d'hydrocarbure chloré et parfois des résidus de DDT et de dieldrine, des produits chimiques extrêmement nocifs bannis depuis 1978 mais concentrés dans le sol. Les pommes de terre issues de la culture conventionnelle sont si contaminées par ces produits que le Groupe de travail environnemental défend aux parents de les donner aux bébés et aux enfants de moins de deux ans si elles n'ont pas été au préalable épluchées soigneusement puis bouillies. C'est un argument de plus en faveur des pommes de terre biologiques cultivées par des gens de confiance qui connaissent l'histoire de la terre où leurs produits sont cultivés.

Nous avons la chance d'avoir nos patates maison. La salade de pommes de terre est un plat dont nous ne saurions nous passer, même si elle varie en fonction des saisons. En automne, nous mangeons également d'autres tubercules et quantité de patates douce et de potirons.

J'ai inclus ici la célèbre recette de soupe au potiron de Maman ainsi que des menus typiques d'automne.

ⵘ VARIATION « QUATRE-SAISONS » SUR LA SALADE DE POMMES DE TERRE

HIVER

1 kg de belles pommes de terre à chair ferme, coupées en dés et cuites à l'eau juste ce qu'il faut pour qu'elles gardent leur fermeté

3 œufs durs, écalés et coupés

150 g de cornichons à l'aneth, coupés

2 cuillerées à soupe d'aneth

Sel

Quelques cuillerées à soupe de mayonnaise

Mélangez les pommes de terre aux œufs et aux cornichons en prenant soin de ne pas les écraser. Puis mettez l'aneth et le sel et mélangez. Ajoutez juste assez de mayonnaise pour que la salade tienne.

PRINTEMPS

1 kg de pommes de terre coupées en morceaux

40 g de feuilles de menthe fraîche

200 à 300 g de petits pois primeurs

200 g de feta émiettée

80 ml d'huile d'olive extra vierge

Faites cuire les dés de pommes de terre à l'eau et les mélanger aux autres ingrédients.

ÉTÉ

1 kg de patates nouvelles rouges ou jaunes coupées en dés de 2,5 cm

3 cuillerées à soupe d'huile d'olive

Gros sel

2 poivrons jaunes ou rouges coupés en dés

500 g de haricots verts (sans les fils et coupés en tronçons de 2,5 cm)

1 ou 2 épis de maïs doux

500 g de tomates coupées en morceaux

40 g de basilic frais

80 ml d'huile d'olive mélangée avec une cuillerée à soupe de vinaigre balsamique ou doux

Placez les pommes de terre salées avec un filet d'huile d'olive sur une plaque allant au four. Faites griller à 230 ºC (thermostat 8) pendant 20 à 30 minutes. Ajoutez les épis de maïs légèrement huilés aux pommes de terre avec les poivrons et les haricots verts pendant les dix dernières minutes. Décollez les légumes de la plaque si nécessaire à l'aide d'une spatule, détachez les grains de maïs de leurs épis et mélangez le tout dans un grand saladier.

Ajoutez les tomates avec le basilic et la vinaigrette aux légumes grillés ; salez.

AUTOMNE

1 kg de pommes de terre type ratte

Légumes de saison

4 cuillerées à soupe de basilic séché

Vinaigrette composée de 80 ml d'huile d'olive et de vinaigre balsamique

Préparez les pommes de terre comme pour la recette d'été, mélangez aux derniers poivrons de saison, haricots verts, haricots grillés avec les patates. Ajoutez des cubes de tomate fraîche, du basilic et la vinaigrette. Au fil des saisons, vous pouvez à votre choix ajouter les légumes du jour en respectant plus ou moins les proportions. Le potiron en dés et les patates douces sont délicieux rôtis et nécessitent le même temps de cuisson au four. N'hésitez pas à mélanger patates douces et normales, elles ne sont pas de la même famille et se marient très bien !

※ SOUPE AU POTIRON DANS SON CARROSSE

1 potiron de 2 kg (adaptez la quantité de liquide à la taille du potiron)

1 l de bouillon de poulet ou de légumes

1 l de lait de vache ou de soja

40 g de feuilles de sauge fraîches (moins si elles sont séchées)

3 gousses d'ail

2 cuillerées à café de sel de mer

Poivre

Découpez un couvercle dans le potiron, retirez les graines et les parties fibreuses et frottez l'intérieur de sel. Placez le potiron sur une plaque ou dans un plat allant au four.

Faites rôtir au four ou dans un plat couvert à feu doux les gousses d'ail en chemise pour les ramollir. Mélangez au liquide et aux épices dans une grande marmite en écrasant les gousses et en prenant soin de ne pas brûler le lait. Remplissez le potiron de ce mélange et replacez son couvercle après avoir recouvert le potiron de papier d'aluminium pour éviter tout effondrement. (Si vous aviez endommagé le couvercle en vidant le potiron, contentez-vous de papier d'aluminium.) Faites cuire 1 à 2 heures à 200 °C selon l'épaisseur de la peau. Ouvrez le couvercle de temps à autre pour gratter le carrosse et mêler la chair au liquide. Si le carrosse s'effondrait ou si la chair se révélait filandreuse, vous pourriez les passer au mixer. Avec un peu de chance, vous pourrez servir la soupe dans son carrosse.

Menu d'automne

Dimanche : steak grillé et salade de pommes de terre.

Lundi : *quesadilla* de patate douce et bettes.

Mardi : pommes de terres au four au fromage et brocoli.

Mercredi : tortilla espagnole (*frittata* aux pommes de terre et oignons).

Jeudi : soupe aux trois haricots avec pain sorti du four.

Vendredi : pizza à la tomate, rondelles de saucisses de dinde, oignons grillés et mozzarella.

Samedi : quiche au fromage et à la courge.

17. JOURS DE FÊTE

Novembre-décembre

La fin de l'année nous a trouvés en train de protéger nos fenêtres du froid et de nettoyer les gouttières, mais pour Lily, c'était une tout autre histoire : son commerce d'œufs pouvait commencer. Ses poussins d'avril nous avaient surpris fin octobre en pondant leurs premiers œufs. L'hiver n'est pas une grande saison pour la ponte et, lorsque le jour dure moins de treize heures, bien des poules cessent toute production. C'est pourquoi nous avions conseillé à Lily de ne pas attendre grand-chose de sa basse-cour avant le printemps suivant.

Or, il ne faut jamais sous-estimer l'effet des encouragements d'un patron sur sa main-d'œuvre. Chaque matin, Lily se levait plus tôt afin d'avoir le temps d'encourager ses poules avant l'arrivée du ramassage scolaire. Elle leur avait installé des boîtes-nids dotées d'une ouverture latérale si bien qu'il était possible de rester à l'entrée du poulailler – avec des chaussures propres – pour récupérer les œufs. Ou bien, comme c'était le cas pour Lily, d'examiner et de superviser pendant un temps infini le travail des poules. Ce qui fait qu'elle a réellement observé les œufs sortir de l'oviducte des poules – un spectacle auquel, d'après moi, peu de gens ont déjà assisté. En planifiant sa basse-cour, elle avait choisi des races très anciennes, trapues, réputées bonnes couveuses même par temps froid. À la mi-novembre, ses dix-neuf poules lui donnaient une douzaine d'œufs par jour. Elle s'était également occupée durant des mois de son fichier clients, notant par avance des numéros de téléphone. Un chef d'entreprise possède plusieurs casquettes – comptable, contremaître, gratteur d'œufs – mais ici, l'accent était mis sur les relations publiques. Lily avait choisi ses poules non seulement en fonction de leur production mais aussi de la couleur des œufs qui allait du vert pâle au rose, ocre et chocolat. Lily les disposait dans des boîtes de telle sorte que chacune contienne tout l'éventail puis elle ajoutait son propre label « Les jolies pondeuses de Lily » accompagné d'une photo d'elle, une de ses jolies poulettes dans les bras. Elle l'avait collé sur des cartons de marques diverses recueillis par des amis pour qu'elle les recycle.

Le jour de sa première vente, une foule de clients faisait la queue devant chez nous. Lily, folle de joie, virevoltait dans la cuisine avec ses premiers dollars. Je n'étais pas peu fière de voir ma jeune chef d'entreprise réaliser ses rêves mais aussi un peu épatée, comme tous les parents qui observent leur progéniture acquérir des talents supérieurs aux leurs. À son âge, l'idée même de devoir vendre un biscuit pour les scoutes me mortifiait jusqu'aux larmes. À chaque coup de fil auquel elle répondait pour organiser une livraison d'œufs, sans jamais oublier auparavant de s'enquérir de la santé de son interlocuteur et de sa famille, je constatais que ma fille de neuf ans grandissait à vue d'œil. Le soir, assise dans la cuisine, elle mettait à jour le livre de comptabilité que je l'avais aidée à organiser afin de garder traces de toutes les informations concernant sa clientèle, l'inventaire et les dépenses, et terminait en remplissant la colonne « revenu ».

Je me suis alors demandé s'il me faudrait moi aussi faire la queue en bas du chemin. J'ai rappelé à Lily que notre famille aussi avait besoin d'œufs. Nous avions été bien approvisionnés grâce à ses trois vieilles poules de compagnie dont j'avais pensé qu'elles n'iraient pas rejoindre le registre du personnel. Mais à présent leurs œufs prenaient, eux aussi, directement le chemin des boîtes « Jolies pondeuses ». Je pouvais les obtenir, ai-je appris, pour la modique somme de 2,50 dollars la douzaine. En tenant compte du coût des graines, ce prix lui laissait une petite marge de profit et convenait encore à ses clients. Pourtant, j'ai rechigné. Bien sûr, ça ne me dérangeait pas de récompenser le dur labeur de ma fille, là n'était pas la question. Elle s'était montrée active et prenait soin de ses poules qu'elle enfermait soigneusement tous les soirs et, les matins froids, c'est elle qui brisait la glace de leurs auges. Toujours à l'écoute du moindre caquetage, elle était immédiatement informée de la présence d'un coyote dans la cour et se ruait vers la porte en criant avant que nous n'ayons eu la moindre idée de ce qui se passait. Pour le coyote, je ne sais pas, mais moi ces cris me mettaient au bord de la crise cardiaque. Ces poules-là devaient sans conteste leur vie et leurs œufs à Lily.

Mais puisqu'elle prenait son affaire si au sérieux, je voulais qu'elle en comprenne tous les tenants et les aboutissants. Pour démarrer, une entreprise doit toujours faire face à des frais. Je lui ai rappelé que c'est moi qui avais acheté les poussins et leur nourriture pendant les six mois précédent la ponte – les poules de plein air ont tout de même besoin de protéines, calcium et autres nutriments supplémentaires. J'ai expliqué à Lily les concepts de capitalisation, crédit, investissement. Elle m'a écoutée avec intérêt. « Je te rembourserai, a-t-elle avancé immédiatement. Je tiens à ce que cette affaire soit vraiment la mienne et pas juste un hobby d'enfant. »

Elle s'assit donc avec son carnet pour chiffrer le montant du prêt sans intérêts que j'avais investi dans le capital. Nous avions les reçus. Comme nous achetons les graines en grosse quantité, les poules avaient tout ce qu'il leur fallait jusqu'au printemps prochain. Lily devait calculer le montant de la commande des trente-deux poussins et de l'alimentation requise pour les nourrir toute une année. Moi-même, je n'avais aucune idée de la somme. Très longtemps, elle resta penchée sur son carnet, ses couettes balayant la table pendant qu'elle gribouillait, effaçait, gribouillait encore. Enfin elle annonça le verdict : « Deux cent quatre-vingt-cinq dollars ! »

Elle fit mine de tomber de sa chaise, se roula sur le sol les yeux fermés, la langue tirée histoire de mimer le désespoir ou bien la frayeur causée par un contrôle fiscal. Comme je le disais, un manager possède plusieurs casquettes.

« Ne t'affole pas, lui ai-je dit, en prenant place à côté d'elle. Parlons-en. »

Elle ouvrit un œil. « Maman, je ne gagnerai jamais autant avant d'avoir cinquante ans. »

« Fais-moi confiance, tu y arriveras. Ce n'est pas autant que ça en a l'air. En plus, si nous prenons tout en compte, je te dois de l'argent pour les coqs que nous avons mangés et tous les œufs depuis le mois d'avril. J'avais oublié. Additionne tout ça et on verra où on en est. »

Début novembre, le montant de la dette était situé sous la barre des 155 dollars. Nous avons conclu un marché. Elle me fournirait tous les œufs dont j'avais besoin et soustrairait 2,5 dollars par boîte de sa dette. Je ne lui demanderais pas d'intérêts mais j'exigeais d'être prioritaire. Pas question de faire la queue. Au rythme de deux boîtes par semaine, elle aurait épongé ses dettes dans trente semaines. Pour une fillette en CM1, c'est à peu près l'équivalent d'une condamnation à perpétuité sans liberté conditionnelle.

« Et tu continueras à faire des profits avec tous tes autres clients, ai-je ajouté. Bientôt, tu ouvriras un compte en banque, et ça va arriver plus vite que tu ne le penses. En plus, avec les fêtes qui approchent, tout le monde aura besoin de quantité d'œufs pour faire les gâteaux. »

Rassérénée à l'idée de la profusion de pâtisseries maison à venir, le manager a pris la situation en mains. D'après ce que j'en sais, la main-d'œuvre n'a jamais été informée de la crise évitée de peu.

⁂

La plupart des fêtes religieuses et jours fériés de notre calendrier viennent d'autres cultures, parfois archaïques, parfois trop récentes pour disposer d'un menu particulier. J'ai le sentiment que les seules traditions culinaires réellement américaines sont destinées à célébrer le 4 juillet et, le quatrième jeudi de novembre, Thanksgiving.

On ne saurait trouver de fêtes plus dissemblables. La première est principalement une affaire de grillades, hamburgers, hot dogs et compagnie accompagnés de litres de bière ou de soda, le but de l'événement étant de passer tout l'après-midi en plein air avant de couronner la chose au crépuscule dans des explosions sophistiquées et multicolores de poudre à canon. Mis à part le drapeau admis dans le décor, rien dans ce pique-nique ne tire vraiment son origine de notre terre. La pyrotechnie est chinoise et le reste de l'affaire aussi industrialisé que possible. Il se pourrait d'ailleurs que ce soit exactement ce qui lui confère son caractère américain. Après la fête de l'Indépendance, j'ai bien du mal à nommer l'origine de ce que j'ai ingéré.

En revanche, la seconde fête englobe tout ce que l'Amérique du Nord peut nous offrir à la fin des récoltes. Thanksgiving est ma fête favorite, elle l'a toujours été j'imagine car, enfant d'une ferme, j'aime l'harmonie qu'elle crée entre la nature et nous. Le jour de la Saint-Patrick, chaque buveur de bière et son frère se proclament tout à coup Irlandais. Les cantiques de Noël saturent nos oreilles d'une soi-disant naissance miraculeuse en Palestine, d'un saint généreux venu de Turquie que les Hollandais ont vêtu de rouge et d'un arbre festif d'origine druidique… je crois. Mais le jour de la Dinde appartient à ma nation.

Les dindes ont sillonné notre continent depuis la dernière glaciation alors que la vieille Europe les ignorait encore. Rien que ce fait-là leur a apporté presque assez de voix pour remporter le titre de volatile national, mais je crains, qu'à la fin, le physique des dindons ait joué en leur défaveur. La galette de maïs est sans doute le plat le plus ancien du Nouveau Monde ; potirons et airelles sont également exclusivement nôtres.

À ce plateau de mets indigènes savoureux, ajoutez une cohorte de cousines qui partagent travail et ragots dans la cuisine, une flopée d'enfants vautrés par terre dans le salon devant d'antiques personnages de dessins animés qui courent dans une rue de New York et des hommes dans la cour qui prétendent avoir encore la force de faire des passes latérales de base-ball et vous aurez la quintessence de la journée américaine. Pour parfaire cette journée entièrement consacrée à la confection d'un seul repas suivi de sa dégustation accompagnée de grognements de satisfaction, nous pourrions ajouter un zeste de modestie et de reconnaissance. Louée soit la récolte. Nous avons survécu une année de plus.

Aujourd'hui bien sûr, ces festivités en l'honneur des récoltes, à l'instar de la satisfaction d'avoir engrangé assez de nourriture pour passer l'hiver, appartiennent au Moyen Âge. Mais chez nous, cette année-là, la récolte était réelle et le soulagement à prendre à la lettre. Nous approchions d'un dîner important dont nous connaissions déjà le menu. De la dinde locale ? Nous avions des spécimens dont la vie avait commencé dans les paumes de nos mains et se terminerait à dix pas de la porte du jardin. Tartes au potiron, purée de pommes de terre, galette de maïs, patates douces, haricots verts, céleri et marrons pour la farce – impossible de faire plus simple ! Sur notre continent, cette fête se fait toute seule.

Fêter deux fois Thanksgiving, repas on ne peut plus carnivore, ne me dérangeait pas. Pour moi, toute occasion de passer la journée avec des amis, mon mari et mes enfants est bonne et je tiens beaucoup au menu traditionnel. J'adore découper M. Tom à table et l'accommoder les semaines suivantes sous forme de sandwichs, soupes et ragoûts. J'ai un tel faible pour la farce que l'extase quand j'étais enfant était d'en faire des sandwichs. Dr Atkins, bouchez-vous les oreilles…

Notre recette démarre avec une poêle pleine d'oignons sautés, d'ail, de céleri du jardin et de marrons de notre marronnier chinois ajoutés à une miche entière du pain de Steven émietté, humidifié avec du bouillon de poulet et assaisonné d'une tonne de sauge et de thym.

La veille, nous avons cuit plusieurs pains et surveillé la décongélation du volatile. J'ai aussi taillé une Queensland Blue en morceaux en dix minutes chrono – la revanche fut douce – pour la faire mijoter en vue des tartes au potiron. Lily m'a aidée à étaler la pâte. Mes deux filles participent au dîner de Thanksgiving, depuis qu'elles sont assez grandes pour se tenir debout sur une chaise et mélanger la farce avec leurs mains comme si c'était de la pâte à modeler. Un an auparavant, âgées respectivement de huit et dix-sept ans, elles avaient pris l'entière responsabilité du dîner alors que j'étais hors jeu avec une jambe cassée. Avec l'aide de Steven pour soulever les choses lourdes, elles se sont magnifiquement bien débrouillées : dinde, tartes et tout le toutim. La cuisine consiste à 80 % en une bonne dose de confiance en soi, un talent qu'il vaut donc mieux acquérir quand les cordons du tablier s'enroulent deux fois autour de sa taille.

Nous avons cuit les tartes le jeudi matin. L'après-midi, ce fut le tour des patates douces, du potiron braisé, des haricots verts sautés aux marrons, des patates cuites à l'eau puis réduites en purée, le tout en gardant un œil sur M. Tom. Lily a cassé une demi-douzaine d'œufs toute seule dans un saladier (soustraire 1,25 dollar de la colonne « je dois à maman ») et a fait les galettes de maïs en se servant du maïs du jardin égrené puis congelé cet été. Les airelles sont cultivées surtout dans le Nord, plus haut. J'avais bien planté un carré d'airelles mais pour l'instant sans résultat. Nous avons débattu de la possibilité d'un Thanksgiving sans airelles pour s'accorder sur le fait que cela reviendrait à s'embrasser à travers une porte grillagée. Il y a des amateurs ?

Et nous ? Était-ce absolument indispensable que le festin soit à 100 % Hoppsolver ? Les exigences personnelles ont toujours un peu tendance à s'emballer : les joggeurs du dimanche courent un kilomètre de plus, les joueurs de Scrabble trouvent des mots de plus en plus longs. Notre projet locavore nous poussait toujours vers de nouveaux défis. Des défis relevant de la fascination et non du fanatisme, heureusement. Il nous arrivait encore de manger au restaurant avec des amis et nous acceptions les invitations à dîner. Les gens qui connaissaient notre projet tremblaient parfois à l'idée de nous inviter chez eux, quand ils nous croisaient au restaurant ils se comportaient un peu comme s'ils venaient de surprendre le chat en train de dévorer le canari. Nous expliquions toujours que : « Nous sommes des apprentis convertis, pas des prédicateurs moralisateurs. Pas de Tables de la Loi chez nous. » Notre repas de Thanksgiving contiendrait quelques gouttes d'huile d'olive californienne, une pincée de noix de muscade africaine et de la farine de Virginie qui était probablement composée de blé de Pennsylvanie, un chouïa au nord. Nous pliant aux impératifs de la tradition, nous avons également acheté des airelles biologiques du Wisconsin. Avec leur statut de premiers fruits du commerce à franchir le seuil de notre maison, elles prenaient dans leur sac de cellophane abandonné dans la cuisine un air délicieusement exotique. Je pense que nous les avons tous convoitées en secret jusqu'à ce que Camille les utilise dans une sauce au gingembre.

Nous avons traîné dans la cuisine avec nos invités arrivés l'après-midi, en humant les fumets des divers plats qui mijotaient. Après la « moisson », nous avions donné quelques-unes de nos Bourbon Red à des amis mais M. Thanksgiving, l'incontournable, avait été choisi encore sur pieds. Il pesait 9 kilos sans les gigantesques blancs que les dindes traditionnelles arborent dans la basse-cour. Les races anciennes ont tendance à offrir plus de chair foncée et cet animal-là compensait sa poitrine étroite par la longueur de ses cuisses et sa masse générale. La couleur et la texture de sa viande étaient si différentes de celles des dindes conventionnelles qu'il est difficile de les comparer. Ce fut un plaisir de le cuisiner car il n'avait rien perdu en jus et tendreté. Grâce à la fine couche de graisse couleur jaune d'œuf située sous la peau de sa poitrine, la chair s'est continuellement gorgée de liquide en prenant un arôme et une saveur délicats qui nous rappelèrent, je vous le jure, ceux du homard. Sur les marchés spécialisés, de tels oiseaux atteignent des prix tout à fait justifiés. La saveur est justement la raison du succès du projet sur les dindes organisé par Slow Food USA par lequel des clients s'engagent au printemps à acheter des dindes de races oubliées qui leur seront fournies par les éleveurs à Thanksgiving. Après la première bouchée, tout le monde fut d'accord pour décerner le premier prix de succulence à cette Bourbon Red, la meilleure que nous ayons jamais mangée.

Mais les autres aspects du rituel entrent aussi en ligne de compte dans le plaisir éprouvé : allumer les bougies, faire passer la sauce, raconter les mêmes histoires d'une année sur l'autre. Manger jusqu'à n'en plus pouvoir et puis se régaler du dessert quand même. En plus des tartes au potiron, notre amie Maruska avait apporté un strudel dont elle avait appris la recette, enfant, en Slovénie. Elle s'est excusée de la forme du gâteau et nous a expliqué que, pour les fêtes, il était supposé avoir l'aspect d'un fer à cheval mais qu'elle n'avait pas les moules adéquats. Évidemment, tous ont répliqué que ce n'était pas grave puisque le goût serait le même. Mais j'ai compris son besoin de recréer jusque dans les moindres détails ses souvenirs culinaires. Pour une raison similaire, nous n'avions pu nous passer d'airelles, de leur acidité rose qui se mêle à la sauce et nous rappelle que nous fêtons Thanksgiving. C'est aussi pour cela que nous nous donnons du mal pour composer un menu qui contient plus de légumes que ce que les gens consomment en une semaine et bien plus de volaille qu'on en a besoin pour un repas.

Avoir plus que nécessaire, que cela provienne du jardin ou de l'épicier, fait partie du jeu. Dans la plupart des cas cette abondance tient de l'apparat mais les fêtes ont de toute façon une portée symbolique. Rien ne pourrait aller plus au cœur des choses que cette histoire de besoin, de crainte de la famine, écartée grâce à une récolte dont l'abondance est inattendue. Le fait même de feindre la surprise et de prononcer les remerciements rituels est sûrement plus sage que de s'attendre à tout sans y porter la moindre attention. Réveillez-vous, vivez, car voici un jour férié consacré à louer la Création : la dinde, le potiron, le maïs, ces êtres vivants gorgés de soleil, d'herbe, de terre et de pluie nous ont offert leur vie, lorsque les jours ont raccourci, pour satisfaire notre bien-être et notre détermination sans faille. Voici le miracle, le sacrifice absolu qui contient en lui des germes de promesse : celle de tout répéter, une autre fois.

Oui, je sais, il y a la légende de Squanto, nous l'avons rabâchée lors de nos fêtes primitives à l'école : « Pèlerins, mes amis ! Enterrez un poisson sous chaque plant de maïs ! » Cette injonction optimiste a si mal fini que je refuse de la perpétuer. Le passé est le passé. Le credo de ma famille veut que Thanksgiving soit l'anniversaire de la Création. Louons les récoltes et oublions l'aspect religieux.

⁂

En décembre, la neige est tombée. Dans le jardin, les tiges de maïs séché et les plants de tomate fanés se dressaient, noirs sur fond blanc comme un dessin à l'encre de chine intitulé *Repos*. J'ai remis à plus tard la lecture des catalogues de graines. Ceux d'entre nous qui se donnent corps et âme à des projets sans fin – élever des enfants, faire le ménage, jardiner – apprécieront la valeur de la porte parfois close. Nous avons tous besoin de moments de trêve.

Le marché de producteurs allait fermer pour cette année. Nous avons rendu une dernière visite aux vendeurs, échangé des numéros de téléphone et promis de rester en contact pour toutes sortes de raisons : nos discussions hebdomadaires allaient nous manquer ; nous aurions besoin de conseil au sujet des moutons d'Islande prévus au printemps ; nous irions peut-être les voir pour leur acheter des légumes d'hiver sous serre. Nous avons fait le plein de suffisamment de viande congelée pour l'hiver, y compris un beau gigot d'agneau pour l'un des repas de fête.

La chape hivernale s'était installée sur nos vies, introduite par l'immense farce officielle qu'est la fin de l'heure d'été. Quant à moi, je voterais volontiers pour une heure supplémentaire de lumière durant les soirs d'hiver plutôt que pour ce couvre-feu imposé et soudain. Qui donc a eu l'idée de chambouler nos vies de telle manière que cela nous impose une obscurité précoce pendant le mois de novembre glacial et des rayons de soleil qui s'épuisent avant la fin de la journée de travail ? D'aussi loin que je m'en souvienne, j'ai vécu le même désespoir chaque automne car j'avais le sentiment que les rayons du soleil, l'heure d'été voire la vie elle-même étaient passés avant même que j'aie eu fini de construire la moitié de ma belle cabane dans les arbres. Mais il ne m'appartient pas de remettre en question la vision de ceux qui imposent ce bond en avant et en arrière. Je me contente de jurer chaque hiver que j'essayerai de prendre le rythme d'une pomme de terre, avec sa compréhension tacite que le temps est ce qu'il est, quoi que nous en disent les pendules. Je passe les mois d'hibernation à m'approcher aussi près que possible du four à bois sans risquer de m'immoler et à rattraper le temps perdu en lectures, me réjouissant par intermittence de l'excès de jours fériés qui s'accumulent dans cette impasse festive de la fin de l'année.

Notre foyer a des origines spirituelles mélangées et certaines fêtes religieuses majeures ne sont pas les nôtres, y compris toutes celles qui imposent à leurs fidèles d'acheter un tas de choses inutiles. Mais nous ne sommes pas en reste pour faire la fête. Nous offrons des bocaux de sauce et de chutney et préparons des repas exceptionnels pour la famille et les amis : dinde et sa farce, gigot d'agneau avec sa sauce à la menthe et des tubercules grillés avec un filet d'huile d'olive et du romarin. Le jour de l'an est dédié au plat traditionnel du Sud qui porte bonheur, pois et riz. En arrière-plan, sans prétexte particulier, nous entendons toujours le ronron affairé de la machine à pain, augure des effluves du pain de Steven qui viendront parfumer toute la maison. Nous avons le chic pour transformer ces mois d'intérieur en une réclusion ma foi fort agréable.

Lorsqu'une toute nouvelle fabrique de chips de maïs biologiques a ouvert ses portes à trente kilomètres de chez nous, il y eut au moins un membre de la famille pour interpréter ceci comme le signe que les rêves, après tout, se réalisent. En revanche, trouver de la farine de blé pour le pain est resté l'une de nos plus grandes frustrations. Un moulin historique, à sept kilomètres de chez nous, produit bien de la farine de maïs et d'autres farines spéciales mais pas celle de blé complet. C'est pourquoi nous nous sommes réjouis de découvrir un moulin qui en produisait à une heure de route, une entreprise familiale que nous étions contents de soutenir. Pour être honnête, le produit n'était pas du tout celui que nous cherchions : de la farine blanchie au bromure. Ils vendaient également un mélange pour biscuits au glutamate. Nous leur avons demandé s'ils

COMMENT IMPRESSIONNER SA FEMME À L'AIDE D'UNE MACHINE

Je sais que vous avez une machine à pain quelque part, dans un placard peut-être. Ou sur le plan de travail de votre cuisine, si poussiéreuse que tous l'ont oubliée. Oui, vous pouvez vraiment vous servir de cette chose-là et produire un pain de gourmet pour 50 cents pièce, tout en passant pour un héros aux yeux de votre famille.

D'abord, sortez-la du placard (ou de son emballage s'il n'a pas été enlevé). Ensuite, ne m'en veuillez pas, vous serez obligé de lire le manuel d'utilisation, histoire de savoir comment faire du pain basique. Puis, suivez exactement les instructions : trouvez une recette de pain blanc ou complet et faites-la plusieurs fois pour vous habituer. Utilisez des ingrédients frais ; jetez donc ce vieux paquet de farine et ce levain périmé et prenez de la farine nouvelle spéciale pain, de préférence biologique.

Nous arrivons à la partie créative. Faites un tour chez votre épicier bio et rendez-vous à la section farine. Vous trouverez ce qu'on appelle des farines alternatives ; c'est le pilier de votre pain gourmet. Parmi celles-ci, il existe des variétés de blé telles que le kamut, le pumpernickel, le durum et d'autres grains tels que

seraient prêts à nous faire de la farine de blé complet ou de la farine blanche non traitée mais une seule famille n'avait pas assez d'influence pour changer la production d'une entreprise, si petite soit-elle. Nous avions besoin de compagnons locavores pour ajouter du poids à notre requête et avec le temps, nous les aurons. Pour le moment nous avons généreusement amélioré la production locale en ajoutant de la farine biologique faite avec du blé cultivé dans le Vermont. Nous faisions de temps en temps nos pâtes nous-mêmes mais généralement elles provenaient d'un autre État. Idem pour les céréales du petit déjeuner, quoique le filon principal fût un grand paquet de flocons d'avoine exquis, cadeau dc David et Elsie. Nous avons fait venir certaines choses d'Italie, notamment le vin. Mais en ce qui concerne la viande, les fruits et les légumes, nous

l'épeautre, l'avoine ou le seigle. D'autres farines sont faites avec du riz, du soja, du sarrasin, du millet, du maïs, de la pomme de terre et de l'orge. On trouve des céréales encore plus rares (et moins appréciées) telles que le teff, l'amaranthe ou le quinoa, des racines comme le yam ou arrow-root meulées en farine et des mélanges à base de noix ou de graines : pois chiche, graines de lin ou amandes. Dans certaines régions, vous aurez du mesquite ou de la malanga. Faites un assortiment de celles qui vous tentent et rangez-les aux côtés des ingrédients de base.

La fois suivante, quand vous préparerez le pain, remplacez la farine habituelle par celles-ci. Ayez l'esprit d'aventure mais n'en mettez qu'un peu à la fois car 30 ou 40 g de trop – si ce n'est pas du blé – peuvent compromettre la texture ou la levée de la pâte. Avec un peu de pratique, vous trouverez les mélanges qui vous plaisent et aurez sûrement envie de les essayer. Même les « ratés » seront frais, chauds et parfumeront la maison. Les succès deviendront les piliers incontournables de vos délicieux repas locaux.

STEVEN L. HOPP

nous en sommes tenus à notre vœu local. Pour ce qui était du royaume des aliments industriels, nous avions quasiment tout oublié.

Cela faisait une éternité que nous avions dit adieu aux fruits d'été en échange de quelques spécimens abondants en décembre : des pommes antiques dont le goût s'affirme par temps froid ; des kakis indigènes qui ne sont comestibles qu'une fois les arbres pris par les premiers gels. Dans le Sud profond, c'est aussi la saison des agrumes et, si vous ne vivez pas là, le transfert des oranges depuis la Floride ou le Texas à travers quelques États semble plus raisonnable que les pérégrinations d'un fruit depuis un autre hémisphère.

Pour les fêtes, nous avons fait une folie : un petit cageot de tangerines irrésistibles après une abstinence d'agrumes de huit mois. Où que je fusse dans la maison, cette vivifiante odeur d'orange venait me chatouiller les narines dès que quelqu'un en épluchait une dans la cuisine. Lily portait chacune d'entre elles à son cœur avant de la déshabiller aussi délicatement que si ça avait été une poupée. La regardant faire, assise en tailleur dans son pyjama rose un matin, les joues rouges d'extase, j'ai pensé : le monde a de la chance d'avoir un enfant si reconnaissant. Ce n'est pas l'argent qui donne sa valeur aux choses mais plutôt un doux équilibre entre le désir et l'attente.

Le 26 décembre, nous avions invité des amis pour un dîner italien « tous les coups sont permis » concocté avec les ingrédients de notre jardin (raviolis aux marrons et potiron) agrémentés de quelques spécialités rapportées de Toscane : truffes, huile d'olive, haricots. Nous avons commencé par étaler la pâte et farcir les raviolis puis sommes passés au fromage et au pain que nos invités avaient ramenés, à la bouteille étonnante de bordeaux, cadeau d'un collègue français, aux *antipasti* de tomates Principe Borghese séchées, aux salades de crudité d'amis généreux qui ont une serre et à bien d'autres plats pour arriver au point culminant : un dessert à base de yaourt maison, figues au gingembre et miel local. Sans que nous nous en rendions compte, le repas s'est étiré sur cinq heures, réunion sociale à la mode méditerranéenne. Il nous avait fallu attendre dix ans pour organiser nos vacances en Italie, mais pour ce qui était du dîner, Steven et moi avions vite compris la leçon.

Pour presque tout le monde, les traditions des fêtes passent par la table. Pendant des années j'ai refusé le bien-fondé de ce fait, plus ou moins inconsciemment – en dédaignant fermement de prendre une bouchée de tarte de Thanksgiving, me pliant de ce fait au diktat esthétique imposé aux femmes de mon âge. Si nous avons du caractère, les stigmates inscrits sur notre corps à la suite de multiples grossesses, le ralentissement de notre métabolisme accompagné de son inévitable changement de silhouette sont censés nous détourner de la bonne chair. Mangez maintenant, vous en paierez le prix plus tard, nous avertit-on. Montez sur la balance, levez les yeux au ciel et prenez la résolution de redevenir une personne morale le jour de l'an.

En réalité, la surcharge pondérale américaine ne trouve pas sa source dans les repas de fêtes. Il est vrai qu'à partir d'un certain âge, il n'est plus question de manger des tartes tous les jours mais le dogme qui impose de la refuser même le jour de Thanksgiving est absolument dévastateur. Les bonnes gens mangent. Les mauvaises gens aussi, les maigres, les gras, les grands et les petits. Il est certain que nous n'allons jamais survivre grâce à la photosynthèse. Planifier de beaux repas sophistiqués, y mettre tout son cœur et donner de son temps pour les préparer est vraiment l'opposé de l'autosatisfaction égoïste. Les réunions de famille centrées sur la cuisine sont la quintessence d'une collaboration qui vise idéalement à régaler l'âme et le corps. On en dépense des calories avant de s'asseoir pour déguster le repas ! Mais avant tout, on parle beaucoup, on échange des nouvelles, on révèle des secrets transmis d'une génération à l'autre, l'air de rien, on donne des conseils. C'est les deux mains engoncées dans des maniques que j'ai reçu et donné les accolades les plus significatives de ma vie.

Ces fêtes de fin d'année sont synonymes d'un type de gaieté dont j'ai vraiment besoin en hiver après l'incident déprimant du rapt de la lumière du jour. Heureusement, la première fête survient juste après la remise des pendules à l'heure, début novembre : le Dia de los Muertos. J'ai appris à célébrer le jour des Morts mexicain lors des nombreuses années passées parmi des amis mexicains et je l'ai intégré à la communauté étonnamment réceptive du sud-ouest de la Virginie. Cette fête me semblait bien trop importante pour être oubliée.

Elle prend ses racines dans la culture aztèque, dont la *Micteca-cihuatl* – Reine de la Mort – préside les rituels qui accueillent les amis défunts et les ancêtres dans la famille. À leur arrivée chez les Aztèques, les prêtres espagnols furent effrayés de les voir danser avec des squelettes, décorer des autels de fleurs et, en gros, se servir de la mémoire de leurs défunts comme d'un prétexte pour faire la bamboche. Ils ne pouvaient accepter ce sacrilège. C'est pourquoi les prêtres décidèrent de déplacer cette fête de l'été au premier jour de novembre placé sous l'égide du cérémonial catholique de la Toussaint. Selon eux, il était évident que tous profiteraient mieux de cette bamboula païenne si elle était rebaptisée et que l'on récitait en latin la litanie de toute une ribambelle de saints.

La date est le seul élément du plan qui ait subsisté. Le Dias de los Muertos est resté un joyeux rituel en souvenir des aimés disparus qui sont accompagnés et accueillis jusque dans le salon grâce à des autels couverts de photos et autres trésors censés raviver leur souvenir. Les familles se rendent également au cimetière pour fleurir les tombes. J'ai vu des tombeaux ornés non seulement de fleurs mais aussi de coquillages, de pièces, de jouets, de la Sainte

Vierge, de cigarettes et de bouteilles de tequila. Il faut ce qu'il faut. Puis les familles organisent un pique-nique, souvent sur la pierre tombale et partagent des souvenirs de tous les chers disparus, qu'ils aient été attirés avec des fleurs ou de la tequila ; c'est la plus belle fête de l'année. La nourriture est au centre de cette cérémonie, surtout des plats aromatiques dont on pense qu'ils sauront nourrir les esprits. Le plat incontournable est le *pan de muerto*, pain du mort, une concoction merveilleusement sucrée à base d'œufs qui fut immortalisée par Frida Kahlo. Pour notre propre Dia de los Muertos, nous avons cassé suffisamment d'œufs pour faire un *pan de muerto* à même de rassasier trente convives. D'une certaine manière, Frida a contribué personnellement à alléger les dettes de Lily.

Les anthropologues qui évoquent cette fête au caractère morbide sont toujours agréablement surpris par sa gaieté. De nos jour, nous consacrons peu de temps à nos défunts. La mort est un sujet que nous abordons rarement et fêtons encore moins. Pure coïncidence – en fait les prêtres y sont sûrement pour quelque chose – une autre fête non chrétienne en provenance d'Europe du Nord est également célébrée à cette période. Celle-ci se nomme Halloween et suit une tradition inverse qui définit la mort comme horrible et grotesque. Loin de moi l'intention de critiquer une occasion de se déguiser et d'aller quémander des bonbons mais je préfère de loin le Dia de los Muertos.

La plupart de nos connaissances des rites religieux du Mexique pré-hispanique nous ont été transmises par un prêtre catholique, Hernando Ruiz de Alarcón, l'un des rares prêtres à avoir bien appris la langue nahuatl. Il a passé les années 1620 à écrire son *Traité des superstitions et coutumes païennes présentes aujourd'hui chez les Indiens natifs de cette Nouvelle-Espagne*. Il avait au départ l'intention d'en faire un « guide pratique sur les païens » afin d'aider les prêtres à reconnaître et à faire disparaître les rites religieux indigènes et leurs adeptes.

Au fil de ses recherches, pourtant, ses écrits révèlent que le père Ruiz de Alarcón est devenu compréhensif. Il fut particulièrement fasciné par la manière qu'avaient les gens du peuple nahuatl de célébrer le sacré dans les choses ordinaires, d'encourager des réalités vivantes et spirituelles à se rassembler dans l'ici et le maintenant. Il a remarqué que le concept de la mort comprise comme une fin n'existait pas pour eux. Lorsque les Aztèques quittaient leur corps, ils étaient supposés partir à l'aventure à travers l'éther. Il n'y avait donc rien de triste là-dedans si ce n'est le fait qu'ils manquaient aux vivants. La tristesse des gens n'était pas dirigée vers les défunts mais vers eux-mêmes et pouvait être compensée par des visites rituelles, appelées Xantolo, communion simple entre les morts et les vivants. Le folklore mexicain affirme que les Xantolo se manifestent encore à certains endroits et durant des activités précises y compris dans les champs de soucis sauvages, de maïs, et durant la confection de *tamales* et de *pan de muerto*. Fait remarquable, les marchés de producteurs sont réputés pour être de hauts lieux de manifestation des Xantolo.

Si je suis si attirée par cette fête, c'est sûrement parce que je vis au sein d'une culture qui n'alloue pratiquement pas de place aux morts. J'ai fêté le jour des Morts pendant des années chez des amis dont les origines étaient différentes avant de me prendre au jeu. Maintenant, je pense en comprendre la raison. Lorsque je m'occupe du jardin, je passe du temps avec mon grand-père, me remémorant parfois des souvenirs enfouis loin dans ma mémoire, des décennies après sa mort. Un jour, alors que je sortais des haricots d'une enveloppe, je fus bouleversée par une vision de ces haricots Pappaw et de graines de maïs plat alignés dans des bocaux de beurre de cacahuète, aussi soignés que s'ils étaient des pièces de musée. Il s'agissait bien de Xantolo, un espace de mémoire qui s'ouvre à mes yeux et qui n'a pas de nom dans ma langue.

Lorsque je cuisine, je me retrouve entourée du cocon émotionnel associé à la personne qui m'a appris à préparer un plat particulier ou avec laquelle j'avais l'habitude de le préparer. Rejeter ces fêtes riches en calories, déclarer la guerre à ces aliments, signifie aussi fermer la porte à tous ces grands-parents et grands-tantes, les laisser seuls, abandonnés. Je me suis sentie vraiment soulagée de les accueillir à nouveau : ma fragile grand-tante Lena qui avait l'habitude de nous servir des festins très élaborés mais qui refusait de s'asseoir à table avec nous, insistant qu'elle préférait manger seule dans la cuisine. Ma grand-mère Kingsolver, dont chaque menu commençait par le dessert. Mon autre grand-mère, célèbre pour ses délicieux petits pains et sa sauce de viande. Mon grand-père Henry qui se servait d'un grenier frais pour affiner ses jambons et ses saucisses aromatiques qu'il faisait lui-même. Mon père qui m'amena d'abord cueillir des champignons puis me donna le goût des asperges sauvages. Ma mère dont la technique particulière pour battre les œufs les fait décrire une ellipse dans le saladier.

Me voici donc là, avec le souvenir de leur bienveillance et de tout ce qu'ils m'ont cuisiné, chose sacrée par-dessus tout. Ici, à faire des conserves de tomates avec Camille, du pain aux œufs avec Lily. Je me surprends à supplier chaque souvenir de revenir. Revenez, que je vous enlace avec mes maniques.

Panique alimentaire

PAR CAMILLE

Lorsque je prends l'avion, je me laisse souvent aller à feuilleter les magazines people. Rien de tel pour passer le temps que ces récits embarrassants de premier rendez-vous amoureux et ces conseils vestimentaires absolument farfelus. Et bien sûr les plus et les moins des régimes, le hit-parade des aliments mangeurs de graisse et celui des plus énergétiques. Récemment, je suis tombée sur un article au sujet des aliments dangereux pour les gens au régime : les pièges des calories cachées et des déclencheurs d'appétit étaient révélés sur un ton dramatique que je pensais réservé à des émissions du genre « Les mystères insolubles ». Serais-je seulement capable de fermer l'œil, cette nuit, d'oublier ma peur qu'un smoothie à 800 calories (déguisé sous l'apparence d'un breuvage sain riche en fruits) ne bondisse de sous mon lit pour se verser tout seul dans mon œsophage ? Beurk !

Peut-on vraiment redouter ce qui nous maintient en vie ? La provenance de nos aliments et les effets secondaires possibles ? Oui, c'est bien le cas. Les plateaux télé et le Jell-O bleu roi restent des mystères insolubles. Nous sommes généralement si distants du processus de culture et de préparation de nos aliments, qu'il est logique de les considérer comme des ennemis. Il n'y a rien de plus naturel que la peur de l'inconnu.

La première étape à suivre pour faire confiance à ce que l'on mange et apprécier la nourriture est probablement de choisir des aliments dont nous connaissons la qualité. Les gens qui respectent des traditions culinaires ne marchandent pas pour obtenir des calories au rabais. En revanche, il faut à tout prix se garder d'établir un lien entre ce que l'on ingère et une certaine plénitude affective car cette attitude ouvre grande la porte à de terribles habitudes : imaginez être émotionnellement récompensé par une barre chocolatée pour chaque bonne note ou par une dragée pour être resté stoïque devant un vaccin. Il y a d'autres voies. Mes plus beaux souvenirs de famille impliquent souvent la planification et la confection de repas particuliers pour célébrer des occasions très spéciales. Les plats transforment les événements en vraies réjouissances. Il ne s'agit pas seulement de cuisine mais aussi de gestes. Ce type d'expérience nécessite un entourage. Les enfants ont besoin de parents qui les guident vers les habitudes alimentaires dont leur corps a besoin. Être au courant des procédés de fabrication ramène respect et calme à table.

Cette galette de maïs de Thanksgiving accompagne l'une de nos dindes rôties, des patates douces au four, des choux de Bruxelles vapeur ou du potiron braisé et plus qu'il n'en faut de farce. Vous trouverez aussi une recette de *pan de muerto*. J'ai aussi inclus des recettes élaborées à partir de nos conserves de tomates. Les tomates séchées sont ridiculement chères dans le commerce et tout aussi bon marché à faire soi-même. Si vous avez un séchoir ou si vous pouvez en emprunter un, vous pouvez rapidement économiser une centaine de dollars en achetant 2,5 kilos de plus de petites tomates à chaque fois que vous allez au marché et en les séchant. En hiver, nous en mettons dans les soupes et ragoûts et les utilisons pour cet *antipasto* et ce pesto que nous conservons dans de jolis bocaux d'anchois pour les offrir.

GALETTE DE MAÏS QU'UN ENFANT DE NEUF ANS SAURA FAIRE

700 g de grains de maïs
2 œufs battus

250 ml de lait
200 g de gouda râpé
2 cuillerées à soupe de persil (séché)
1 cuillerée à soupe de marjolaine (séchée)
Sel et poivre

Mélangez les ingrédients et versez le tout dans un plat allant au four préalablement beurré. Faites dorer 45 minutes à 180 ºC (thermostat 4).

※ PAN DE MUERTO DE FRIDA KAHLO

Proportions pour une trentaine de petits pains. Le plus ardu est de leur donner la même forme que Frida : des têtes de mort et des tibias dansant la gigue ! Il est facile de les rendre savoureux mais il faut préparer la pâte la veille et les cuire au dernier moment.

900 g de farine blanche tamisée
500 g de sucre (ou 330 g de miel)
300 g de beurre
2 sachets de levure de boulanger dissoute dans 5 cuillerées à soupe de lait tiède
12 œufs
2 cuillerées à café de cannelle
2 cuillerées à café d'extrait de vanille

Versez la farine dans un grand saladier, creusez un puits au centre, ajoutez le beurre et le mélange lait/levure puis les œufs, le sucre, la cannelle et la vanille. Travaillez à la cuillère en bois avant de pétrir à la main jusqu'à ce que la pâte se détache des parois du saladier. Si vous utilisez du miel, il vous faudra un peu plus de farine. Formez une belle boule de pâte, huilez-la légèrement et enduisez-la de farine avant de la laisser reposer 2 heures et demie à température ambiante. Elle doublera de volume. Placez-la ensuite au réfrigérateur toute une nuit. Faites des petites boules de pâte, de la taille d'une pêche puis donnez-leur la forme que vous souhaitez en souvenir de vos ancêtres défunts. Placez-les sur une plaque beurrée allant au four, laissez monter 1 heure et demie. Saupoudrez de sucre glace et de cannelle et faites dorer 30 minutes à 180 ºC jusqu'à ce que les boules sonnent creux lorsqu'on les tapote avec une cuillère en bois.

ANTIPASTO DE TOMATE

Une grande quantité de tomates

Les petites tomates sont plus faciles à sécher – Juliets, Principe Borghese, Sun Golds ou tomates cerises. Coupez-les en deux et placez-les sur les plateaux du séchoir, peau contre la plaque, ou au soleil si vous vivez dans un climat sec. Laissez sécher jusqu'à ce qu'elles soient friables comme du parchemin.

Vinaigre
Thym séché
Câpres
Huile d'olive

Placez les tomates dans un saladier ; faites chauffer le vinaigre dans une casserole ou au micro-ondes puis recouvrez-en les tomates. Faites tremper 10 minutes puis filtrez le vinaigre qui fera une délicieuse vinaigrette. Pressez les tomates avec une spatule en bois pour enlevez l'excédent de vinaigre puis ajoutez les épices de votre choix. Remplissez des bocaux avec les câpres et suffisamment d'huile d'olive pour recouvrir le tout. Vous pourrez les conserver plusieurs semaines mais elles sont si délicieuses qu'elles disparaîtront sûrement avant !

PESTO DE TOMATES SÉCHÉES

500 g de tomates séchées
200 g de noix hachées
200 ml d'huile d'olive
30 g de parmesan râpé
30 g de basilic séché

4 gousses d'ail

2 cuillerées à soupe de vinaigre balsamique ou autre de qualité

1/2 cuillerée à café de sel

Mixez tous les ingrédients jusqu'à ce obtenir une pâte onctueuse. Ajoutez un peu d'eau si le mélange vous paraît trop collant en gardant à l'esprit qu'il doit rester assez épais pour être tartiné sur du pain.

18. QUE MANGE-T-ON EN JANVIER ?

« Janvier apporte la neige… » c'est avec ces mots que commençait l'album illustré préféré de mes filles – elles lui sont d'ailleurs toujours restées fidèles alors même qu'elles ont grandi dans un lieu où janvier ne faisait rien de la sorte. Nos hivers ensoleillés d'Arizona pouvaient occasionnellement habiller d'une couche de glace l'auge des oiseaux à l'aube mais, l'après-midi venu, il ferait sûrement assez chaud pour qu'on ouvre les fenêtres du car de ramassage scolaire. À Tucson, en janvier, pull et vestes désertent les maisons car les enfants les prennent le matin pour sortir et les oublient à midi, élevant ainsi des montagnes de vêtements délaissés dans un coin de la classe.

Les élèves d'Arizona confectionnent néanmoins chaque hiver des flocons de neige en papier qu'ils scotchent autour du tableau noir. En octobre, ce sont des feuilles d'arbre découpées dans du papier orange puis des tulipes au printemps, phénomène similaire à ce que faisaient les élèves australiens et américains de l'époque coloniale qui avaient l'habitude d'apprendre par cœur des poèmes sur le rossignol britannique alors que, dehors, le pépiement des geais ou des cacatoès (selon les continents) passait complètement inaperçu. La culture dominante a le chic pour prendre le pas sur le monde qui nous entoure.

À la ferme, à présent, quand la neige attendue se met à virevolter dans le ciel, que les feuilles des arbres prennent des teintes orangées ou que des tulipes surgissent du sol, nous sommes parcourus d'un frisson d'émerveillement. Les enfants ont l'impression de vivre dans un paysage de conte de fées ; Steven et moi retrouvons notre enfance, les jours anciens et l'ordre normal des choses. Si, dans notre souvenir, une neige plus profonde rend la marche vers l'école plus longue et difficile, nous nous gardons bien de le mentionner aux jeunes de la maison. Mais je suis l'esclave des saisons.

Et ces mots du poème de Sara Coleridge, « Janvier apporte la neige », ne cessaient d'entonner leur refrain entêtant dans ma tête alors que j'étais assise près de la fenêtre de la cuisine à observer la tempête de neige faire valser les flocons poids plume contre la vitre. Soudain ils se sont mis à prendre des angles étranges, allant se glisser jusque dans des endroits inhabituels tels les avant-toits du bûcher. Si la tempête continuait, il était probable que le car scolaire ramène Lily plus tôt mais pour le moment la maison n'était qu'à moi. Mon unique compagnon était le four à bois qui crépitait en réchauffant la cuisine : bavard mais facile à oublier. Je savourais pleinement mon déjeuner solitaire, incapable de résister aux charmes de l'hiver, j'avais réchauffé un bol de soupe aux poireaux et aux pommes de terre et je contemplais la neige. J'avais bien l'intention d'aller chercher des bûches mais je n'ai eu aucune difficulté à remettre ça à plus tard. À la place, j'ai feuilleté le journal.

La moitié de la première page (au-dessus du pli) était occupée par la photo d'un cocker spaniel, son pauvre torse couvert de poils fins traversé d'une flèche. La manchette – MIRACLE : INDEMNE ! – était inscrite en corps 48, une taille de caractères que les journaux des grandes villes réservent aux événements très particuliers comme Armageddon. Mais ici, au cœur du pays, la politique du journal local en terme de typographie pour les gros titres est la suivante : si on les a, c'est pour s'en servir.

Le reste est commun à tous les journaux locaux de province : des nouvelles, des chroniques et des éditoriaux envoyés par les mêmes agences de presse et syndicats que ceux des journaux citadins. Ce qui différencie notre journal du vôtre, où que vous soyez, est notre incroyable scoop de première page – le chien sain et sauf transpercé d'une flèche, le poulailler entièrement brûlé, la découverte d'un dépôt d'ordures illégal. Ça, et nos pages nécrologiques ainsi que les « Style de vie » particulièrement festives et centrées sur les gens du coin.

Nous, lecteurs de journaux, avons tous nos cibles favorites. Il y a toujours une colonne que nous nous hâtons de parcourir dans le seul but de nous fâcher avec son auteur. Jusqu'à ce que des membres de notre famille lèvent les yeux au ciel et nous rappellent que nous sommes dans un pays libre et que rien ne nous oblige à nous précipiter sur cette colonne. Mon esprit vengeur ne se manifeste ni dans l'éditorial ni la rubrique internationale mais dans les pages cuisine. J'essaye de ne pas avoir de parti pris, même si je ne peux plus supporter la guerre, le crime organisé et les journalistes scientifiques qui ne font pas la différence entre corrélation et relation de cause à effet. Pourtant, en ce qui concerne la provenance de nos aliments, ce journaliste spécialiste de cuisine a moins de bon sens que Dieu n'en a accordé aux oies.

J'avais pourtant fait des efforts, passant par le stade de l'incertitude, celui du reniement, avant de m'écrier à voix haute : « Tu vis où, crâne d'œuf, sur la lune ? » Je connaissais la réponse : c'était un type du coin qui écrivait sur notre région de jardins luxuriants et de fermes et qui, j'en suis convaincue, faisait de son mieux. Mais personne n'était plus enclin que lui à mal situer la provenance des ingrédients. Tous les potirons du monde poussent dans des boîtes, cela va sans dire. Si la recette nécessite des produits frais, vous pouvez parier qu'ils proviendront d'autres continents et qu'ils ne seront pas de saison. Par ce beau jour d'hiver, alors que je m'amusais à tracer des sillons sur les triangles de neige accumulée sur les vitres, monsieur voulait parler pesto.

Cette semaine, pour donner du peps à tout ce qui allait des pâtes au poulet, écrivait-il, je devais songer à utiliser du pesto de basilic frais. Comment faire ? Rien de plus simple ! Il me suffit de choisir les feuilles les plus tendres et douces, de les froisser entre mes doigts pour en extraire les huiles avant de les jeter dans mon mixer avec de l'huile d'olive pour donner un bon coup de fouet à mon repas.

Pardon ? Les feuilles de basilic des zones tempérées de notre continent étaient gelées sur leurs tiges noircies par le froid depuis, hum, voyons : trois mois. Parfois, en cette saison, les épiciers ont des petits paquets d'à peu près six feuilles de la chose requise (jeune et douce ?) pour 3 dollars. Si je traînais un énorme sac de billets jusqu'à ma voiture et passais les deux prochains jours à sillonner l'État sur des routes verglacées pour fouiner dans toutes les épiceries de Virginie et des États limitrophes, je rassemblerais peut-être suffisamment de feuilles de basilic californien pour accommoder un repas à 100 dollars l'assiette ce week-end. Génial, merci pour cet excellent conseil.

D'accord, je sais, nous vivons dans une démocratie et je suis une râleuse. (Exactement deux semaines plus tard, ce grand chef est parti travailler dans une ville éloignée désormais à l'abri de ma surveillance scrupuleuse.) Mais si les enfants d'Arizona sont obligés de découper des flocons de neige en carton, l'hiver, les apprentis chefs cuisiniers devraient peut-être être soumis au même régime et découper des asperges en papier au printemps, des potirons l'automne et du basilic, l'été. Ils devraient peut-être aussi faire des expéditions dans nos fermes, quatre fois par an. L'été, dans notre jardin, ils se rinceraient l'œil de nos pieds de basilic qui ne poussent pas comme garniture mais comme une vraie plante. Lorsque les feuilles se mettent à dégager leur arôme dans la chaleur sèche du mois d'août, nous récoltons des plantes entières à la pelle et faisons des grandes fournées de pesto pour le congeler dans des sacs de 500 grammes. Dans les marchés, on commence à l'apercevoir en juin, mais par intermittence, et en masse les deux mois qui suivent : frais, parfumé et suffisamment bon marché pour que les gens dépourvus de potager puissent en faire un stock pour l'hiver.

Le pesto supporte magnifiquement bien la congélation. Fait en saison, il coûte une fraction de ce que les magasins réclament pour un minuscule pot. Lorsqu'on le met à plat dans des sacs en plastique qu'on empile comme des livres sur une étagère, il prend très peu d'espace dans le congélateur. Un sac de 500 g décongèle dans un bol d'eau chaude en moins de temps qu'il ne faut pour faire cuire les nouilles. Mélangé à des noix de pécan, des olives, des tomates séchées et un poil de parmesan râpé, c'est le meilleur des plats vite faits. Mais l'époque où l'on pourrait songer à froisser des feuilles de basilic du bout des doigts est le mois d'août. Ceux d'entre nous qui ne vivent ni en Californie du Sud ni en Floride doivent prévoir, cela semble évident. Mais apparemment ça ne l'est pas, car dans les débats publics sur le sujet la première question abordée est toujours la sempiternelle : « Qu'est-ce qu'on mange en janvier ? »

J'aimerais pouvoir raconter des situations dramatiques, des contes à glacer le sang de familles réduites à ronger les lanières de leurs birkenstocks. J'ai encore en tête, toujours très vivace depuis mon enfance, l'histoire de cette famille en panne dans le désert de Mojave qui a survécu en mangeant la boîte de pastels des enfants. J'espère qu'à l'époque, les pastels étaient fabriqués avec des choses délicieuses comme du lard frit plutôt que des dérivés pétroliers. En tout cas, mon esprit enfantin s'est fait de la bile pendant des années au sujet de l'aspect « petit coins » de l'aventure. Notre histoire de famille en pâlit si on la compare. Pas de terre de Sienne brûlée ni de bleu de manganèse pour nous. Nous ne mangions que des choses banales comme des pâtes au pesto, faites à l'avance.

L'hiver, nous avions tendance à manger plus de viande, probablement pour répondre à nos envies de ragoûts brûlants riches en graisse. Notre viande locale est toujours congelée, excepté durant les rares semaines qui suivent la « moisson », donc ce n'est pas la saison qui impose ses diktats. Un éleveur de viande doit prévoir au printemps ce dont il aura besoin toute l'année, en commençant par la dinde de Thanksgiving, dès le mois d'avril ; c'est donc à ce moment que les clients doivent les commander. La récolte arrive à terme, comme pour les légumes. Lorsque notre marché a fermé pour l'hiver, nous avons pris soin de remplir notre congélateur d'agneaux élevés en plein air, de viande hachée entassés à côté de nos volailles. Nous aurions dorénavant des œufs frais tous les mois, grâce à la bonne intuition qu'a eu Lily d'élever des pondeuses d'hiver.

Les gens qui habitent des endroits plus froids et bénéficiant de moins d'ensoleillement misent depuis longtemps sur les poissons d'eau froide pour leur alimentation. Des recherches à ce sujet ont démontré l'incroyable sagacité des hommes face à un environnement hostile. Plusieurs études comparatives entre les cultures (publiées dans le *Lancet* ou l'*American Journal of Psychiatry* entre autres) ont prouvé que les taux de dépression ou de désordres bipolaires étaient moindres parmi les populations grandes consommatrices de poissons ; des études neurologiques ont révélé que c'était principalement les acides gras oméga 3 présents dans les poissons de mer qui combattaient le blues. Ces composés, également bénéfiques pour la fonction cardiovasculaire, sont accumulés dans les corps des prédateurs – comme le thon et le saumon – dont la chaîne alimentaire repose sur le plancton et les algues. Joseph Hibbeln, docteur en médecine de l'Institut national de la santé, a remarqué que les régimes occidentaux contemporains contiennent « beaucoup moins d'acides gras oméga 3 qu'auparavant. Nous savons également que le chiffre des dépressions a centuplé ».

Pendant les longues soirées sombres de janvier, je mourais d'envie de suivre les conseils du médecin. L'un de nos aliments préférés, le saumon sauvage d'Alaska, nous faisait terriblement défaut. Nous n'avions pas trouvé de source locale de poisson. Les rivières de la région regorgent de truites mais les seules qui étaient servies au restaurant, avions-nous découvert, étaient du type ailé, expédiées sur lit de glace depuis l'Idaho. Et nous n'allions pas pêcher sur la glace. Pour remplacer les mangeurs de plancton, notre chaîne alimentaire locale nous proposait des mangeurs d'herbe : le bœuf de plein air contient des taux d'oméga 3 jusqu'à six fois supérieurs aux bœufs de batterie. Avec le jaune des œufs de Lily, nous atteindrions les doses recommandées. Steven ajouta plus de graines de lin (riches en oméga 3) dans ses pains maison, histoire de maintenir le moral des troupes au beau fixe.

Les légumes faisaient partie de notre alimentation de base. Notre plat préféré, les jours de neige, est une marmite de haricots laissée à mijoter tout l'après-midi dans le four à bois, réchauffant la cuisine pendant qu'elle cuit. Une heure avant l'heure du dîner, je passe des oignons hachés avec des poivrons à la poêle jusqu'à ce qu'ils soient fondants et doux ; je dois cette habitude au fait que j'ai vécu la moitié de mon existence dans le sud-ouest où l'on démarre un bon chili avec un *soffritto*.

Sinon, ma recette de chili du Kentucky est réglée comme du papier à musique : j'ajoute à la marmite de haricots les oignons sautés et les poivrons, deux bocaux de nos tomates, une poignée de piments forts, du laurier et une poignée de macaroni. C'est obligatoire.

L'hiver est aussi idéal pour la pâtisserie : tartes aux fruits, quiches aux légumes, pain de courgettes épicées, tartes à la viande parsemées d'une couche de purée de pommes de terre dorée. Nous savourons la présence du four chaud plus qu'en été et il nous restitue la saveur des fruits et légumes mis de côté. Nous congelons des courgettes râpées, des tranches de pommes et autres ingrédients dont nous avons besoin pour une recette de tarte ou de pain.

Malgré toutes ces possibilités, la question demeure de savoir quel mets local on peut manger en janvier. Je comprends ce problème. Généralement, les adeptes d'habitudes alimentaires plus saines considèrent que tous les produits frais sont bons, tous les surgelés mauvais et qu'une salade par jour éloignera le médecin. J'ai moi-même suivi ces conseils qui représentaient un progrès par rapport aux haricots verts et aux salades de fruits en boîte de mon enfance qui s'est déroulée dans une ère où les rayons « frais » des supermarchés ne proposaient pas tout à chaque instant.

Tout en refusant de revenir à la demi-poire en boîte farcie de *cottage cheese* de mes cours d'économie domestique du lycée, j'ai appris à voir ces présomptions d'un autre œil. Il est primordial de passer outre l'*a priori* concernant les surgelés. Sur le plan nutritionnel et esthétique, les crudités et brocolis de notre congélateur ont encore bonne mine dans nos salades. En hiver je fais preuve d'un peu de créativité et je pense à me servir de mes sauces, chutneys et cornichons, tous mis en conserve l'été quand il y en avait pléthore. Les bettes et les choux verts restent les champions des légumes qui produisent toute l'année (les nôtres poussent dans la neige) et ont de grandes chances d'être proposés sur les marchés restés ouverts l'hiver. Nous mettons du chou vert frais dans nos soupes et des feuilles de bettes cuites à la vapeur pour les roulades ou sautées pour les omelettes.

Un autre sauveur des temps froids est le potiron, légume qui n'est pas estimé à sa juste valeur. Riche en bêta-carotène, savoureux, il sait préserver sa jeunesse aussi bien que nos stars de cinéma. Nous cultivons l'Avalon à chair jaune, le Butternut, le pâtisson zébré de vert et une beauté française, le potimarron, au goût délicat de châtaigne grillée. Ces courges, je les ai empilées de façon décorative dans un grand saladier en bois en octobre puis les ai oubliées quelque temps. J'ai été ébahie de voir qu'elles avaient toujours bonne mine en janvier. La dernière a été mangée en avril. Ma collection de recettes de courges d'hiver tourne légèrement à l'obsession tant est grande ma conviction secrète que notre famille pourrait s'en nourrir indéfiniment si le monde tel que nous le connaissons venait à disparaître. Jusqu'ici, la recette gagnante consiste à cuire au four des haricots blancs au thym dans une demi-citrouille jaune. C'est facile et impressionnant pour des invités éventuels.

Avec des légumes tels que ceux-ci, qui a besoin de salade iceberg ? De temps en temps nous achetons du mesclun d'hiver à des amis qui ont des serres et j'ai déjà semé des épinards sous châssis. Mais la saison des légumes verts, c'est le printemps. Je ne sais pas vraiment comment la laitue a réussi à s'introduire dans autant de foyers, passant du statut d'invité occasionnel à celui de résident permanent. En janvier, j'ai tendance à faire une croix dessus. Si on m'invite à un dîner à la bonne franquette en hiver, il m'arrive d'être interloquée lorsqu'une amie me suggère d'apporter une salade verte. Dans ce cas, j'apporte une salade de feuilles de bettes cuites à la vapeur aux tomates séchées, chèvre frais et vinaigre balsamique.

À moins que je ne vienne avec le chouchou : les œufs à la diable.

Durant notre première année en tant que locavores, nous avons découverts des choses inattendus : la vérité au sujet de la vie sexuelle des dindes ; le taux de récidive des ratons laveurs voleurs de maïs ; la taille qu'une courgette livrée à elle-même peut atteindre en vingt-quatre heures. Mais notre plus grande surprise fut le mois de janvier : il n'était pas aussi dur que prédit. Notre cuisine était de loin plus décontractée que lors de l'activité estivale incessante d'abattage et de conserves. Novembre fut pour nous la saison de la gratitude pour plus d'une raison. Le dur labeur était fini. J'avais toujours fait des conserves et des surgelés mais, cette année-là, portés par notre vœu, nous avions fait plus de provisions que jamais auparavant. Le temps était venu de s'asseoir et de se reposer sur nos feuilles de basilic.

« Portés » est une litote, je l'avoue. Grattez la surface de toute mère et vous trouverez une Scarlett O'Hara en train de s'escrimer à éplucher une betterave noueuse qu'elle vient d'arracher de terre. « Plus jamais, je ne souffrirai de la faim », semble être le cri de ralliement inscrit dans le code génétique de bien des gens qui n'en ont jamais souffert. Lorsque nous approchions de l'hiver, mes instincts prenaient le dessus, encouragés par les livres de traditions indiennes lus dans mon enfance, qui indiquaient tous que le mot cherokee (ainsi que dans toutes les langues indiennes connues) pour février était : « Mois affamé. »

Une fois les marchés de producteurs et notre jardin fermés pour la saison, j'ai fait l'inventaire du garde-manger. Nous avions fait quarante bocaux de tomates, sauces tomate et autres sauces durant notre été laborieux. Autant de bocaux de cornichons, confitures, jus de fruits et une cinquantaine de litres de légumes secs, surtout des tomates mais aussi des soupes de haricots, des poivrons, des okras, des courgettes, du maïs, du pesto, des aubergines fumées, des poivrons grillés, des cerises, des pêches, des fraises et des myrtilles. Dans de grands sacs de congélation, nous avions amassé des quantités de nos encas préférés comme les edamame que Lily a appris à décongeler au micro-ondes, à saler et faire sauter de leurs cosses directement dans son gosier. Je suis consciente d'avoir de la chance que mes enfants préfèrent les haricots de soja vapeur aux Twnikies [1]. Mais au Japon, elles sont vingt millions de mères dans ce cas-là, donc il n'y a rien d'extraordinaire.

Feu nos poulets et dindes combatifs méditent à présent tranquillement dans le freezer (les pattes en l'air). Nos oignons et têtes d'ail sont suspendus comme les nattes de Raiponce derrière le four à bois. Dans le silo, nous avions de belles quantités de patates, de courges d'hiver plus des betteraves, des carottes, des melons et des choux. Une pyramide de citrouilles bleu-vert et orange était empilée près de la porte du jardin. Une étagère du garde-manger contenait des petits pots de graines, conservées pour redémarrer – en supposant que le printemps nous trouve en forme et prêts à tout recommencer.

C'est, pour faire court, ce que j'ai fait l'été dernier. La plupart de mes soirées et beaucoup de mes week-ends de la mi-août à la mi-septembre ont été consacrés à couper, sécher, mettre en boîte. Nous avons travaillé comme des ouvriers agricoles qui font deux roulements pendant que nos amis allaient à la plage profiter des dernières splendeurs de l'été, ce qui, rétrospectivement, me semble une belle arnaque. Mais nous avions pris des vacances en juin, coincées entre la chute des cerises et le rougissement des premières tomates. Peut-être irions-nous à la plage l'été suivant. Et puis pour l'instant, devant tous ces bocaux,

1. Gâteaux industriels fourrés à la crème et considérés aux États-Unis comme le paroxysme de la « malbouffe ».

j'avais le sentiment d'être liée au monde un peu comme si des racines crevaient les semelles de mes chaussures pour aller s'enfouir dans la terre de notre ferme.

Bien sûr, c'est subjectif et ceux qui ne l'ont jamais vécu pourraient rester de marbre. Mais c'est néanmoins une valeur. La sécurité alimentaire n'est plus le seul souci du schizophrène paranoïaque. Des amis parfaitement sains d'esprit, à New York et Washington D. C., me disent qu'on conseille aux foyers citadins d'avoir toujours des réserves alimentaires pour deux mois. C'est une recommandation d'un autre type que les mesures habituelles à prendre en cas d'attaque terroriste ou que la technique qu'on nous avait appris dans mon enfance pour nous protéger en cas d'attaque nucléaire. Nous sommes à présent confrontés à des menaces qui dépassent notre imagination. Le réchauffement climatique mondial a créé de nouveaux schémas climatologiques, dévié la route des oiseaux migrateurs et déplacé les biotopes d'organismes porteurs de maladie, ouvrant la saison des catastrophes que nous sommes encore incapables de prévoir.

Ce n'est plus une question de conjecture, me dit mon amie de D. C. au téléphone. En tant que photographe professionnelle, elle s'était rendue à La Nouvelle-Orléans quelques mois après le passage de l'ouragan Katrina pour photographier la mort sordide d'une partie de notre nation que nous croyions éternelle. « Je me mets à concevoir le désastre comme une chose concrète – il ne s'agit plus de *si* mais de *quand*. Je me sens impuissante. Quand ils nous disent de faire des réserves de nourriture, la seule chose à laquelle je pense, c'est de passer à la supérette prendre une poignée de boîtes de conserve ! N'y a-t-il rien de mieux à faire ? » Nous avons pris rendez-vous à la fin de la saison des tomates : elle viendrait pour un week-end entre filles et nous ferions des conserves ensemble. Tomato-thérapie.

Nous ne nous étions pas préparés à ce que le ciel nous tombe sur la tête, mais nous avions les quantités d'aliments requises. Je me sentais très reconnaissante d'avoir eu cette chance. S'il ne s'agissait pas de chance, alors c'était la suite de cette étrange extase ressentie en travaillant dur, comme les fourmis de la fable d'Ésope, très prévoyantes. Être sur une terre nourricière et avoir eu les moyens de l'acquérir, c'était cela notre chance.

En réalité, la plupart des Américains ont cette chance : bien plus de la moitié de la population vit à deux pas d'un marché – des estimations portent ce chiffre à 70 % – et la plupart ont les moyens de faire les courses pour plus d'un repas. Ils pourraient donc prendre un sac de quinze kilos de tomates, un samedi de juillet, et le transformer en nourriture pour l'hiver. Beaucoup ont des congélateurs qui bourdonnent en ce moment pour conserver, entre autres, quelques bouts de carton. Cet espace pourrait être rempli de courgettes et haricots locaux. N'importe quel garage ou placard assez grand pour contenir deux mois de provisions en boîtes d'un supermarché serait à même d'accueillir des kilos de patates, d'oignons et de pommes achetés bon marché en saison. Même le plus chic des marchés de la région de Washington vend des pommes de terre biologiques Yukon Gold pour 2 dollars la livre à la fin de l'été. Trente-six kilos des mêmes pommes de terre valent à peu près autant qu'un dîner pour quatre dans un bon restaurant et dure deux mille huit cents fois plus longtemps. Les oignons locaux et les pommes sur ce marché coûtent moins cher que les patates et plus ou moins autant que leurs collègues d'importation trouvés au magasin bio du coin.

Autrement dit, ça ne coûte pas une fortune. Et il n'est pas nécessaire d'avoir une camionnette ou un chapeau de sorcière. Simplement la conviction incroyable que l'été est le bon moment pour se rendre au marché et annoncer à un cultivateur : je prendrai tout ce que vous avez. C'est une réaction pleine de bon sens que d'emmagasiner ce qui est de saison. La plupart de mes amis jardiniers et cultivateurs le font. Ailleurs, Ésope est de l'histoire ancienne. Les cigales gouvernent et les fourmis radotent.

⁂

Neuf mois s'étaient écoulés et nous étions récompensés. Certes, des choses nous manquaient, en plus des vacances : il m'arrivait de temps à autre de claquer des couvercles de casserole les uns contre les autres en signe de préavis de grève. Mais, le plus souvent, le dîner m'appelait dans la cuisine et je pouvais jouir du confort de la routine comme d'un répit loin des débats intellectuels réchauffés bien plus poisseux que des poêles et des casseroles. Dans une culture qui n'accorde aucun prestige aux travaux ménagers, je me dévalorise souvent lorsqu'on fait des commentaires sur mon style de vie qui consiste à jardiner et à composer un menu avec les produits du jour. Je me justifie en arguant que j'ai besoin, pour décompresser, d'une tâche qui ne nécessite pas de réflexion et que je n'aime pas la télé. Mais en vérité, je savoure ce type de travail. J'aime l'idée de m'occuper de ma famille avec ce genre de nourriture.

Pourtant, qui sont ceux qui ne s'interrogent pas, à la fin d'une rude journée, sur l'utilité de leur travail ? Je me sentais à présent poussée à quantifier notre travail accompli d'une manière qui serait compréhensible dans toutes les langues. J'avais gardé des informations détaillées de nos récoltes dans mon journal. Je me suis donc assise à mon bureau et me suis mise à faire des additions.

Entre avril et novembre, la valeur monétaire des légumes, poulets et dindes que nous avions récoltés était de 4 410 dollars. Pour arriver à ce montant, j'ai donné à chaque légume et animal une valeur par livre fondée sur celle de leurs équivalents biologiques – le plus souvent importé de Californie – dans le commerce le plus proche au moment où ces produits étaient disponibles. La valeur ajoutée, nos centaines de bocaux et la contribution en œufs de Lily, augmentait de 50 % la valeur monétaire de notre production potagère.

Évidemment, il s'agit de prix de détail, bien plus élevés que ce que nous aurions gagné en vendant nos produits en gros comme le font la plupart des cultivateurs mais, pour nous, il s'agit de la valeur véritable des choses, économisée sur notre budget annuel grâce à notre travail. Nous avions aussi fait des économies en mangeant à la maison, et en cuisinant nous-mêmes mais je n'en ai pas tenu compte. Nos coûts, en sus des graines, aliments pour nos poulets et notre propre travail étaient restés minimes. Notre deuxième emploi au jardin, c'est ainsi que nous le ressentions, nous rapportait l'équivalent de 7 500 dollars de revenus annuels.

C'est bien plus qu'une montagne de haricots. Dans ma jeunesse, il m'a fallu des années de journalisme free-lance pour atteindre cette somme. Bizarrement, il se trouve que c'est à présent le revenu moyen des ouvriers agricoles de nos champs et vergers. Nous, qui pouvons littéralement manger les fruits de notre travail, sommes de vrais privilégiés.

Je me suis mise à douter que notre famille de quatre personnes puisse réellement consommer autant en une année. Mais cela représente, 1,72 dollar par personne et par repas. J'ai vérifié que nous avions dépensé autant voire plus, grâce aux reçus conservés avant le projet. Assise à mon bureau, à feuilleter ces vieux tickets de caisse, j'avais la sensation d'arpenter un vieux sentier de papier datant d'une époque où nous achetions régulièrement des choses comme SAC POMMES GOLD BIO ? NTP PANDA PFF et BIO CAR sans nous demander où ces choses avaient été cultivées.

À présent, il nous fallait toujours aller au supermarché mais nos tickets de caisse étaient très différents. Durant nos six premiers mois d'alimentation locale, nous avions dépensé 83,70 dollars en farine bio (12,5 kilos par mois) pour notre pain quotidien et nos pizzas hebdomadaires et le même montant en huile d'olive. Nous avions dépensé 5 dollars par semaine en café du commerce équitable et avions également acheté quelques ingrédients venus d'ailleurs comme les câpres, la levure, les noix de cajou, les raisins secs, les lasagnes, plus quelques indispensables de première urgence : barres énergétiques à garder dans son sac à main en cas d'hypoglycémie et boîtes de macaroni au fromage. Mes deux enfants comptaient parmi leurs meilleurs amis des gens qui ne mangeaient rien d'autre, c'est à prendre au mot, que des macaronis au fromage d'une certaine marque. Hors de question d'avoir leur mort sur la conscience lorsqu'ils étaient sous ma responsabilité.

Malgré cela, nos dépenses ne représentaient qu'une petite fraction de ce qu'elles avaient été l'année précédente et la plupart étaient consacrées à des produits régionaux dénichés dans nos supermarchés : vinaigre de cidre, lait, beurre, fromage et vin, tous cultivés et produits en Virginie. Approximativement 100 dollars allaient chaque mois dans les poches de nos amis du marché de producteurs à qui nous achetions viandes et légumes. Le marché fermant jusqu'à la fin de notre année budgétaire, cette somme semblait à tort élevée puisqu'elle incluait toutes nos réserves faites à l'automne. En réalité, notre année « locale » nous coûtait moins de 50 cents par repas. En ajoutant 1,72 dollar de crédit par repas, grâce à notre potager, c'était toujours une affaire. De toutes les manières, nous économisions beaucoup d'argent en mangeant chez nous.

Notre but n'avait pas été de mettre des sous de côté mais seulement d'exercer un contrôle sur le type d'économie que nous allions soutenir. Il se trouve que nous étions gagnants sur les deux tableaux. S'il nous avait fallu acheter tous nos fruits et légumes comme la plupart des foyers le font, au lieu de les tirer du potager, il aurait été tout de même plus économique de faire nos courses comme nous le faisions, en commençant par le marché et en nous organisant autour de ce qu'il avait à nous proposer. Je sais que certains ne me croiront pas. Il est si facile de regarder le prix d'une tomate ou d'un melon local et de constater qu'il est, d'habitude, plus cher que son équivalent cultivé de façon conventionnelle et vendu chez l'épicier. Il est plus difficile de voir, ou d'admettre, que tous ces NDP BIO PFFS finissent par représenter une sacrée somme. La véritable économie résulte de l'habitude de faire ses menus sans ingrédients transformés hors dc prix.

De façon objective et concrète, nous avons pu constater que notre dur labeur avait valu la peine. Mais en réalité nous avions fait ça pour d'autres raisons et en particulier parce que ce n'était pas notre occupation principale. Il est certain que Steven et moi aurions pu gagner plus si nous avions investi plus d'heures à enseigner ou à accomplir des tâches que notre société respecte et rémunère plus que la production alimentaire. Camille aurait pu également donner plus de cours de yoga. Lily était sûrement la seule parmi nous qui avait maximisé ses revenus grâce au travail de la ferme. Quel que soit votre métier, consacrer toutes ses heures à une unique occupation est fastidieux. Après huit heures dédiées à la profession que j'ai choisie, j'en ai par-dessus la tête. Et je suis prête à passer les deux ou trois heures suivantes, de préférence en plein air, à faire fonctionner mes muscles comme je l'entends au doux rythme du monde. Vous pouvez m'inscrire sur la liste des gens qui n'augmenteront pas leurs revenus en consacrant quatre-vingt-dix heures par semaine à leur carrière. Beaucoup le font, j'en suis consciente, que ce soit par obligation ou par choix – les heures supplémentaires ont acquis un immense cachet au sein d'une société dont la divine trinité consiste en efficacité, productivité et acquisition de biens matériels. Se plaindre de cet état des choses, c'est un peu la version moderne du prêche en public. Le « travail », dans ce contexte, fait référence à des tâches stressantes dont le travailleur aimerait bien se débarrasser. « Ne pas travailler » est le vœu secret de bien des gens. Le contraire de travailler est jouer, verbe actif. Qu'il s'agisse de tennis ou de l'observation d'oiseaux, du moment que c'est méditatif et que cette activité contribue à votre bien-être.

Pour certains d'entre nous, cultiver des tournesols et des haricots entre dans cette catégorie. Cuisiner aussi. Faire des conserves de tomates et de la mozzarella aussi. Accomplir tous ces travaux avec mes enfants me donne le sentiment que notre vie de famille est joyeuse et épanouie. Lorsque des gens voient la taille de notre jardin ou les réserves du garde-manger et secouent la tête en disant : « Quel travail ! » je comprends ce qu'ils veulent dire. Ils expriment poliment ce que nous pourrions résumer avec ces mots : « Quelle folie ! » Qu'ils le pensent, s'ils veulent. Mais ils se trompent.

⁂

Je ne prétends pas que la vie de famille n'est qu'un long fleuve tranquille. Les cours, les réunions et les dates butoirs se bousculent, le courrier s'accumule de façon effrayante. Les enfants déboulent en hurlant pour savoir ce qu'il y a à manger, oubliant qu'ils ne sont plus dans le jardin. Il arrive que les mères n'utilisent pas leur voix la plus douce quand elles demandent qui a laissé ce fouillis sur la table puis ordonnent de le ranger en trois secondes sinon ça ira droit SUR LE TAS DE COMPOST. Les soirées de parents d'élèves surgissent de nulle part et ce que j'ai promis à Lily doit toujours être fait au plus tard « Demain matin, Maman ! » Il y a des larmes. Les soirs de janvier, j'étais profondément soulagée de n'avoir qu'à jeter une poignée de spaghettis dans la casserole et à attraper un bocal de sauce tomate faite en août avec

Camille. Notre garde-manger s'était métamorphosé. Ce n'était plus le chaos des courgettes monstrueuses de l'été (entrée interdite sans couteau) mais un lieu bien organisé d'ingrédients de base de qualité. Les légumes blanchis et surgelés n'avaient besoin que d'un petit bain de vapeur pour être consommés et les légumes séchés étaient prêts à accommoder un bouillon de poulet, que nous faisions et congelions après avoir mangé du poulet rôti. Pendant les semaines passées à toute vapeur, nous avions, de diverses façons, préparé bien des dîners à venir. Que mange-t-on en janvier ? Tout.

Quand j'entends cette question, surtout au cœur de l'hiver, j'ai du mal à répondre en toute honnêteté. Je suis peut-être gênée d'être une fourmi engrangeuse dans un monde de cigales. Ou bien j'ai peur de la déception de mes interlocuteurs si j'avouais que nous ne souffrons pas autant que nous le devrions. Ou encore de sembler aussi folle que ce chef qui, en janvier, parlait pesto à ceux qui font tout pour manger localement et se trouvent devant des marchés fermés pour la saison.

Si vous lisez cela en plein hiver et que telle est votre situation, oubliez cette pensée. Ce n'est pas grave, revenez dans six mois. Il est facile de manger local en hiver, mais il faut le prévoir en août.

La dure question des banances

PAR CAMILLE

Il y a bien des étés, ma meilleure amie de Tucson, Kate, est venue pour la première fois nous rendre visite en Virginie. Elle est tombée amoureuse de nos belles collines, adorait jardiner et nous aidait joyeusement à cueillir des mûres dans l'océan de ronces qui entoure les champs avoisinants. Elle s'acquittait de ses tâches, portait les brassées de haricots, de concombres, de courgettes et de tomates que notre potager nous donnait quotidiennement. Mais un jour, en route pour le supermarché, nous avons rencontré un problème. Quand mes parents lui demandèrent si elle voulait une chose particulière à manger, elle répondit : « Si on prenait des bananes ! »

Mes parents se regardèrent et lui demandèrent si elle pouvait suggérer autre chose.

« Pourquoi pas de bananes ? » demanda-t-elle, ébahie par leur refus. Ce n'est pas le genre de ma mère de refuser quelque chose à une invitée. Elle attendit que nous soyons installés dans la voiture pour expliquer à Kate qu'il lui semblait dommage d'acheter un fruit cultivé à des milliers de kilomètres alors que nous avions tant de fruits frais en ce moment, dans notre jardin. Nous avions cueilli huit kilos de mûres ce matin-là. Elle ne voulait pas les voir pourrir pendant que nous mangions des bananes.

« Et puis, pense à toute l'essence qu'il a fallu pour importer ces bananes », fit remarquer ma mère. Mon amie resta silencieuse le temps de réfléchir. « Je n'y avais jamais pensé avant », admit-elle.

Kate est devenue une fervente cultivatrice et consommatrice de produits biologiques. Depuis l'incident des bananes, elle a travaillé bénévolement dans des petites fermes et développé un intérêt sincère pour les méthodes agricoles qui préservent la biodiversité. Elle considère cette conversation au supermarché comme un tournant radical dans sa vie. On apprend certaines choses en travaillant autour d'un « non ».

Bien sûr, manger local devient plus ardu en hiver. Généralement, les fruits et légumes frais sont rares ou ne sont plus de saison. Durant les mois les plus froids, nous devons penser en termes de racines et de tubercules et non de fruits. Pommes de terre, carottes, betteraves, navets, panais et céleri rave composent tout le spectre des couleurs. Les courges d'hiver sont aussi délicieuses ; je connais bien des gens qui n'en ont jamais mangé, sûrement car ils n'ont jamais eu l'occasion. Ils ne pouvaient les voir à cause de toutes ces bananes qui s'interposaient dans leur champ visuel.

À chaque saison sa façon de penser aux repas. Dans son livre, Deborah Madison écrit que lorsqu'elle apprend à préparer un plat à base d'aubergine fraîche, ses élèves lui disent toujours deux choses : « Avant, je n'aimais pas l'aubergine mais celle-ci est délicieuse ! » et « Quel type d'aubergine pourrai-je acheter en décembre si je veux faire ce plat à Noël ? » Il leur faut un certain temps pour comprendre que si ces aubergines sont succulentes c'est parce qu'elles ne les ont pas achetées en hiver. Nous sommes nombreuses à ranger sandales et bikinis quand les feuilles se mettent à tomber, même si ce sont les éléments préférés de notre garde-robe. Il suffit d'apprendre à être aussi pragmatique avec la nourriture. Voici quelques recettes délicieuses pour l'hiver ainsi qu'un menu pour les mois froids.

COURGE D'HIVER BRAISÉE

1 kg de courge d'hiver épluchée et coupée en morceaux de 1 cm

30 g de beurre

500 ml de cidre de pommes

1 cuillerée à café de sel

Romarin et poivre

Faites fondre le beurre dans une poêle avec le romarin ; après quelques minutes, ajoutez la courge, le sel et le cidre. Il faudra peut-être ajouter du cidre (ou de l'eau) pour recouvrir la courge. Portez à ébullition puis baissez le feu et faites braiser 20 minutes jusqu'à ce qu'elle soit tendre. Le liquide aura réduit pour devenir un glaçage. Si ce n'était pas le cas, élevez la température pour que l'excès de liquide s'évapore. Poivrez et ajoutez un filet de vinaigre balsamique si vous le souhaitez.

SOUPE À LA COURGE ET AUX HARICOTS

330 g de haricots blancs secs, que vous aurez fait tremper la veille puis égouttés

3 têtes de champignons de Paris, tranchées (facultatif)

6 gousses d'ail, hachées menu

1 cuillerée à soupe de thym

1 cuillerée à soupe de sauge

4 cuillerées à café de romarin

2 courges musquées (ou du potimarron) coupées dans le sens de la longueur et égrenées

Huile d'olive

Placez les haricots et les épices dans une grande casserole, couvrez d'eau et faites mijoter 30 à 40 minutes pour qu'ils soient tendres. Vers la fin, ajoutez les champignons.

Pendant la cuisson des haricots, mettez un filet d'huile d'olive dans un plat allant au four et placez-y la courge, côté peau sur le plat. Faites cuire 40 minutes à 200 ºC jusqu'à ce qu'une fourchette s'enfonce facilement dans la chair. Retirez du four et mettez une louche de soupe de haricots dans chaque moitié de courge.

⁘ CHILI VÉGÉTARIEN

500 g de haricots secs, mis à tremper la veille puis égouttés
250 g de carotte en tranches
2 beaux oignons émincés
200 g de poivrons surgelés (ou 100 g séchés)
3 gousses d'ail émincées
Huile d'olive
800 g de tomates en boîte avec leur jus
1 litre de bouillon de légumes ou de jus de tomates
3 à 5 cuillerées à soupe de chili en poudre
4 à 5 feuilles de laurier
1 cuillerée à soupe de cumin

Faites dorer l'ail, les poivrons et les oignons dans l'huile d'olive, ajoutez les carottes et faites cuire jusqu'à ce qu'elles soient tendres. Ajoutez aux haricots et aux autres ingrédients ; bien mélanger. Ajoutez du bouillon ou du jus de tomates si nécessaire. Couvrez et faites mijoter une heure. Si vous êtes d'une manière ou d'une autre lié à ma mère, il vous faudra ajouter 200 g de macaroni un quart d'heure avant de servir.

⁘ QUESADILLAS DE PATATES DOUCES

2 patates douces de taille moyenne
1/2 oignon
1 gousse d'ail
1 cuillerée à soupe d'origan
1 cuillerée à soupe de basilic
1 cuillerée à café de cumin
Chili en poudre
Huile d'olive

4 galettes de maïs (tortillas)
100 g de brie ou autre fromage à pâte molle
2 ou 3 feuilles de bettes à cardes (ou autre légume vert)

Coupez les patates douces en morceaux, faites-les cuire à la vapeur ou au micro-ondes puis réduisez-les en purée. Émincez et faites revenir l'ail et l'oignon dans une grande poêle dans l'huile d'olive. Ajoutez les épices, les patates douces, mélangez bien et ajoutez de l'eau si le mélange est trop épais. Gardez au chaud.

Préchauffez le four à 200 °C. Huilez une grande plaque, placez-y les tortillas puis mettez la farce sur la moitié de chaque galette. Déposez une tranche de brie et une feuille de bette sur chaque galette et refermez-les (côté huilé sur le dessus). Faites cuire et dorer 15 minutes ; elles seront croustillantes ; vous pourrez les couper en tranches avant de servir.

Menu d'hiver

Dimanche : gigot d'agneau et sa gelée à la menthe, pommes de terre au four et salade de betteraves multicolores.

Lundi : chili végétarien.

Mardi : pâtes au pesto, olives et fromage râpé.

Mercredi : steak servi avec une salade de pommes de terre ou des patates douces au four.

Jeudi : burritos de haricots avec oignons sautés et tomates séchées.

Vendredi : soupe de poulet aux légumes servie avec du pain chaud.

Samedi : tortellinis au fromage, aux champignons et à la sauce tomate.

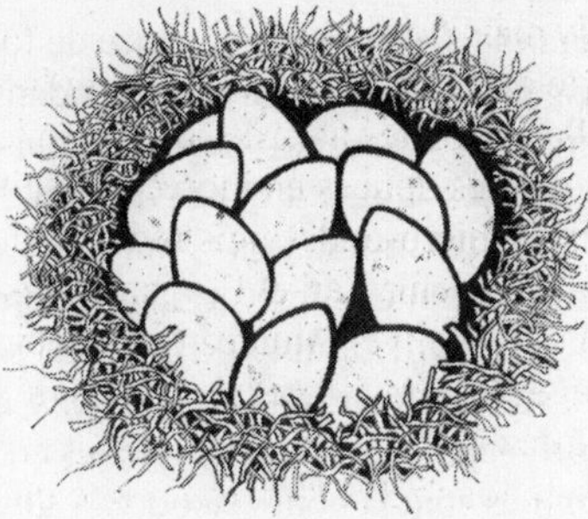

19. MOIS AFFAMÉ

Février-mars

Plus je vieillis, plus mes amis proches sont des personnes âgées. Une façon de préparer mon test d'admission dans leur club exclusif. Nul doute que les gens de ma génération continueront à porter leurs blue-jeans jusque dans leurs maisons de retraite et monteront le volume au maximum quand « Bad Moon Rising » passera à la radio. Mais certains aspects de la vieillesse commencent à m'attendrir. Je comprends peu à peu le point de vue particulier qu'a cette génération au sujet de l'hiver. C'est la saison qu'il faut à tout prix surmonter. Ma voisine de quatre-vingt-quatre ans est de nature enjouée mais elle a tendance à faire des remarques de ce type : « Bien, elle est venue à bout de l'hiver. »

Ce n'est pas qu'une question de trottoirs verglacés : récemment, elle a perdu deux de ses sœurs et une amie de toujours durant l'hiver. Elle garde le souvenir encore vivace d'une époque où le froid glacial et les menus frugaux compromettaient le système immunitaire de tout le monde, le climat forçant les gens à rentrer la tête dans les épaules et à partager leurs microbes avec le tout-venant. Les épidémies hivernales faisaient des ravages parmi les vieux et les jeunes sans discrimination. Pour ceux d'entre nous qui ont grandi à la lumière des vaccins, de la pénicilline et du chauffage central, il semble difficile de s'imaginer ce qu'était cette vie. Aujourd'hui nous allons en masse au travail, au sport, et partageons nos bactéries en toute saison. Mais les vitamines sont là pour ceux qui le souhaitent et les antibiotiques se chargent de traiter ceux qui sont victimes d'infections.

Il est certain que lier les hasards nutritionnels de ma famille aux saisons n'était pas vraiment risqué. En revanche, cela nous a fait prendre conscience du rôle des saisons, de leurs répercussions. Les chutes en douceur des températures et des heures de soleil nous permettent de faire des pauses : les longues journées favorisent l'endurance tandis que, quand les jours sont plus courts, il y a moins de travail et le froid nous plonge plus profondément dans nos pensées et nos projets, abrités sous un plafond à défaut d'une voûte céleste accueillante. Dans le garde-manger, j'observais le régiment des bocaux en pleine débâcle, l'armée décimée devenir peloton pour finir sentinelles solitaires chancelant sur les étagères. Pas encore de rationnement à l'horizon mais je ne pouvais m'empêcher de compter les semaines qui nous séparaient des premières récoltes et du jour attendu de réouverture du marché. J'imaginais nos voisins faire ce commentaire à notre sujet : « Eh bien, ils sont toujours des nôtres après l'hiver. »

⁂

À la fin de février, date officielle de la fin du « mois affamé », j'étais prête à penser qu'avec nos animaux nous étions sortis indemnes des temps maigres. C'est ce moment qu'a choisi l'une de nos dindes pour s'avachir sur place. Elle laissait traîner ses ailes sur le sol au lieu de les replier soigneusement sur son dos. Ses épaules voûtées, sa tête inclinée lui donnaient l'air de Nixon – sans les sourcils et la ruse. Cette pauvre dinde avait l'air hébété.

Oh ! Non ! ai-je pensé. On n'y échappera pas. Les animaux de ferme qui ont la chance de vivre en plein air doivent bien faire face à l'hiver et à des défis sanitaires similaires à ceux endurés par nos aînés : moins d'air frais, plus de confinement, risque accru de contagion accompagné du calvaire de se nourrir exclusivement de foin engrangé et de céréales au lieu d'herbes fraîches et de protéines picorées. Au royaume des maladies contagieuses, l'aviculture est reine. D'autant que les dindes sont plus sensibles aux maladies que les poulets. « On ne le voit jamais venir, m'a prévenu un ami qui a de l'expérience en la matière. La veille elles se baladent en pleine forme. Et tout à coup, fini Lucie ! » La liste des affections qui peuvent terrasser une dinde réjouirait un hypocondriaque : ascaride (maladie de la tête noire), histomonose, coccidiose, salmonellose, pullorose. L'un de mes manuels d'élevage avicole a sous-titré le chapitre consacré aux dindes : « Temps difficiles. »

Pourtant, jusqu'à maintenant, mes dindes étaient restées en forme, vaillantes, et j'avais considéré ces mauvais présages comme étant exagérés. Pratiquement toutes les sources d'information qui existaient, y compris mon ami et ses « fini Lucie », font référence à la Blanche à belle poitrine, la dinde de base des élevages en batterie, élue des éleveurs du dimanche par manque d'alternatives. Mes Bourbon Red anciennes étaient d'un autre type, non rompues à l'engraissage paresseux mais championnes de la survie grâce à leur quête de nourriture dans le vaste monde. Elles en ont gardé une constitution génétiquement adaptée à la recherche d'aliments, à l'utilisation de leurs ailes, à l'accouplement et, je l'espérais, à la résistance aux bactéries.

Malgré tout, mon projet de garder ces oiseaux vivants après l'hiver durant leur deuxième année d'élevage se révélait statistiquement très audacieux. Plus on garde un oiseau en captivité, plus il risque d'être assiégé par des agents pathogènes. Aujourd'hui, l'espérance de vie de la majorité des dindes contemporaines ne dépasse pas quatre mois. Les dindes fermières qui vivent en plein air peuvent mettre six mois avant d'atteindre la taille adaptée à l'abattage. Mais un volatile qui survit à son premier Thanksgiving erre dans des pâturages occupés par moins de 0,5 % de dindes domestiques. À neuf mois, mon troupeau avait atteint cet âge réservé à l'élite qui faisait de lui le plus vieux d'Amérique. Lorsque j'avais décidé d'élever un troupeau qui se reproduirait naturellement, je ne savais pas à quoi j'allais me confronter.

Je n'avais aucune idée non plus de l'origine des maux de ma pauvre dinde avachie. L'horrible maladie de la tête noire était la première sur ma liste car les premiers symptômes sont justement un aspect « avachi » avant-coureur d'une multitude d'autres troubles trop atroces pour être mentionnés ici. Supposant qu'elle était contagieuse, j'ai sur-le-champ retiré Miss Avachie de la compagnie de ses pairs. Mes enfants sont passés par la maternelle – je sais de quoi je parle. Je l'ai donc fait sortir du grand enclos en plein air, adjacent au poulailler, et l'ai escortée quelques centaines de mètres plus loin jusqu'à une pièce isolée de notre grange. Vous l'aurez deviné, il s'agissait du couloir de la mort, lieu où nous séquestrons les coqs ; j'ai gardé ce détail pour moi.

Une fois seule, elle s'est aussitôt ragaillardie, a relevé la tête, replié ses ailes sur le dos, lissé ses plumes ébouriffées et cherché gaiement autour d'elle ce qu'elle pourrait entreprendre. J'avais peine à faire confiance à cette convalescence miracle mais une heure plus tard, alors que je venais prendre de ses nouvelles, elle était toujours enjouée et appelait ses amies à la rescousse. Les dindes détestent la solitude. Fausse alerte, me suis-je dit.

Je l'ai donc raccompagnée à l'enclos. Elle s'est avancée parmi ses comparses, a émis un immense soupir dindesque avant de s'avachir à nouveau : la tête penchée, les ailes traînant par terre. D'accord, ce n'était pas de l'imagination, elle était vraiment malade. Je l'ai donc reconduite vers la grange. Une fois de plus, elle a regardé autour d'elle, étonnée et s'est mise à vaquer à la recherche de vers de terre.

Je n'en revenais pas : « Tu couves des œufs en or ? »

Il faisait beau, ce samedi, et nous assistions aux prémices du printemps. Steven était occupé à construire une barrière dans le nouveau verger. J'ai décidé qu'un check-up psychologique serait sûrement bénéfique pour ma patiente. Je l'ai fait sortir de la grange et nous nous sommes dirigées vers le verger. Elle pourrait emmagasiner du soleil et de l'herbe fraîche, quant à moi, je demanderais à Steven s'il avait besoin d'aide. Il nous a vues arriver ensemble et a ri. Dans notre société, hélas, les gardiens de dindes ne sont pas très estimés.

« Elle a besoin d'herbe fraîche, ai-je déclaré, sur la défensive. Elle souffre d'une sorte d'apathie.

– Elle a bonne mine », répondit Steven – il n'y avait rien de plus vrai – en reprenant son travail sur la clôture destinée à empêcher les cerfs de grignoter nos jeunes poiriers. Pendant un instant, j'ai observé Mme Dinde picorer entre les arbres, ramasser des graines, à l'affût du moindre mouvement d'insectes entre les touffes d'herbe. Elle paraissait aussi en forme qu'à sa naissance. En revanche, certains arbres souffraient de dégâts sérieux. Après les avoir inspectés avec minutie, j'ai voulu aller chercher mon sécateur. C'était un jour d'hiver idéal pour tailler les arbres fruitiers.

Soudain, Steven a hurlé : « Hé ! Va-t'en ! »

J'ai levé la tête pour m'assurer qu'il ne s'adressait pas à moi. Mme Dinde s'était approchée de lui par-derrière et tentait de tirer sur les pans de sa veste en émettant un gargouillement dont la signification s'approchait sûrement de : « Hé ! Regarde-moi ! »

Il l'a repoussée mais elle est revenue à la charge. Après plusieurs tentatives, Steven s'est retourné, l'a regardée droit dans les yeux avant de la tancer sérieusement. Sur ce, elle s'est timidement éloignée, le cou dressé, les ailes à terre.

Oh ! Elle n'avait pas voulu dire *Hé ! Regarde-moi.* Mais plutôt *Salut matelot, t'es nouveau dans le coin ?* Voici sa maladie : la maladie d'amour. Steven m'a lancé un regard dont je me refuse à dévoiler ici la teneur.

« Arrête tout de suite, ai-je hurlé à la dinde. Il n'est vraiment pas ton type ! » Je me suis précipitée pour lui couper la route au cas où elle aurait l'intention de pousser sa cour plus loin.

La pauvre, comment aurait-elle pu savoir ? Élevée par des humains, elle n'avait aucune notion des rapports appropriés à sa classe. Pour elle, j'étais une mère. Rien de plus logique qu'elle considère mon époux comme une prise potentielle.

Pour retrouver grâce auprès de Steven, je l'ai reconduite illico dans son enclos. Mais alors ? Pour la reproduction, nous avions gardé deux mâles et six femelles sans autre logique que celle d'avoir suffisamment de survivants après l'hiver. Étaient-ils tous pubères ? Nos dindons allaient-ils se réveiller de leur léthargie et se mettre à s'entretuer pour les beaux yeux de cette Lolita déprimée ? *Quid* des autres femelles ? Qui devions-nous mettre à l'écart, et pour combien de temps ? Chaque femelle aurait-elle besoin de son nid à elle ? Si c'était le cas, de quoi aurait-il l'air ?

Je pensais résoudre tous ces problèmes au fur et à mesure. D'ailleurs, je me souviens d'avoir affiché la même assurance crâne avant d'avoir mon premier bébé puis de m'être repentie de mon ingénuité a posteriori. Tout à coup, bien avant que j'aie escompté être confrontée à ce type de comédie, j'étais prise de court, comme tous les parents d'adolescents du monde. *Ils sont trop jeunes pour ça, on n'est qu'en février !* Je suis rentrée pour vérifier si j'avais des infos sur l'accouplement des dindes dans ma bibliothèque.

J'ai passé une bien trop longue partie de cette journée ensoleillée, assise par terre à la maison entourée de piles de livres. Nos manuels d'aviculture ne contenaient rien au sujet de la vie sexuelle des dindes. J'ai persisté, cherché des indices parmi la floppée d'euphémismes de basse-cour : rien de rien. Pour être honnête, je dois dire que la bibliothèque de nos enfants accumule depuis des années des ouvrages du type « Maintenant que tu as grandi ». Côté dindes, on aurait cru qu'un groupuscule de fondamentalistes était venu faire un autodafé.

Le réel problème, bien sûr, était que je cherchais une catégorie d'information dont personne n'avait eu besoin depuis des décennies. On avait éradiqué du patrimoine génétique des dindes tout le chapitre sur la fécondation si bien que cet élément capital et complexe du comportement des dindes n'intéresse plus personne. Les couvoirs industriels de dindes inséminent artificiellement leurs volatiles. De manière tout aussi stérile, ils extraient les œufs pour les placer dans des incubateurs où la chaleur artificielle associée à des procédés mécaniques pour tourner les œufs leur servent de mère. Pour les fermiers qui achètent ces poussins, le processus est encore plus simple : les engraisser aussi vite que possible pour qu'ils atteignent rapidement la taille requise pour l'abattoir et puis, qu'on leur coupe la tête. C'est tout. Les manuels avicoles ne se préoccupent pas de l'accouplement car celui des dindes est devenu aussi démodé que les gaines et les cinémas drive-in.

Si je comptais réhabiliter la reproduction naturelle dans notre ferme, il me faudrait trouver les informations idoines. Internet ne fut pas plus utile. Lorsque j'ai lancé ma recherche sur « accouplement des dindes », j'ai obtenu six cent soixante-dix mille réponses, la plupart du style de ce communiqué enchanteur du secrétariat d'État du Missouri pour la nature : « Branle-bas de combat cette semaine – dans tout l'État, les chasseurs ont remarqué que les dindons étaient plus réceptifs aux appeaux ! La clef du succès ? Imiter les intonations d'une dinde amoureuse. »

J'en avais déjà, une dinde amoureuse, pas besoin d'imitation ; j'ai essayé de limiter mes recherches aux dindes domestiques plutôt qu'aux sauvages. J'avais toujours des milliers de réponses mais pas l'ombre d'un indice sur le flirt des dindes. J'ai tout de même appris que les excroissances bleu et rose vif sur le cou d'un dindon s'appellent des « caroncules » et que le nom de « dinde » attribué à ce volatile uniquement nord-américain dérive d'une erreur géographique commise par les Britanniques il y a plus de quatre siècles. Les Français la nomment *dindon sauvage**. Enfin, je n'ai acquis ce savoir qu'en fuyant cette bibliothèque électronique pour retourner auprès de mes sources « papier ».

Puis j'ai tiré le gros lot. Mon époux a un faible pour les manuels d'histoire naturelle anciens. Sa collection de vieux volumes couvre toute la gamme de Piaget et Audubon jusqu'à William J. Long, un éthologue du début du XXe siècle qui a attribué à la communication animale une force télépathique qu'il a nommée « chumfo ». Vous pensez bien que j'étais anxieuse d'explorer ces pistes pour mieux gérer ma ferme. J'ai enfin trouvé un livre épais, intitulé *The Behavior of Domestic Animals* écrit par E. S. E. Hafez. Publié au milieu du XXe siècle, c'est probablement le livre le plus récent de la collection de Steven, mais il tombait pile : la science du comportement des animaux avait dépassé le stade du chumfo sans avoir encore retiré aux dindons leur propension à user de leurs attributs virils.

Ce qui attira mon attention, alors que je feuilletais ce livre, fut une photographie dont la légende indiquait : « Femelle dinde en position d'accouplement devant un homme… » Bingo ! le texte confirmait mes pires suspicions : les dindes marquées par le comportement humain depuis le stade de poussin auront tendance à s'amouracher d'un homme. Si on leur en donne l'opportunité, il y a de fortes chances qu'elles restent ouvertes à l'idée d'un partenaire dindon.

Parfait ! Poursuivant ma lecture, j'ai appris que la position accroupie, « avachie », était le premier signe d'une réceptivité sexuelle chez la femelle. Il fallait alors s'attendre assez vite à une cour plus assidue qui mettrait en jeu une démarche bruyante (mâles), un accroupissement plus bas (femelles) puis l'acte d'enfourcher sa monture accompagné de moult mouvements tandis que le mâle manipulait « les zones érogènes de la dinde sur les côtés de son corps » enfin suivi de la copulation proprement dite. Les dindes domestiques ont des mœurs légères dépourvues d'inclination à la vie de couple. La ponte des œufs commencerait dans deux semaines. L'instinct de couvaison se déclencherait s'il y avait suffisamment d'œufs accumulés dans le nid. Le nombre magique était situé entre douze et dix-sept.

À ce point de l'histoire, œufs et nids étaient encore dans le domaine de la théorie, mais ce qui m'intéressait le plus était de déclencher cet instinct retiré du code génétique des dindes. En ce qui concerne les oiseaux de batterie, on a délibérément découragé leur propension à couver, les races traditionnelles d'ailleurs sont disponibles surtout dans les couvoirs à incubation mécanique si bien que les attitudes maternelles ne sont pas stimulées. Les gènes sont transmis sans prêter attention au comportement de couveuse ou de non-couveuse. En fait, il est probablement handicapant pour le déroulement des opérations qu'une mère soit possessive.

J'avais bien compris que je prenais le risque d'échouer en souhaitant élever des dindes de façon naturelle. Sans compter l'obligation de consulter de vieux grimoires afin d'être au fait de la vie sexuelle des oiseaux domestiques. En tant que biologiste et parent d'élève, j'éprouve un sincère respect pour la complexité de la maternité. Plus je pense à une industrie alimentaire fondée sur des animaux qui sont incapables de se reproduire sans assistance technique, plus j'éprouve de méfiance. Les volailles, qui représentent une part non négligeable de l'alimentation contemporaine, sont emblématiques de la fourberie du marché. Se trouver sans alternative durable face à l'industrie est un peu comme être dépourvu de l'étalon-or pour soutenir les billets. Élever une basse-cour de volailles qui se reproduisent de façon naturelle est un acte de rébellion contre les méthodes entièrement artificielles de production alimentaire.

J'étais une rebelle, et telle était ma cause. Mes raisons pour vouloir que mes dindes couvent leurs petits n'étaient pas uniquement sentimentales quel que soit le faible taux de probabilité que cela se produise. J'ai poursuivi mes recherches dans mes manuels antiques sur la nidification et la couvaison afin de savoir comment être une sage-femme utile autrement qu'en faisant bouillir de l'eau avant de s'installer près de la parturiente, un couteau dissimulé sous le lit. « Les dindons, ai-je lu, peuvent être conduits à couver après qu'on les a au préalable rendus somnolents, par exemple en leur administrant une bonne dose de brandy, puis installés sur un nid plein d'œufs. Une fois remis de leur gueule de bois, l'acte de couver est établi. Avant l'apparition des incubateurs, les éleveurs européens raffolaient de cette méthode. »

Je ne suis pas vraiment du style à soûler mes dindons avec du brandy pour les amener de force à assumer leur paternité. Mais il est bon qu'une femme soit au fait de toutes les alternatives.

⁂

Six litres de sauce tomate, quatre bocaux de tomates séchées, quatre oignons et une tête d'ail solitaire suspendue au bout d'une longue et maigre tresse – et encore des semaines devant nous. Janvier est célèbre pour être le cauchemar de la nourriture locale mais en fait, si vous allez jusqu'au bout de l'aventure, mars est le mois le plus pénible. Vos provisions diminuent, vos pommes de terre lancent des germes pâles dans le vide et il n'y a rien de nouveau sous le soleil de ce mois boueux malgré toutes ses bonnes intentions. Quelques fleurs sauvages peut-être mais rien à se mettre sous la dent.

Ce qui était plutôt bien pour notre congélateur. Je connais des gens qui, d'une année sur l'autre, le remplissent de choses pour le bonheur de futurs archéologues, j'imagine, qui pourront analyser les bonnes années des mauvaises. J'ai pris des cours de microbiologie et, pour être honnête, je suis plutôt une fanatique du congélateur vidé avant qu'il ne soit à nouveau rempli. Un bref inventaire m'indiqua que nous n'avions plus de haricots depuis belle lurette mais qu'il nous restait des tranches de pommes, du maïs, une dinde entière et quelques aubergines grillées de l'automne passé. Et puis, *quelle surprise**, des tonnes de courgettes. Nous n'allions pas vivre les affres de la famille qui, en panne dans le désert, a mangé la boîte de pastels, mais appartiendrions au groupe des survivants de la quiche aux courgettes. Plutôt pépère, non, pour des aventuriers de la bouffe perdue !

Si Mars n'a pas mauvaise réputation, c'est peut-être parce qu'il ne semble pas trop « crève-la-faim ». L'hiver n'est pas vraiment terminé mais on en voit la fin. Avec Lily, nous nous étions remises aux plants de légumes et de fleurs à l'intérieur, besognant sous les néons de nos étagères à semis bricolées maison. Elle avait abandonné tout espoir de futurs jours de neige. Par un bel après-midi, elle a bondi du car de ramassage avec la nouvelle que les CM1 allaient étudier le jardinage à l'école. Pour une fillette comme Lily, c'était un incroyable bouleversement, l'équivalent d'un « à présent, les enfants, nous allons commencer une leçon sur la récréation ! ».

Il se trouva que les CM1 n'étaient pas les seuls concernés. Toute l'école allait en bénéficier ainsi que trois autres écoles élémentaires du comté. Les programmes de jardinage scolaire apparaissent depuis peu, des régions avant-gardistes de la Bay Area jusqu'aux cités ouvrières de Durham en Caroline du Nord. Alice Waters, à l'initiative du projet lancé à Berkeley, a mis au point un emploi du temps qui enseigne aux enfants, en plus des maths et de la lecture, comment planter, préparer son déjeuner et s'asseoir avec ses camarades pour le déguster de façon très civilisée. Dans tout le pays, elle a insufflé la mode de faire entrer des produits frais dans les cafétérias.

Mais la plupart des projets d'enseignement du jardinage des écoles de notre comté étaient des initiatives locales. Une organisation bénévole soutient ces projets, le système éducatif a accepté de coopérer mais l'ange à la main verte qui a rêvé et conçu ce projet paysager à plein temps s'appelle Deni. Elle aide les enfants des maternelles à cultiver leur pop-corn et à planter un arc-en-ciel de fleurs pour apprendre les couleurs. Les CE1 ont conçu un jardin spécial colibris, abeilles et papillons tout en apprenant ce qu'est la pollinisation. Les CE2 cultivent un « jardin à pizza » qui contient tout le royaume végétal. La classe de Lily s'occupait de graines pour un jardin d'aromates colonial afin de concrétiser leurs leçons d'histoire consacrées à la Virginie. Tous les programmes sont liés à des objectifs pédagogiques censés préparer les enfants aux tests fédéraux.

Pratiquement tous les gens que je connais dans le système éducatif se sentent menacés par cette vague de tests qui plane sur tout. Les enseignants les ressentent comme d'énormes nuages noirs dans le ciel d'avril. Les enfants les voient plus comme une menace permanente d'attaque aérienne. Dans notre État – je ne blague pas – on les appelle Standards d'apprentissage et lectures, soit « SAL ». L'humour n'est pas voulu, je crois. Mais l'apprentissage paysager fonctionne car il met les gamins en plein air et leur apprend tout un tas de choses alors qu'ils ont l'impression de jouer dans la terre.

Deni sait très bien obtenir l'approbation du conseil d'école mais elle a un projet bien plus ambitieux pour les enfants que celui de passer les prochains examens. Selon elle, « l'un des éléments clés que les jardins enseignent aux enfants est le respect : d'eux-mêmes, des autres et de l'environnement. Le jardinage aide les futures générations à acquérir une compréhension plus vaste de notre système alimentaire, nos forêts, notre eau, notre air et des interconnexions entre ces éléments ».

D'un point de vue biologique, l'échec ultime consiste bien à élever des enfants désarmés. Aucun parent digne de ce nom ne le souhaite. Notre société révère les cours de politique comparative des investissements par exemple, bien plus qu'apprendre à préparer son déjeuner. Certains gamins peuvent vous expliquer la formation des supernovas sans jamais avoir eu la permission de se salir dans l'herbe avec d'autres enfants et bien des ados capables de concevoir et organiser un site Web mourraient de faim si on les laissait seuls dans une ferme. C'est loin d'être leur faute. En terme d'alimentation, nous serons peut-être tous confrontés à des mois difficiles, voire à des années de famine quand, sous le coup du réchauffement climatique, la planète aura changé les règles d'un jeu dont nous nous targuions d'avoir maîtrisé tous les développements. Mais les élèves d'au moins une école primaire des Appalaches sauront faire « pousser leurs pizzas » et je suis fière d'eux. Si je pouvais l'inscrire sur un autocollant à apposer sur mon pare-choc, je le ferais.

Les élèves de ma basse-cour n'étaient pas des rapides. La première dinde mûre sur le plan sexuel n'obtenait strictement rien des deux dindons que nous avions surnommés depuis peu Big Tom et Bad Tom. Depuis l'été dernier, ils faisaient constamment la roue pour séduire les spectateurs mais me réservaient leurs ardeurs ou les dirigeaient vers tout objet sexy que j'aurais pu laisser traîner, comme mon arrosoir. Ils ont vraiment tout tenté pour convaincre l'arrosoir. Lolita n'arrêtait pas de venir se poser sur leur passage mais ils n'avaient d'yeux que pour de petits objets brillants. Elle boudait et je ne pouvais la blâmer pour ça. Qui n'a jamais dû endurer une telle vexation ?

LÉGIFÉRER LOCAL

L'épidémie d'obésité infantile aux États-Unis a incité les parents, communautés et même les législateurs à améliorer l'alimentation des enfants dans un lieu qu'ils fréquentent beaucoup : les écoles. Les cochonneries ont été légalement bannies des cantines et des distributeurs. Mais que mangeront-ils à la place – des fruits et légumes frais ? Faut pas rêver !

Et pourtant, tout se met en place. En 2004, le Congrès a signé un amendement au National School Lunch Act, autorisant l'allocation d'une bourse au Farm Cafeteria Program afin que celui-ci promeuve des projets de jardinage à l'école et l'achat de produits locaux aux petites exploitations. La section des Produits locaux du ministère de la Défense donne vraiment des fruits et légumes. Par-delà la nourriture, ces programmes ont l'avantage de dispenser une éducation agricole par le jardinage, des visites de fermes, des exposés préparés par des cultivateurs locaux ainsi que de procurer de modestes gains à la communauté. Plus d'un tiers de nos États bénéficient actuellement de programmes Fermes-écoles ; des programmes similaires au niveau de l'université sont également en

J'ai décidé de les installer dans un décor plus intime, ce qui impliquait d'escorter Lolita et l'un des mâles jusque dans leur suite nuptiale, une petite pièce dans la grange principale dont j'avais pris soin d'ôter tout arrosoir. Lolita dut faire tout le travail – dans son cas, pas de lingerie à dégrafer – jusqu'à ce qu'il se mette à piger. Elle s'accroupit, il s'approcha puis cessa d'agiter les plumes de sa queue pour l'impressionner. Après de longs mois, il lui fallut quelques battements d'ailes pour passer du « Mate un peu l'arrosoir ! » à « Ooh oui ! ». Centimètre par centimètre il se hissa sur le dos de Lolita. Puis il se mit à tourner en rond plusieurs fois, l-e-n-t-e-m-e-n-t, comme l'aiguille des minutes d'une pendule avant d'avoir trouvé la position *ad hoc*. J'étais prête à essayer l'insémination artificielle. Mais enfin, il sembla qu'il fut prêt à tenter la chose.

---

vogue. Le projet de nutrition spécifique aux femmes, aux nourrissons et aux enfants du ministère de l'Agriculture a mis au point un programme d'Alimentation dans les marchés de producteurs (Farmers Market Nutrition Program) pour soutenir l'achat de nourriture locale. Il distribue des coupons pour acheter des fruits et légumes dans les fermes, les marchés de producteurs et les stands de bords de route. En 2006, quelque 20 millions de dollars de fonds gouvernementaux ont aidé plus de 2,5 millions de personnes.

En 2006, une décision législative dans le comté de Woodbury, Iowa, a exigé que le comté (selon les disponibilités) « achète [...] des produits biologiques locaux lorsque les institutions d'État servent à manger dans le cadre de réunions ». Même les prisons servent des aliments locaux dans un comté qui a su reconnaître la vraie valeur du soutien de la communauté.

Pour plus d'informations, rendez-vous sur le site : www.foodsecurity.org et www.farmtoschool.org.

STEVEN L. HOPP

Après cet étrange cérémonial, l'étape importante et décisive est le « baiser cloacal ». Un oiseau mâle n'est pourvu d'aucun « membre » quelle que soit l'appellation que vous lui donnez. Il n'est doté que d'un orifice, ou cloaque, plus ou moins similaire à celui de la femelle sauf que du sperme est éjecté du sien et que des œufs sortent plus tard de celui de la femelle. Ces œufs ne seront fertiles que si les deux orifices ont bien minuté leur phase de contact.

J'ai tout observé, je n'ai pas honte de le dire. Allez, vous auriez fait pareil, non ? Vous ne vous seriez sans doute pas penchés aussi bas pour avoir une meilleure vision mais vous savez, ici, on n'a pas le câble. La scène était exceptionnelle, il s'agissait d'un événement qui n'a pour ainsi dire plus lieu dans notre monde. Pour 99,9 % des dindes domestiques, la vie commence dans une seringue et demeure chaste jusqu'au bout. Peu de gens sur terre ont été témoins de ce que je m'apprêtais à voir.

Le terme de baiser cloacal est vraiment excellent. Le mâle doit vraiment ouvrir son orifice, un peu comme on écarte les lèvres avant un baiser. Essayer donc d'imaginer la scène : il est debout sur le dos de Lolita, bouge constamment et s'accroche à sa partenaire pour ne pas tomber. Tout l'éventail des plumes rectrices de Lolita est déployé entre les deux orifices. Il faut être sacrément héroïque pour déjouer cet obstacle. Robert Browning l'a parfaitement exprimé : « Il faut vouloir saisir plus qu'on ne peut étreindre, sinon pourquoi le ciel ? [1] »

Lorsque le dindon a suffisamment pétri les zones érogènes des ailes de sa compagne pour qu'elle décide que son galant a démontré la ferveur nécessaire, l'extase est proche. Sans avertissement, elle relève ses plumes rectrices en un éclair et bascule en avant pour être à la hauteur. Oh ! J'en avais le souffle coupé.

1. Robert Browning, *Hommes et Femmes 1855*, traduction de Louis Cazamian, Paris, Éditions Aubier, 1956.

C'était un baiser aérien. Smack ! Un peu comme deux divas sur scène qui ont le souci de préserver leur rouge à lèvre. (Pas Britney et Madonna.) Il est rare que la première tentative soit la bonne, je le sais comme quiconque a déjà été jeune.

Un peu dans les vapes, elle s'est dirigée vers un coin de la petite pièce sombre. Il ne l'a pas quittée du regard, les plumes bien lisses pour une fois, conscient que ce n'était pas le moment de faire la roue. Il a froncé son sourcil saillant et aurait sûrement cité Shakespeare s'il le connaissait :

« Tout chemin mène à s'aimer : tu fuis en vain [1]. »

Indifférente, elle a picoré une graine par terre. Elle s'était sans doute attendue à un meilleur service en chambre.

« L'avenir est fait de hasards. C'est aujourd'hui qu'il faut cueillir ce que demain viendra flétrir. Vite, un baiser, ma douce belle : jeunesse passe à tire-d'aile [2]. »

Je les ai laissés là, qu'ils s'aiment un autre jour. Ou dans quinze minutes ; après tout, c'étaient des jeunots.

⁂

Certains zoologues mentionnent un type de pariade – accouplement des oiseaux – qu'ils nomment l'« effet Coolidge », un terme qui découle d'une histoire apocryphe concernant le président et la first lady. En visite officielle dans une ferme d'État du Kentucky, on dit qu'ils furent impressionnés par un coq très assidu. Mme Coolidge aurait demandé à son guide combien de fois par jour le coquelet remplissait son devoir conjugal et il lui fut répondu : « Des douzaines de fois par jour.

1. William Shakespeare, *La Nuit des rois*, acte II, scène 3, traduction de Pierre Leyris, Paris, Éditions Club Français du Livre, 1957.

2. William Shakespeare, *La Nuit des rois*, *op. cit.*

– Informez-en le président, je vous prie », dit-elle.

Après un moment de réflexion, le président demanda : « Toujours avec la même partenaire ?

– Oh ! Non, monsieur le président. Il change à chaque fois ; c'est toujours avec une autre », lui répondit le guide.

Le président sourit. « Informez-en Mme Coolidge. »

Deux semaines après les langueurs de Lolita, les autres dindes furent prises de tourments similaires. Nous étions à présent à même de reconnaître les symptômes. Comme toujours, nous avons appliqué notre esprit scientifique à ce problème de basse-cour et soumis nos volatiles à l'effet Coolidge, isolant chacun leur tour Big Tom et Bad Tom avec à chaque fois une dinde différente dans la suite nuptiale de la grange tandis que le deuxième mâle batifolait avec les femelles dehors. Il nous fallait séparer les mâles pas tant à cause de leur esprit belliqueux – quoique se battre, ils le faisaient – mais parce qu'à chaque fois que l'un deux se débrouillait pour grimper sur le dos d'une dinde, l'autre se mettait à charger comme une boule de bowling à l'assaut des quilles et renversait les amants d'une façon très disgracieuse, badaboum. Rien de bon ne pourrait en résulter.

Une fois que les feux du février de l'amour se furent éteints sur la basse-cour, mars des œufs de dindes se leva. Bien que les premières tentatives aient pris l'aspect d'une désolation de plus dans le sillage du train de l'amour, nous avions bon espoir. Il est normal pour de jeunes volatiles d'avoir besoin de quelques essais afin de maîtriser le fonctionnement de leur oviducte. J'avoue que je n'ai même pas identifié le premier œuf comme tel. J'étais allée dans le poulailler pour remplir mon seau de céréales lorsque j'ai quasiment trébuché sur un objet étrange posé à terre. Je me suis penchée pour le tapoter : un sac pâle rempli de fluide, doux au toucher, en forme de larme avec un tire-bouchon caoutchouteux à son extrémité pointue. Hum ! Un jeune visiteur d'une autre planète ? J'avançai l'hypothèse qu'il s'agissait d'un œuf mais attendis pour ouvrir le champagne.

Il fut bientôt suivi de vrais œufs : plus grands et pointus que des œufs de poules, brun clair et mouchetés de taches de rousseur. Les premiers m'émurent profondément. Et puis soudain, ils furent partout, jetés timidement sur le sol comme un mouchoir de batiste : çà et là dans le poulailler, dehors dans l'aire de jeu voire cassés dans l'herbe des prés. Lorsque le besoin les prenait, ces filles accouchaient à la manière de ces femmes malchanceuses qui ont leur bébé au restaurant ou dans un taxi.

J'avais bricolé ce que je tenais pour un nid de dinde digne de ce nom sur le sol dans un coin du poulailler mais personne ne s'en servait. Il ne convenait apparemment pas à ces dames, peut-être par manque de confort. Nous avons construit une structure en bois avec des ouvertures latérales pour le protéger. La nuit, les dindes se perchaient sur de hautes poutres après moult battements d'ailes exubérants. Les Bourbon Red ont des ailes dont elles n'ont pas peur de se servir. Le nid posé à terre aurait peut-être plus d'attrait, ai-je pensé, si je le protégeais de toute attaque aérienne.

La perspective que cela causa dans l'esprit des dindes ne fut pas celle que j'avais escomptée et les femelles se mirent immédiatement à pondre sur la plate-forme en contreplaqué, à un mètre au-dessus du sol. Mon manuel ne démordait pas de sa théorie selon laquelle les dindes n'utilisent que des nids au sol. Mes dindes n'avaient jamais eu connaissance de cette théorie-là. En quelques jours, je n'eus plus un seul œuf à terre mais deux douzaines en position périlleuse et précaire sur la plate-forme d'où ils pouvaient aisément rouler et s'écraser à terre. J'ai donc découpé les côtés d'un grand carton pour en faire un plateau peu profond que j'ai rempli de paille et de feuilles et sur lequel j'ai déposé les œufs.

J'avais enfin eu une bonne intuition. Le spectacle de cette jolie pile d'œufs confortablement nichée dans un emballage d'ordinateur fut exactement ce qu'il fallait pour déclencher le cycle hormonal. Une à une, les dindes vinrent s'asseoir sur le nid. À leur manière, cependant. Elles pondaient un œuf, le couvaient quelques minutes et partaient. J'eus bientôt plus de trente œufs dans ce nid et pas une mère digne de ce nom, c'est le moins qu'on puisse dire.

La plupart ont bien essayé, un bref instant. Au fur et à mesure, le temps passait, la pile atteignait des proportions ridicules et elles semblaient ressentir un vague sens du devoir maternel. Une dinde allait couver une heure. À l'issue de quoi, elle se relevait d'un bond et s'éloignait pour chercher un morceau à grignoter. Ou alors, elle atterrissait sur le nid, pondait un œuf, piétinait la pile d'œufs jusqu'à ce qu'elle en ait cassé deux, les mangeait et pfuit ! au revoir les amis. Souvent, deux dindes étaient assises côte à côte, aimables un moment avant de se quereller. Il arrivait que tout s'envenime et qu'elles déploient leurs plumes rectrices, provocation en tout point identique à celle des dindons. Puis, elles cessaient sans avertissement et allaient déjeuner entre filles. À plusieurs reprises, j'eus de grandes espérances lorsqu'une dinde, jamais la même, couvait jusqu'en fin de matinée, heure de leur promenade au grand air. Celle-ci restait seule tandis que toutes ses sœurs jacassaient en sortant mais il arrivait toujours un moment où elle décidait qu'elle en avait par-dessus les plumes de cette histoire et jabotait pour qu'on la laisse rejoindre ses amies pipelettes.

Avec tout le respect que je porte aux très jeunes mères qui se consacrent à leurs enfants, je me suis mise à considérer mes dindes comme les mères adolescentes les plus stéréotypées qui soient. « Je ne suis pas prête pour cet esclavage », était l'état d'esprit général, « oiseau libre », le refrain. Personne, à part moi, ne semblait s'inquiéter de cette pile d'œufs toujours croissant. Je m'énervais quand elles partaient en vadrouille, je grondais chaque mère irresponsable : espèce de jeune dinde ! *Dindon sauvage**, excusez les gros mots. Tu as fait ton nid, maintenant tu t'assois dessus.

Mes reproches produisirent un effet on ne peut plus prévisible, c'est-à-dire aucun. J'étais désespérée. Il gelait encore la plupart des nuits. Y a-t-il plus crève-cœur qu'un nid rempli de splendides œufs tout seuls dans le froid ? Des œufs potentiellement viables, abandonnés à une mort certaine. Si on achetait tous ces œufs de dinde de races anciennes par correspondance pour les incuber, cela coûterait dans les 300 dollars et ce n'est rien en comparaison des fruits de l'amour sérieux et étrange de deux dindes. Mais qu'étais-je censée faire, les couver moi-même ?

En gros, c'est ce que font les professionnels. Le magasin d'aliments pour animaux avaient plusieurs modèles d'incubateurs que j'avais examinés plus d'une fois. Ce serait une solution simple : mettre les œufs dans l'incubateur électrique, les voir éclore et élever les dindonneaux, une fois de plus. Des dindes qui, encore, grandiraient et voudraient s'accoupler avec quelqu'un dans mon genre.

Est-ce possible de prendre des petits dans un incubateur et de les glisser sous une femelle adulte ? La réponse est simple : oui et elle les tuera. Les mangera certainement, aussi atroce que cela paraisse. La fibre maternelle est l'élément le plus indispensable de la vie et la sélection naturelle ne peut provoquer un immense investissement d'énergie dans des gènes qui ne sont pas les nôtres. Chez les animaux autres que les hommes, l'adoption n'existe que dans des circonstances très rares et surtout accidentelles.

En ce qui concerne les dindes, le cerveau de la mère est programmé pour mémoriser le son du pépiement de ses poussins au moment de l'éclosion. Cette communication scelle leurs liens, provoque chez la mère un instinct de protection intense durant les premières semaines de vulnérabilité : elle étend ses ailes et s'accroupit pour garder ses petits nuit et jour sous une sorte de jupon de plumes tandis qu'ils font leurs premières expéditions dans le vaste monde et apprennent à trouver leur nourriture.

Des expérimentations au début du XXe siècle – abominables quand on y pense – ont démontré qu'une dinde sourde était incapable de percevoir le signal sonore si important pour ses relations avec ses petits. Ces mères détruisaient leur propre progéniture alors qu'elles l'avaient patiemment couvées des semaines.

Mes dindes semblaient avoir de bonnes oreilles mais la couvaison constante n'était pas dans leurs cordes. Pourtant, je n'ai pas acheté d'incubateur. Je voulais des dindonneaux élevés par leurs mères, des créatures qui sauraient littéralement comment se comporter selon leur espèce. Ce projet n'autorise aucun raccourci. Si nous ne pouvions avoir qu'un poussin de la première génération à partir de ces mères, les prochains auraient de meilleurs gènes et une meilleure éducation.

L'alternative, une couvée de poussins détraqués, m'attristait. On est toujours tenté de sauver l'individu qui joue des cordes sensibles, même au détriment d'une espèce. Lorsque je m'étais inscrite à ce petit club d'éleveurs de races anciennes, il était entendu que j'éviterais ce type de sentimentalité. Dans un monde centré sur l'homme, qui considère que tous les humains sont égaux – ce qui est sage, selon moi – il est difficile de ne pas appliquer ces principes dans les autres domaines. Mais les règles qui règnent sur des populations animales saines sont très différentes de celles que nous appliquons à notre espèce. J'ai été confrontée à cette divergence lorsque j'ai tenté d'expliquer à mon neveu pourquoi le coq blanc ne pouvait s'accoupler avec des poules brunes. J'ai décidé de laisser ce sujet de côté pendant quelques années. Mais je l'évoquerai à nouveau s'il m'interroge car l'information est de taille : le respect prend des formes diverses selon les espèces. Le pommier est fortifié par un élagage régulier et une éducation stricte. Tout comme le troupeau.

Notre motif pour élever des animaux de race est la sécurité alimentaire, mais aussi une raison moins égoïste : la dignité et l'authenticité de la nature de chaque race. Un porc Gloucester Old Spots élevé en plein air, descendant tout droit d'une lignée ancienne, est en soi, lorsqu'il fait ses choix minutieusement et à chaque instant pour trouver à manger et allaiter son petit, un représentant intelligent et sensé de la « porcitude ».

C'est état de grâce animal n'habite jamais les saucisses sur sabots des parcs d'engraissage industriels. On ne peut que souhaiter qu'ils aient perdu tout sens des dignités propres à leur race.

Si l'utilisation dans une même phrase des mots « dignité » et « cochon » ou « dinde » vous semble exagérée, cela prouve que mon raisonnement est juste. Les dindes n'ont jamais souhaité laisser le pouvoir à de stupides eunuques blancs, mais nous avons créé cet état des choses et les authentiques dindes capables de se reproduire grâce à de bons instincts maternels ont quasiment disparu de notre monde. Mes Bourbon Red et moi étions passées par des épreuves ensemble et je continuais à les protéger. Elles avaient grandi, étaient devenues de belles bêtes fortes et saines, de bonnes productrices de viande et des exploratrices efficaces des prés.

Je me sentis extrêmement impliquée par l'étape suivante. Accouchement par les voies naturelles ou rien. Tous mes œufs étaient rangés dans le même panier. S'ils me lâchaient, nous mangerions de la soupe au potiron pour Thanksgiving.

En route avec le local

PAR CAMILLE

J'ai une confession à faire. Après cinq mois de notre année consacrée à l'alimentation locale, j'ai déménagé. Ce n'est pas que les heures passées à faire des bocaux de tomates au début du mois d'août m'aient rendue folle ni à cause d'une envie insatiable de croquer dans des fruits exotiques. Je suis simplement devenue étudiante. Ce fut un défi que de suivre les cours de chimie et de maths tout en m'adaptant à une nouvelle vie sur le campus et à des choix très limités pour le dîner. J'imagine que j'aurais très bien pu sarcler mon carré de légumes quelque part à l'ombre ou remplir ma chambre de plants de tomates et de courgettes en pots mais alors, nul doute que les gens se seraient vraiment moqués de moi, drôle d'étudiante originaire des Appalaches. En janvier, j'ai préféré manger de la laitue et des concombres comme tous les autres.

Vivre loin de chez moi, parler à ma famille au téléphone m'a donné un certain point de vue. Ne pas avoir de fruits et légumes frais sous la main m'a fait comprendre comme ils sont délicieux. J'ai aussi remarqué que mon attitude face à la nourriture est assez rare parmi les étudiants. Le soir, lorsque je scrutais le buffet de salade de la cafétéria, que je jaugeais les tomates, farineuses et rosées, et la salade iceberg, aussi fine que du papier, je savais déterminer leur provenance, Amérique du Sud ou Nouvelle-Zélande. Je gardais cette information pour moi. Qui s'en soucie en pleine conversation sur le match de basket ou les fraternités ?

Je suppose que les gens de ma génération sont encore plus éloignés du système de production alimentaire que d'autres, un pas de plus sur le sentier de l'industrie américaine. Nous nous reposons encore plus que nos parents sur des aliments emballés dans un film alimentaire plutôt que protégés par leur peau. Une fille comme moi, qui vit dans une ferme avec de vrais animaux et des légumes qui sortent du sol, est toujours étonnée de voir combien de jeunes adultes ne savent pas déterminer la provenance de leurs aliments ou leur saison de récolte. Cela n'indique pas que ma génération est faite d'idiots ou de distraits – mes camarades comptent parmi les gens les plus vifs et cultivés de mon entourage. Mais l'information sur la nourriture et l'agriculture est dure à trouver. La plupart de ces gens n'ont jamais visité de ferme ni eu de raison de le faire. Vivre avec des gens de diverses villes des États-Unis m'a fait comprendre l'étendue de mes connaissances sur la production alimentaire et cela ne va pas de soi.

Je n'oublierai jamais non plus que les produits locaux sont bien meilleurs que les autres. Après l'envie d'une bonne nuit de sommeil sur un bon matelas, ma principale motivation pour rentrer à la maison était de cuisiner un bon repas. Bien sûr, c'était agréable de revoir ma famille mais les priorités sont ce qu'elles sont, n'est-ce pas ? Après des semaines à la cité U., quel plaisir de manger des œufs avec des jaunes dorés et des légumes qui n'avaient rien perdu de leur saveur et de leur croquant. J'adorais regarder une table pleine d'aliments dont je connaissais exactement l'origine, où l'animal avait vécu avant de devenir la viande que j'avais devant moi.

Durant ma première année à la fac, j'ai découvert deux cafés sur le campus qui servaient des produits bio et locaux et un restaurant qui cuisinait systématiquement de la viande d'origine fermière. En général, les gens qui tenaient ces cafés ne se vantaient pas de soutenir l'économie locale. Je les ai découverts car je m'en souciais et j'ai acheté pratiquement toute mon alimentation chez eux.

Je sais que les gens de ma génération ont la réputation de s'enfoncer des écouteurs dans les oreilles et de ne pas se soucier de ce qui passera dans dix ans, voire la semaine prochaine. Nous ne pouvons pas nous payer de véhicules hybrides ou d'installation qui fonctionnent à l'énergie solaire. Mais nous nous intéressons à bien des domaines y compris à ce que nous mangeons. La nourriture est une chose très concrète. Avoir vécu là où mes aliments ont été cultivés me donne un sens très appréciable de la sécurité. Se sentir en sécurité n'est pas facile pour ceux de mon âge qui sont confrontés à de terribles menaces, comme le réchauffement climatique, la surpopulation et les guerres biologiques. Mais, alors que les ressources de pétrole du monde s'amenuisent et que la banquise fond, je connaîtrai toujours la provenance de ce qui me nourrit. Mes études pourront m'offrir un travail intéressant, ou pas, mais mon éducation à la ferme me servira toujours. Les choix que je fais à présent quant à ma nourriture influenceront le reste de ma vie. Si nous étions plus nombreux à penser ainsi et nous mettions à penser sérieusement à nos habitudes de consommation un repas après l'autre, nous pourrions changer l'avenir de la planète. Quelle que soit la gravité des prévisions que j'entends sur notre futur, à mes congénères et à moi, ce fait me donne de l'espoir.

20. TOUT RECOMMENCE

Il y a longtemps, Lily n'avait pas encore quatre ans et nous passions l'une de ces parfaites matinées entre mère et fille dans le jardin : je plantais des pensées, elle attrapait des bestioles pour les inspecter sans même essayer de les manger. Trois ans est un âge formidable. Elle ne cessait de m'interroger sur la vie des êtres vivants, je m'en souviens car ce fut le jour où elle aborda pour la première fois la grande question. Pas la vie sexuelle, non c'est facile. Elle désirait savoir d'où venaient toutes les choses : les insectes, les plantes, nous. « Comment les dinosaures sont-ils venus sur terre et pourquoi en sont-ils partis ? » fut le point de départ logique.

Cela aurait pu être si beau d'évoquer le grand mystère, à l'aide d'une ou deux citations. Le problème est que j'ai pris des cours sur l'évolution à l'université ce qui en quelque sorte m'oblige à rentrer dans les détails. Avec Lily, nous avons parlé des millions et des millions d'années qui s'étaient écoulées, des algues, des méduses et des lapins. Je lui expliquai que la plupart des créatures ont de nombreux enfants (parfois des milliers !) qui sont tous un peu différents les uns des autres. Ces nuances – qui vont de la capacité à vite se cacher ou pas, à être difficile en ce qui concerne la nourriture ou à engloutir tout ce qui se présente – sont susceptibles de jouer un grand rôle pour la survie du bébé. Ceux qui perdurent auront des enfants qui leur ressembleront. *Et cetera*. Le groupe évolue très lentement.

J'ai toujours pensé que cette analyse était une belle histoire de la création, une sorte de miracle quantifiable, et j'étais contente d'avoir pu en expliquer la complexité à un tout jeune enfant. Assise parmi les fleurs, elle réfléchit. Enfin, elle me demanda : « Maman, toi tu es née ou bien tu es descendue de ces singes arboricoles ? »

Si je n'ai pas huit millions d'années, je suis suffisamment âgée pour savoir que je ne devrais jamais, jamais croire que j'ai été parfaitement explicite. Il y en aura toujours dans l'auditoire qui n'auront rien compris, seront déroutés ou tout bonnement pas convaincus. Alors que je me remémore ce moment, j'envisage cette possibilité. Est-il possible de relater une année passée ? Je peux vous assurer que nous en sommes venus à nous considérer, dans le meilleur des cas, comme une famille d'animaux vivant dans son habitat. Est-ce révélateur du sens profond de notre passage sur terre ? Le fait que nous nous sentons à présent très différents, même si notre apparence n'a pas changé, est-il perceptible ? Pourtant, les éléments qui nous composent sont différents, nos liens à notre entourage, nouveaux. À présent, nous nous sentons liés au climat. Et alors, qui s'en soucie ?

On dit que toutes les histoires commencent de deux manières possibles : « Un inconnu est venu au village » ou bien « Je partis en voyage ». Tout le reste n'est que métaphore et comparaison. Votre professeur, au lycée, avait bien raison. Dans *Moby Dick*, même si vous somnolez, vous aurez compris que la baleine était plus qu'un mammifère aquatique. En ce qui nous concerne, les dindes de races anciennes ne sont pas que de gros oiseaux, elles symbolisent un contrôle précaire sur une honnêteté en voie de disparition. Les poulets sont des protagonistes de deuxième catégorie, les tomates sont une allégorie. Quant aux courgettes, ma foi, elles ne sont peut-être que des courgettes.

Nous étions partis en voyage. Au vu du cours de l'histoire, ça nous semblait très banal de tenter de faire ce que tous faisaient jadis sans même y penser. Mais cette épopée nous a maintes fois surpris, car un paysage peut influer sur notre être de bien des manières. Comme la plupart des hominidés qui se baladent bien chaussés, sans remarquer qu'une forêt se cache derrière les arbres pulvérisés réincarnés en journaux, j'avais presque oublié la plus banale des vérités : nous sommes ce que nous mangeons.

Alors que notre calendrier des comestibles touchait à sa conclusion arbitraire, nous étions particulièrement conscients du renouveau printanier. Tous les éléments qui nous avaient donné un petit coup de pouce au début de notre année locavore se mettaient soudain à nous faire des clins d'œil. À l'intérieur, les jeunes pousses sont montées. La glace bourbeuse a fondu et les plantes aromatiques, au bord du sentier, se sont couvertes de petits pompons jaunes. Les *tranquilles* ont fleuri. Le 3 avril, les asperges mystérieuses ont pointé le nez hors de leur carré.

Que faisions-nous le jour J ? Debout, devant notre congélateur vide, nous rongions un dernier bloc glacé de potiron en tranche, les yeux rivés sur la pendule qui égrenait les secondes jusqu'au moment où nous pourrions enfin nous précipiter pour acheter des marshmallows enrobés de chocolat ? Désolée, mais la vérité est si peu tragique que je ne retrouve même pas l'entrée idoine dans mon journal.

Le mieux que je puisse faire, c'est me rappeler l'instant exact où j'ai compris que je m'étais promis une chose, liée au fait de voir le monde sous un autre angle. C'était début avril, trois arbustes dans la cour étaient couverts de fleurs – rose foncé pour les pêches, rose pâle pour les prunes et blanches pour les poires, comme une aquarelle japonaise, elles captivaient l'attention. L'air était épicé ; le pâturage marron était devenu vert vif. D'où j'étais, sous le porche, je pouvais observer mes dindes aux ailes blanches progresser mollement dans la mer émeraude tout en picorant. J'imaginai la même scène à un mois de là, avec de l'herbe jusqu'aux genoux. Je fus alors frappée par une vision très claire de ma famille à la place des dindes, imaginant quelle excitation se serait pour nous que de nous déplacer dans une mer d'aliments, d'en avoir jusqu'à la poitrine et ce quotidiennement. Je nous voyais nous mouvoir parmi des piles de crudités, effleurant au passage des tomates, du basilic et de la mozzarella.

J'ai vite repris mes esprits et réalisé que cette rêverie sortait de la norme. Ce fantasme était dans la ligne de ce que mes enfants auraient qualifié de *foldinguerie*. J'ai compris que l'expérience m'avait transformée.

Mais j'avais remarqué que les enfants aussi avaient changé. Un jour, au marché, un vendeur nous avait prévenus qu'il y aurait peut-être des vers dans le maïs car il n'avait pas été aspergé d'insecticides. Il pointa un gros vers qui gigotait dans la soie d'un épis, dans notre cabas, et se pencha pour l'en ôter. Lily a poliment tendu la main pour l'en empêcher : c'était notre vers, nous l'avions acheté. Elle donnerait ces protéines à ses poules et, avec le temps, ça produirait un œuf. Camille fit preuve d'un raisonnement similaire pour me consoler du raid qu'avaient commis mes dindes dans les plants de tomates. « Maman, ça finira bien dans ton estomac. » Elle avait raison.

Notre famille n'était pas la seule à s'être métamorphosée au cours de cette année-là. L'alimentation était devenu un vrai thème de conversation – pas les recettes mais ce qui était en jeu. Lorsque nous avions élaboré notre projet, nous avions prévu que la tâche la plus ardue serait d'expliquer clairement ce que nous avions entrepris de faire et pourquoi nous nous en souciions. À présent, le journal local et la presse nationale présentaient souvent le même jour des récits qui avaient trait à l'alimentation locale. Chaque État s'y intéressait, y compris l'Arizona, théâtre d'une alimentation que nous avions craint d'avoir laissée exsangue. L'Alaska voyait une recrudescence de marchés, avec un logo « Cultivé en Alaska » visible sur tous les cabas en tissu d'Anchorage. Le Farmers Diner de Tod Murphy s'était installé plus au sud, à Quechee Village dans le Vermont (près de Hanover, New Hampshire), afin de pouvoir servir une plus grande clientèle. Bien des restaurants de ce genre pullulaient dans les recoins les plus perdus. Des centaines de personnes s'inscrivaient sur Internet et faisaient part de leurs expériences de « mois locavore ». Nous avions opéré un changement de style de vie en partie pour réagir contre une culture de « régime à la va-vite ». Maintenant, ce style de vie avait son propre slogan : « Le défi alimentaire des 100 miles ! » Quel choc. Nous étions branchés.

Preuve supplémentaire que le mouvement avait acquis de l'importance, manger local avait maintenant des détracteurs officiels. Les critiques types du mouvement pour l'alimentation locale prétendant qu'il était utopique et élitiste prenaient de l'envergure au fur et à mesure que les gens adhéraient à ce principe qui leur semblait absolument réalisable pratiquement et financièrement. Le *Christian Science Monitor* a même fait un papier sur le danger que cette attention portée au « local » engendre un « provincialisme malsain ». John Clark, un spécialiste du développement pour (qui d'autre) la Banque mondiale, avança la thèse que « ce qui est un travail d'esclave pour nous est peut-être un travail de rêve » pour ceux qui gagnent très bien leur vie grâce à Dole, Kraft, Unilever ou Archer Daniel Midlands – « mais tout est fichu par terre lorsqu'on achète exclusivement des produits locaux ». Il fit part de son inquiétude que ce souci d'alimentation locale conduise à des pertes d'énergie, quand les consommateurs provinciaux fanatiques pousseraient les cultivateurs de régions glaciales à cultiver des bananes dans des serres.

C'est sûr que ces arguments sont créatifs – signe sans conteste que le mouvement pour les produits locaux devenait gênant pour les industriels qui contrôlaient jusqu'à présent si facilement le choix des consommateurs au prix de saboter la santé des enfants et de l'environnement. Les gens commençaient à résister et montraient clairement quelles étaient leurs préférences en termes d'aliments achetés et de provenance de ceux-ci. On estime à 3 % de l'approvisionnement en fruits et légumes frais ceux qui sont passés cette année-là directement des producteurs aux clients.

Quant à la partie « pourquoi s'en soucier » de l'équation, elle devenait évidente pour plus de consommateurs. Les changements climatiques étaient passés du silence à la une. « L'économie d'une ère sans pétrole » était aussi discutée par quelques politiciens et économistes et non plus seulement des disciples du dieu arbre et des survivalistes de l'Idaho. Nous commencions à attirer l'attention.

Mais ce que les fins stratèges disent au sujet du cœur et de l'âme est vrai – il faut les gagner tous deux. Notre nation ne changera pas vraiment ses habitudes sous l'injonction de lois qui l'y contraindraient (rappelez-vous la Prohibition) mais uniquement si elle en a la volonté. Au cours de notre année de choix alimentaires conscients, ce que nous avions appris de crucial était justement lié à cela : la volonté. L'esprit agité, nous nous étions lancés dans un projet qui consistait à s'abstenir de manger des produits industriels mais c'est de tout cœur que nous l'avions mené à terme. Nous ne comptions pas les jours qui nous restaient jusqu'à l'accomplissement de ce projet car nous n'avions aucune intention de revenir en arrière.

Quelques jours après mon bref fantasme de déambulation parmi des montagnes d'aliments, nous avons dîné avec nos amis Sylvain et Cynthia. Sylvain a grandi dans la vallée de la Loire où les produits locaux sont une forme de patriotisme et, à la manière dont il savourait chaque feuille de salade en humant l'arôme des radis et de la roquette, j'avais envie de l'épouser. Il nous a raconté qu'en Inde, rentrer chez soi et se nourrir d'aliments exclusivement locaux – idéalement cultivés par soi – est parfois considéré comme un rituel de purification. J'ai apprécié cette appellation en regard de ce que nous avions accompli : un rituel de purification pour cultiver notre santé et notre reconnaissance. Ça sonne tellement mieux que foldinguerie.

Au fil du temps, depuis que j'ai un travail et des enfants, j'ai souvent fait référence au souci de « nourrir ma famille ». J'évoquais ce souci tout aussi symboliquement qu'auparavant (pré-enfants et précarrière) pour parler d'une chose qui coûtait « son poids en pain ». En fait, je parlais d'argent. À présent, si je prononce le mot pain, je parle réellement de pain. Je pense que la nourriture ne symbolise rien d'autre que ce qu'elle est concrètement : je considère une racine de betterave comme étant une voisine de ma chaussure, un poulet comme un ami pour un temps. J'ai lu un jour le journal d'une pionnière dans lequel cette femme du Kansas racontait qu'elle repoussait toujours à plus tard, semaine après semaine, la « moisson » des poulets de sa cour désolée battue par les vents. « Nous avons grand besoin de nourriture, écrivait-elle, mais ces compagnons me manqueront. »

Je n'ai jamais vécu un tel paroxysme de solitude mais je comprends à présent ce qu'elle voulait dire. Lorsque je cueille des pommes, leur couleur dans l'arbre me manque. Une aubergine dans le potager ressemble à une ampoule, surtout les blanches et violet vif, et je constate la disparition de leur éclat quand je les jette dans mon panier. Mes dindes ont maintenant des noms. Je suis consciente du danger mais je ne pouvais pas résister.

⁂

À la fin mars, une de mes dindes a trouvé sa vocation. Elle s'est assise sur le nid en hauteur et n'en a pas décollé pendant une semaine. Puis deux, puis trois. Il s'agissait de Lolita, la voleuse de mari en puissance – la première dinde

---

Les aveugles conduisent les aveugles

Les adversaires de l'alimentation locale prétendent qu'elle est pétrie de naïveté ou élitiste alors que l'agriculture industrielle s'adresse à tous : elle représente ce qu'on mange le soir et se consacre entièrement à nourrir la planète. « La monoculture du maïs génétiquement modifié à échelle industrielle, écrit Steven Shapin dans le *New Yorker*, nourrit les victimes africaines de famine, ce que ne saurait faire les splendides bettes en technicolor issues de l'agriculture biologique de nos marchés locaux. »

Les magnats de l'industrie ont si bien fixé les règles du jeu qu'il est très difficile de comprendre le réel fonctionnement du système alimentaire mais ces critiques renforcent la supercherie car ces solutions vont à contre-courant du problème. Le dernier stratagème de l'agriculture industrielle pour « nourrir les affamés » offre un exemple lumineux de cette contradiction. Preuve A : « Le riz doré. » C'est une variété de riz génétiquement modifié dont le grain contient du bêta-carotène. (Toutes les autres parties de cette plante en contiennent excepté le grain une fois moulu.) Les inventeurs de cette biotechnologie annoncent qu'ils souhaitent offrir les graines – avec une étiquette à leur nom – aux cultivateurs du tiers-monde. Cette démarche est excellente pour leur promotion car le corps transforme le bêta-carotène en vitamine A ; une carence de cette vitamine affecte actuellement des millions d'enfants, surtout en Asie, et est responsable de la cécité de 500 000 enfants par an. Le riz

à montrer une maturité sexuelle et à pondre des œufs. Elle était maintenant la première à se consacrer entièrement à la couvaison. Nous avons supprimé la mention « Lolita » de son dossier pour la renommer « Mère n° 1 ».

Nous avons installé deux nids sous la plate-forme qui lui avait valu son titre ronflant afin d'y mettre le surplus d'œufs. Tandis que Mère n° 1 en incubait une douzaine, nos 2, 3 et 4 ne faisaient preuve que d'un vague intérêt concernant les autres piles. N° 2 s'était mise à couver la

---

génétiquement modifié est la solution apportée par les industriels de l'agroalimentaire.

Mais il se trouve que la plupart des enfants mal nourris habitent des pays qui produisent par ailleurs des denrées en excès. Nous n'avons aucune raison de penser qu'ils auraient un meilleur accès à ce nouveau type de riz. Le riz doré est en fait une tentative de plus de résoudre des problèmes nutritionnels causés par les monocultures et un appauvrissement de la diversité par le biais d'autres monocultures. Rien qu'en Inde, les cultivateurs plantaient plus de deux cents variétés de légumes verts et cueillaient encore plus d'espèces sauvages. Chacune d'elle est une bonne source de bêtacarotène. Tout comme les fruits et les légumes. De plus, la vitamine A contenue dans un grain ne sera peut-être pas à même d'aider les enfants mal nourris car, isolée d'autres nutriments, elle ne pourra être assimilée dans l'organisme. Jeter des poignées de riz pour résoudre le problème de la disparition progressive de la diversité alimentaire est une solution à œillères pour résoudre la cécité croissante. On peut qualifier de « naïf » celui qui pense que les magnats de l'agroalimentaire développent des cultures de base dans le but de nourrir les pauvres. (Le riz doré, à lui seul, est porteur de soixante-dix brevets.) La bette à carde multicolore et ses cousines qui poussent dans les potagers de village - voilà une solution réaliste.

STEVEN L. HOPP

---

nuit mais avait toujours bien mieux à faire pour occuper ses journées. N°s 3 et 4 se servaient de l'autre nid de la même façon que des familles partagent un appartement de vacances en Floride.

Mais quelque chose s'était bien déclenché au cœur de la poitrine duveteuse de n° 1. Une fois installée, je ne l'ai jamais vue se relever, ne serait-ce que pour boire vite fait une gorgée d'eau. La tête ramassée sur son corps, un regard vague dans les yeux, elle se consacrait à la maternité. Je lui apportais des poignées de céréales et des coupes d'eau qu'elle avalait goulûment. Je m'excusais des propos désobligeants que j'avais tenus auparavant.

Dorénavant, l'oiseau libre c'était moi, qui passais autant de temps que possible au soleil à marcher dans la douce brise printanière. Une pluie veloutée de pétales de cerisier virevoltait autour de nous quand nous jardinions. Des vagues rougeoyantes de feuilles de pivoine recroquevillées se dépliaient lentement au-dessus du sol. Le jardin d'anniversaire composé l'année passée de cadeaux végétaux me surprenait maintenant comme une série d'appels inattendus : les iris fleurissaient, la bergamote s'épanchait sur les pierres. Je découvris les fleurs jaunes des sabots-de-la-vierge en désherbant sous l'érable. Un ami m'avait offert cinquante bulbes de tulipes, un par année, que nous avions plantés le long du sentier. Ils surgissaient maintenant du sol, la tête rouge flamme sur de frêles tiges, telles des bougies sur un gâteau d'anniversaire. La marmotte qui avait déterré quelques bulbes cet hiver avait apparemment pris une année sabbatique. Je résolus de lui montrer ma reconnaissance plus tard, quand elle dévorerait mes haricots.

Le printemps est une gemme de quatorze carats de gratitude, récompense d'une longue attente. Tous les pays de l'hémisphère Nord célèbrent, par tradition, l'arrivée du mois d'avril, saison exquise du pardon, retour en fanfare du bonheur après une saison froide de remise en question. Nous, nous célébrons le retour de produits délicieux et frais. Chez nous, si personne ne convoitait de biscuits Moon Pie, des petites choses croustillantes à nous mettre sous la dent nous avaient manqué plus que nous l'avions pensé. Démarrer ce cycle à nouveau était un projet réjouissant : couper des asperges, partir à la chasse aux morilles, récolter des épinards tout frais et des bettes. Nous avions réussi.

Tout s'était-il passé comme prévu ? C'est difficile à dire. Vu que nos vies étaient occupées sur tous les fronts, nous n'avions pas été obnubilés par la nourriture. Des maladies dévastatrices avaient frappé à la porte de plusieurs membres de notre famille proche. Nous avions envoyé une de nos filles à l'université et elle nous manquait beaucoup, elle et ses plats mijotés. Si notre nouvelle façon de nous nourrir avait semblé contraignante au départ, elle nous était petit à petit devenue naturelle, occupant désormais l'arrière-plan de notre vie de famille, elle-même ponctuée de ses hasards quotidiens, coups de fil, visites à l'hôpital, mariages, funérailles, concours d'orthographe, anniversaires. Nous avons porté notre attention sur des habitudes culinaires de toutes sortes – la tradition écolière sous la coupe des bonbons, le soutien des plats qui accompagnent une mort dans la famille. Mais en général, notre vie sans banane était notre vie, sans plus. Tant et si bien, en fait, qu'il m'arrivait d'être ébahie de tomber sur des aliments comme des bananes dans les cuisines des autres – un peu comme d'apercevoir une paire de sandales de Manolo Blahnik dans un lit de laitue. Très jolies, bien sûr, mais trop extravagantes pour nous.

Fiers de notre expérience, nous nous sommes efforcés d'ébaucher des décrets pour le futur. Nos prévisions et nos conserves pour l'hiver avaient reçu l'unanimité car il nous restait du pesto et suffisamment de légumes au congélateur pour subsister sans souci jusqu'à la profusion du mois de juin. Nous avions planté trop de courges, pas assez d'ail mais nous avions tout ce dont nous avions besoin pour être heureux. Le site Internet du couple de locavores de

Vancouver indiquait qu'ils avaient fini l'année plus légers de 7 kilos (malgré ce qu'ils décrivaient comme un régime à base de « beaucoup de patates ») alors que nous sortions de cette année avec le même poids que nous l'avions abordée en espérant conserver cet état – sauf Lily, qui avait grossi de 6 kilos et grandi de presque 11 centimètres. Il était évident que nous n'avions jamais souffert de la faim et qu'il est impossible de faire si bien pousser un enfant avec un régime à base de pommes de terre. Il est vrai que les Canadiens s'étaient montrés puristes mais pas nous ; nous avions toujours une boîte de pâtes au fromage de côté en cas d'urgence. (Quiconque est prêt à arrêter de boire du café est digne d'une médaille que nous n'avions jamais tenté d'obtenir.) Mais à vrai dire, toute année passée sans que du sirop de glucose ne franchisse le seuil de la maison était assez pure pour moi.

Notre projet de tout faire nous-mêmes nous avait appris bien des choses. Dans certains cas, cela consistait à reconnaître qu'un aliment nécessitait bien trop de travail au quotidien : d'accord, la *pasta* faite maison est bien meilleure mais nous l'achetons toute faite en général et gardons le plaisir d'une vraie débauche gustative pour des dîners de fête. Les fromages à pâte dure sont difficiles à faire. Je n'ai jamais essayé la recette de mayonnaise française. J'avais aussi un jour envisagé de faire du cidre et du vinaigre mais, par bonheur, j'avais remis les pieds sur terre en repérant des professionnels qui s'acquittaient parfaitement bien de leur tâche. En revanche, faire son pain quotidien, des fromages à pâte molle et des yaourts prenait peu de temps et nous n'avions plus besoin de la recette tant cela faisait partie de la routine.

Changer ses habitudes était vraiment au cœur de ce que nous avions acquis. Inutile, par exemple, de perdre son temps dans certains rayons du supermarché puisqu'ils ne contiennent rien de local. Nous ne poussions donc plus nos caddies vers les surgelés, les conserves, les boissons sucrées. Il nous suffisait d'attraper les produits laitiers de Virginie, quelques paquets de farine bio et de sortir, telle était notre devise, avant de nous mettre à convoiter ce qu'il y avait dans les caddies voisins. Une personne peut très bien oublier l'existence des citrons et des kiwis si elle reste à bonne distance.

Aussi réussies qu'aient été nos incursions minutieuses dans les marchés locaux, nous n'avons jamais trouvé de bons produits à base de blé, ni de poisson. Je me réjouissais vraiment à l'idée de me laisser aller à faire une folie non locale les mois à venir : du saumon sauvage d'Alaska, des coquilles Saint-Jacques de San Francisco et des cèpes, hourra ! Avec modération, bien sûr. À présent, j'étais bien plus consciente de mes possibilités et je savais équilibrer les choses, achetant une bouteille de vin de Virginie pour chaque bouteille d'importation.

La plus grande surprise est venue lorsque nous avons fait les comptes. Nous nous étions nourris, et fort bien d'ailleurs, pour 50 cents par personne et par repas – certainement pour moins d'argent que durant les années où je répondais aux critères économiques des plus défavorisés. Il est vrai que j'avais le luxe de posséder de la terre où cultiver ce qu'il fallait pour agrémenter nos achats. Mais il ne s'agissait pas d'une grande parcelle : 328 m^2 de plantations labourées nous apportaient tous nos fruits et légumes – c'est-à-dire une étendue de 12 mètres sur 6 par personne. (Pourtant, ça nous semblait bien plus grand lorsqu'il fallait tout désherber.) Nous apprécions nos collines boisées pour les chemins de randonnées qu'elles nous offrent ainsi que l'occasionnelle chasse à la morille – et notre approvisionnement en eau – mais, en général, on ne dévore pas ses réserves naturelles. Si l'on ajoute l'espace utilisé par les vergers, les ronces pleines de mûres et le pré où nos poules vont glaner vers et graines, l'étendue totale de terrain voué à l'alimentation passe à 1 000 m^2, ce qui reste très modeste. Cette année, nos achats principaux consistaient en céréales pour les poules et en 150 kilos de farine pour notre pain quotidien. Histoire de vous donner une idée, un champ de blé qui a un bon rendement apporte 800 kilos de farine par demi-hectare. Au total, en comptant la farine, les céréales, les viandes fermières achetées au marché et notre production personnelle, notre famille laisse une empreinte d'à peu près 0,408 hectare.

Si l'on compare avec la consommation nutritionnelle actuelle aux États-Unis, celle-ci demande une moyenne de 0,4 hectare par personne – soit 1,6 hectare pour une famille de quatre. (Il est vrai que ça prend de l'espace de cultiver suffisamment de matière première servant au sirop de glucose pour les 829 litres de soda soi-disant nécessaires à une famille.) Ces calculs prennent une autre signification si on les associe à une autre prévision : en 2050, l'étendue de terre arable disponible pour chaque citoyen ne sera plus que de 2 400 m^2. Ce qui, du point de vue des chiffres, laisse un certain manque à gagner à la famille américaine type. Quel que soit le mode de calcul, nous avions découvert une manière de nous alimenter bien plus efficace que nous aurions pu le prédire.

Pour l'année prochaine, j'ai décidé de planter moins de tomates et plus de fleurs. Si nous pouvions nous permettre d'avoir un jardin moins vaste et de prendre des vacances au bord de la mer, ce serait grâce à nos amis du marché. Je comprends maintenant que le but d'être un locavore assidu pour un certain temps, est surtout d'intégrer une confiance croissante en notre propre garde-manger. Il est tout naturel de paniquer au début, d'avoir des sueurs froides rien qu'à l'évocation de janvier et des salades et de penser qu'on n'y arrivera jamais. Mais nous avions réussi. Sans nous rationner, ni sauter de repas, ni acheter d'hamburger composé de viande d'un parc d'engraissement du Middle West ou rompre le vœu d'exclusivité qui nous liait aux produits locaux ; nous avons vraiment vécu une année entière de notre territoire.

⁂

« Je ne peux pas bien vous décrire ce qu'on cherche, ai-je dit à mes invités en pensant que, comme guide, j'étais la dernière des idiotes. Il faut que votre œil apprenne tout seul. »

De retour sur le terrain du Vieux Charley, nous scrutions le sol couvert de feuilles mortes à la recherche de champignons couleur de feuille séchée. Steven a trouvé les premiers, un trio tout de guingois penché comme des nains de jardin. Par la couleur, la forme et la taille, rien ne distingue une morille d'une feuille recroquevillée posée par terre parmi des millions de son espèce. Malgré tout, le cerveau les détecte, vaguement au début, puis, si on a un peu de pratique, avec une efficacité étrangement redoutable. Vous les repérez avant même de les avoir vues.

Ce fut la vocation originale de l'homme : trouver à manger sur le sol. Nous sommes faits pour cela. Il est très dur de s'arrêter, d'ailleurs. Nos amis, Joan et Jesse, avaient parcouru un long chemin pour venir chez nous et leur idée de l'hôte parfait n'était peut-être pas celle du chef scout qui vous fait grimper une montagne glissante hors sentier, pleine de ronces qui vous déchiquettent les mollets. Mais ils ne se sont pas plaints, pas même quand un crachin s'est mis à tomber sur nos vestes et que nous avons poursuivi l'ascension dans un labyrinthe de vignes sauvages et de troncs moussus. « On peut rentrer si vous voulez », n'arrêtais-je pas de leur proposer. Ils ont continué la quête.

Au bout d'une demi-heure, nous sommes devenus silencieux, concentrés sur le sol, espacés les uns des autres pour mieux les repérer. C'était un drôle d'après-midi. Les grives et les oiseaux chanteurs, silencieux d'habitude dès le lever du soleil, gazouillaient quelques chants de circonstance, trompés par un ciel frais et sans soleil qui déclenchait chez eux une humeur matinale. Des pics échangeaient des idées dans leur langue de bois secrète. Ces pics géants et resplendissants abondent dans nos forêts. Nous avons tous remarqué leur présence et sommes sortis de notre mutisme pour évoquer leurs cousins germains encore plus imposants, les pics à bec ivoire. Ces magnifiques créatures, les « oiseaux du Seigneur » comme on les nommait dans le Sud, avaient soi-disant disparu depuis un demi-siècle. Une équipe de chercheurs renommés avait annoncé leur retour inespéré et appuyait la véracité de ce qu'elle avançait à l'aide d'une bonne documentation. Ils étaient toujours en vie, cachés dans un marais d'Arkansas. Seigneur !

Était-ce vrai ? Était-ce une erreur, un canular ? S'agissait-il d'un unique spécimen, de quelques-uns, d'un nombre suffisant pour que l'espèce survive ? Ces questions restaient ouvertes mais néanmoins cruciales, débattues sur Internet, apposées sur des tee-shirts, elles entraînaient un regain touristique dans les marécages de l'Arkansas. Des gens, qui ne s'étaient auparavant jamais souciés d'un quelconque volatile, s'intéressaient à celui-ci. Un miracle qui nourrissait notre optimisme. Nous voulons tant croire qu'il est possible de remédier à nos plus terribles erreurs, qu'une deuxième chance nous soit donnée.

« Comment encourager les gens à rester optimistes et non défaitistes ? » m'a demandé Joan. Elle était, ce printemps, profondément engagée dans la production d'un film sur les changements climatiques mondiaux et très soucieuse de préserver cet équilibre. La vérité est si terrifiante : nous marchons à grands pas dans la gueule du loup, l'extinction de notre espèce. Des spectateurs qui ne se rendent pas compte de la gravité de ce qui est en jeu sortiront de leur salle de cinéma indifférents, rentreront chez eux sans changer leur style de vie. Mais s'ils comprenaient vraiment l'enjeu, ils pourraient être si terrifiés qu'ils se sentiraient déjà condamnés. Du coup, ils sortiraient plus pâles du cinéma mais n'agiraient pas non plus. Comment inspirer la bonne dose d'effroi et de repentance à l'égard d'une planète qui n'en peut plus ?

J'étais aussi incapable de répondre à cette question qu'à la précédente concernant les champignons. Quelle que soit la rage qu'on éprouve à l'égard de ce tueur en série qu'est le réchauffement climatique, il est difficile de porter plainte. Nous avons besoin de nos produits apportés par des énergies fossiles, comme cet ordinateur sur lequel j'écris ces lignes. Il est périlleux de nommer le responsable ou de le bannir. La solution implique une remise en question afin de devenir une personne différente. Le problème pratique, bien sûr, réside dans l'accomplissement de ce changement. Impossible de devenir puriste en matière de combustible et toute solution intermédiaire semble être un échec pathétique. Pourquoi donc essayer ? Lorsque l'étendue du problème semble être démesurée, n'est-ce pas plus raisonnable de baisser les bras et de continuer à vivre comme on a l'habitude de le faire ?

Là, en revanche je connais la réponse : on appelle ça maltraiter ses enfants. Lorsque ma fille adolescente s'inquiète que les gens de sa génération soient incapables de résoudre le problème, je suis obligée d'admettre que ce n'est pas à sa génération de s'en occuper, c'est à la mienne. C'est un projet qu'il faut prendre à bras-le-corps maintenant ou jamais.

Mais, néanmoins, il faut un projet. Les altérations dues à la pollution et visibles sur toute la planète ne se sont pas produites lorsque les hommes se sont mis à consommer des combustibles fossiles à petite dose. Elles se sont produites à l'issue d'une croissance non réfrénée, d'un traitement irresponsable et d'un refus culturel d'assigner une valeur morale à la surconsommation. Ces habitudes peuvent être changées. D'ailleurs, elles l'ont été à plusieurs reprises au cours du siècle dernier, lorsque nous avons appris que des outils que nous adorions, comme le

DDT et les CFC présents dans les aérosols, métamorphosaient rapidement la structure et la substance de notre biosphère. Nous avons arrêté de nous en servir et éloigné la menace. Les réformes qu'on nous demande maintenant d'accomplir sont plus systématiques et personne ne veut faire le premier pas. (Pour être clair, les Américains veulent passer en dernier.) Pour ma part, je ne vois pas de moyen de me passer d'ordinateur mais j'essaie d'utiliser l'énergie éolienne et hydraulique plutôt que du charbon extrait à ciel ouvert. Je pourrais même imaginer installer quelques panneaux photovoltaïques sur notre toit, aussi fins qu'une pellicule, et je cherche quelques bons députés, hommes ou femmes, prêts à nous accorder des réductions d'impôts si nous le faisons. Nous avons à présent, dans notre communauté, des possibilités dont nous ignorions l'existence il y a cinq ans : véhicules hybrides, chauffage géothermique. J'ai aussi refusé qu'il n'y ait pas d'alternative à l'industrie agroalimentaire pour nourrir ma famille. Je n'étais pas peu fière d'avoir eu raison.

Comme tous les adultes de ma connaissance, je suis pétrie de ce mélange fou d'optimisme et d'inquiétude, emprisonnée dans des habitudes mais prête à en changer si une meilleure direction se présente. J'ai aussi tendance à me sentir comme la dernière des idiotes si je suis incapable de changer radicalement. Je ne sais pas vraiment pourquoi. Si un ami avait un souci coronarien et se mettait enfin à faire de la gymnastique trois jours par semaine, qui irait lui reprocher son repos les quatre autres jours ? Je pense qu'il n'y a rien de plus grossier et égoïste, dans une société maladivement cynique, que de se moquer d'un effort, si petit soit-il. Ces efforts sincères sont à même de nous aider à dépasser le déferlement des informations quotidiennes ou à surmonter l'angoisse d'éduquer un enfant pour regarder l'avenir et trouver à tout prix des moyens de salut : le recyclage, le covoiturage, s'occuper d'un potager ou protéger une espèce, quoi que ce soit.

De petits changements dans nos habitudes n'ont rien de trivial. À la fin, ils contribueront, ou non, à la somme d'efforts qui ont eu un impact sur notre monde.

Nous avons tous cherché comme des fous le pic à bec ivoire car il est l'oiseau de la dernière chance. Il peut se passer quelque chose pour nous ou grâce à nous qui arrêtera ce chaos terrestre et remettra les pendules à zéro. Comme toutes les créatures de cette Terre, nous voulons causer ce changement. Mais nous voulons aussi plus de temps.

Malgré toutes les folies humaines, les cycles naturels, eux, restent prévisibles. C'est sans doute par le biais de la biologie plutôt que par magie que la date exacte inscrite en rouge dans l'agenda de Lily une année auparavant ait été, pour la même raison, à nouveau entourée de rouge sur le mien. Lorsque mère nº 1 s'était assise sur son tas d'œufs, j'en avais pris note dans mon journal. Je comptais maintenant les jours comme toutes les mères qui attendent un heureux événement sur notre terre : *bébés à terme !*

J'étais dans tous mes états à l'approche du jour J. L'ayant vécu moi-même à deux reprises, je connaissais par cœur le numéro de la femme enceinte : se concentrer, prendre des forces avant la bataille. Mais j'avais maintenant un rôle plus proche de celui du futur père : paniquer inutilement. Je ne pouvais absolument rien faire pour aider, ce qui augmentait mon besoin d'errer ici et là.

Le jour exact du terme, je suis allée au poulailler voir comment se portait la maman. J'y suis même allée seize fois. Elle hérissa ses plumes en me voyant et me siffla de partir. C'était un tout autre comportement que l'aphasie aux yeux vagues de la veille et des vingt-six jours précédents. J'ai interprété cette agressivité à fleur de plumes comme un bon présage. Les poussins se mettent à pépier dans l'œuf un jour ou deux avant d'éclore. Cette mère devait les entendre, me dis-je, et se préparer pour l'heureux événement.

Le résultat des courses, dimanche 23 avril, fut pourtant, un grand flop. Idem le lundi. Une personne anxieuse dans notre monde a-t-elle jamais écouté les avertissements qu'on lui faisait au sujet de la marmite qu'on surveille qui ne bout jamais ? Tant mieux pour elle, et c'est tout ce

À la recherche de M. Bonlégume

Une petite exploitation, c'est petit comment ? Quelle est la distance pour qu'un produit reste local ? Biologique est-il plus important que local ? Lequel privilégier et quand ?

L'éco-gastronomie n'est pas uniquement un concours pour acheter à manger le plus près de chez soi. Les trois critères de base si l'on souhaite manger de façon responsable sont de privilégier des aliments cultivés de façon citoyenne pour l'environnement, délivrés avec le minimum d'essence d'une manière qui n'exploite pas les agriculteurs. Pour la plupart d'entre nous, nous n'avons pas de ferme diversifiée à portée de mains, ni de « Produits locaux R Us » prêts à ouvrir bientôt. Voici quelques conseils qui pourront vous aider à faire de bons choix en matière alimentaire.

Commencez par aller faire un tour au marché de producteurs pour voir ce qu'ils proposent. N'y allez pas dans le but d'acheter un produit particulier mais simplement pour apprendre si on le trouve localement. En général, les marchés ont des règles sur la fraîcheur de leurs produits. Viennent-ils d'une petite exploitation ? Probablement ; sinon, il y a de fortes chances qu'ils ne soient pas vendus ici. Sont-ils biologiques ? Probablement ; si la certification n'est pas requise pour vendre au marché, la plupart des exposants considèrent que l'agriculture durable fait partie de leur identité. C'est sûrement la question la plus fréquente qu'on leur pose, alors n'hésitez pas. Regardez ce qui est disponible, ce qui est de saison. Chaque région a ses points forts et ses points faibles. Certains tombent sous l'évidence (coquillages et poissons près des côtes ou agrumes en Floride). Quant aux autres, vous apprendrez à les connaître. Achetez suffisamment de tout ce qui peut vous servir.

À présent, armés de vos connaissances acquises au marché, allez faire un tour chez l'épicier. Appliquer des critères d'éthique

que je peux dire car j'ai contrôlé le nid matin, midi et soir en espérant voir de jolis poussins ébouriffés qui ne sont jamais venus. Vu tout ce par quoi nous étions passées, mère n° 1 et moi, qu'adviendrait-il si rien ne venait à éclore ?

....

dans un magasin actuel peut être assez décourageant mais voici quelques règles générales qui pourront vous aider à résoudre l'équation :

- si des produits sont disponibles dans votre région et sont de saison, achetez-les chez un agriculteur ou demandez à un épicier de les obtenir d'une source locale ;
- autant que possible, cuisinez vous-même. Préparez des menus de saison plutôt que de vous lancer dans une recette pour partir ensuite à la chasse aux ingrédients ;
- les aliments transformés nécessitent beaucoup d'énergie et ce de deux manières différentes : (1) récolter, couper, mélanger et cuire les ingrédients ; (2) transporter chaque ingrédient. Les produits qui contiennent peu d'ingrédients ont certainement dépensé moins d'essence pour parvenir jusqu'à chez vous. Par exemple, le paquet de flocons d'avoine dans votre placard ne contient qu'un seul ingrédient : des flocons d'avoine. Il suffit d'ajouter quelques noix et du miel de votre région pour avoir un délicieux petit déjeuner. Au contraire, votre boîte de céréales biologiques contient dix-sept ingrédients qui ont chacun été convoyés jusqu'à l'usine de transformation. Combien a-t-il donc fallu de litres de combustibles fossiles pour les transporter ?
- en ce qui concerne les fruits et légumes, pensez à la distance parcourue. Un jour d'automne, j'ai trouvé chez l'épicier des pommes en provenance d'un État voisin (Caroline du Nord), de l'État de Washington et de Nouvelle-Zélande. Facile de choisir ! Si nous avions vécu dans l'Oregon, le choix aurait été différent ;
- que pensez-vous des dépenses d'énergie consacrées au transport de l'eau ? Les légumes frais en contiennent beaucoup. L'apparence est trompeuse : une pastèque est constituée de 92 % d'eau ; un concombre, 96 % ; une tomate, 95 % alors que,

....

Le mardi, pensant m'être trompée, j'ai repris mon journal et calculé à nouveau la date du terme. Mais non. Ils allaient éclore mardi soir, en ai-je conclu, mais ce ne fut pas le cas. Le soir venu, j'ai consulté tous mes manuels qui concordaient à attribuer une incubation d'à peu près vingt-

---

côté solide, une carotte contient 92 % d'eau ; un poivron, 94 % et le brocoli, 91 %. Très aqueux, tout ça. Si vous souhaitez prendre ce facteur en considération, préférez donc les fruits et légumes secs, les épices, les noix, le café, les haricots secs et les céréales lorsque vous achetez des produits qui ont voyagé ;

- si des fruits ou d'autres produits doivent être réfrigérés (ou surgelés), le transport de leur point d'origine jusqu'à votre panier a nécessité encore plus d'énergie. Comment le savoir puisqu'ils sont au frais (ou surgelés) chez l'épicier !
- qu'en est-il des produits bio industriels ? En changeant leurs méthodes de culture, les fermes industrielles participent à une réduction de la charge de pesticides dans le sol et l'eau à grande échelle. Ceci devrait être pris en considération ainsi que tous les facteurs mentionnés dans cette liste.

Comment définir ce qui est local ? Notre ami, Gary Nabhan, l'a défini dans son livre *Coming Home to Eat*, comme un produit se trouvant dans un rayon de 400 kilomètres dans les régions désertiques du sud-ouest des États-Unis. En revanche, dans la Bay Area, autour de San Francisco, les locavores préconisent un rayon de 160 kilomètres dans la région fertile de Californie. Pour nous, dans les Appalaches, les légumes de saison sont littéralement à portée de mains mais nos produits laitiers viennent de 190 kilomètres de distance. C'est toujours mieux, d'après moi, que les 1 920 kilomètres également proposés chez l'épicier. Nous gardons toujours à l'esprit ces différents facteurs : consommation d'essence, utilisation de pesticides, qualité du produit et soutien aux agriculteurs. Il faut savoir que nos achats transforment continuellement les choix qui nous sont proposés et ont de l'influence sur les méthodes agricoles.

STEVEN L. HOPP

---

sept jours aux œufs de dinde domestique. Tout était dans cet « à peu près ». Ça voulait dire vingt-neuf ? Quarante ? Mercredi, j'ai fait ma visite à la pauvre mère jusqu'à ce qu'elle indique qu'elle en avait assez. J'ai même glissé la main sous elle pour tâter les œufs. Elle est restée collée sur le nid mais, déjà bien habituée à mon inspection, elle a préféré l'indifférence aux sifflements menaçants. Elle était sans doute en pleine déprime du terme dépassé. À moins qu'elle n'ait accepté une idée que je me refusais à admettre : que tous ces œufs étaient morts. Tant de choses peuvent mal se passer lors du premier essai de reproduction d'un animal qui n'était pas connu, au départ, pour ses qualités reproductives. La stérilité est un phénomène commun chez les dindons de un an, aggravée par l'incompétence des tentatives d'accouplement de créatures élevées par des hommes. La présence de bactéries dans le nid peut détruire les embryons en un rien de temps. Une incubation mal conduite est aussi fatale. La mère avait-elle abandonné le nid l'une de ces nuits où il gèle fin avril ? Elle avait pu, ne fût-ce qu'une fois, voler vers ses congénères pour se réchauffer parmi ses collègues sans enfants. Une seule heure d'exposition à ce climat aurait pu tuer les poussins en plein développement.

J'étais d'une humeur extrêmement morose et n'avais aucune bonne nouvelle à annoncer le jeudi matin en rentrant de ma visite très matinale au nid. En plus, il nous fallait quitter la ferme. On m'attendait en Caroline du Nord pour une cérémonie prévue depuis un an.

Steven et Lily m'accompagnaient car nous avions organisé une petite visite à Camille, sur le campus. À midi, avec mes boucles d'oreilles et mes chaussures chic, je paniquais encore au poulailler et remettais notre départ jusqu'à la dernière minute sous le prétexte qu'une éclosion se produirait sûrement durant la partie du jour la plus chaude. En réalité, je ne pouvais supporter l'idée d'abandonner cette future maman bien que je fusse très consciente que la réciproque n'était pas vraie. Steven m'assura qu'elle saurait se débrouiller sans moi. Plein de délicatesse, il ne dit pas : « Chérie, ce n'est qu'une dinde. » Je soupirai, jetai mon sac de voyage dans la voiture et, hop, nous partîmes.

Tout se déroula sans problème. Je donnai ma conférence depuis le pupitre d'une magnifique chapelle gothique sans mentionner une seule fois la volaille. Jusqu'à minuit, je dédicaçai mes livres, ce qui ne m'empêcha pas d'être debout à l'aube le lendemain, arpentant la chambre d'hôtel. Dès que l'heure me sembla raisonnable, je réveillai Steven pour le convaincre de rentrer plus tôt à la ferme.

Le chemin du retour me parut interminable. Je n'étais pas fière de moi, de mon impatience, consciente que si rien n'avait changé, je nous pressais de rentrer vers une dinde renfrognée assise sur un monticule d'œufs morts. Malgré cela, alors que nous nous approchions de la sortie d'autoroute et que Steven suggéra d'aller faire quelques courses en ville, je lui lançai un « non » paniqué. Regardant droit devant moi, je me repris : « Pourrions-nous rentrer tout de suite à la maison, s'il te plaît ? »

Avant même que nous soyons garés, j'étais sortie de la camionnette et me dirigeai en droite ligne vers le poulailler. En rentrant, je crus entendre un son nouveau – un pépiement. Sans doute les moineaux qui étaient toujours à l'affût de graines éparpillées près de la grange. « Ne sois pas trop déçue », me conseillai-je à moi-même avant de répéter cet avertissement à voix haute car Lily était à deux pas derrière. J'ouvris la porte du poulailler des dindes et nous nous glissâmes à l'intérieur, en catimini, marchant doucement vers le nid et nos yeux s'habituant à l'obscurité ambiante. Mère n° 1 était toujours posée sur son nid. Pourtant, elle semblait différente, les ailes déployées bizarrement sur les côtés. Silencieuses, nous nous arrêtâmes pour regarder.

Là, sous son aile, il y avait quelque chose ? Lily serra ma main et émit un petit son aigu comme celui d'un souriceau.

C'était bien quelque chose. Un minuscule œil noir, aussi petit qu'une tête d'épingle, nous observait de dessous l'aile. Une tête ébouriffée en émergea. Deux têtes !

L'une d'elle sortit du giron de sa mère et nous vîmes le poussin par excellence : une petite boule de duvet blond miel avec un point noir sur le sommet de la tête. Nous pouvions discerner le diamant fixé à son bec pour l'aider à briser la coquille. Ce poussin, encore humide, sortait de l'œuf, le duvet un peu hérissé et la démarche adorablement mal coordonnée. Lily, les yeux écarquillés, me murmura : « Nous avons des bébés. »

« Elle a des bébés », la corrigeai-je. Cette fois, ils seraient élevés convenablement, par une mère dinde, ce qui mettrait fin une fois pour toutes à l'indignité qui avait cours dans notre basse-cour laissant des mains extérieures intervenir. Mais de tout cœur j'étais de l'avis de Lily : nous avions des bébés. Cette créature qui s'emmêlait les pieds, vacillait sur des jambes en coton, devait être la plus jeune que nous ayons jamais vue.

Il était très dur de résister à la tentation de le prendre dans nos mains mais nous sommes restées fortes. Nous mourions d'envie de savoir combien d'autres poussins elle avait eu, si toutes les éclosions s'étaient produites. Lorsque nous nous approchâmes d'elle, elle baissa la tête et lança des sifflements, similaires à ceux d'un serpent, hérissant ses plumes auburn pour doubler de volume. Puis elle regarda ailleurs. Mère n° 1 avait des choses plus importantes en tête et les instincts *ad hoc* pour les accomplir à la perfection.

Elle était restée si fidèle à son nid qu'elle devait être affamée et assoiffée. Peut-être pourrions-nous la soudoyer. Lily se hâta de cueillir une poignée d'herbe fraîche et j'approchai une coupelle emplie d'eau assez près d'elle pour qu'elle puisse boire tout son soûl. Elle accepta la trêve et se calma. Lorsque Lily revint avec l'herbe, elle l'avala d'une traite.

Je profitai de cette distraction pour glisser la main sous les plumes de sa poitrine. Je sentis un grand nombre d'œufs, lisses sous mes doigts. Leur chaleur était presque choquante. L'un d'eux semblait moins lisse. Je parcourus sa surface du bout des doigts et compris qu'il était légèrement craquelé. Aussi doucement que possible, je le sortis pour l'inspecter. Près de la pointe, une toile de fêlures apparaissait.

L'œuf se mit à trembler et à battre comme un cœur dans la paume de ma main, étrange sensation de pulsation. Je le portai à mes oreilles et un pépiement aigu et vigoureux me parvint. Je le tendis vers l'oreille de Lily et observai ses yeux s'agrandir. Cet œuf était vivant, bien qu'aux yeux de tout un chacun il aurait l'aspect d'un œuf banal pour le petit déjeuner. C'était une sensation extrêmement déroutante. J'avais le cœur battant lorsque je le replaçai, tout chaud, sous maman.

La boucle était bouclée, nos poussins commandés par correspondance avaient atteint le statut le plus haut parmi les dindes américaines. Maintenant, juste après son premier anniversaire, l'une des aînées de la nation avait donné naissance aux plus jeunes. Je n'ai été témoin que rarement dans mon existence du commencement d'une vie et jamais auparavant je n'avais tenu ce miracle en cours dans la paume de ma main.

Le poussin qui en sortit replongea sous la couverture rassurante de plumes, disparaissant entièrement sous sa maman. Mais nous restâmes à observer. Impossible de s'en empêcher. Elle nous lança un regard furieux – j'imagine qu'elle aussi ne pouvait faire autrement. Après une minute, une foule de petits yeux noirs apparut sous l'aile de leur génitrice – deux, quatre, six, huit, dix.

Il est difficile de justifier la fierté très irrationnelle que j'éprouvais devant ce succès. Leur succès, celui d'une mère et plus maladroit, certes, celui d'un père aussi mais avant tout celui de ces créatures qui avaient héroïquement suivi leur chemin jusque dans le vaste monde plein de lumière pour donner une chance à la vie.

Nous reculâmes, Lily et moi, pour nous glisser hors du poulailler dans la halle aux grains. Je me remémorai ce jour particulier où j'avais tenté d'expliquer à Lily le commencement de tout. J'avais sûrement bâclé mon explication mais, au moins, je n'avais pas détruit dans son esprit l'image d'un beau mystère. Cela allait de soi. Un peu folles et étourdies, dans cette grange poussiéreuse, nous nous sommes donné la main et avons dansé : des bébés ! C'était tout et c'était assez. Tout un nid plein de petits ding-dong et tout recommence, une fois de plus.

REMERCIEMENTS

Tous remerciements se doivent de commencer par les personnes qui nous nourrissent : Anthony et Laurel Flaccavento, Tom et Deni Peterson, Charlie Foster et sa famille, Mike Hubbard, Paul Rizzo, Kirsty Zahnke, Kate Richardson, la famille Kling, Will et Charlie Clark, David King et tous nos amis du marché d'Abingdon. On dit souvent : « Je n'aurais jamais pu survivre sans vous ». En ce qui nous concerne, l'expression est à comprendre dans son sens littéral.

De nombreux mentors m'ont aidé à structurer ce projet : Wendell et Tanya Berry m'ont accompagnée jusqu'au bout ; ce que nous avons mentionné dans ce livre, Wendell l'a évoqué en premier de sa voix calme qui déplacerait les montagnes. Joan Gussow nous a aussi devancés ; elle fait partie de ces amis qui vous aideront pour tout, qu'il s'agisse d'une bourse universitaire ou de désherber le jardin. Gary Nabhan, amateur de piments des premiers jours, nous fait toujours rire à distance. Wendy Peskin et l'équipe péruvienne de Heifer International nous ont ouvert grandes les portes qui nous ont permis de comprendre ce qu'est le développement durable. Marikler Giron nous a sauvés. Nos dettes à l'égard de collègues et écrivains sont aussi nombreuses que les livres de notre bibliothèque : nous sommes particulièrement redevables à Vandana Shiva, Michael Pollan, Wes Jackson et Brian Halweil. Quant à la section cuisine : Alice Waters, Deborah Madison, Mary Beth Lind et Cathleen Hockman-Wert.

Être ami avec un écrivain – dans notre cas toute une famille – signifie que vous pouvez occasionnellement vous retrouver dans leur livre. Nous sommes reconnaissants à ceux qui nous ont ouvert leur vie : les courageux David et Elsie Kline, la famille Worth-Jones. Mais également Ricki Carroll, Tod Murphy, Pam Van Deursen, Anne Waddell et nos amis par correspondance, Amy Klippenstein, Paul Lacinski, Wendell et Ginny Kingsolver, Joann Hopp et les Hopp-Osti. Neta et Joe Findley sont plus que des voisins, des membres de la famille. Kate Forbes a gagné un passe à vie comme enfant de notre ferme aux côtés d'Abby Worth-Jones qui nous a fourni le titre du chapitre 14. Abby, Eli, Becky et Roscoe Worth-Jones, Laura et Jerry Grantham et les familles Malusa-Norman et Malusa-Froelich remportent la palme du courage pour être restés avec nous le jour de la « moisson ». Kay Hughes n'a pas eu peur d'une foule d'affamés. Nancy et Paul Blaney, Sandy Skidmore, Jim Warden, Tandy et Lee Rasnake, Dayle Zanzinger, Fred Hebard, Rob Kingsolver, Ann Kingsolver et bien d'autres encore nous ont aidé avec du pain, de la gentillesse, qu'il pleuve ou fasse soleil. Will White était prêt à tous les défis ; Mary Hanrahan a désherbé le potager du diable. Les Bob se sont montrés téméraires et inébranlables. Jim Watson a trouvé le paradis sous les broussailles avec l'aide de Cade. Nos amis du projet de Développement durable des Appalaches ne cessent de nous rappeler par leur travail pourquoi les paysans sont importants : Anthony Flaccavento, Tom et Deni Peterson, Robin Robbins, Rebecca Brooks, Kathlyn Chupik et toute l'équipe.

Richard Houser, le plus talentueux des illustrateurs-peintres-musiciens-cuisiniers-historiens, s'est chargé avec succès d'égayer notre livre. Judy Carmichael est bien plus qu'une assistante, nous sommes en quête d'un nouveau titre : as de la recherche, dompteuse de coqs, collègue estimable, meilleure amie et ange gardien me viennent tous à l'esprit. Amy Redfern a structuré le chaos avec brio. Jim Malusa et Sonya Norman ont laissé leurs empreintes sur le manuscrit, pour le mieux. Terry Karten est le champion des éditeurs et notre chance. Aucun mot n'est assez grand pour exprimer notre dévouement à Frances Goldin, aussi en utiliserons-nous des petits : nous t'aimons. Pareil pour tous les gens du bureau : Sam Stoloff, Ellen Geiger, Matt McGowan, Phyllis Jenkins et Josie Schoel.

Nous remercions nos parents de nous avoir très tôt donné les outils afin d'être indépendants dans le domaine de la culture nourricière. Et nous remercions Lily pour absolument tout, plus les œufs. Si vous la trouvez mignonne dans ce livre, regardez-la donc franchir le seuil de la maison.

BK, SHL, CHK

RÉFÉRENCES

Pour une mise à jour des références, rendez-vous sur notre site Internet : www.animalvegetablemiracle.com

ABLEMAN Michael, *Fields of Plenty*, Chronicle Books, San Francisco, 2005.

BERRY Wendell, *What are People For ?* North Point Press, New York, 1990.

BROOKS Vinton Sherri, ESPUELAS Ann Clark, *The Real Food Revival*, Jeremy P. Tarcher, New York, 2005.

CHADWICK Janet, *The Busy Person's Guide To Preserving Food*, Storey Publishing, North Adams, Mass., 1995.

CHARLES Daniel, *Lord of the Harvest : Biotech, Big Money, and the Future of Food*, Perseus Books, New York, 2002.

COOK Christopher, *Diet for a Dead Planet : How The Food Industry is Killing Us*, New Press, New York, 2004.

FALLON Sally, *Nourishing Traditions : The Cookbook That Challenges Politically Correct Nutrition and the Diet Dictocrats*, New Trends, Washington D.C., 2000.

FOWLER Cary et MOONEY Pat, *Shattering : Food Politics and the Loss of Genetic Diversity*, University of Arizona Press, Tucson, 1990.

FOX Michael W., *Eating with Conscience : The Bioethics of Food*, NewSage Press, Troutdale, Oregon, 1997.

FROMARTZ Samuel, *Organic, Inc. : Natural Food and How they Grew*, Harcourt, New York, 2006.

GOODALL Jane, MCAVOY Gary et HUDSON Gail, *Harvest for Hope : A Guide to Mindful Eating*, Warner Books, New York, 2005.

GUSSOW Joan Dye, *This Organic Life : Confessions of a Suburban Homesteader*, Chelsea Green, White River Junction, Vt, 2002.

GUTHMAN Julie, *Agrarian Dreams : The Paradox of Organic Farming in California*, University of California Press, Berkeley and Los Angeles, 2004.

HAFEZ, E.S.E., *The Behaviour of Domestic Animals*, Williams and Wilkinson, Hagerstown, Md., 1969.

HALWEIL Brian, *Eat Here : Homegrown Pleasures in a Global Supermarket*, W. W. Norton, New York 2004.

KATZ Sandor Ellix, *The Revolution Will not be Microwaved*, Chelsea Green, White River Junction, Vt., 2006.

KIMBRELL Andrew, *Fatal Harvest : The Tragedy of Industrial Agriculture*, Foundation for Deep Ecology, Sausalito, Calif., 2002.

KIMBRELL Andrew, ed., *The Fatal Harvest Reader*, Island Press, Washington D.C., 2002.

LAMBRECHT Bill, *Dinner at the New Gene Café : How Genetic Engineering is Changing What we Eat, How we Live and the Global Politics of Food*, St. Martin's Griffin, New York, 2002.

LIND Mary Beth et HOCKMAN-WERT Cathleen, *Simply in Season*, Herald Press, Scottdale, Pa., 2005.

LAPPE Frances Moore et LAPPE Anna, *Hope's Edge : The Next Diet for a Small Planet*, Jeremy P. Tarcher, New York, 2003.

LYSON Thomas A., *Civic Agriculture : Reconnecting Farm, Food and Community*, Tufts University Press, Medford, Mass., 2004.

MADISON Deborah, *Local Flavors*, Broadway Books, New York, 2002.

MAGDOFF Fred, FOSTER Bellamy John et BUTTEL Frederick H., éditeurs, *Hungry for Profit : The Agribusiness Threat to Farmers, Food and the Environment*, New York University Press, New York, 2000.

MANNING Richard, *Against the Grain : How Agriculture Has Hijacked Civilization*, North Point Press, New York, 2005.

MERZER Glen et LYMAN Howard, *Mad Cowboy : Plain truth from the Cattle Rancher Who Won't Eat Meat*, Scribner, New York, 1998.

MIDKIFF Ken, *The Meat you Eat : How Corporate Farming has Endangered America's Food Supply*, St. Martin's Griffin, New York, 2005.

NABHAN Gary Paul, *Coming Home to Eat : The Pleasures and Politics of Local Foods*, W. W. Norton, New York, 2002.

NESTLE Marion, *Food Politics : How the Food Industry Influences Nutrition*, University of California Press, Berkeley and Los Angeles, 2003.

NORBERT-HODGE Helena, GOERING Peter et PAGE John, *From the Ground Up : Rethinking Industrial Agriculture*, Zed Books, London, 2001.

NORBERT-HODGE Helena, MERRIFIELD Todd et GORELICK Steven, *Bringing the Food Economy Home : Local Alternatives to Global Agribusiness*, Zed Books, London, 2002.

PETRINI Carlo, *Slow Food (The Case for taste)*, Columbia University Press, New York, 2003.

PFEIFFER Dale Allen, *Eating Fossil Fuels : Oil, Food and the Coming Crisis in Agriculture*, New Society, Gabriola Island, Canada, 2006.

POLLAN Michael, *The Omnivore's Dilemna : A Natural History of Four Meals*, Penguin, New York, 2006.

PRINGLE Peter, *Food, Inc. : Mendel to Monsanto – The Promises and Perils of the Biotech Harvest*, Simon & Schuster, New York, 2003.

PYLE George, *Raising Less Corn, More Hell*, Public Affairs, Cambridge, Mass, 2005.
RIFKIN Jeremy, *Beyond Beef*, Plume, New York, 1992.
ROBBINS John, ORNISH Dean, *The Food Revolution : How Your Diet Can Help Save Your Life and Our World*, Conari Press, Boston, 2001.
ROBINSON Jo, *Pasture Effect*, Vashon Island Press, Vashon, Wash., 2004.
ROGERS Marc, *Saving Seeds*, Storey Press, Pownal, Vt., 1990.
SHEPHERD Renee et RABOFF Fran, *Recipes From a Kitchen Garden*, Ten Speed Press, Berkeley, Calif., 1993.
SHIVA Vandana, *Stolen Harvest : The Hijacking of the Global Food Supply*, South end Press, Cambridge, Mass., 2000.
SMITH Jeffrey M., *Seeds of Deception : Exposing Industry and Government Lies about the Safety of the Genetically Engineered Foods You're Eating*, Yes! Books, Fairfield, Iowa, 2003.
TICCIATI Laura et Robin, *Genetically Engineered Foods*, McGraw-Hill, New York, 1999.
WATERS Alice, *Chez Panisse Vegetables*, HarperCollins, New York, 1996.
WILLETT Walter, *Eat, Drink and Be Healthy : The Harvard Medical School Guide to Healthy Eating*, Free Press, New York, 2005.
WIRZBA Norman, ed., *The Essential Agrarian Reader : The Future of Culture, Community and the Land*, Shoemaker & Hoard, Emeryville, Calif., 2004.

ORGANISMES

Consultez également notre site :
www.animalvegetablemiracle.com

ALIMENTATION LOCALE ET SECURITÉ ALIMENTAIRE

Local Harvest
220 21 st Ave., Santa Cruz CA 95062
www.localharvest.org

FoodRoutes
37 East Durham St., Philadelphia PA 19119
Organisme à but non lucratif dont l'objectif est de réintroduire les aliments locaux dans la cuisine des Américains.
www.Foodroutes.org

Slow Food International
Via Mendicita Istruita 8, 12042 Bra (CN) Italie
www.slowfood.com
20 Jay St., Suite 313, Brooklyn NY 11201
www.slowfoodusa.org

USDA Food and Nutrition Service
3101 Park Center Dr., Alexandria VA 22302
www.fns.usda.gov/fns

The Community Food Security Coalition
PO Box 209, Venice CA 90294

Se consacre à renforcer un système solide et durable d'alimentation locale et régionale
www.foodsecurity.org

Sustainable Table
215 Lexington Ave., Suite 1001, New York NY 10016
www.sustainabletable.org

The Sierra Club National Sustainable Consumption Committee
www.truecostoffood.org

Edible Communities
PMB 441, 25 NW 23rd Pl., Suite 6, Portland OR 97210-5599
www.ediblecommunities.com

The National Farm to School Network
1600 Campus Rd., Mail Stop M1, Los Angeles CA 90041
www.farmtoschool.org

Local Food Works (UK)
40-56 Victoria St., Bristol BS1 6BY, UK
www.localfoodworks.org

AGRICULTURE ET EXPLOITATIONS BIOLOGIQUES

The Sustainable Agriculture research and Education (SARE) Program
Watrefront Center, Room 4462, 800 9th St., SW, Washington DC 20024
www.sare.org

National Sustainable Agriculture Information Service
PO Box 3657, Fayetteville AR 72702
www.attra.org

The Land Institute
2440 E. Water Well RD., Salina KS 67401
www.landinstitute.org

The Ecological Farming Association (EFA)
406 Main St., Suite 313, Watsonville CA 95076
Pour une agriculture écologique et viable sur le plan économique
www.eco-farm.org

The National Campaign for Sustainable Agriculture
PO Box 396, Pine Bush NY 12566
www.sustainableagriculture.net

The Rodale Institute Farming Resources
611 Siegfriedale Rd., Kutztown PA 19530-9749
www.newfarm.org

Sustain : The Alliance for Better Food and Farming (UK)
94 White Lion St., London N1 9PF, UK
www.sustainweb.org

The International Institute for Ecological Agriculture
PO Box 1882, Soquel CA 95073
www.permaculture.com

Organic Farming Research Fondation
PO Box 440, Santa Cruz CA 95061
www.ofrf.org

City Farmer-Canada's Office of Urban Agriculture
Box 74567, Kitsilano RPO, Vancouver, BC V6K 4P4, Canada
www.cityfarmer.org

American Community Gardening Association
1777 east Broad St., Columbus OH 43203
www.communitygarden.org

AGENCES GOUVERNEMENTALES

The U.S. Department of Agriculture
1400 Independence Ave., SW, Washington DC 20250
www.usda.gov

The National Agricultural Statistics Service
1400 Independence Ave., SW, Washington DC 20250
www.nass.usda.gov

USDA Economic Research Service
1800 M St., Washington DC 20036-5831
www.ers.usda.gov

The U.S. Food and Drug Administration
5600 Fishers lane, Rockville MD 20857-0001
www.fda.gov

The Food and Agriculture Organization of the United Nations
Viale delle Terme di Caracalla, 00100 Rome Italie
www.fao.org

National Center for Genetic Resources Preservation
1111 South Mason St., Fort Collins CO 8052164500
Conservatoire de ressources génétiques de produits cultivés et d'animaux indispensables à l'agriculture nord-américaine.
www.ars-grin.gov/ncgrp/index.htm

The National Agriculture Library (NAL)
Abraham Lincoln Building, 10301 Baltimore Ave., Beltsville MD 20705-2351
www.nal.usda.gov

POLITIQUES ALIMENTAIRES, ORGANISMES DE CONSEIL AUX CONSOMMATEURS

The Organic Consumers Association (OCA)
Organisme d'utilité publique qui promeut la santé, la justice et la durabilité.
6771 South Silver Hill Dr., Finland MN 55603
www.organicconsumers.org

GrassRoots Action Center for the Environment
The GRACE Factory Farm Project
215 Lexington Ave., Suite 1001, New York NY 10016

www.factoryfarm.org

The Center for Food Safety
660 Pennsylvania Ave., SE, # 302, Washington DC 20003
S'oppose aux modes de productions alimentaires dangereux et promeut les alternatives durables.
www.centerforfoodsafety.org

CropChoice
PO Box 33811, Washington DC 20033
Source d'informations alternatives destinée aux fermiers et consommateurs nord-américains.
www.cropchoice.com

The Food Trust
1201 Chestnut St., 4th Fl., Philadelphia PA 19107
Consacré à faciliter l'accès à une alimentation abordable et riche sur le plan nutritionnel.
www.thefoodtrust.org

American Society for Nutrition
9650 Rockville Pike, Suite L-4500, Bethesda MD 20814
www.nutrition.org

Pesticide Action Network North America
49 Powell St., Suite 500, San Francisco CA 94102
www.panna.org

Union of Concerned Scientists
2 Brattle Sq., Cambridge MA 02238-9105
www.ucusa.org

International Food Policy Research Institute
2033 K St., NW, Washington DC 20006-1002
www.ifpri.org

The Institute for Food and Development Policy/Food First
398 60th St., Oakland CA 94618
www.foodfirst.org

The True Food Network
2601 Mission St., Suite 803, San Francisco CA 94110

S'oppose aux techniques génétiques dans l'alimentation.
www.truefoodnow.org

Adresses Internet en France

Organismes officiels :
Ministère de l'Agriculture : www.agriculture.gouv.fr/
Groupement d'intérêt public : www.agri-bio.fr/
www.agriculturebio.org/
www.intelligenceverte.org/agriculture-biologique.asp
www.agencebio.org/
Site de L'Institut national de recherche agronomique
www.inra.fr/

Sur la vache folle et les mesures prises :
www.inra.fr/dpen/vchfol00.htm

Le bio dans la restauration scolaire :
www.ac-clermont.fr/actualit/pedago/2003-2004/forum-bio/forum-bio.htm
www.intelligenceverte.org/cantines-*Bio*-ni.asp

Les politiques agricoles européennes et le bio :
europa.eu/pol/agr/index_fr.htm

Agriculture et développement durable, site de la Commission européenne :
ec.europa.eu/agriculture/foodqual/index_fr.htm

Vente directe de produits bio aux consommateurs :
www.rennes-metropole.fr/…/agriculture-peri-urbaine/ventes-directes-d-agriculteurs-*bio*.html

Groupe de consommateurs
www.actionconsommation.org/publication/spip.php?article793
www.actionconsommation.org/publication/spip.php?article428

www.touteleurope.fr/fr/union-europeenne-en-action/les-politiques-europeennes/consommation.html

Utilisation des pesticides
www.inra.fr/…/les_missions_de_l_inra/eclairer_les_decisions/*pesticides_agriculture*_et_environnement
www.cemagref.fr/informations/actualites/actu/*pesticides*/*pesticides*-texte-ok2.pdf

SOURCES ANNEXES

ALIMENTS PÉTROLIFÈRES

David Pimentel, Marcia Pimentel et Marianne Karpenstein-Machan, « Energy use in Agriculture : An overview » : dspace.library.cornell.edu/bitstream/1813/118/3/energy.pdf

Richard Manning, « The oil we eat », *Harper's magazine*, février 2004 : www.harpers.org/theoilweeat.html

U.S. Energy Information Administration : www.eia.doe.gov/

UN MONDE AFFAMÉ

Thalif Deen, « Tied Aid Strangling Nations, Says U.N. », *Inter Press Service News Agency*, 2004 : www.ipsnews.net/interna.asp?idnews=24509

Celia W. Dugger, « Supermarket Giants Crush Central America Farmers », *New York Times*, 28 décembre 2004 : www.organicconsumers.org/corp/walmartca122804.cfm

Sophia Murphy et Kathy McAfee, *U.S. Food Aid : Time to get it right*, institute for Agriculture and Trade Policy (Trade and Global Governance Program), juillet 2005 : www.tradeobservatory.org/library.cfm?refid=73512

Shiva Vandana, « Force-feeding GMOs to the Poor » : www.organicconsumers.org/ge/poor.cfm

The Food and Agriculture Organization of the United Nations (FAO) : www.fao.org

Physicians and Scientists for Responsible Application of Science and Technology : www.psrast.org/nowohu.htm

« Tied Aid-Promoting Donors'Self-Interest », *South Bulletin 57* : www.southcenter.org/info/southbulletin/bulletin57/bulletin57-08.htm

COMMENT TROUVER UN FERMIER BIO

New Generation Cooperatives on the Northern Plains, « Declining farm Value Share of the food dollar » : www.umanitoba.ca/afs/agric_economics/ardi/farm_value.html

Missouri Farmers Union : missourifarmersunion.org/coop/ffcenter/about.htm

L'ÉTRANGE CAS DE PERCY SCHMEISER

Gregory M. Lamb, « When Genetically Midified Plants Go Wild », *Christian Science Monitor*, 31 août 2006 : www.organicconsumers.org/2006/article_1992.cfm

Ann Clark Espuelas, « On the Implications of the Schmeiser Decision », University of Guelph, Guelph, Ontario, mai 2001 : www.biotech-info.net/implications.html

Ron Friesen, « Studies Show gene Flow in GM Canola Likely Widespread », *Manitoba Co-operator*, 4 juillet 2002 : www.percyschmeiser.com/gene%20flow.htm

« Schmeiser Decision causes Uproar Around the World », CNW (Canada), 21 mai 2004 : www.mindfully.org/GE/2004/schmeiser-uproar-world21may04.htm.
www.percyschmeiser.com

L'ÉQUATION MONDIALE

Brian Halweil, « Why No One Wins in the Global Food Fright », *Washington Post Sunday*, 21 septembre 2003 : www.washingtonpost.com/ac2/wp-dyn/A37770-2003Sep19

John Otis, « Ruled by Fear, Banana Workers resist Unions », *Houston Chronicle*, 19 janvier 2004 : www.chron.com/disp/story.mpl/special/04/leftbehind/2095828.html

USDA Department of Agriculture, Cooperative State Research Service, Office for Small-Scale Agriculture : www.sfc.ucdavis.edu/pubs/brochures/specialtypotatoes.html

LA GRANDEUR NE FAIT PAS TOUT

Gerard D'Souza et John Ikerd, « Small Farms and Sustainable Development : Is Small More Sustainable ? », *Journal of Agricultural and Applied Economics* 28, 1996, p. 73-83.

Peter M. Rosset, *The Multiple Functions and benefits of Small Farm Agriculture In the Context of Global Trade Negociations*, Institute for Food and Development Policy Brief no. 4, septembre 1999 : www.foodfirst.org/node/246

Ronald C. Wimberley, *Food From Our Changing World. The Globalization of Food and How Americans Feel About It*, 2004 : Sasw.chass.ncsu.edu/global-food/food-global.html

The National Family Farm Coalition : www.nffc.net/

LE COÛT DE LA VIE

« Press Release : Consumer Reports Finds 71 percent of Store-Bought Chicken Contains Harmful Bacteria », *Consumer's Union*, 23 février 1998 : www.consumersunion.org/food/chickbacny698.htm

Economic and Structural Relationships in the U.S. Hog Production, AER-818, Economic Research Service/ USDA : www.ers.usda.gov/publications/aer818:aer818.pdf

LE COÛT DES PRIX BAS

Christopher D. Cook, « Thanksgiving's Hidden Costs », *AlterNet*, 23 novembre 2004 : www.alternet.org/envirohealth/20556/

K. Delate, M. Duffy, C. Chase, A. Holste, H. Friedrich et N. Wantata, « An economic Comparison of organic and Conventional Grain Crops in a long-term Agroecological research (LTAR) Site in Iowa », *American Journal of Alternative Agriculture* 18, 2002.

Y. O. Ogini, D. P. Stonehouse et E. A. Clark, « Comparison of Organic and Conventional Dairy farms in Ontario », *American Journal of Alternative Agriculture* 14, 1999.

D. Pimentel, « Environmental and Economic Costs of Pesticide Use », *Bioscience* 42, 1992.

D. Pimentel, « Environmental and Economic Costs of Soil Erosion and Conservation Benefits », *Science* 267, 1995.

D. Pimentel, P. Hepperly, J. Hanson, D. Douds et R. Seidel, « Environmental, Energetic and Economic Comparisons of Organic and Conventional Farming Systems », *Bioscience* 55, 2005.

Brian Riedl, « Still at the Federal Trough : Farm Subsidies for the Rich and Famous Shattered Records in 2001 », *Heritage Foundation Backgrounder* #1542 : www.heritage.org/research/agriculture/bg1542.cfm

J. D. Smolik, T. L. Dobbs et D. H. Rickert, « The relative Sustainability of Alternative, Conventional and Reduced-till Farming Systems », *American Journal of Alternative Agriculture* 16, 1995.

The Rural Coalition, « Brief background and History of the U.S. Farm Bill : 1949 to Present » : www.ruralco.org/library/admin/uploadedfiles/Farmbill_History.doc

USDA Economic Research Service : www.ers.usda.gov/features/farmbill/titles/titleIcommodities.htm#a

PRENDRE LA PAROLE

The Food Project : www.thefoodproject.org/

National Sustainable Agriculture Information Service : attra.ncat.org/

The Community Food Security Coalition : www.foodsecurity.org/

ÉCHEC DE LA LUTTE CONTRE LES INSECTES

Robert G. Bellinger, *Pest Resistance To Pesticides*, Southern region Pesticide Impact Assessment Program Report, 1996 : entweb.clemson.edu/pesticide/issues/pestrest.pdf

Pesticide Action Network, carcinogenic pesticide list : www.panna.org/resources/pestis/pestis.burst.357.html

Weed Science Society of America, list of herbicide-resistant weeds : www.weedscience.org

CULTIVER CHEZ SOI

Travis Beck et Martin F. Quigley, *Edible Landscaping*, Ohio State University Extension Factsheet HYG-1255-02 : ohioline.osu.edu/hyg-fact/1000/1255.html

Ben Sharvy, *Edible Landscaping & Gardening* : www.efn.org/~bsharvy/edible.html

Ron Sherer, « Farmers markets Boom Across the USA », *Christian Science Monitor*, 29 août 2001 : www.organicconsumers.org/organic/farmersmarket901.cfm

Center for Integrated Agricultural Systems, *Your Consumer Food Dollar : How Does it Carve Up ?* : www.cias.wisc.edu/foodshed/pubsntools/meal2.htm

SOUTENIR L'INSOUTENABLE

Douglass Cassel Jr., « The Great Trade Robbery », *Chicago Daily Law Bulletin*, 16 mai 2002.

Jim Goodman, « Bush team squeezes farmers Stifles Dissent », *Capital Times (Madison, WI)*, 26 février 2006 :
www.familyfarmdefenders.org/pmwiki.php/Main/bushteamsqueezesfarmersstiflesdissent

Anuradha Mittal, *Giving Away the farm : the 2002 Farm Bill*
www.foodfirst.org/pubs/backgrds/2002/s02v8n3.html

Environmental Working Group, *Bumper Crop : Concentration of Commodity loan Subsidies*
www.ewg.org/reports/bumpercrop/concentration.html

National Family farm Coalition, *Food from Family Farms Act. A Proposal for the 2007 U.S. Farm Bill* :
www.nffc.net/resources/factsheets/Food%20From%20family%20farms%20act.pdf

Union Of Concerned Scientists, *Industrial Agriculture, Features and Policy* : www.ucsusa.org/food_and_environment/sustainable_food/industrial-agriculture-features-and-policy.html

Why Family farmers Need Help : www.farmaid.org/site/pageserver?pagename=info_facts_help

NON, NOUS NE SOMMES PAS FOUS

Charles Abbott, « Meatpacker Sues US for Right to do Mad Cow tests », *Reuters*, 24 mars 2006 : www.tradeobservatory.org/showfile.php?refId=78811

Libby Quaid, « Government to Scale Back Mad Cow Testing », *Associated Press*, 15 mars 2006 : www.tradeobservatory.org/showfile.php?refId=78811

Sabin Russell, « USDA lacks power to inform Public, Mandate Returns », *San Francisco Chronicle*, 6 janvier 2004 :
www.organicconsumers.org/madcow/recall1604.cfm

« Mad cow watch Goes blind », *USA Today*, 4 août 2006 : www.usatoday.com/printedition/news/20060804/edit04.art.htm

United States Government Accountability Office, « USDA and FDA Need to Better Ensure prompt and complete recalls of potentially Unsafe Food », GAO-05-51, octobre 2004 :
www.gao.gov/news.items/d0551.pdf

« Creusez ! Creusez !
Vous vous musclerez ! »

Abiola Adeyemi, *Urban Agriculture : An Abbreviated List of References & Resource Guide 2000*, National Agricultural Library :
www.nal.usda.gov/afsic/afsic_pubs/urbanag.htm

Rachel Moscovich, « Grow Your Own Big City », 19 avril 2006 :
www.zerofootprint.net/green_stories/green_stories_item.asp?type_=50&id=5019

William Thomas, « Victory gardens can save us again », *Convergence Weekly*, 28 avril 2005 :
www.willthomas.net/convergence/weekly/gardens.htm

Online Magazine of Metropolitan Agriculture :
www.metrofarm.com/

Marché équitable

Russell Greenberg, Peter Bichier, Andrea Cruz Angon et Robert Reitsma, « Bird Populations in Shade and Sun Coffee Plantations in Central Guatemala », *Conservation Biology* 11, nº 2, 1997.

Russell Greenberg, Peter Bichier et John Sterling, « Bird Populations in Rustic and Planted Shade Coffee Plantations of Eastern Chiapas, Mexico », *Biotropica* 29, nº 4, 1997.

Adriana Valencia, *Birds and Beans : The Changing Face of Coffee Production*, World Resources Institute, mai 2001 :
earthtrends.wri.org/features/view_feature.php?theme=7&fid=35

Global network of fair trade organizations : www.ifat.org/

Pour plus d'informations sur les oiseaux et le café, allez sur le site : nationalzoo.si.edu/conservationandscience/migratorybirds/coffee/

Législation locale

Community Food Security Coalition, *Farm to Cafeteria in 2006 : Helping Farmers, Kids and Communities* www.foodsecurity.org/policy.htm

The National Farm to School Network :
www.farmtoschool.org/
www.farmtocollege.org/

How Local farmers and School Food Services Buyers Are Building Alliances :
www.ams.usda.gov/tmd/MSB/PDFpubList/localfarmsandschool.pdf

Small farms/School Meals Initiative : www.fns.usda.gov/cnd/lunch/downloadable/small.pdf

The National Association of Farmers' Market Nutrition Programs : www.nafmnp.org/

Composition et mise en pages : FACOMPO, LISIEUX

Achevé d'imprimer en avril 2015
par Novoprint (Barcelone)

Dépôt légal : avril 2015

Imprimé en Espagne